W0285799

FALKEN VERLAG

Falken-Handbuch

Bernd A. Mertz

# Kartenlegen

Wahrsagen mit Tarot-, Skat-, Lenormand- und Zigeunerblättern

FALKEN VERLAG

# Inhalt

# Wozu dieses Buch ?

Eine der menschlichsten Eigenschaften ist das Bedürfnis, in die Zukunft zu schauen. Diese Tatsache entspringt echtem Wissensdurst, der aus einer Lebensnotwendigkeit entstanden ist. Der Mensch wollte in früherer Zeit — um zu überleben — wissen, was die Zukunft für ihn bereithält. Gerade die Menschen auf der Schwelle des 20. zum 21. Jahrhundert verstehen wohl sehr gut, wie wichtig es ist, in der Gegenwart auch die Zukunft nicht nur zu bedenken, sondern sie mit ihren möglichen Folgen in den Alltag einzubeziehen. Vorausblicken war stets eine Lebensnotwendigkeit.
So ist der Wunsch, etwas von der Zukunft — ob allgemein oder individuell — zu erfahren, ein höchst menschlicher. „Seher" und „Propheten" standen deshalb immer in hohem Ansehen, und oft auch diejenigen Mitmenschen, von denen man meinte, sie könnten für andere einen Blick in die fernere Zeit werfen. Es waren die „Weisen", zu denen die anderen aufblickten, und es waren stets wenige, die den Zukunftsblick besaßen und besitzen. Die anderen pilgerten zu diesen „Sehern", um Rat für die zukünftige Lebensgestaltung zu erfragen.

Hier gab es viele Möglichkeiten. Manche gingen zum Orakel, hörten auf die Pythia und die Sibyllen, andere richteten sich nach dem Vogelflug, dem Vogelschrei, während „Wissende" die Sterne um Antwort baten. Die Zukunft wurde „erwürfelt", Losbücher wurden befragt, neuerdings wird das Schicksal aus der Kristallkugel ersehen oder aus dem Kaffeesatz gedeutet.

Seit rund 500 Jahren werden die Karten nachweisbar am meisten befragt. Kartenlegerinnen und (weniger) Kartenleger sind die Sibyllen der letzten Jahrhunderte. Die Historie hat uns von zutreffenden Voraussagen hinreichende Belege überliefert. Warum dieser Erfolg oft im individuellen Bereich eintritt, erfahren die Leser aus diesem Buch. Sie erfahren darüber hinaus, wie die Technik des Kartenlegens funktioniert, wie man aus den Karten nicht nur die Zukunft, sondern mitunter auch die Vergangenheit erfahren kann. Sie werden informiert, wie das Wahrsagen vor sich geht, das ja im Grunde nichts anderes bedeutet, als daß man die Wahrheit erfährt. Das Kartenlegen ist nämlich ein höchst aufschlußreicher psychologischer Vorgang. Denn die Fragenden offenbaren oft mehr, als sie wollen. Sie bemerken kaum, wie sehr sie selbst mitarbeiten, wie sie beim Kartenlegen ihre Ängste und Wünsche einbringen, wie sie letztlich hier bereits ihre eigene Zukunft mitgestalten.

In diesem Sinn ist Kartenlegen kein fauler Zauberspuk, sondern oft eine Entscheidungshilfe, weil der Fragende beim Betrachten und Legen der Karten über seine innere, unbewußte Situation Klarheit erhält. Wer die Karten richtig gebraucht, findet hier nicht nur einen psychologischen Zugang zu sich selbst, sondern auch einen Weg zu einer eigenen „Philosophie". Durch die gelegten oder geschlagenen Karten können sogar Weisheiten vermittelt werden, die manchen zum tieferen Nachdenken anregen mögen.
Aus den Karten sind vor allem auch Neigungen, Begabungen und Möglichkeiten zu erkennen. Darüber wollen wir aber nicht vergessen, daß das Kartenlegen einen großen Spiel- und damit Unterhaltungswert besitzt, wenn auch der Ernst nie außer acht gelassen werden darf.

In diesem Buch findet der Leser zahlreiche Anleitungen, wie man etwas über sich und andere aus den Karten erfahren kann, er lernt, die Karten zu lesen, zu deuten und vielleicht anderen zu raten. Intuition, Einfallskraft und Auffassungsgabe werden geschult sowie die Möglichkeit des klaren allgemeinen und individuellen Erkennens.

I. Teil

# Aus der Geschichte des Kartenlegens

## Herkunft

Wann und wo zum erstenmal aus Karten „wahrgesagt" wurde, ist unbekannt. Wir wissen noch nicht einmal, wann das einfache Kartenspiel aufkam und woher die Karten stammen. Manche meinen, sie kämen aus Ostasien, andere glauben, daß sie, was die Bilder betrifft, aus dem alten Ägypten stammen.

Sicher ist, daß zwei Voraussetzungen für die allgemeine Verbreitung von Karten vorhanden gewesen sein müssen: erstens die Einführung des Papiermachens, zweitens die Erfindung des Holzschnitts. Die Ägypter kannten bereits den Papyrus; außerdem wurden Bilder auf anderen Materialien angefertigt, aber erst der billige Rohstoff Papier ermöglichte die Verbreitung der Karten. Schließlich brauchte man Druckverfahren, um die Bilder auf Papier zu vervielfältigen. Dem Druck vorweg gingen jedoch handgemalte Karten — die ältesten uns bekannten —, die sich nur wohlhabende Fürsten oder Bürger leisten konnten.

Wir wissen, daß in China bereits im ersten Jahrhundert n. Chr. das Papier erfunden wurde, aber Beweise, daß das Kartenspiel aus China kommt, gibt es kaum. Nach einer volkstümlichen Legende wurden die Karten 1120 n. Chr. im Reich der Mitte erfunden, um eine Konkubine des Kaisers S'eun-Ho zu unterhalten. Andere Legenden meinen, die Karten seien den Zigeunern schon viele hundert Jahre vorher bekannt gewesen; sie stammen nach einigen Überlieferungen aus Indien, nach anderen aus Ägypten. So viele Autoren über die Geschichte des Kartenspiels geschrieben haben, so viele Meinungen über die Herkunft gibt es.

Mit Sicherheit wissen wir nur eines: Spielkarten wurden 1376 bzw. 1377

*„Die Zigeunerin", Kupferstich von A. H. Payne*

zum erstenmal in Europa öffentlich erwähnt. Am 23. März 1377 erließ die Stadtverwaltung von Florenz eine Verordnung zum „neu eingeführten“ Kartenspiel. Das heißt, daß das Kartenspiel — und damit wahrscheinlich auch das Wahrsagen aus Karten — bereits weit im Volk verbreitet war, so daß es notwendig wurde, Verordnungen zu erlassen. Sie betrafen das Verbot von Glücksspielen, die wohl erst am Ende des 14. Jahrhunderts auch nördlich der Alpen in Spielhäusern oder auf Plätzen und in Kneipen ihren Einzug gehalten haben.
Da das Wahrsagen so alt ist wie die Menschheit, darf man annehmen, daß die Kartenspiele auch sofort zum Wahrsagen benutzt wurden. Vor dem sibyllinischen Gebrauch der Karten hatte man über Würfelspiele wahrgesagt, wodurch die Legende entstand, daß die Punkte der Würfel für die Karten 1 bis 6 (und in der Folge bis 10) ausschlaggebend wären, während die Numerierung auf den Tarot zurückgeht. Das früheste Zeugnis für das Wahrsagen aus Spielkarten finden wir im „Mainzer Losbuch“. Diese Karten wurden zwischen 1505 und 1510 bei Johann Schöffer gedruckt. Das Losbuch ist 8 Blatt stark; auf 12 Seiten werden am äußeren Rand je 4 Kartenbilder gezeigt. Den Bildern sind jeweils deutende Spruchverse zugeordnet. Auf der ersten Seite sind auf einer Scheibe alle Karten verzeichnet. In der Mitte war früher ein Zeiger befestigt, den man

Ich konig von lauber thu dir kunde
vnd wil dir sagen deynen grundt
Das du geren trinckest guten wein
darvmb must du offt in sorgen sein
Du hutest dich gern vor vngelimpff
wiltu nit trucken vnd triebst neuen schimpff
Dar durch du dan wirst betrogen
sehe ob ich hab gelogen

Frewe dich vnd hab ein freyes leben
Ere vnd gut wirt dir got geben
Umb dein grosse miltigkeit
Davon dein lob wirt gar breyt
Lob got vnd diene ym wol
Dein hertz wirt noch freuden vol
Und diene ym mit trewen
Es wirt dich nit gerewen

Der vnderman sagt dir fur war
Du hast gar ein bosz iar
Du bist mit schulden vberladen
das bringet dir grossen schaden
Du gibst wort vber alen
Fur ein williges bezalen
Darvmb must du verderben
Und als ein betler sterben

Die zehen lauber thun dir sagen
du hast angst vnd not tragen
Darzu vngemach hast erlitten
Leyt hat dich nit vermitten
Das fleuhet alles sampt von dir
Das solt du sicher glauben mir
Und wirt gluck bey dir stan
Ungefell wirt von dir gan

*Losbuch-Karten*

drehen konnte und der dann bei einer Karte stehenblieb.
Bei der nebenstehenden Abbildung sind schon die vier Farben im Ansatz erkennbar. Später hießen sie: Herz, Schelle, Eichel und Blatt. Diese Farben stammen vom uralten Tarotspiel. Eine weitere Legende berichtet, daß diese Farben aus Indien kommen und göttlichen Ursprungs seien. Gott Shiva und seine Frau Parvati bildeten ja die Doppelgottheit Ardha-Narishwara, die in den Händen einen Becher, einen Stab, ein Schwert und einen Ring hält. Dies sind recht genau die Symbole, die wir auch auf den ersten europäischen Spielkarten finden.
Eine andere Überlegung sagt, daß sich die Spielkarten aus dem Schachspiel entwickelt hätten. Auch hier haben wir es ja mit König, Dame und Gefolge zu tun. Wahrscheinlicher ist aber, daß sich das Schachspiel aus dem Kartenspiel entwickelt hat — ein schlüssiger Beweis steht allerdings noch aus. Genauso wahrscheinlich ist jedoch, daß Kartenspiel und Schach auf ein uraltes Spiel zurückgehen, das man zu viert spielte. Das Spiel hieß „Tschaturadschi". Dieses Sanskritwort bedeutet vier Radschis (vier Könige). Das Spiel führt in eine kosmische Beziehung, denn die vier Armeen der vier Könige wurden auch nach den Himmelsrichtungen benannt: Rot war der Osten (Sonnenaufgang, Geburt der Helligkeit), Grün stellte den Süden dar (da die Sonne die Natur im Sommer grün färbt), Gelb war der Westen (Sonnenuntergang und Einbrechen der Dunkelheit) und Schwarz war der Norden (die dunkle lange Nacht).
Doch schon im alten Babylon, in Ur (aus der Bibel als Ur in Chaldäa bekannt), der Heimat Abrahams, kannte man Spiele, die aus Figuren und Würfeln bestanden, woraus sich das Schachspiel entwickelt haben könnte, ehe es in Asien auftauchte.
Andere Quellen verweisen darauf, daß die vier Farben eines Kartenspiels Ausdruck von Kasten sind. In Europa würde eine Farbe für die Geistlichkeit stehen, eine andere für den Adel, die dritte für die Bürger und die vierte für die Diener. Grundlagen dieser Theorie sind im „Purusasukta" beschrieben, einer Hymne im „Rigweda", dem ältesten Buch der Weda, das aus der Zeit um 500 v. Chr. stammt. Darin heißt es bereits, daß die Menschen in vier Kasten geteilt sind. Das Sanskritwort für Kasten aber ist „varna" (Farbe). Immerhin weisen die indischen und chinesischen Karten meist eine tiefe Beziehung zum Göttlichen auf.
Im Gegensatz dazu wurde das Kartenspiel in Europa nicht als gottgefällig angesehen. 1378 wurde das Laster des Kartenspiels in Regensburg und Konstanz verboten, und 1423 verkündete der hl. Bernhard von Siena mit donnernder Simme von der Kanzel, daß das Kartenspiel eine Erfindung des Teufels sei. Von dorther stammt auch das Wort, das Kartenspiel sei *des Teufels Gebetbuch*. Vorher bereits hatte der Mönch Johannes in Rheinfelden ein lateinisches Manuskript über das Kartenspiel verfaßt, das heute noch im Britischen Museum zu sehen ist (aus dem Jahr 1377).

*Indische Dashavatara-Karte (Rundkarte) aus Sawantwadi, 1. Hälfte des 20. Jahrhunderts*

Wir können festhalten: Kartenspiele und damit das Wahrsagen aus Karten ist in unserem Kulturbereich seit dem Ende des 14. Jahrhunderts nachweisbar. Außer den genannten Zahlen wird das Spiel 1378 in St. Gallen und in Brabant erwähnt, 1380 in Nürnberg und 1382 in Flandern und Burgund. Wir wissen indessen noch immer nichts über die Herkunft der Karten, auf denen das Wahrsagen wirklich beruht: der Tarotkarten.

## Der Tarot

Die Karten des Tarot — wir werden auf ihre Symbolik noch eingehen — gelten als die Schicksalskarten schlechthin. Auch hier werden uralte Quellen benannt. So die Behauptung, daß die Israeliten, wie es das Buch Moses berichten soll, eine Variante dieser Karten nach dem Willen Gottes befragten. Moses führte die Israeliten aus Ägypten heraus, und immer mehr Autoren neigen zu der Ansicht, daß die Kartenvorlagen sich aus Bildern des alten Ägypten entwickelt haben. Das hat einiges für sich, weil ja die ägyptischen Hieroglyphen nichts anderes bedeuten als heilige Bilder. In seinem Roman „Die Einweihung im alten Ägypten" schildert Woldemar von Uxkull, wie die Priester über Bilder im Tempel zu Memphis eingeweiht wurden. Diese Bilder — 22 an der Zahl — sollen mit den 22 Karten der großen Arcana identisch sein.

Dazu sei vorwegnehmend erläutert, daß der Tarot aus 78 Karten besteht. 22 Karten stellen das große Schicksal dar und 4 mal 14 Karten die kleinen Arcanen.

Das Buch von Uxkull erschien 1957. Schon 1781 schrieb Court de Gebelin in seinem Werk „Monde primitiv":

*„Stellen Sie sich die Überraschung vor, die entstehen würde, wenn heute ein altes ägyptisches Buch wiederentdeckt würde, ein Buch aus dem alten Ägypten, welches von den*

*Der Hohepriester*

*Flammen beim Brand der berühmten Bibliotheken verschont geblieben wäre und welches das tiefe und klarste Wissen der alten Ägypter enthalten würde. Bestimmt wäre jeder begierig, in die Geheimnisse eines solchen außerordentlichen Werkes einzudringen. Würde ich Sie nicht sehr überraschen, wenn ich behaupte, daß dieses Buch zu keiner Zeit verloren war und daß es seit langer Zeit in großen Teilen Europas sozusagen in den Händen jedermanns zu finden ist? Das Erstaunlichste aber wäre, wenn man versicherte, daß keiner jemals vermutet habe, es sei ägyptisch, und daß man es besäße, ohne es zu kennen, daß kaum jemand jemals versucht hat, ein Blatt zu entziffern, daß die Frucht außerordentlicher Weisheit wie ein Haufen extravaganter Figuren angesehen wird, welche an sich nichts bedeuten.*

*Tatsache ist, dieses ägyptische Werk hat als einziges bis zum heutigen Tage überlebt, nachdem alle Schätze und alles Wissen der ägyptischen Bibliotheken verlorengegangen sind. So populär ist es geworden, daß sich kein Weiser darum bemühte, über seine Herkunft nachzudenken. Niemand außer mir hat dies bis heute getan. Das Buch besteht aus 77, eigentlich 78 Blättern oder Bildern, die in fünf Gruppen eingeteilt sind. Jede Gruppe zeigt verschiedene amüsante und lehrreiche Gegenstände. Mit einem Wort, es handelt sich um das Tarotspiel, ein im heutigen Paris nicht bekanntes Spiel. Doch kennt man es sehr wohl in Italien, Deutschland und in der Provence."*

Dieser Meinung haben sich viele Autoren angeschlossen, die im Tarot das älteste symbolische Bilderbuch sehen, das sich über hunderte von Generationen gehalten hat. Auch Paracelsus, der von 1493 bis 1541 lebte, wußte von den Bildern und Figuren, die ihr Herkommen und ihren Ursprung aus der Kunst der Magie genommen haben und von den „Heiden" und Babyloniern erfunden worden sind.

Wiederum andere Quellen weisen darauf hin, daß die Karten von den Sarazenen stammen. Sarazenen wurden früher alle Völker in Europa genannt, die eher wie Mohammedaner und nicht wie Europäer aussahen. In einer Chronik der italienischen Stadt Viterbo heißt es, daß im

Jahr 1379 das Kartenspiel, welches von Serasinia komme und dort Naib genannt werde, nach Viterbo gebracht worden sei. Auffallend ist wiederum die Übereinstimmung mit den letzten beiden Jahrzehnten des 14. Jahrhunderts. Aber es heißt auch, daß diese Chronik von einem gewissen Coveluzzo stamme, der um 1500 gestorben sei, also 120 Jahre nach dem Datum, das in der Chronik genannt ist. Immerhin ist es interessant, daß das Spiel „Naib" genannt wird, da tatsächlich die Spielkarten anfangs in Italien „naibi" hießen, während sie noch heute in Spanien als „naipes" bezeichnet werden. Der Kreis schließt sich — wenigstens vom Datum her, denn wir kennen Tarotkarten (auch als Tarock bezeichnet), die aus dem 15. Jahrhundert stammen, wie das Tarockspiel aus Mantegna. Dürer hat diese Karten kopiert.

Der Tarot begann seinen Siegeszug durch Europa, wobei besonders die 22 Karten der großen Arcana oder des großen Schicksalsspiels Anklang fanden. In Frankreich verfaßte schließlich der Okkultist Papus 1889 sein Buch „Tarot der Zigeuner", in dem er darauf hinweist, daß das Wort Tarot rein ägyptisch sei, da die Silbe *Tar* soviel wie Pfad heißt, die Silbe *Ro* oder *Ros* oder *Rog* soviel wie König bedeute. Danach hieße Tarot nichts anderes als *der königliche Pfad*. Man kann das Wort Tarot — schreibt man es im Kreis — auch anders lesen.

*Fameio II aus dem sogenannten Mantegna-Tarock, Ferrara, um 1465*

T

O A

R

Unschwer läßt sich nun das Wort „rota“ erkennen, was sich auf die Rotation der Welt und unseres Erdballs beziehen läßt. Damit erschließt sich eine neue Wurzel des Tarotspiels: die Astrologie. Die Astrologie wurde einst „die königliche Wissenschaft“ genannt, die mit dem königlichen Weg oder Pfad sicher in Beziehung zu setzen ist. Die 22 Karten der großen Arcana entsprechen ziemlich genau den 12 Tierkreisabschnitten und den 10 Planeten, welche die Grundpfeiler der Horoskopie darstellen. Auch die Astrologie arbeitet mit Bildern, die aus der Anschauung des Himmels im Vergleich mit den Ereignissen auf der Erde gefunden wurden. Diese Bilder schlagen sich zweifellos in Zeichnungen aus ägyptischen Grabkammern oder Tempeln nieder, wie auch in den Bildern des Tarot. Das Bild des Totengerichts beispielsweise deckt sich sehr genau mit dem Sternbild Waage einer Tarotkarte. Auch erkennen wir leicht bei der ägyptischen Totengöttin Selket das Symbol des Skorpions.

So hat die Astrologie sicher die Kartengestaltung beeinflußt, die aus dem ägyptischen und orientalischen Mittelmeergebiet stammt, zumal sich in den ägyptischen Mythen astrologische Bilder niedergeschlagen haben. So wurde aus dem ägyptischen Gott Thot bei den Griechen Chronos, bei den Römern Saturn, der noch heute in der Astrologie den Bewahrer der Zeit verkörpert. Der Tarot gilt aber auch als das Buch des Thot, den man als Herrscher über die Zeit und damit als Herrscher über Daten und Zahlen ansah, als Herr aller Zahlengesetze, als Herrscher der Magie. Wir werden im folgenden se-

*„Das Gewissen wird gewogen“. Aus dem Totenbuch-Papyrus des königlichen Schreibers Ani*

*Totengericht mit Herz-Waage*

*Skorpiongöttin Selket*

hen, daß die Bilder der großen Arcana weit mehr enthalten als die profane Darstellung, die wir heute in vielen Wahrsagekarten finden. Wer sich in die Arcana hineinversenkt, wer sie zum Meditieren braucht, der wird schnell einen tiefen Sinngehalt erkennen. Diese Karten stellen nicht nur Einweihungs-, sondern auch Entwicklungsstufen dar, in denen der einzelne seine jetzige Einordnung erkennt und damit zur Selbsterkenntnis geführt wird. Allerdings enthalten durchaus nicht alle Tarotkarten diesen tieferen Sinngehalt, es gibt — wie überall im Leben — gute und schlechte Karten, und nicht einmal alle künstlerisch guten Karten enthalten die notwendigen, vorgeschriebenen Symbole. Die Karten des Tarot spiegeln natürlich auch die künstlerischen wie modischen Tendenzen ihrer Zeit wider.

Zeitweise wurden die Spiele auch politisch benutzt. Die Karte „Hohepriesterin" wurde als Päpstin dargestellt, womit der Vatikan lächerlich gemacht werden sollte. Das ist vergleichbar mit den Karten, die in Deutschland während des Zweiten Weltkriegs erschienen, wo sich hinter den Buben, Damen und Königen Karikaturen von Parteigrößen verbargen.

*Visconti-Sforza tarocchi, Mitte des 15. Jahrhunderts*

*Der Hierophant aus Tarot von Crowley*

*Chinesische Tarotkarte*

*Karte aus Basque Mythical Tarot*

*Karte aus Tarot de Papus*

Wie sich Menschen die Götter nach ihrem Ebenbild schufen — so daß ein mexikanischer Gott mexikanisch, ein europäischer Gott europäisch aussieht —, so geschah dies auch weltweit mit den Tarotkarten, wo wir chinesische wie baskische Karten finden und die vieler anderer Länder.

Wichtig für die Geschichte des Tarot und der ihm nachempfundenen, später entwickelten Wahrsagekarten ist ohne Zweifel das 18. Jahrhundert, das als die Zeit der Aufklärung gilt. Während der Aufklärung gab es — wenn wir nur die Memoiren des Giacomo Casanova studieren — jedoch auch magische Zirkel. Orakel wurden befragt, die Alchimie erlebte einen Aufschwung, und es gab sogar wieder Geisterseherei.

Auf offener Straße wurde in das Gebiet eingeführt, das wir heute Esoterik nennen, und neben suchenden Philosophen und Weisen lehrten Scharlatane die tiefsten Geheimnisse der Welt. Geheimbünde oder Logen wurden gegründet, wobei der Tarot oft mit im Spiel war. Gesellschaftlicher Mittelpunkt seiner Zeit wurde hier der Abenteurer Cagliostro, der auch in Deutschland auftrat. Er berief sich auf uraltes, ägyptisches Wissen, und da allgemein eine ägyptische Welle wogte und das Land vom Nil plötzlich als Urheimat nicht nur der menschlichen Kultur, sondern auch der Esoterik angesehen wurde, erschienen Romane über Thot und über Sethos. Im Zug dieser Mode wurden immer mehr Tarotkarten im ägyptischen Stil angefertigt, so das Spiel des schon erwähnten Papus.

Auch der bereits zitierte Court de Gebelin tauchte in einer Loge auf, die sich „Loge zu den neun Schwestern" nannte. 1778 erlebte diese Loge hohe Anerkennung, da sie keinen geringeren als Voltaire als Mitglied

*Karte aus einem Sibyllen-Spiel*

aufnehmen konnte. Es war die Zeit der Suche nach einer neuen Kultur, indem man auf uralte Kulturgüter zurückgriff. So nannte Court de Gebelin die 22 Trümpfe (gleich den 22 Karten der großen Arcana) Hieroglyphen, die es zu entziffern gelte. Das ging soweit, daß Paris als Stadt der Isis bezeichnet wurde, als *„Par-is“* (Schiff der Isis). Frauen, die gut wahrsagen konnten, wurden Sibyllen genannt, und Spiele der Sibyllen erschienen damals in großer Zahl.
Dabei zeigte sich eine Gefahr immer mehr: Die geheimnisvollen und wirklich symbolträchtigen Karten der großen Arcana des Tarotspiels

*Kartenlegerin zu Beginn des 19. Jahrh.*

verloren an Bedeutung, je mehr die Kartenlegerinnen das Wahrsagen betrieben. Es waren in der Mehrzahl die Frauen, die das Metier ausübten. Aus den vier Spielen der kleinen Tarot-Arcana entwickelten sich im Lauf der Zeit die vier schon genannten Farben. Die kleinen Arcana des Tarot haben folgende Farben: Schwerter, Münzen, Kelche und Hölzer.
Diese vier Farben gehen auf die vier Elemente zurück, die seit der Zeit des Aristoteles das philosophische Denken, die Astrologie wie die Alchimie weitgehend mitbestimmen. Die Schwerter sind das Symbol für das Element Feuer, die Münzen das Symbol für das Element Luft, die Kelche für das Element Wasser und die Hölzer für das Element Erde. Aus diesen vier Elementeinteilungen haben sich mit der Zeit folgende Allegorien herausgeschält:
Die Schwerter wurden zu Herzen. Zwar meinen manche Autoren, daß die Kelche zu Herzen wurden, aber es ist wohl eindeutig, daß die Kelche symbolisch die einzige Darstellung sind, die anzeigt, daß sie Wasser beinhalten können. Außerdem wurde das Element Feuer immer mit der Liebe, der Leidenschaft, den Idealen des Herzens gleichgesetzt. Sonne, Jupiter und Mars sind in der Astrologie die Symbole, die dem Element Feuer zugerechnet werden. Das Schwert ist außerdem ein Marssymbol erster Güte; wie das Herz ein Symbol der Sonne ist, so muß einfach aus den Schwertern die Farbe Herz werden. Die Karte Herz-As wird oft als Symbol des Mannes angenommen, während Pik-As das Symbol der Frau darstellt.

Die Kelche sind das Symbol des Wassers; sie wandeln sich zur Pik-Farbe. Mond und Neptun sind die astrologischen Symbole des Elements Wasser. Damit finden wir in den Kelchen wie in den Pik-Karten auch das Weibliche, die Frau, das Unterbewußtsein, das Seelische, das Melancholische und die Trauer. Aber auch die Inkarnation, die Auferstehung, da das Wasser stets als Symbol der Be-

*Vier Farben-Karten des Marseilles-Tarot und ihre Entsprechung im französischen Kartenspiel*

fruchtung und des neuen Lebens galt.

Die Hölzer entsprechen dem Element Erde. Aus ihnen wird die Kreuz- oder Treff-Farbe. Hier ist astrologisch in erster Linie Saturn dazuzurechnen und damit auch das Kreuz, das uns auf dieser Erde aufgetragen wurde, die Zeitmessung und ihre Nutzung, ferner das Reale, das Sachliche sowie die Hemmungen und Belastungen.

Bleiben die Münzen, die dem Element Luft zugehörig sind und zur Karo-Farbe werden. Die Münzen stellen ein Symbol des Handelns dar. Es war ein gewaltiger Fortschritt, als der Mensch sich ein Mittel schuf, um vom Tauschhandel wegzukommen. Die Münzen spiegeln das Gedankliche, das Intellektuelle, den denkenden Geist wider.
Die 4 Farben der kleinen Arcana haben je 14 Karten. Davon sind 4 Personenkarten, und die restlichen 10 reichen von 1 bis 10. Diese Zahlen sind auch heute noch geblieben, nur wurden aus den 4 Personenkarten 3. Die Personenkarten sind König, Dame, Ritter und Page, deshalb auch Hofkarten genannt. Bei der Wandlung zum französischen Spiel wurden die Karten des Ritters und des Pagen zu einer Karte — dem Buben! Der Bube enthält also zwei Personen, daraus erklärt sich vielleicht, warum der Bube in einigen Spielen — wie beim Skat — eine so wichtige Rolle spielt. Damit beträgt die Anzahl der Karten für jede Farbe statt 14 nur noch 13! Die Kartenleger und -legerinnen hatten also keine Angst vor der sogenannten Unglückszahl 13. Im Gegenteil, sie wollten unbedingt auf diese Zahl kommen! 4mal 13 ergibt ein Spiel von insgesamt 52 Karten, die uns jetzt immer häufiger begegnen werden, und dies ganz besonders bei den Wahrsagekarten.

## Die Wahrsagekarten

Wahrsagekarten sind heute wie einst im Gebrauch und beziehen sich auf die kleinen Arcanen und auf die französischen Farben. Natürlich gibt es noch andere Wahrsagekarten, in deutschen oder in Phantasiefarben.
Sicher ist wohl, daß diese Wahrsagekarten leichter zu handhaben sind als die 22 Karten der großen Arcana, des großen Geheimnisses. Sie reichen durchaus für den gewöhnlichen Gebrauch, um Auskünfte über Liebe, Glück, Geld oder Alltagsfragen zu geben. Wenn es jedoch um wesentliche psychologische Fragen geht, wird der Kartenleger kaum um die 22 Karten der großen Arcana herumkommen.
Das erste Wahrsagespiel, das Aufsehen erregte, stammte von dem Franzosen Etteilla. Wir kennen von ihm beispielsweise das „Jeu du Petit Etteilla", ein Spiel mit Bilderkarten, die unten rechts bereits die französischen Farbzeichen tragen. Dieses Spiel dürfte nach 1780 entstanden sein. Ein anderer Name für dieses Spiel lautet: „Le Petit Oracle des Dames". Der Schöpfer dieser Karten soll Perückenmacher gewesen sein und will 1753 das Geheimnis der Karten entdeckt haben. Er selbst nannte sich „Lehrer der Algebra" und hat wohl für seine Wahrsagerei sehr viel Geld bekommen. Die Ratsuchenden empfing er in einem recht vornehmen Hotel. Auch daran hat sich bis heute kaum etwas geändert. Bekannter noch sind seine Tarotspiele, darunter eines, das er „Das ägyptische Tarot" nannte; es weist allerdings nicht viel Ägyptisches auf.

*Narr aus Etteilla-Tarot, spätes 19. Jahrhundert*

Die Kartenhersteller legten seinerzeit Wert darauf, daß die Karten auch von Analphabeten gebraucht werden konnten. Dies heißt letztlich, daß das allgemeine Niveau der Kartenleger nicht allzu hoch anzusetzen war. Zwei Spiele wurden nun berühmt: die „Sibylle des Salons" und das Spiel „Livre du Destin". Das erste hatte 52, das zweite 32 Karten.
Später vereinfachte man bereits das Kartenwerk. Wie wir noch sehen werden, wurden in vielen Spielen die Karten mit den Nummern zwei bis sechs ausgelassen. Man sagte also aus einem Kartenblatt voraus, das heute unseren Skatkarten entspricht. Auch wurden die einst recht großen Karten zusehends kleiner, wohl um sie bequemer in eine Tasche des Kostüms oder des Anzugs stecken zu können. So kamen die Wahrsagerinnen besser zu ihrer Kundschaft, die sie teilweise — wie heute noch in südlichen Ländern — auf der Straße ansprachen.
Nachdem so der Anfang gemacht war und sich das Kartenschlagen wie der Wind ausbreitete, erschienen Wahrsagekarten in großer Zahl. Die beliebtesten und heute noch von den beruflichen Kartenschlägern verwendeten Karten waren die Spiele, die nach Mlle. Lenormand benannt wurden.
Um diese Kartenlegerin, die zur Zeit Napoleons von sich reden machte, bildeten sich viele Legenden. Von Augenzeugen ist wenig überliefert. Sie wurde am 27. Mai 1772 in Alençon unter dem Sternzeichen Zwillinge geboren. Mit 21 Jahren ging sie nach Paris, um dort in einer Wäscherei zu arbeiten. Nach kurzer Zeit tat

*Mlle. Lenormand aus einem Kartenspiel*

sie sich mit der Wahrsagerin Mme. Gilbert zusammen. Kurz danach stand Mlle. Lenormand vor einem Gericht, angeklagt und verurteilt wegen Wahrsagerei. Dies hinderte sie aber nicht, nach ihrer Freilassung in der Rue Honoré ein Kabinett zu eröffnen. Am 25. Juni 1843 starb sie in Paris.

Als Kartenlegerin genoß Mlle. Lenormand einen sehr beachtlichen Ruf und führte ein großes Haus mit Personal. Angeblich soll sie sogar Napoleon die Karten gelegt haben, was sicher nicht zutraf, aber Prominenz belebt das Geschäft. Immerhin verkehrten in ihrem Haus Mitglieder des Hofes von Napoleon, denen sie sowohl den Aufstieg wie den späteren Fall Napoleons vorausgesagt haben mag. 1809 wurde sie aus Paris ausgewiesen und lebte bis 1814 in Brüssel, von wo sie mit den Bourbonen zurückkehrte. Die Zeit bis zur Revolution von 1830 waren die Jahre, in denen sie besonders erfolgreich gewesen sein soll. Mlle. Lenormand schuf den Typ der „cartomancienne mondaine", das heißt, bei ihr gaben sich der Adel wie das gehobene Bürgertum die Hand. Sie stellte das dar, was wir heute als Wahrsagerin der Schickeria bezeichnen würden.

Schon als Kind fiel sie angeblich so auf, daß Bischof Grimaldi der damals Siebenjährigen eine übernatürliche Inspiration attestierte.

Und es scheint, daß Mlle. Lenormand sehr vielseitig war, denn sie stellte Horoskope, beherrschte die Geomantie, las aus der Hand und aus dem Kaffeesatz. Bei allem, was wir über sie wissen, ist allerdings Skepsis geboten, denn es stammt von ihr selbst. Anzunehmen ist aber, daß Mlle. Lenormand intuitiv psychologisch arbeitete, in der Art einer Vulgärpsychologie. Sie befragte nämlich ihre Kundinnen und Kunden nach dem Alter, ihrem liebsten Tier, nach der Farbe, die sie bevorzugten, und ähnlichem. Sie schrieb selbst Bücher; in einem stellt sie sich als Sibylle vor, die in Blitz und Donner erschienen sei. Sie besuchte Kongresse, und wahr ist wohl, daß sie auch

*Medea reicht Jason Gift aus Lenormand-Karten*

Josefine einmal (vielleicht mehrmals) beraten hat. Überliefert ist, daß Napoleon nicht gut auf sie zu sprechen war, vielleicht weil eben seine ihm 1796 angetraute Josefine de Beauharnais bei der Kartenlegerin ein- und ausging.

Nach Mlle. Lenormand sind sehr viele Spiele benannt, die aber nicht von ihr geschaffen, sondern vielleicht von ihr genutzt wurden. Anhand der „Lenormandspiele" läßt sich der Wandel der Wahrsagekarten bestens dokumentieren.

Die Karten dieses Spiels enthalten Sternkonstellationen, Bilder aus Mythen und reale Geschichten.

*Lenormand-Karten in ihrer Wandlung*

Auf der Karte Treff-Neun sehen wir verschiedene Motive. Sie stellt den Kampf des Herkules gegen die Hydra dar, der die Köpfe immer wieder nachwachsen. Ein Krebs, den Juno geschickt hat, kommt der Hydra zur Hilfe, indem er Herkules (oder Herakles) in die Ferse beißt. Dieses Bild sagt also etwas über eine List, über eine Schlauheit aus, die ins Feld geführt wird.

Die nächste Karte zeigt schon eine gewisse Profanierung. Man braucht hier nicht mehr unbedingt die Mythen zu kennen, denn im Text kann jeder, der die Karten deuten will, bereits die gute wie die schlechte Aussage finden. Außerdem ist hier eine Numerierung zu finden, welche die Karten fortlaufend zählt, wobei eine Mischung zwischen den einzelnen Farben vorgenommen worden ist. Wichtig ist, daß diese Karte bereits einen Namen trägt. Treff-Neun heißt „Der Fuchs".

In einem späteren Spiel wird nur noch der Name dieser Karte illustriert, alles Mystische und Mythische ist verschwunden.

Auf einer Karte sehen wir den Fuchs und das französische Farbensymbol, während wir in der Nebenkarte statt des Farbensymbols einen Text finden, in dem auf den schlauen Fuchs hingewiesen wird, der vor einem Betrug oder einem schlauen Blick warnt. Im Grunde schließt sich hier der Kreis bereits wieder zu den Anfängen des Kartenlegens, zu den Loskarten.

Die Zahl der Lenormandspiele ist nicht mehr zählbar. Behauptet wird jedoch, die echten seien die mit den Symbolbildern aus den Mythen und Sagen. Diese Karten sollen vergessen gewesen sein, bis sie in einem Buch, das jemand auf einem Bücherstand an der Seine erworben hatte, wiederentdeckt wurden.

*Lenormand-Karten in ihrer Wandlung*

Im ältesten Spiel ohne Text und Numerierung finden wir ein Bild, das ein Götterfest darstellt. Hier wirft die Göttin der Zwietracht einen Apfel auf die Tafel, der die Aufschrift trägt: „Der Schönsten". Wir kennen diesen Ausgangspunkt, der zum Trojanischen Krieg führte.
Unten sieht man eine Schlange sowie einen Mann, der wohl die Schönste sucht. Es geht also um die Suche nach einem Weg. In der ähnlichen Karte trägt diese die Nummer 22 sowie den Titel „Der Weg" (*Le chemin — The road*), während im neueren Bild nur noch ein Weg zu erkennen ist.
Auf der letzten Karte gibt ein Spruch wieder Aussagemöglichkeiten. Er lautet, daß man einen Weg aus einer Gefahr findet, wenn die Wolken hell sind, womit eine Nachbarkarte anvisiert wird (siehe Spielkombinationen).
Die ältesten Karten enthalten also sehr viel mehr Symbolgehalt, hier werden die Intuition (die Einfallskraft) und die Inspiration (die Hellsichtigkeit) ungleich stärker gefordert als in den modernen Karten. Dies bedeutet jedoch, daß sich die älteren Karten (die inzwischen in Frankreich neu herausgegeben werden) mehr an Kartenleger mit großer Allgemeinbildung wandten, aber auch eine tiefere Verbindung zum Psychologischen aufzeigten, denn die Mythen der Griechen haben einen hohen psychologischen Weisheitsgehalt.
Insofern ist es schade, daß die Karten meistens einfach, ja banal gestaltet werden. Es ist deshalb zu begrüßen, daß neuerdings wieder die älteren Karten modern werden.

*Lenormand-Karten in ihrer Wandlung*

*Kipper-Karten*

*Zigeuner-Wahrsagekarten*

Die Karte 13 (also die Karte der Unglückszahl) trägt den Namen „Das Kind". An diesen Beispielen aus 11 Spielen erkennen wir die Verschiedenheiten der Lenormand-Karten. In der Mitte der Karte ohne Numerierung und Titel sehen wir, wie ein Philosoph, eine Waage in der Hand haltend, Materie abwiegt. Hier wird also etwas gewogen, und wie die Bilder darunter zeigen, werden auch Meinungen abgewogen, also auf ihren Wert untersucht. Der Name „Das Kind" (*L'enfant* bzw. *The Child*) weist darauf hin, daß etwas erwägt und abgewogen werden muß, bevor etwas Neues entsteht. Dies alles kann aus den übrigen Karten nicht mehr ersehen werden, wenn wir einmal ausnehmen, daß die Spruchweisheit etwas verkündet. Dem Sinn nach: „Du bist gut und begehrt und allseits hochverehrt." Es bedarf also schon gewisser Künste, will man heute aus den vielzitierten Karten etwas herauslesen, das in die Tiefe geht.

Noch ein Wort zur Themenwahl der mystischen und mythischen Bilder. Da geht es einmal um die Eroberung des „Goldenen Vlieses", um den „Trojanischen Krieg", um die „Alchimie" sowie um die 12 Tierkreiszeichen. Wie die Karten in sich aufgebaut sind, erscheint auf den ersten Blick nicht recht erkennbar. Aber wer sich heute mit dem Wahrsagen aus Karten beschäftigt, kommt um die der Mlle. Lenormand nicht herum, genauso wenig wie um die Karten der Tarotspiele.

Es ist erstaunlich, was Mlle. Lenormand vorhergesehen haben will. So soll sie mit 17 Jahren die baldige Einberufung der Generalstände prophezeit haben, die seit 165 Jahren nicht mehr zusammengetreten waren, und sie weissagte das Ende der französischen Monarchie.

Eine andere Art der Wahrsagekarten sind die Kippers — mit Illustration und Beschriftung.

Diese Karten eignen sich am besten für ein Frage- und Antwortspiel, wie wir noch sehen werden. Tiefe Erkenntnisse aus der Betrachtung sind hier nicht möglich, genausowenig wie bei den sogenannten Zigeuner-Wahrsagekarten, die erst rund 20 Jahre alt sind. Diese Karten zeichnen sich dadurch aus, daß der Titel jeder Karte in vier Sprachen aufgedruckt ist. Bei diesen Karten bleibt kaum etwas zu deuten, von Mitarbeit der Ratsuchenden kann hier meist keine Rede sein. Aber die schlichte, ja naive Einfachheit dieser Bilder entwaffnet dann doch. Außerdem ist das Verlangen nach diesen Karten recht groß, weil scheinbar alles leicht zu erkennen oder zu ersehen ist.

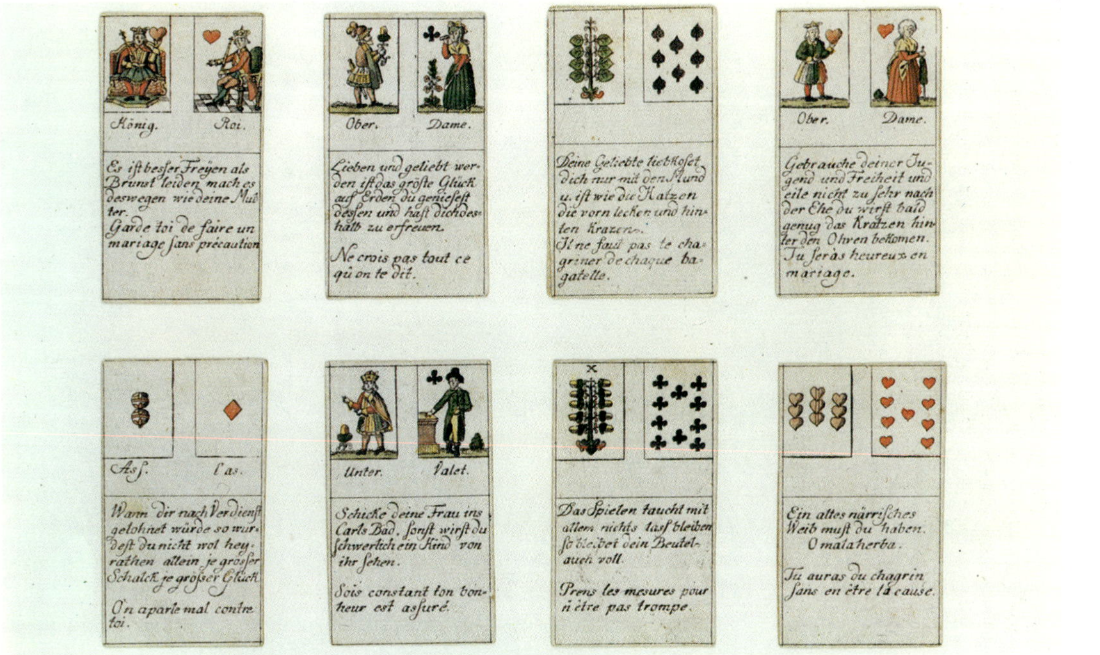


*Wahrsagekarten mit deutschen und französischen Farben und Texten, Deutschland, 1806*

Wahrsagekarten gibt es oder gab es in allen Ländern. Wir kennen sie aus England, aus der Tschechoslowakei, Frankreich, aus Italien, Belgien, aus Indien — um nur einige Länder zu nennen. Wahrsagekarten sind international, da braucht es keine Übersetzung. Viele von ihnen haben mit dem Titel, den sie tragen, nichts zu tun. Dies gilt beispielsweise nicht nur für die *Sibyllen*-Karten, sondern auch für die *Nostradamus*-Wahrsagekarten. Weniger im Gebrauch sind beim Weissagen die Karten mit deutschen Farben. Das mag daran liegen, daß die französischen Karten nicht nur internationaler, sondern auch einfacher zu handhaben sind.

Die deutschen Farben lauten: Herz, Eichel, Blatt und Schellen. Dabei gibt es aber jeweils noch eine Unter- und eine Oberkarte für Dame und Bube sowie die Daus-Karte.

Eine interessante Variante stellen dann noch die Handlesekarten dar, statt der bisher genannten Motive finden wir hier Innenhandabbildungen mit jeweils verschiedenen Betonungen von Linien, Bergen, meist versehen mit astrologischen Symbolen.

Auch heute — bei aller sogenannten Aufgeklärtheit — blüht das Geschäft mit dem Kartenlegen, und es gibt hier wirklich wahrhafte Meisterinnen oder Meister dieses Metiers. Aber kaum eine dieser Prophetinnen kann sich solch ein Leben wie Mlle. Lenormand leisten. Statistisch gesehen, sind diese Personen nicht zu erfassen, immerhin verdienten um 1900 Tausende in Berlin damit ihren Lebensunterhalt. Aufschlußreicher ist es, zu beobachten, in welcher Zahl die Karten verkauft werden. Heute sind die Tarotkarten die großen Favoriten; jedes Jahr erscheinen neue Spiele.

# Die Kunst des Kartenlegens

Ist Kartenlegen eigentlich eine Kunst? Viele, überwiegend rational eingestellte Menschen antworten mit einem klaren „Nein!". Funktioniert das Wahrsagen aus Spielkarten überhaupt, wenn es schon keine Kunst ist, oder ist alles nur Unfug? Hierauf kann man nur mit einem Ja oder einem Nein antworten. Kartenlegen kann Unfug sein, aber es gibt so verblüffende Beispiele für das Funktionieren des Kartenlegens, daß selbst der größte Skeptiker zugeben muß, daß wohl doch einiges dran sei. Meist wird dann der Satz zitiert, daß es erstaunliche Dinge zwischen Himmel und Erde gebe, die nicht rational oder naturwissenschaftlich beweisbar seien. Andere wiederum streiten nicht ab, daß es Menschen gibt, die eine Begabung für eine Vorhersage der Zukunft haben; mit ihrer Begabung gebrauchten sie die Karten allerdings nur als Konzentrationspunkt, sie würden auch aus dem Kaffeesatz, aus einer Kristallkugel einiges herauslesen können. Außerdem meinen viele Leute, daß es vor allem unter Kartenschlägerinnen solche gebe, die mit phantastischer Einfühlung die Ratsuchenden dazu brächten, soviel von sich zu erzählen, daß ein gewitzter Kopf hier nicht allzu schwer auf Folgerungen kommen könnte. Auch daran ist sicher etwas Wahres, wie eben gute Lehrer recht schnell und zielsicher erkennen können, welche Schüler es im Leben zu etwas bringen.

Aber die Sache mit dem Wahrsagen geht doch tiefer. Es ist dargelegt worden, daß in den Karten — und dies besonders in den Tarotkarten — soviel Archetypisches enthalten ist, soviel Mysthisches, daß Ratsuchende und Ratgebende schnell eine Brücke zueinander und auch leicht zu einer gemeinsamen Sprache finden.
Sicher ist auch, daß die Karten meist gefühlsmäßig nach der Intuition des Legers interpretiert werden. Kartenleger hatten oft so schnellen Kontakt zu ihren Kunden, daß die Kirche dagegen angehen mußte, vom „Gebetbuch des Teufels" sprach, weil sie befürchten mußte, daß viele Ratsuchende zu einer Wahrsagerin oft mehr Zutrauen empfanden als zu einem Priester. So wurden Kartenmacher von der Kirche geächtet, und das Kartenlegen wurde verboten. Die Hersteller rächten sich, indem sie Papst und Päpstin im Spiel auftauchen ließen.
Auch beim Kartenlegen haben (wie bei der Astrologie) die moderne Psychologie und die Entwicklung auf diesem Gebiet seit Freud und C. G. Jung eine Brücke geschlagen. Das Kartenlegen ist nämlich ein — meist nicht erkanntes — Testspiel. Das heißt, das Bewußtsein — vor allem aber das Unterbewußtsein — spielen hier eine große Rolle. Fast jeder hat schon einmal einen Test dieser Art hinter sich gebracht. Da gibt es Berufseignungstests, oder eine einzuführende Ware wird getestet. Dabei werden Karten oder Bilder angefertigt; die Fragenden sollen dann zu diesen Bildern positiv oder negativ Stellung nehmen. Dies kann jeder nachvollziehen, wenn er nur eine Illustrierte aufschlägt und sich in die Bildanzeigen der Werbung vertieft. Manche Bilder locken ihn, manche stoßen ihn ab, andere Bilder lassen die Leserin, den Leser unberührt. Ähnliche Reaktionen stehen am Anfang eines Wahrsagens aus Karten.

Wir werden nun einen Test dieser Art vorschlagen. Jeder Mensch ist Stimmungen unterworfen, die sich abwechseln, weil es bestimmte Lebenssituationen gibt, in denen man sich sehr wohl, und andere, in denen man sich sehr unwohl fühlt. Verzweifeltsein wechselt mit Hoffnung, Gleichgültigkeit mit starkem Engagement.

Der Test muß ausgeführt werden, bevor die Ratsuchenden oder die Lernenden mehr über diese Karten und ihre Bedeutung wissen. Man läßt die Karten eine Weile von den Testpersonen betrachten und fordert sie dann auf, drei Karten auszuwählen, die ihnen sympathisch erscheinen, und drei Karten, die sie abstoßend finden. Dabei ist es zunächst unwichtig, ob diese Karten von der Unterschrift her ausgewählt werden oder vom

*Ansata-Tarot*

4
DER HERRSCHER

13
DER TOD

12
DER GEHÄNGTE

20
DIE AUFERSTEHUNG

1
DER MAGIER

8
DIE GERECHTIGKEIT

9
DER EREMIT

21
DAS ALL

2
DIE HOHEPRIESTERIN

3
DIE HERRSCHERIN

0
DER NARR

Bild. Wenn jedoch Personen die Bilder von den Namen der Karten her aussuchen, dann ist der Schluß erlaubt, daß hier mehr vom Verstand her gewählt wurde, eine Tatsache, die bereits gewisse Folgerungen zuläßt. Werden die Karten jedoch mehr vom Bild her ausgewählt, dann arbeitet das Unterbewußtsein schon erheblich mit.

Eine Kaufmannsfrau, die Eheprobleme hatte, wählte als positive Karten die „Sonne", den „Stern" und den „Siegeswagen", in dieser Reihenfolge. Die Karten enthüllen, daß diese Frau eine starke (sicher natürliche) Sehnsucht nach Gemeinsamkeit, Liebe und Stolz hat. Als abstoßende Karten wählte sie: den „Teufel", den „Mond" und den „Tod". Dabei spielt es zunächst keine Rolle, daß Teufel und Tod die Karten sind, die meist als besonders negativ, ja erschreckend angesehen werden. In unserem Test heißt dies (wenn wir hier einmal ein wenig schnell urteilen wollen), daß diese Frau Angst vor ihrem Trieb hatte, obwohl sie sich an den Trieb gefesselt glaubt, daß sie Alpträume quälen, sie eine unheimliche Scheu vor der nächtlichen Dunkelheit und Stille in sich fühlt, die sie schon sehr an den Tod erinnern.
Aus dieser etwas krassen Wahl, die aber so selten nicht ist, ist für denjenigen, der mit den Karten psychologisch arbeitet, schnell zu erkennen, daß diese Frau einem Klischeedenken unterliegt: Hell ist gut, Dunkel ist schlecht. Die Ratsuchende ist einfach (noch) nicht so weit, anzuerkennen, daß jedes Ding, auch jede Lebenssituation, zwei Seiten hat, daß zum Tag die Nacht gehört, zum Leben der Tod, zur Lebensgemeinsamkeit (Karte: „Die Sonne") auch der Trieb. (Es sei hier eingeschoben, daß alle Beispiele, die wir nennen, aus der Praxis stammen und kein Beispiel der Anschaulichkeit wegen erfunden wurde.)

Ein Mann, der insgeheim mit einem freiwilligen Austritt aus dem Leben spielte, was dem Ratgeber nicht bekannt war, wählte sich als positive Karten: den „Eremiten", den „Tod" und die „Auferstehung". Als negative Bilder suchte er heraus: die „Herrscherin", die „Hohepriesterin" und den „Narren".
Es war nicht schwer, diesen Mann auf seine Lebensfluchtgedanken anzusprechen, denn er wollte in die Einsamkeit, wollte durch den Tod in ein neues Leben treten. Dabei hinderte ihn die Bindung an seine Mutter, an der er sehr hing. Das Gewissen („Hohepriesterin") und die Angst vor dem, was *dann* kommt, obwohl er endlich frei wie ein Vogel leben wollte („Narr"), hemmten ihn.

Aus diesen Beispielen, die nicht immer so drastisch ausfallen, wird wohl klar, wie sehr sich hier ein Mensch bereits offenbart, wenn dies auch so deutlich nur geht, solange die Ratsuchenden den Inhalt der Karten nicht kennen. Meist entwickelt sich dann hinterher ein psychologisches Gespräch, wenn der Beratende fragt, warum diese oder jene Karte abgelehnt wird, warum diese oder jene Karte anspricht. Aus diesen Gesprächen ergeben sich bereits Einsichten, die zu einem Insichgehen oder zumindest zu einem gegenseitigen Öffnen führen. Mit diesem Test offenbaren sich die Menschen viel leichter als bei der Aufforderung, etwas von sich zu erzählen. Wir wissen ja auch alle, daß Träume sehr viel vom Unterbewußtsein verraten, nur besteht hier die Schwierigkeit, daß der Ratende die Traumwelt des anderen Menschen nicht so sehen kann, wie es der Träumende erschaut hat, auch wenn diese Schilderungen noch so plastisch sind.
Daher ist es richtig, sich die Träume weniger erzählen zu lassen; sie sollten vielmehr aufgezeichnet werden. Und nun tritt das Verblüffende ein, daß viele Träume oft einer oder mehreren Karten der großen Arcanen ähneln.
Einen anderen, sehr hilfreichen und nützlichen Test kann jetzt jeder Leser an sich nachvollziehen. Schauen Sie sich die 22 Karten an, und suchen Sie die Karte heraus, die Ihrer jetzigen Situation am besten entspricht. Danach die Karte, die der vergangenen Situation nahekommt und schließlich — aber erst als dritte Karte — diejenige, welche der Lage entsprechen könnte, nach der Sie sich sehnen.

Eine selbständige tüchtige und berufstätige Frau wählte als erste Karte „Fortune“. Das heißt, sie fühlt sich gerädert. Als Karte der Vergangenheit wählte sie die Karte „Der Siegeswagen“. Das weist auf großen Stolz hin und darauf, daß sich diese Frau damals (in der Vergangenheit) durchgesetzt hat. Sie erklärte, daß sie sich um ihrer beruflichen Karriere willen hatte scheiden lassen. Als Zukunftskarte wählte sie spontan zwei Karten, den „Turm“ und den „Stern“: Sie hofft, daß es in naher Zukunft bei ihr wie ein Blitz einschlagen wird und sie die Liebe wiederfindet.
Es ist unglaublich, wieviel durch so wenig schon aufgedeckt wird, denn die Karten sprechen für sich, und sie regen die Phantasie oder die Ausdruckskraft des Unterbewußtseins gewaltig und doch unmerklich an. Der Mensch offenbart sich.
Eine junge Studentin kam zum Ratgeber. Als Unterstreichung ihrer jetzigen Situation wählte sie die Karte „Der Hohepriester“. Da war es nicht schwer, auf eine starke, innere Prüfungsangst zu schließen. Aber diese Angst betraf nicht einmal das Studium, sondern die Studentin litt unter der Angst, daß ihre zukünftigen Schwiegereltern ihr gegenüber zu streng sein könnten. Als Karte der Vergangenheit wählte sie den „Gehängten“. Auch diese Wahl ist ziemlich eindeutig, sie zeigt, daß sich in der Vergangenheit ihr Leben völlig umgekehrt hatte.
Da sie Angst vor den prüfenden Blicken der Schwiegereltern hatte, war zu kombinieren, daß sie, ein Arbeiterkind, sich bedingungslos in einen Mann verliebt hatte, der aus Akademikerkreisen stammte. Man meine nun nicht, dies sei doch längst überwunden! Vom Kopf her vielleicht — aber nicht vom Unterbewußtsein, nicht von der Seele her. Als Karte der Zukunft wählte sie „Die Herrscherin“. Das heißt, sie wollte aufsteigen, sich beherrschen lernen, wozu auch gehört, sich über ein gutes Benehmen einer neuen gesellschaftlichen Lage anzupassen.
Der Berater sah zwar, daß die Ratsuchende sich wieder in ein Korsett flüchtete, aber er hatte einen guten Ansatz gefunden, um mit dieser Frau darüber zu sprechen.

Kartenlegen öffnet also sehr schnell das Unterbewußtsein der Fragenden, so daß man bald und zwanglos in ein Gespräch kommt, weil die Ansätze dazu gegeben sind. Daß sich dies bei den später beschriebenen Spielen auswirkt, ist selbstverständlich, aber es zeigt auch, wie das Kartenlegen grundsätzlich funktioniert. Die Fragenden arbeiten mit: Dies ist das Entscheidende, und dazu muß man sie anregen.

# Das Kartenlegen

Erste Voraussetzung: Man nehme sich Zeit. Wer sich zutraut, anderen wahr- oder weiszusagen, der darf dies nicht nebenbei in einem Lokal oder auf einer Gesellschaft machen. Sicher gibt es auch das Jux-Kartenlegen, das niemand zunächst ernst nimmt. Später stellt sich dann heraus, daß doch mancher Satz, manche Aussage hängengeblieben sind. Ein Satz wie: „Sie werden es in Zukunft zu Hause nicht leicht haben!" ist zwar schnell hingesprochen; man bedenkt aber kaum, welche Folgen er haben kann. Auch sollte sich jeder erst dann an das Kartenlegen heranwagen, wenn er die Karten in- und auswendig kennt, wenn er sich in der Kombination und der behutsamen Aussage geübt hat.

Eine andere Gefahr besteht darin, daß sich manche Besprechung endlos hinzieht. Das ist sehr gefährlich, weil einerseits viel vom Gesagten untergeht oder vergessen wird und weil sich andererseits niemand länger als 45 Minuten angemessen konzentrieren kann. Kein Kartenlegen sollte also länger als eine Dreiviertelstunde dauern.

Und schließlich: Das Kartenlegen darf nicht nach Belieben immer wiederholt werden! Auch hier ist eine Pause von einigen Monaten angebracht. Dies gilt natürlich nicht für den Zeitraum, wenn man übt. Es hat sich als recht günstig erwiesen, wenn mehrere Personen — vielleicht unter Anleitung einer schon erfahrenen Kartenlegerin — gemeinsam üben. Allein für sich zu Haus lernt man es kaum, denn es kommt auf den Kontakt mit Menschen an, auf die Art der Formulierung und auf das Einfühlungsvermögen. Wird das Kartenlegen in einer Gruppe probiert, dann bekommt man schnell mit, wie empfindlich einige reagieren, und man lernt auch, daß die Aussagen klar sein sollten. Den Sibyllen und Pythien ist ja immer vorgeworfen worden, daß sie ihre Orakelsprüche so formulierten, daß man dieses und jenes heraushören konnte. Das wäre nicht gut. Die Aussagen sollen so formuliert werden, daß sich wirklich ein beratendes Gespräch ergibt. Dazu ist es notwendig, daß jede Geheimnistuerei vermieden wird. Die schwarze Katze auf der Schulter der Kartenlegerin ist ein böses Klischee und sollte es bleiben!

Es ist auch anzuraten, daß der Beratende beim Fallen einer Karte nicht plötzlich eine gewichtige Miene aufsetzt, nichts sagt oder nur ausweichend antwortet. Hier müssen sich diejenigen, die mit Karten arbeiten, gut in der Gewalt haben. Keine Suggestivfragen stellen, die nur verunsichern! Nie auf eine Antwort drängen, es schadet oft gar nichts, wenn die Karten mehrere Minuten lang nur stumm angeblickt werden.

Alle, die Karten schlagen, sollten mehrere Arten von Spielen besitzen, denn es kann durchaus sein, daß Ratsuchende mit manchen Kartenbildern nichts anfangen können und davon abgestoßen werden. Es wird sich ergeben, daß jeder zu „seinen" Karten findet. Wir stellen hier im Buch eine große, und doch „kleine" Auswahl vor. Sicher ist richtig, daß manche Karten dem einen gar nichts, anderen viel sagen. Oft wird eine gewisse Vertrautheit zu ihren Symbolen erst nach Monaten, ja nach Jahren gefunden, das muß jeder an sich erfahren.

Hiervon nehmen wir jedoch die französischen Spielkarten aus. Da gibt es kaum Vorurteile, wenn man davon absieht, daß die Treff-Dame und der Pik-Bube meistens und unsinnigerweise einen schlechten Ruf haben. Es wäre auch nicht gut, wenn jeder für sich eigene Kartenbedeutungen sucht. Es ist wohl klargeworden, daß die Karten etwas Archetypisches in sich bergen und daß sich im Lauf der Zeit ihre Aussagen herausgeschält haben.

Im Anfang liegt alles! Damit kommen wir auf einen wichtigen Vorgang zu sprechen, der heute meist nicht beachtet wird. In der Regel ist es so, daß die Ratsuchenden Karten in die Hand gedrückt bekommen, die sie mischen sollen. Hier kann man folgern, daß kaum ein Ergebnis zustande kommt, denn wir haben darauf hingewiesen, daß das Unterbewußtsein, aber auch die eigenen Gedanken eine wichtige Rolle beim Kartenlegen darstellen. Bewußtsein und Unterbewußtsein müssen von Anfang an angesprochen werden.

*Swiss-Tarot-1JJ*

Man lasse die Ratsuchenden auf offen durcheinander daliegende Karten schauen und sage: „Schauen Sie sich die Karten an — und dann legen Sie sie zusammen, so wie Sie es mögen."
Nun geschieht etwas Seltsames. Einige nehmen sofort die Karten herunter, die ihnen unsympathisch sind, andere gehen den umgekehrten Weg, sie häufeln erst einmal die ihnen sympathischen Karten an. Andere wiederum nehmen zuerst eine ihnen sympathische Karte, um dann eine unsympathische zu wählen. Dabei mische man sich nicht ein, man beobachte nur, wie die Betreffenden die Karten anfassen und zusammenlegen. Hier liegt im Grunde schon das Geheimnis des Kartenlegens, denn der so entstehende Haufen ist bereits ganz individuell zusammengelegt. Meist ballen sich einmal sympathische und einmal unsympathische Karten.
Der nächste Vorgang ist das Mischen. Auch das besorgen die Ratsuchenden selbst. Im allgemeinen werden dann die gemischten Karten dreimal abgehoben.
Die unterste Karte wird betrachtet und notiert, denn diese Karte hat nun schon eine Schlüsselfunktion. Nur darf dies nicht überschätzt werden, es geht nach Meinung des Autors auch ohne das Abheben. Aber da dies eine lange Tradition hat, lassen wir abheben, und dann die Karten wieder so zusammenlegen, daß die alte Reihenfolge hergestellt ist.

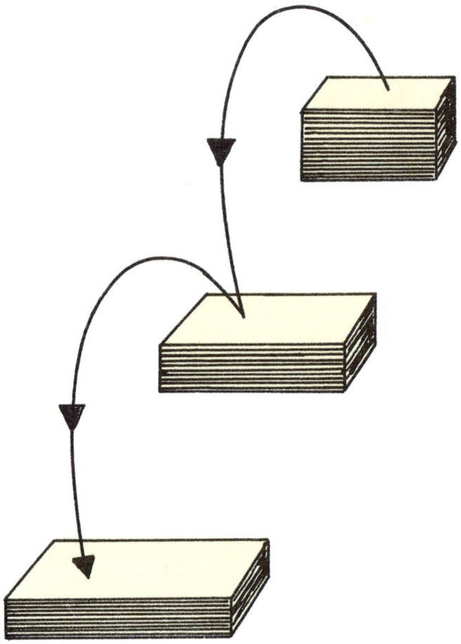

Jetzt sind die Ratsuchenden bereits mitten in der gemeinsamen Arbeit, ohne die ja nichts geht. Wichtig ist dabei der Satz: „Schauen Sie sich die Karten an, wenn Sie sie zusammenlegen." Gibt es dabei Menschen, welche die Karten nur so zusammenraffen, dann weiß man schon, daß sie das Ganze als eine harmlose, erheiternde Freizeitbeschäftigung betrachten. Andere wollen sich nicht in die Karten sehen lassen, das heißt, sie haben eine große Scheu davor, hier etwas Wichtiges vor den Augen anderer zu tun.
Man ahnt kaum, wieviel Wünsche und Ängste dabei eine bedeutende Rolle spielen, die manche Ratsuchenden zwar mit sicherem Auftreten verdecken können, die aber doch vorhanden sind. Hier ist es wichtig, daß diejenigen, die über die Karten Rat geben wollen, die Fragenden nicht fixieren oder mustern, was nur noch größere Unsicherheit hervorrufen würde. Die Fragenden sind aufzulockern, eine zwanglose Atmosphäre ist die Voraussetzung für ein beiderseitiges gutes Gelingen. Anschließend werden dann die Karten von den Ratenden ausgelegt.

## Verdeckte oder offene Karten?

Nun stellt sich die Frage, arbeiten wir mit aufgedeckten oder verdeckten Karten? Es gibt Spiele, die sollte man nur mit verdeckten Karten ausführen, andere wieder funktionieren überhaupt nur, wenn die Karten alle sichtbar sind. Das fahrende Volk, das viele Kartenspezialisten in seinen Reihen hat, arbeitet fast nur mit verdeckten Karten. Dabei spielt es dann meist eine große Rolle, ob die Karte gerade fällt, also richtig zu sehen ist, oder ob sie auf dem Kopf steht.
Die Deutung ist hier verhältnismäßig einfach. Die auf dem Kopf liegenden Karten gelten als negative Auswirkung. Jede Karte spiegelt ja zwei Seiten einer Sache, einer Aussage wider. Liegt die Karte auf dem Kopf, dann ist damit die negative Ausdeutung gemeint.
Das ist keine sehr glückliche Sache, weil hier doch alles mehr oder weni-

ger dem zufälligen Augenblick anheimfällt. Außerdem erübrigt sich dies ja völlig, wenn die Fragenden den Kartenhaufen selbst zusammenlegen, was sie unbedingt tun sollten. Es geschieht so gut wie nie, daß dabei eine Karte auf dem Kopf steht, wenn der Rat befolgt wird, sich die Karten auch anzuschauen. Ein wenig anders kann es bei den Zigeunerwahrsagekarten aussehen, worauf wir noch zu sprechen kommen.
Wichtiger ist die andere Frage: verdeckt oder offen? Bei den offen daliegenden Karten arbeiten die Fragenden natürlich sehr viel entscheidender mit. Manche meinen allerdings, daß auch die verdeckten Karten zu ihnen sprechen, wenn sie mit Zeige- und Mittelfinger über die Rücken der Karten fahren. Dies kann sein oder nicht; es ist nicht nachprüfbar. Besser ist es folglich, mit offenen Karten zu arbeiten. Diese Methode hat allerdings einen Haken. Kommen Fragende mehrmals oder beschäftigen sie sich selbst mit Karten, dann kennen sie nach einer Zeit in etwa den Sinn und die Aussage der jeweiligen Bilder.

Ein Mann, der um ein Orakelspiel bat, suchte sich nur die sonnigen Karten aus, weil er meinte, da könne nichts schiefgehen. Entscheidend ist allerdings immer die Reihenfolge, in der die Karten liegen, und da wird mancher seine Überraschungen erleben. In einem solchen Fall wäre es günstig, stets eine Gegenprobe (wie man das nennt) zu machen, also das Orakel einmal mit offenen und — sofort hinterher — mit verdeckten Karten zu spielen. Allerdings müssen dann beide Aussagen miteinander kombiniert werden.

Nun gibt es auch Spiele (die Pyramide etwa), die erst einmal verdeckt ausgelegt werden, aber dies hat nur den Grund, daß man nicht alles auf einmal sieht. Denn jedes Kartenspiel zeigt auch eine Entwicklung an. Das ist besonders wichtig, denn während des Legens ergeben sich Gespräche, die dann wiederum die Wahl einer oder mehrerer Karten beeinflussen. Aus all dem wird klargeworden sein, daß wir es beim Kartenlegen durchaus nicht mit bloßem Weissagen zu tun haben, sondern daß hier psychologische Vorgänge ablaufen. Dies bewirkt, daß sich die Fragenden mit sich selbst auseinandersetzen, daß sie sich selbst auf die Spur kommen, über sich nachdenken. Kartenwahrsagespiele (so unglücklich dieses Wort auch gewählt sein mag, es existiert) sind wirklich Testspiele, die sich zu psychologischen Beratungen erweitern können.

## Welche Fragen beantworten die Karten?

Antwort: alle. Aber es wäre nicht gut, alle Fragen zu stellen und vor allem sie zu beantworten! Wenn jemand kommt, um zu wissen, wann und ob er im Lotto gewinnt, sollte man keine Auskunft darüber geben. Gerade beim Orakelspiel, in dem es um Fragen aller Art geht, muß man sagen können: Diese Frage nimmt das Orakel nicht an. Es sollten nur die Fragen angenommen werden, zu denen der Fragende eine innere Beziehung hat. Dies bedeutet: Nur die Fragen sind zu beantworten, bei denen der Ratsuchende selbst etwas für die Erfüllung tun kann! Weis- oder Wahrsagen aus Karten soll ein Weg zu sich selbst sein, zur Selbsterkenntnis, die Folgen haben sollte. Nach einer solchen Unterredung sollte man den Berater mit einer anderen Einstellung verlassen.

Eine junge Frau, mit einem sehr viel älteren Mann verheiratet, hatte sich einen Liebhaber zugelegt. Aber der Ehemann wollte sich nicht scheiden lassen. Sie ging zu einer Karten- und Handleserin. Die befragte die Karten und meinte: „Machen Sie sich keine Sorge, der Fall löst sich von allein, denn ungefähr in drei Monaten wird Ihr Mann sterben!" Diese Aussage erwies sich als unrichtig. Wir schildern dies nur, um aufzuzeigen, daß so verantwortungslos eben nicht geantwortet werden sollte.

Wenn dies auch immer wieder behauptet wird: Der Tod steht nicht in den Karten! Genausowenig wie in einem astrologischen Horoskop oder in den Handlinien! Solche Aussagen dürfen nicht gemacht werden, obwohl dies leider immer wieder geschieht. Das Schlimme ist vielleicht, daß fast jedes Kartenspiel ein Symbol aufweist, das den Tod oder einen Sarg darstellt. Aber dieses Bild hat nichts mit einem realen Tod zu tun! Es geht hier allein um die Tatsache, daß etwas abstirbt. So kann ein Interesse aufhören, eine Liebe sterben, eine Entwicklung zu Ende gehen. Das ist wichtig. Die Symbole wie Tod, Sarg oder Krankheit sagen nur sinnbildlich aus, daß manches absterben muß, damit Neues wachsen kann. Gerade diese Karten und ihr oberflächlicher Gebrauch hat schon viel Unheil angerichtet, Menschen erschreckt und vielleicht sogar wirklich zu schlimmen Konsequenzen geführt.

Dies gilt auch im umgekehrten Fall. Die Karte, welche die Liebe zeigt, sagt meist nicht aus, daß man geliebt wird, sondern sie ist in dem Sinn zu gebrauchen, daß die Fragenden Begegnungen mit der Liebe machen. Hierbei kann es sich auch um die Liebe zu einer Sache handeln, daß man also eine Liebe entdeckt oder daß das Gefühl Liebe, die Sehnsucht danach wieder aktuell wird. Es geht also um übergeordnete Symbole, die umgesetzt werden müssen.

Vorauszusagen ist also nur etwas, wozu die Fragenden selbst beitragen können. Die Karten sollen das Nachdenken bewirken, aber keine Allerweltsweisheiten von sich geben. Nicht einmal die Frage, ob ich mir ein neues Auto zulegen sollte, ist von den Karten zu beantworten. Wenn sich dahinter jedoch ein Minderwertigkeitskomplex verbirgt, wenn es um ein Statussymbol geht, dann ist dieses Problem aus den Karten ersichtlich. Das Kartenlegen kann den Fragenden keine Verantwortung abnehmen, das darf nie vergessen werden! Wer nicht bereit zur Selbsterkenntnis ist, den nehme man in seine Beratung nicht auf.

Dem Kartenlegen wird oft ein Erfüllungszwang nachgesagt. Kritiker meinen, daß die Fragenden die Botschaft aus den Karten fast fatalistisch erfüllen wollen. Jemandem ist ein Autounfall vorhergesagt worden, der trat auch ein, und die Fahrerin war sich danach keiner Schuld bewußt, weil „es ja in den Karten stand". Richtiger wäre es, zu warnen: „Sie befinden sich im Augenblick in einer unguten Verfassung, alles muß schnell gehen, Sie konzentrieren sich nicht. Passen Sie da also besonders beim Autofahren auf." Hier ist schon manch hilfreicher Rat erteilt worden. Das Allerschlimmste wäre es nämlich, einen Fatalismus zu züchten, denn jeder, der anderen aus den Karten liest, muß wissen, daß diese Menschen — kommen sie nicht nur aus Neugier — oft sehr labil und anfällig sind.

# Fantasie nein — Kombination ja

Die Deutungsmöglichkeiten beim Kartenlegen sind so gut wie unendlich. Um so wichtiger ist, daß hier keine Phantasie ins Kraut schießt. Man soll nicht mehr aus einer Karte ersehen, als sie wirklich darstellt. Jede Karte hat ihren bestimmten Sinn, und es liegt an den Kartenlegern, diesen Sinn umzusetzen und den Fragenden zugänglich zu machen. Das ist nicht so schwer, schwerer ist die Kombination.

Wir müssen davon ausgehen, daß jedes Kartenblatt, das aus mehreren Karten besteht, uns eine Geschichte erzählt. Wenn es in den Spielregeln nicht anders genannt ist, dann stellt die erste Karte die Ausgangslage dar, die letzte Karte die ferne Zukunft. Die Karten, die zwischen der ersten und der letzten Karte liegen, zeigen uns also in der jeweiligen Reihenfolge die Stationen, die vom Ausgangspunkt zum Ziel führen. Diese Stationen gilt es zu erkennen und zu interpretieren. Dabei kann jede Karte eine andere Aussage haben, je nachdem, ob sie *vor* einer Karte oder *nach* einer Karte liegt.

Nehmen wir ein recht einfaches Beispiel: die Karte der Venus, den „Stern", die Karte der Liebe also.

Wenn wir diese beiden Bilder deuten, kommen wir zu völlig entgegengesetzten Aussagen. Steht „Der Turm", also die Karte, wo der Blitz

einschlägt, links, das heißt *vor* dem Stern, dann heißt dies in der Regel: „Nachdem es wie ein Blitz eingeschlagen hat, kam die Liebe." Liegt aber nun die Turm-Karte *nach* (also rechts) der Venus, dann kann das besagen, daß jemand urplötzlich aus den Träumen seiner Liebe gerissen wurde.

Auf jeden Fall haben Karten, die nebeneinander liegen, ob nun in waagrechter oder in senkrechter oder gar in diagonaler Sicht, immer etwas miteinander zu tun. Schematisch sieht dies so aus:

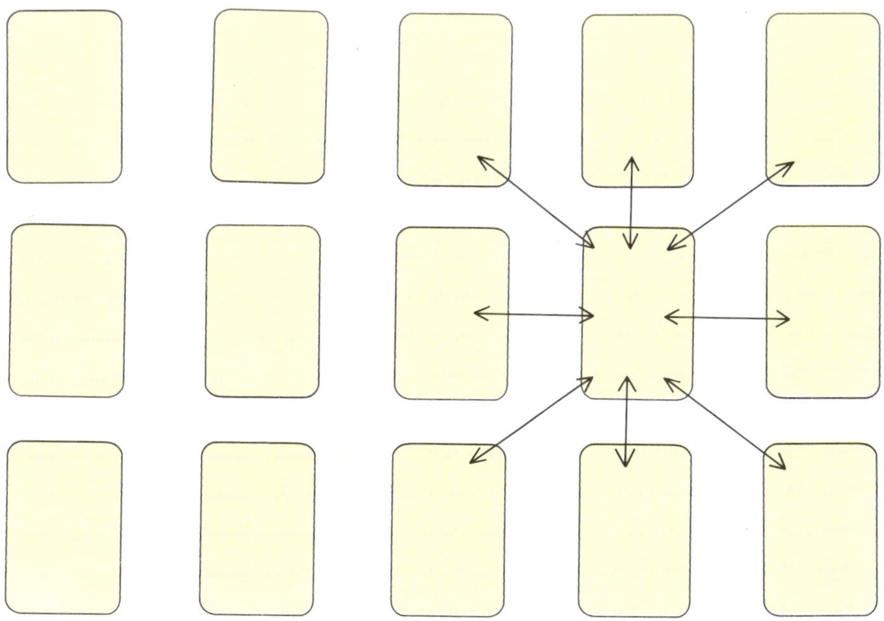

Wenn wir ein Spiel von Mlle. Lenormand nehmen und sagen: Der Mann — also Herz-As — ist hier der Befragte, dann müssen wir uns die Karten rings um diese Karte anschauen.
Hier sieht man sofort, daß dieser Mensch — nehmen wir an, es ist der Fragende — von ziemlich düsteren Karten umgeben ist. Wenn wir davon ausgehen, daß die Karten in folgender Reihenfolge ausgelegt wurden: Treff-As, Karo-Neun, Karo-Dame, Treff-Sieben, Herz-As, Treff-Acht, Karo-As, Karo-Sieben, Herz-Zehn, dann war die Ausgangslage also eine Bindung („Der Ring"), die zu Ende ging („Der Sarg"). Der Mann mußte einen neuen Weg suchen („Der Weg"), aber er fühlt sich angenagt und von Intriganten umgeben („Die Mäuse"). Seine Zukunft scheint hinter einem großen Berg verborgen zu sein, aber er muß seine Kräfte mobilisieren („Die Sonne"), um die Minderwertigkeitskomplexe („Die Vögel") zu überwinden, dies wird ihm dann auch wieder neue Freunde und Beschützer schaffen („Der Hund"). Nun gibt es auch noch andere Deutungsmöglichkeiten, aber die sind für jedes Spiel festgelegt.
Nehmen wir an, die oberste Reihe spiegelt das wider, was dem Mann im Kopf herumgeht. Dann bedeutet dies, daß er über die gestorbene Bindung einfach nicht hinwegkommt, obwohl er weiß, daß er einen neuen Weg finden muß. Die mittlere Reihe soll die Ausgangslage bestimmen. Das hieße: Der Mann ist in einer Situation, in der er sich hintergangen fühlt, und sieht sich vor die Aufgabe gestellt, einen neuen Berg zu erklettern. Die untere Reihe wird oft mit dem gleichgesetzt, was jemand ablehnt, was jemand mit Füßen tritt. Dies hieße hier: Der Mann will gar nicht an seine Sonnenkraft glauben, er reitet mehr die Mitleidstour, er sieht nur Unheil um sich herum und glaubt auch keinem noch so nahen Freund. — Gehen die zukünftigen Kartenleger so systematisch und logisch vor, dann wird ihnen die Kombination nicht schwerfallen.

Ein weiteres Beispiel: Aus den übrigen 27 Karten zieht der Mann noch 2 Karten, die er auf 2 der 9 Karten legt, die schon zu sehen sind.
Nun sieht die Lage schon besser aus. Denn die Pik-Acht, die Karte des „Gartens", signalisiert, daß hinter dem Berg, den der Mann bewältigen muß, für ihn eine rosige Zukunft liegt. Das bedeutet ferner, daß sich der Mann durchaus auf seine Freunde verlassen kann, denn die „helle" Wolke liegt zum Ratsuchenden hin — nicht die dunkle Wolke.
Es ist also nicht so schwer, wie es sich zunächst ansieht, wenn nur die Aussagen der Karten beherrscht werden und auch die Kombination völlig logisch erfolgt. Hinzu kommt, daß die Menschen ja reden! In unserem Fall sagte der Betroffene, seine Frau habe sich scheiden lassen, sei über Nacht ausgezogen und eigene Wege gegangen. Auch so ist die oberste Reihe zu deuten. (Es kommt also auf das Gespräch an, das geführt wird.) Nun sei er verzweifelt, er habe gar nicht gemerkt, wie von ihr aus „die Mäuse" (so wörtlich) an der Bindung genagt hatten. Und er habe damit den Glauben an seine eigene Kraft verloren. Er sei besonders mißtrauisch gegen seine Freunde, die von der Liaison gewußt haben, aber ihm keinen Hinweis gaben. Wenn die Lage der Karten so entschlüsselt wurde, ohne daß man sich weitschweifig versteigt, kommt man einer inneren Situation sehr schnell auf den Grund. Eins jedoch geht

nicht: Man kann eine Karte nicht unterschiedlich auslegen. Man kann den Sinngehalt einer Karte allerdings über eine geschilderte Situation verschieden erkennen, das ist das Entscheidende.

Nun gibt es für die verschiedensten Spiele feste Regeln, die nicht einfach geändert werden dürfen, obwohl fast alle — zumindest Wahrsagerinnen und Kartenleger — ihr eigenes, spezielles Spiel entwickelt haben. Anfänger im Kartenlegen unterliegen oft der Gefahr, sehr originell erscheinen zu wollen. Davor hüte man sich. Das einfache Denken ist das richtige, das macht auch den Erfolg der Karten des fahrenden Volkes aus. Sie wollen nicht etwas ganz Besonderes aus einem Blatt herauslesen.

Am besten ist, man schreibt sich einige Fragen auf und legt dann für sich die Karten. Noch besser jedoch, wenn dies in einer kleinen Gemeinschaft geschieht, denn natürlich kommt es ja immer auf die Gegenreaktion der Fragenden an. Und Fragen haben alle, die zu einem kommen, darauf kann man sich verlassen. Es empfiehlt sich sogar, die Kartenübungen aufzuschreiben. Was man nämlich heute ausgelegt und gedeutet hat, das kann am nächsten Tag oder noch später schon ganz anders aussehen. Und noch einmal: Der Ratgebende darf auf keinen Fall zu verstehen geben, daß diese Karte besonders gut oder besonders schlecht sei. Jede Karte hat ihre zwei Seiten, eine helle und eine dunkle, wobei das Dunkle zum Licht führen und das Helle in der Dunkelheit durchaus ausgelöscht werden kann. Über den großen Arcanen des Tarot kann man besonders gut meditieren. Die Karten wollen nämlich zu einem sprechen, und sie sprechen, wenn man sich die Zeit nimmt, sie anzuhören, das heißt, sie anzuschauen. Es geht um das Üben und vorher um das Lernen. Die Bedeutung der Karten muß Bild für Bild gelernt werden, wie man sich eine Fremdsprache auch Wort für Wort einprägt. Es geht natürlich nicht an, daß man plötzlich irgendwo nachsehen muß, um zu wissen, was diese oder jene Karte bedeutet. Dabei hilft es, daß die Karten Bilder sind, die Assoziationen wecken, wir haben es hier ja nicht mit abstrakten Begriffen zu tun.

Eines brauchen alle Anfänger des Kartenlegens im ganz besonderen Maß: Mut, Mut etwas auszusagen, aber Mut vor allem, nichts auszusagen, wenn sie nämlich nichts sehen, wenn ihnen nichts einfällt. Sehr viele Anfänger auf dem Gebiet fangen an, einfach etwas zu phantasieren, sie wollen nicht zugeben, daß ihnen zu dieser oder jener Kartenkombination Hinweise fehlen. Und das ist das Allerschlimmste. Die Fragenden nämlich behalten das gesprochene Wort sehr wohl im Gedächtnis, es arbeitet in ihnen.

Auch ist es gut, bei der Beratung ein Tonbandgerät mitlaufen zu lassen. Das Band kann einmal von den Ratsuchenden nach Hause genommen werden, und die Kartendeuter haben eine Kontrolle über das, was sie gesagt haben. Oft kommt es vor, daß eines Tages Leute auftauchen, die sagen: „Damals haben Sie dieses und jenes prophezeit. Und es war mein größter Fehler, darauf zu hören." Dies gilt jedoch nur für die berufstätigen Kartenschlägerinnen und -schläger. Das vorliegende Buch soll ja mehr die Anfänger verlocken, etwas über sich selbst herauszufinden. Denn man kann sich sehr gut selbst die Karten legen. Nur darf dabei nicht geschummelt werden. Also sofort aufschreiben, wie die Karten gefallen sind! Der Autor kennt Personen, die dieses oder jenes Spiel vielfach wiederholen. Dies ist eine sehr gute Praxis, weil sich so das Wissen festigt. Hier allerdings ist es ratsam, nur Spiele mit verdeckten Karten zu wählen, weil doch zuviel Wissen vorhanden ist.

Dann gibt es heute noch etwas, was im Zeichen der Technik immer mehr in Mode kommt: Die Beratung über das Telefon.

## Telefonische Beratung

Diese Art von Beratung darf natürlich nur dann erfolgen, wenn einem die Person am anderen Ende der Leitung sehr gut bekannt ist.Die Beratung funktioniert ausgezeichnet, wenn man sich auf seinen Partner völlig verlassen kann. Jeder legt die Karten aus, wie vorher vereinbart, und dann kann das Gespräch beginnen. Natürlich sollte diese Praxis nur dann ausgeübt werden, wenn schnelle Entscheidungen nötig sind. Im Grunde handelt es sich nur um eine Beratung, eine Lebenshilfe, wobei die Karten die Bindung darstellen beziehungsweise die Fragen neutralisieren und man dadurch Distanz gewinnt.

## Nicht nur die Zukunft, sondern auch die Vergangenheit

Beides ist aus den Karten herauszulesen, und der Autor hält dies teilweise für wesentlicher, als über Karten nur etwas im Hinblick auf die Zukunft zu erfahren. Sicher spielt die Zukunft bei jedem Kartenspiel eine große Rolle, aber wir sollten uns doch darüber klar sein, daß sich der liebe Gott nicht so leicht in seine Karten schauen läßt.

Meist jedoch ist die Zukunft eine Verlängerung der Vergangenheit und Gegenwart. Deshalb ist hier ein wichtiger Hebel anzusetzen, und wir erklären in diesem Buch viele Spiele, die in die Vergangenheit zurückführen. Meist sehen die Menschen ihre Vergangenheit sehr subjektiv; sie haben keinen Abstand zu ihr. Hier kann das Kartenlegen eine große Hilfe sein, wie sich auch eine psychologische Beratung, die Erfolg verspricht, zunächst einmal mit der Vergangenheit beschäftigt, die bewältigt werden muß. Und genau dies ist mit den Karten bestens nachzuvollziehen. Etwa, wenn jemand eine Karte auswählt, die ihn an eine Entwicklungsstation erinnert. Dann kommen die Partner ins Gespräch, dann wird die Zukunft über die Karten vergangener Zustände aufgearbeitet: eine wirkliche Vorausschau, da es ohne Vergangenheit keine Zukunft gibt.

## Ein alter Ritus

Ein alter Ritus sei hier noch erwähnt. Es geht um die Karten, die jeder selbst besitzt. Sie dürfen nicht verliehen werden, denn die eigenen Karten gibt man nicht aus der Hand, es sei denn den Ratsuchenden, damit sie die Karten mischen und auslegen können. Manche hüten ihre Karten wie ein wertvolles Gut. Auch wäre es undenkbar, daß mit Wahrsagekarten — und sei es, wir gebrauchten ein normales Skatspiel — dann auch wirklich Skat gespielt wird. Nein, diese Karten sind etwas Besonderes. Manche können sich sehr schwer von ihnen trennen, obwohl sich die Karten leicht abnutzen. Sie stellen ein „heiliges Requisit" dar.

Der Autor kennt eine alte Kartenlegerin, die ihre Karten verlegt hatte und sie nicht mehr wiederfand. In diesem Augenblick hörte sie mit dem Kartenlegen auf. Sie nahm dies als ein Zeichen; sie meinte, die Karten hätten sich vor ihr versteckt. Später fand sie die Karten wieder, aber sie war doch recht verunsichert, und es dauerte eine Zeitlang, ehe sie wieder Kunden empfing. Nun aber nahm sie ein neues Spiel.

Sicher ist dies eine Art von Aberglauben, aber nicht anders als in der Art, daß man jemandem Hals- und Beinbruch wünscht, wenn alles gutgehen soll. Es ist ein Ritus, wie wenn Schauspieler sich vor einer Premiere anspucken, wenn man dreimal auf Holz klopft, damit etwas ganz besonders gut gelingen möge. Karten werden also nicht aus der Hand gegeben, und sie haben ihren bestimmten Platz in der Wohnung, oft in einer verzierten Holzschachtel.

## Eine Frage ohne Frage

Auch dieses Spiel wollen wir am Ende dieser Einführung erwähnen, obwohl wir es nicht vorstellen. Dies ist auch nicht notwendig, denn dazu läßt sich jedes Spiel verwenden.
Fragender und Antwortender ziehen sich in einen ruhigen Raum zurück. Nachdem man sich auf das Spiel geeinigt hat, werden die Karten gelegt, ohne daß die Frage ausgesprochen wird. Der Deutende muß ganz auf den Spielverlauf konzentriert sein, da er am Ende antworten muß. Dabei geht es nicht nur um ein Ja oder ein Nein! Der Deuter kann durchaus sagen: Ich bin dafür, aber unter diesen und jenen Voraussetzungen.
Dieses Spiel wird von Fragenden bevorzugt, die sich nicht trauen, ihre Probleme auf den Tisch zu legen. Sie konzentrieren sich die gesamte Zeit nur auf die eine Frage und auf nichts anderes. Es geht hier nicht ums Hellsehen! Der Deuter braucht nicht die Frage zu erforschen, er soll nur eine Antwort geben. Das ist mit Sicherheit sehr gefährlich, weil ja die Frage einmal sehr banal, aber dann auch gefährlich sein kann. Es wird also von diesem Spiel abgeraten. Wenn es jemand wagt, dann erst, nachdem er sehr viel Übung hat, und es ist selbstverständlich nicht per Telefon zu spielen, sondern nur in abgeschlossenen Räumen. Es empfiehlt sich schließlich noch, die Beratung unter vier Augen vorzunehmen, weil der Deuter wie der Fragende meist unwillkürlich nach dem Dritten schielen, um dessen Verhalten zu erkunden. Dies gilt natürlich nicht für eine Übungsgruppe.
Wir hoffen nun, daß sich der zukünftige Kartenleger schon etwas in die Welt der Wahrsage- und Weisheitskarten, wozu besonders die Tarotkarten zählen, eingelebt hat. Jetzt geht es um die Übung, um die Schulung, um das praktische Arbeiten. Ein altes Sprichwort hebt die Beschimpfung der Karten als „Gebetbuch des Teufels" auf; es heißt: „Wem die Karten in den Händen rascheln, den vergißt der Herrgott nicht." Ein anderes Wort sagt: „Es ist nämlich wahr, daß es den Karten völlig egal ist, welches Schicksal wen erwartet." Es kommt also auf den Deuter an, der damit zur Verantwortung ermahnt wird.
Mancher Kartenleger muß noch etwas üben: das freie Sprechen. Manche Menschen können dies nicht, aber es ist erlernbar. Es ist unmöglich, daß der Deuter herumstottert. Auch macht es keinen guten Eindruck, wenn er undeutlich spricht, sich verhaspelt oder zu lange Pausen macht. Diesen Rednern wird kaum das genügende Vertrauen entgegengebracht werden.
Wenden wir uns jetzt den königlichen Karten der großen Arcana, der großen Geheimnisse zu, denn wer den Tarot beherrscht, für den ist es leicht, die anderen Spiele nachzuvollziehen. Mit dem Tarot fing alles an — so kann man sagen —, aber mit dem Tarot hört auch alles auf. Es sind wirklich heilige Karten, die zu den Menschen von sich aus sprechen. Man kann diese Karten Personen vorlegen, die noch nie etwas davon gehört haben: Sie werden fasziniert sein.

*„Die Kartenlegerin". Kolorierter Kupferstich, 1801*

# Das königliche Spiel: Der Tarot

Der Tarot ist wahrlich ein Spiel der Geheimnisse, die mit naturwissenschaftlichem Verstand allein nicht zu lösen sind. Das Geheimnisvollste ist, daß mit den Karten wirklich Geheimnisse aufgedeckt werden können. In diesen Karten sind soviel menschliches Wissen, so viele Lebenserfahrungen enthalten, daß jede einzelne Karte, wenn man sich nur intensiv mit ihr beschäftigt, voller Aussagekraft ist, die wirklich helfen kann, schwierige Lebenssituationen zu erkennen, ja sogar zu lösen.
Der Tarot besteht aus 78 Karten. Diese Karten sind in 5 (einige meinen in 6) Abteilungen gegliedert.
Da gibt es zunächst die 4 Farben zu je 14 Karten, die sogenannten kleinen Arcana. Die 4 Farben sind: die Schwerter, die Kreuze, die Münzen, die Kelche. Jede dieser Farben besteht aus den Karten 1 oder As, den Karten 2, 3, 4, 5, 6, 7, 8, 9, 10 und den Personen oder Hofkarten Page, Ritter, Königin, König. Manchmal ist die Pagenkarte auch eine Prinzessin. Zu diesen Karten kommen wir später, wenn wir uns den französischen Spielkarten zuwenden, die aller Wahrscheinlichkeit nach aus den Farben des Tarot hervorgegangen sind.
Den wahren Tarot, das ägyptische Buch des Schicksals oder der Geheimnisse, stellen die 22 Karten der großen Arcana dar. Diese 22 Karten werden hin und wieder unterteilt, und zwar in die Karte Null oder 22, die den Narren darstellt, aus der sich später der Joker mancher Spiele entwickelt hat, und die restlichen Karten in der Numerierung von 1 bis 21. Diese Blätter werden auch die „heiligen" Karten genannt, weil ihre Summe gleich der Summe ist, die sich ergibt, wenn die heiligen Zahlen 3 und 7 miteinander multipliziert werden.
Sie werden — wie schon angedeutet — auch als eine Sammlung mystischer Bilder angesehen, die den Menschen in das Geschick, in die Lebensabläufe der Erde einführen sollen. Diese Karten sind ein Lehrbuch, aber mehr als das: ein Einweihungsbuch. Und manchem, der ihren Aussagen kritisch gegenübersteht, sei gesagt, daß auch der Autor diese skeptische Einstellung hatte; aber je länger und intensiver er sich mit diesen Karten beschäftigte, desto klarer wurde ihm der tiefe Sinngehalt und die Aussagesymbolik jedes einzelnen Blattes.
Wenn auch die „nachweisbare" Geschichte der Tarotkarten kaum 500 Jahre alt ist, so ist es doch erstaunlich, daß sich über diesen Zeitraum hinweg die Karten nicht wesentlich geändert haben und daß mit ihnen — einst wie heute — hervorragend psychologisch und auch lebenshelfend gearbeitet werden kann. Allein dieser Tatbestand sollte den Kritikern zu denken geben, die meinen, das Wahrsagen mit diesen Karten sei nicht möglich. Es ist möglich! Das Wort *Wahrsagen* stellt eine Abkürzung dar, es ist eine Verkürzung der Worte: „die Wahrheit sagen". Das Schwierige jedoch ist, daß man, um die Wahrheit sagen zu können, diese selbst kennen muß. Hier spielen die Tarotkarten eine wichtige Rolle.
Den Schöpfern des Tarot ging es darum, Lebensstationen aufzuzeigen, denen die Menschen allgemein wie einzeln als Individuum begegnen. Die Karten stellen im Grunde Entwicklungsphasen oder -stufen dar, welche die Menschen an sich erfahren, wenn auch im Leben die Stufe 2 nicht der Stufe 1, die Entwicklungsphase 7 nicht der Phase 6 folgen muß. Aus diesem Grunde werden ja auch die Karten gemischt. Die Entwicklung des einzelnen wie der Menschheit ist sprunghaft und nicht immer logisch und folgerichtig. Das hängt von den Einflüssen ab, die nicht nur bewußt, sondern auch unbewußt auf jeden von uns einwirken. Daß die unbewußten Einflüsse oft für die Entwicklung des Menschen wichtiger sind als die bewußten, haben uns die Psychologen — allen voran Sigmund Freud und Carl Gustav Jung — wieder nahegebracht. „Wieder" nahegebracht deswegen, weil die alten Griechen durchaus die Wirkung des Unbewußten als prägendes Merkmal des Menschen kannten.
Wir unterliegen ja nicht nur den Eindrücken der Kindheit, sondern den

Einflüssen der Entwicklung der Menschheit insgesamt. In jedem von uns leben die sogenannten Archetypen, das sind in Symbole zusammengefaßte Erfahrungen der Menschheit. Diese Archetypen finden wir in den Karten der großen Arcana des Tarot ganz besonders einleuchtend.

In jedem von uns lebt die große Mutter, lebt der Versucher, lebt der Einsiedler, lebt der Wunsch, alles (und sich selbst) auf den Kopf zu stellen, lebt die Angst vor Verantwortungsübernahme, lebt die Sehnsucht nach Wärme und Gemeinsamkeit, nach tiefer Erkenntnis und Erleuchtung, lebt der Wunsch, im Kosmos eingebettet zu sein, sich beschützt und behütet zu fühlen. Alle diese Sehnsüchte, Ängste, Zustände und Erfahrungen werden durch die 21 Karten der großen Arcana ausgedrückt — vielleicht ein Grund, warum man diese Karten nicht nur als die Karten der Geheimnisse, sondern auch als die „unheimlichen" Karten bezeichnet hat. Diese Bilder drücken unsere Träume aus, unsere Phantasien, unsere Spannungen und Meditationen wie auch das Heitere unseres Lebens, die Erlösung und die Befreiung, die in uns leben. Unsere Triebe und Anstöße sind hier zu entdecken, unsere Hemmnisse und Besorgnisse, unsere Zuneigungen und Antipathien, unsere Hoffnungen und Befürchtungen, die wir ein Leben lang nicht ablegen. Wir können uns mit diesen archetypischen Bildern identifizieren, ohne uns entblößt zu fühlen! Manche Karten wecken Ekel und Abscheu in uns, aber es wird immer andere geben, die uns anziehen, die wir beständig betrachten möchten.

Archetypen sind Entwicklungsprinzipien und Erfahrungsschätze, und die werden durch die Bilder deutlich. Damit kann der Kartenleger hier Kräfte und Reaktionen im Ratsuchenden erkennen und fähig werden, etwas vorauszusehen, was manchmal als Hellsichtigkeit erscheinen mag.

Die Archetypen leben nach C. G. Jung im Unbewußten des Menschen, von wo aus sie das Bewußte kaum oder nur höchst selten erreichen. Dafür bedarf es einer Vermittlung. Vermittler können nun Psychologen sein, aber eben auch Kartenleger. Archetypen sind auch als verdichtete Erfahrungsprinzipien zu verstehen. Sieht man also diese Bilder, bringen sie im Menschen etwas zum Klingen. Sie lösen ein Echo aus, dem sich keiner entziehen kann, weil sie in uns leben, genauso wie die Vorstellungen von Eltern, von weisen Menschen, von hilfreichen Frauen oder von der Partnerergänzung. Diese Abbildungen werden daher auch in irgendeiner Form in unseren Träumen vorkommen, weil wir von Untieren, von Teufeln oder von Feen und Engeln träumen. Das heißt, die Karten drücken Urbilder aus, die unsterblich sind.

Wir können zusammenfassend sagen, daß die 21 Karten plus der Karte Null oder 22 in Symbolform einen vollständigen Überblick über die menschlichen Urerfahrungen geben. Jede der 22 Karten versinnbildlicht eine Urerfahrung beziehungsweise eine Entwicklungsstufe, die wir anstreben sollten, oder auf der wir — je nachdem — stehengeblieben sind. Aus unendlichen menschlichen Erfahrungen sind hier die wesentlichsten herauskristallisiert worden. Dabei ist es sicher bedeutsam zu sehen, aus welcher Zeit die jeweiligen Karten stammen, denn sie sind selbstverständlich wie jedes Kunstwerk oder jeder Baustil vom Zeitgeist geprägt. Wir stellen hier die wohl modernsten Bilder vor, die für das zu Ende gehende 20. Jahrhundert typisch sind, aber wir zeigen auch Bilder aus anderen Stilepochen, wie Karten im Jugendstil, damit klar wird, daß das Symbol sich nicht verändert, daß die Grundaussage stets gleichgeblieben ist. Je moderner allerdings die Karten, um so aussagekräftiger sind sie. Kein Wunder, denn wir kennen im heutigen Leben ganz andere Vielseitigkeiten, als sie einst anzutreffen waren.

Dies läßt sich sehr gut am Beispiel der Uhr-Entwicklung klarmachen. Einst maßen die Menschen die Zeit mit einem einfachen Stab, den sie in die Sonne stellten, der Sonnenuhr. Danach wurden die Uhren immer vielfältiger, komplizierter, aber auch genauer. Heute wird die Zeit auf eine Tausendstelsekunde gemessen.

So hat es sich auch mit den Tarotkarten verhalten. Die modernen Karten müssen mehr Symbole enthalten als früher, weil das Leben vielfältiger geworden ist; die Grundaussagen aber sind gültig wie vor mehr als 2000 Jahren, so wie uns auch die alten Symbolbilder der Ägypter, der Bibel oder anderer alter Überlieferungen heute noch das Grundsätzliche der menschlichen Entwicklung verkünden können. Was den tiefen Gehalt dieser Karten zusätzlich ausmacht, ist die Tatsache, daß in ihren Bildern die Wirklichkeit zusammengefaßt ist und diese so von den Betrachtern aufgenommen und erkannt wird.

Es ist sicher kein Zufall, daß man jedem die Karten insgesamt vorlegen und sagen kann: „Wählen Sie eine Karte aus, die Ihrem jetzigen Zustand entspricht." Manche fühlen sich gerädert und wählen die Karte „Fortune" mit dem Schicksalsrad. Andere sagen: „Bei mir hat es wie ein Blitz eingeschlagen", sie wählen die Karte des „Turms"; viele fühlen sich einsam und wählen daher die Karte des „Eremiten". Aber die Karten spiegeln auch Berufsrichtungen, Familienstände, Gefühle und Emotionen wider, geheime Wünsche und Gedanken. Wie wir mit einer bestimmten Buchstabenzahl auskommen, um alles auszudrücken, was uns bewegt, so kommen wir auch mit diesen 22 Karten aus, um zu erfahren, was uns anrührt, um mitzuteilen, was wir wollen. Die Karten decken unsere Sehnsüchte auf, und unsere Ängste werden durch sie sichtbar.

All dies ermöglicht uns, mit diesen Karten „wahrzusagen" oder gar „hellzusehen". Was Menschen oft nicht in Worte fassen können, die Karten der großen Arcana des Tarot drücken es aus. Und so ist die Vergangenheit in einem Bild erfaßbar wie die Gegenwart oder der Wunsch, wie die Zukunft aussehen möge. Wer in dieser Hinsicht drei Karten wählt, der hat schon viel von sich verraten, mehr jedenfalls, als er sich zunächst vorstellen kann. Das ist das Entscheidende, das ist der Vorsprung, den jeder besitzt, der die Karten kennt und ihren tiefen Sinngehalt erfaßt hat.

Die großen Arcana stellen in der numerierten Reihenfolge den Entwicklungsweg eines Menschen dar, wenn der auch in der Praxis so nicht erfolgt. Wir haben die Karten aber so ausgelegt (Abbildung nächste Seite).

Oben liegt die Karte Null oder die Karte 22. Diese Karte stellt den Anfang und das Ende dar. Es ist folglich auch die Karte des A und O, des Alpha und Omega, wie wir es später bei den Kartenvorstellungen beschreiben. Diese Karte liegt außerhalb der heiligen Zahlenreihe — also der Zahlen, die sich in der Folge von 1 bis 21 befinden (21 = 3 x 7).

Die Karten werden in drei Folgen ausgelegt. Erste Folge: Karten 1 bis 7, zweite Folge: Karten 8 bis 14, dritte Folge: Karten 15 bis 21. Es sind jeweils die drei Wege, die der einzelne Mensch zu gehen hat.

Weg 1 bis 7 ist der Weg des Lernen, des Begreifens, die erste Einweihung. — Weg 8 bis 14 ist der Weg der Reife, des Zu-sich-Kommens, der Weg des Erwachsenwerdens. — Weg 15 bis 21 ist der Weg der Bewährung, der Weg der Ausstrahlung, der Weg, der zur Weisheit, zum großen Verstehen führt.

Alle Wege bauen wie die einzelnen Karten aufeinander auf, wobei jeder folgende Weg schwerer ist als der vorhergegangen, da die Bewährung, der Weg zur Weisheit, der letztlich vom Ego wegführen soll, immer schwerer, aber auch schöner wird. Beschreiben wir — ohne die genaue Kenntnis der Karten bereits vorauszusetzen — einmal diesen Weg der 21 Entwicklungsstufen oder -erfahrungen.

Die Karte Null — also die Karte des Nichts — des bloßen Anfangs zeigt uns den Narren. Es ist die Karte des jeweiligen Ausgangspunktes. Am Bild des Narren sehen wir jedoch, daß dieser Ausgangspunkt nicht in weiter Ferne liegt, sondern daß bereits Entwicklungswege hinter diesem Narren liegen. Er ist leicht bekleidet, er besitzt (manchmal) ein Musikinstrument, er hat sich einen Stock geschnitzt.

Wir müssen uns die Wege der großen Arcana vorstellen wie die großen Entwicklungen, die uns das Karma anzeigt und die nicht nur aus einem Leben, sondern aus mehreren

LE MAT
THE FOOL

I
LE BATELEUR
THE MAGICIAN

II
LA PAPESSE
THE HIGH PRIESTESS

III
L'IMPÉRATRICE
THE EMPRESS

IIII
L'EMPEREUR
THE EMPEROR

V
LE PAPE
THE POPE

VI
L'AMOUREUX
THE LOVER

VII
LE CHARIOT
THE CHARIOT

VIII
LA JUSTICE
JUSTICE

VIIII
L'HERMITE
THE HERMIT

X
LA ROUE DE FORTUNE
THE WHEEL OF FORTUNE

XI
LA FORCE
FORCE

XII
LE PENDU
THE HANGED MAN

XIII
LA MORT
DEATH

XIIII
TEMPÉRANCE
TEMPERANCE

XV
LE DIABLE
THE DEVIL

XVI
LA MAISON DIEU
THE TOWER OF DESTRUCTION

XVII
L'ÉTOILE
THE STAR

XVIII
LA LUNE
THE MOON

XVIIII
LE SOLEIL
THE SUN

XX
LE JUGEMENT
JUDGEMENT

XXI
LE MONDE
THE WORLD

bestehen. Das Beispiel einer Wendeltreppe versinnbildlicht dies recht gut. Von seinem Standpunkt aus entwickelt sich der Mensch nach oben, indem er aufwärts steigen muß. Aber er bleibt immer über seinem Ausgangspunkt. Hat er die 21 Stufen erreicht, dann ist seine jetzt gefundene Grundlage eine höhere Etage. Diese stellt aber noch nicht das Ziel an sich dar, sondern das Ziel liegt immer um eine Etage höher. Ist diese erstiegen, dann gibt es ein weiteres Stockwerk, das zu erreichen ist. Sicher verlieren bei diesem Weg manche die Kräfte, sie ruhen sich auf einer erreichten Etage aus, oder sie klettern gar eine herab, weil es ihnen oben zu gefährlich wird, weil es oft schwer ist, dem Himmel nahezukommen. Hier muß jeder für sich entscheiden, ob er in seinem Leben ein Narr ist, der herabsteigt, oder ob er aus seinem Narrenschicksal etwas machen will, das ihn führt. Das ist ein scheinbar endloser Aufstieg, der aber notwendig ist.

Doch um das Ganze nicht zu komplizieren, um auch nicht zu weit in die karmische, esoterische Welt einzuführen, beschränken wir uns hier auf einen einzigen Weg, den Weg, den jeder von uns in seinem Leben zu gehen hat, ohne zu wissen, wie weit er dabei kommt. Das hängt auch von den Anforderungen an sich selbst ab, wie vom Lebensschicksal, das für ihn ausersehen ist. Dieser Entwicklungsweg ist also insgesamt dreifach gegliedert. Wenn wir jetzt die einzel-

nen Entwicklungsphasen beschreiben, ist es notwendig, daß wir die Karte des Narren nie aus den Augen verlieren. Bei der Betrachtung empfiehlt es sich also, daß Sie sich zu Hause sich vielleicht die Karten genauso auslegen, wie sie hier abgebildet wurden, aber die Karte des Narren immer über die Karte legen, die wir gerade besprechen.

Beispielsweise sehen wir hier die Karte des „Narren" über der Karte des „Magiers". Oder die Karte des „Narren" über der Karte des „Hohenpriesters", wobei der Narr diese Karten nicht verdecken darf.

So wird deutlich, wie sich der Narr mitwandelt, der Auslegende kann sich besser mit der Karte des Narren und der Karte, welche die jeweilige Entwicklungsstufe darstellt, identifizieren. Außerdem ist so leichter zu erkennen, welche Kräfte auf den jeweiligen Entwicklungsstufen vorhanden, beziehungsweise abgerufen werden.

Narr ist also jeder von uns, bevor der Entwicklungsweg beginnt, und jeder bleibt Narr bis zum Ende, auch wenn wir uns dann bereits eine Etage höher entwickelt, aber längst noch nicht unser Ziel erreicht haben. Kartenleger können den — nennen wir es Etagenstand — am allgemeinen Niveau der Ratsuchenden ablesen, auf das man jeweils Rücksicht zu nehmen hat, ohne daß damit auch nur ein Fünkchen Negatives zum Ausdruck gebracht werden sollte. Aber das Niveau unserer Herkunft, der ererbte Bildungsstand, sind verschieden, auch wenn sich jeder von uns sprunghaft entwickeln kann oder sogar sollte.

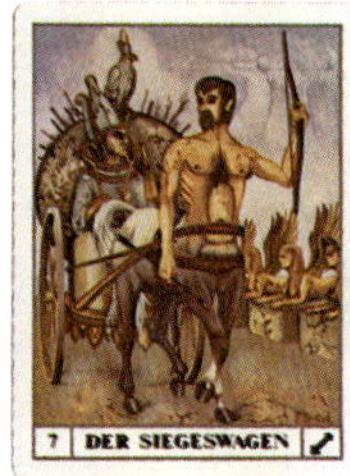


Der erste Weg beginnt mit der Karte 1: „Der Magier" ist die Ausgangskarte, welche die innere Sonne, unser Bewußtsein, zeigt, und darüber hinaus, daß der Mensch noch alles besitzt und noch nichts verloren hat. Alle Gaben, aller Mut stehen ihm zur Verfügung, er ist Herr seines Bewußtseins, seines Willens und glaubt an seine Möglichkeiten, an seine Zukunft. Die Karte der Zuversicht.

Karte 2: „Die Hohepriesterin" zeigt uns die Seele, das Unterbewußtsein, die Karte des eigenen Schattens. Diese Entwicklungsstufe verlangt, daß jeder in sich hineinschaut, um sein Lebensbuch, das noch leer ist, zu erkennen und zu füllen. Der Blick durch den Schleier der Maja wird als Aufgabe erkannt, wozu auch gehört, das Dunkle in sich anzunehmen, sich mit der Nacht auseinanderzusetzen.

Karte 3: „Die Herrscherin". Nachdem wir uns bewußt und unbewußt kennengelernt haben, gilt es, dies in die Realität umzusetzen, da wir das Leben zunächst auf der Erde meistern müssen, wozu Beherrschung gehört, aber auch die Erkenntnis, Vorsorge zu treffen, für die Nahrung zu sorgen, was die Ähre in der Hand der Herrscherin anzeigt.

Karte 4: „Der Herrscher" weist auf das Herrschen hin, das mit der Selbstbeherrschung beginnt, indem das Tierisch/Animalische in uns gezähmt werden muß und wir das Göttliche, die Dreifaltigkeit und Einigkeit anerkennen und uns danach ausrichten.

Karte 5: „Der Hohepriester" bereitet uns auf die Entwicklungsstufe der Prüfungen vor, indem wir die Kraft erkennen, auch demütig vor dem Gesetz knien zu können und jeder sich im anderen und den andern in sich erkennt, wie die Frau das männliche Tribut des Schwertes annimmt und der Mann das Weibliche in Form des schmückenden grünen Lorbeerkranzes.

Karte 6: Sie zeigt die Entwicklungsstufe der persönlichen Entscheidung an, die nach dem bisher Erfahrenen und Erlernten getroffen werden muß, was grundsätzlich bedeutet, nun auch die Verantwortung für das eigene Handeln auf sich zu nehmen und die Folgen dann gewissenhaft zu tragen.

Karte 7: „Der Siegeswagen" kündet vom ersten Sieg über sich selbst, da der Mensch aus dem Animalischen wie ein Kentaur herauswächst, wenn er auch noch darum ringen muß, den Mittelweg zu finden beziehungsweise den Weg zur eigenen Mitte.

Damit ist der erste Weg abgeschlossen. Der Mensch hat sich kennengelernt, kennt die Lebensprüfungen, ist zur eigenen Entscheidung bereit, um den Weg zur Mitte zu finden. Nun kann er sich an den zweiten Weg herantrauen, auf dem es die Mitte in allen Dingen zu berücksichtigen gilt.

Karte 8: „Die Gerechtigkeit" weist auf das Abwägen aller Handlungen hin, da das Herz stets rein bleiben muß; es darf nicht mit Lasten und Sünden beschwert werden, sondern muß leicht wie eine Flaumfeder sein, gerade wenn das Buch der Lebenserfahrungen und Erkenntnisse nun schon teilweise beschrieben ist.

Karte 9: Der Eremit bedeutet die Entwicklungsstufe der Besinnung, des In-sich-Schauens, um die eige-

nen Dämonen zu erkennen, die uns verführen können. Haben wir auf der zweiten Entwicklungsstufe das Dunkle angenommen, müssen wir nun auf der zweiten Stufe des zweiten Weges Licht in das eigene Dunkel bringen, um uns wahrhaft zu erkennen.

Karte 10: „Fortune“ spiegelt das Mühlrad unserer Pflichten und Mühen wider, das ewige Auf und Ab im Leben, das wir aus eigenem Antrieb zu meistern haben, auch wenn wir uns „wie ein Hund“ plagen müssen.

Karte 11, die Mitte des Weges: „Die Kraft“ zeigt den Menschen auf seiner scheinbaren Höhe. Es ist die Hoch-Zeit, da das Tierische der Lust gezähmt ist, da die Sonnenkraft sinnvoll einzusetzen ist. Hier muß der Mensch bereits die großen Phasen erkennen, wie sie sich in den drei Köpfen der Löwenmähne zeigen, die später eingehender beschrieben werden.

Karte 12: „Der Gehängte“ versinnbildlicht die Entwicklungsstufe, auf der sich der Mensch um die Meinung anderer zu bemühen hat, da er sich auf den Kopf stellt, um die Welt um ihn herum auch von einer anderen Seite zu sehen als der gewohnten. Hier bricht er also aus seiner Routinebahn aus.

Karte 13: „Der Tod“ zeigt nicht das Ende schlechthin an, sondern die Erkenntnis, daß alles einmal zu Ende geht, nicht nur das Leben, sondern eine Erfahrung, eine Arbeit, eine Schöpfung. Es geht hier um das Begreifen, daß nur das Absterben Raum für Neues gibt, daß nur aus dem Abgestorbenen Neues geboren wird, daß der Morgen nur nach der Nacht anbrechen kann.

Karte 14: „Das Maß“ will den Betrachtern vermitteln, daß es auf die Ausgewogenheit ankommt, auf das Maßhalten in jeder Beziehung.

So zeigt der zweite Weg die Richtung zu unserer Mitte. Er beginnt mit der Waage der Gerechtigkeit, weist uns in das eigene Dunkel, das wir erhellen müssen. Wir sollen die Erkenntnis gewinnen, Mühen nicht zu scheuen, die uns Kraft geben, die Welt auch kopfstehend zu erschauen, um so das richtige Maß zu finden.

Wir wären fast am Ende der Entwicklung angelangt, wenn es da nicht die Erfahrung gäbe, daß kurz vor jedem Ziel auch die Versuchung an uns herantritt. Damit beginnt der dritte Weg.

Karte 15: „Der Teufel“ erinnert daran, daß wir oft genug nicht nur uns versuchen wollen, sondern — wie der Satan — auch gegen Gott und die kosmische Ordnung rebellieren. Wir dürfen ferner nicht der ewigen Lust erliegen, weil wir dann nie über uns hinauswachsen können, wenn wir auch das schöpferische Licht in uns vermuten, was aber ein teuflischer Irrtum sein kann.

Die nächste Entwicklungsstufe wird durch die Karte 16 symbolisiert: „Der Turm“. Wenn wir unseren Lüsten (Karte 15) nachgehen, dann schlägt bei uns der Blitz ein, den der strafende Himmel schleudert, der uns aus dem Turm der Selbstsicherheit, aus dem Bollwerk der eigenen Verkrustung herausfallen läßt, damit wir unsere Masken abwerfen, um wieder wir selbst zu werden.

Karte 17: „Der Stern“ offenbart, daß wir nun wohl die Lektion begriffen haben, da wir zur Liebe, zur Muse ge-

funden haben und auch im Dunklen das Schöne zu erkennen vermögen. So können wir die ewige Befruchtung des Himmels empfangen.

Karte 18: „Der Mond" zeigt, daß wir mit der schöpferischen Liebe fähig sind, aus uns selbst herauszubrechen, um den Weg in die Ferne, die Höhe anzutreten, weil wir etwas von der Urkraft in uns erfahren haben.

Karte 19: „Die Sonne" strahlt dem Menschen auf der wahren Höhe seines Lebens, seiner Kraft, zu der nun auch die Kraft der Überwindung und der Erfahrung gehört. Der Mensch vermag sich im anderen zu sehen, um sich mit ihm zu verbinden, was durch den Tanz um den Lebensbaum besiegelt wird.

Karte 20: „Die Auferstehung" zeigt dann die Entwicklungsstufe unserer Hingabefähigkeit an, da wir uns eines Glaubens oder einer Überzeugung wegen nicht nur hingeben, sondern auch opfern können. Doch am Ende stehen wir alle nackt vor dem Jüngsten Gericht, denn die inneren Werte, nicht die äußeren sind entscheidend.

Karte 21: „Das All" verweist uns auf die vorläufige Endstation. Wir haben die Ordnung in uns, damit im Kosmos, im All gefunden, wo das Helle und das Dunkle, wo Himmel und Erde eins sind.

Nun haben wir eine Höhe erreicht, stehen auf einem Berg, dem Himmel nah, doch die nächste Karte zeigt uns, daß wir nun wieder von vorn anfangen müssen, wir müssen uns erneut herunterbewegen, werden wieder zum Narren, dessen Weg — wenn auch auf einer höheren Etage beziehungsweise Stufe — von vorne beginnt. Die Karte 22, die am Ende des Entwicklungsweges steht, ist auch die Karte Null, die uns vor dem Anfang begegnet ist. Es ist die eigentlich menschliche Karte, es ist das närrische Ego, das es letztlich zu überwinden gilt.

Dies ist eine kurzgefaßte Schilderung des Weges. Doch jeder wird erkannt haben, daß es sich hier um die entscheidenden Entwicklungsstufen überhaupt handelt, die jeder in sich spürt, wenn auch nicht jeder diese Stufen mit Bewußtsein erkennen mag. Es ist der Weg zu uns selbst, der uns aber auch zum Du, zum Echo führt.

Die ausführliche Beschreibung der einzelnen Karten, die jetzt folgt, wird diesen Weg noch verdeutlichen und seine Dimensionen erläutern. Sicher fallen die Karten so gut wie nie in der angegebenen Reihenfolge, aber die Entwicklungen des Einzelnen sind ja auch sprunghaft, oft scheinbar unlogisch, obwohl in jeder Entwicklung eine große Logik liegt. Wer diesen Weg intensiv verfolgt hat, wird sich leicht vorstellen können, wie alle, die mit den Tarotkarten arbeiten, die augenblickliche Lage der Ratsuchenden erkennen können. Wer eine Karte indessen vehement ablehnt, der dokumentiert damit, daß er sich vor einer Erfahrungsstufe fürchtet und sie meiden will.

II. Teil

# Vorstellung der Tarotkarten

Damit kommen wir nun zu den einzelnen Karten, die wir ausführlich vorstellen müssen, um klarzumachen, wieviel Symbolik in jedem Bild enthalten ist. Wir haben fünf Spiele ausgesucht, die typisch für ihre Zeit sind, die jedoch alle die allgemeine, sozusagen übergeordnete Symbolik des Tarot enthalten. Jede echte Tarotkarte ist an ihren überlieferten symbolischen Elementen zu erkennen. Dies muß betont werden, weil es inzwischen unter dem Segel der Tarotkarten viele andere Kartenspiele gibt, die mit Tarot überhaupt nichts zu tun haben.

In jeder Karte eines echten Spiels ist zum Beispiel, wenn auch oft versteckt, ein Stab enthalten. Dieser Stab symbolisiert die Entwicklung des Reifeweges. Es ist wie bei einem Staffellauf, bei dem ein Stab von einem Läufer zum anderen weitergegeben wird. Hier wandelt sich der Stab von Karte zu Karte. Er ist also der Schlüssel, der uns zur Deutung führt, der uns die Entwicklungsphase, die Lebenssituation klarmacht. Wir müssen zunächst stets den Stab suchen, ihn definieren, auch wenn er auf den ersten Blick nicht so leicht zu erkennen sein mag. Einmal verbirgt er sich in den Sonnenstrahlen einer Darstellung, im anderen Fall in einem Kleidverschluß oder in einem Wasserstrahl. Viele Künstler, die Tarotkarten schufen, sind da — bewußt oder unbewußt — eigene Wege gegangen.

Ein anderes wichtiges Symbol, das in jedem Spiel (wenn auch nicht in jeder Karte) enthalten sein muß, ist eine liegende Acht, das Zeichen der Unendlichkeit. Es ist die Lemniskate, das Symbol des Neubeginns, der Ewigkeit, das Symbol des übergeordneten Ausgleichs, der existiert, auch wenn wir ihn von unserer begrenzten Warte aus nicht wahrnehmen können. Dabei können sich die Gewichte durchaus zeitweise einseitig verlagern, wie wir es etwa bei Ebbe und Flut kennen. Insgesamt aber wird sich alles — wie das große Wasser — doch die Waage halten, mag sich auch die Flut an einem Ufer zusammenballen und am anderen Ebbe auslösen.

Ein wichtiger Hinweis noch zu den Namen oder den Bezeichnungen. Bei manchen Spielen ist die Karte 1 mit dem Namen „Der Magier" betitelt, in einem anderen Spiel heißt sie „Der Gaukler". Die Karte 2 mit dem Namen „Die Hohepriesterin" wird auch als „Päpstin" bezeichnet. Auch die Karte 5, „Der Hohepriester", heißt manchmal „Der Papst" oder „Der Hierophant". Karte 6, „Die Entscheidung", wird häufiger auch als die Karte mit der Unterschrift „Die Liebenden" bezeichnet.

Hier haben sich aktuelle Zeitbezüge eingeschlichen wie bei den Namen Papst und Päpstin, oder Banalisierungen, wo ein Mann sich zwischen zwei Frauen (Karte 6) entscheiden soll, er also nicht weiß, wen er liebt. Vereinfacht wurde diese Karte dann „Die Liebenden" genannt.

Hin und wieder — wenn auch selten — hat sich die Reihenfolge verschoben. So mögen sich die Leser nicht wundern, wenn sie in einem Spiel beispielsweise die Karte 8 als die Karte der „Kraft" erkennen und die Karte 11 als die der „Gerechtigkeit". Dies ist im Spiel von Arthur Edward Waite geschehen, der 1910 ein großes Tarotspiel veröffentlichte, das unter dem Namen Rider-Tarot weltweit bekannt wurde. Edward Waite war Amerikaner, geboren 1857 in New York. Er brachte in Zusammenarbeit mit der Malerin und Grafikerin Pamela Colman Smith dieses Spiel — im Jugendstil — heraus, das noch heute weit verbreitet ist. Waite war davon überzeugt, daß im Tarot das ganze Urwissen der Menschheit überliefert ist. Wir haben die großen Arcana-Karten des Waitespiels ausgewählt, sowie das nach unserer Meinung modernste Spiel, das sich vor allem dadurch auszeichnet, daß es die Gebiete Astrologie und Tarot verbindet, und das im Ansata Verlag/Schweiz erschienen ist. In diesem Ansata-Tarot, wie wir es nennen wollen, finden sich auch viele ägyptische Motive, die auf das mögliche Ursprungsland hinweisen, aber auch moderne wie mittelalterliche Ausdrucksformen.

Das dritte Spiel, das wir ausgewählt haben, ist dagegen ganz ägyptisch ausgerichtet, obwohl es aus diesem Jahrhundert stammt. Es wurde 1901 publiziert, in den achtziger Jahren dann neu aufgelegt. Auch hier sind gewisse astrologische Zuordnungen sichtbar. Dabei erscheint es notwendig zu sagen, daß viele astrologische Zuordnungen von Schöpfern oder Deutern des Tarot unterschiedlich gesehen werden, was aber für die Grundaussage unserer Spiele ohne Bedeutung ist.

Die beiden letzten Spiele, die wir ausführlich besprechen werden, sind der Swiss-Tarot 1JJ und die Karten des Tarot of Marseilles. Der Swiss 1JJ wird gern als der traditionelle Tarot bezeichnet, gehört zur italienischen Tarotlinie und fällt besonders durch seine Einfachheit auf. Dieses Spiel ist in seiner ursprünglichen Form über 400 Jahre alt und heute auch auf der ganzen Welt verbreitet. Die Beschriftung ist hier meist französisch, wobei die Namen des Swiss-Tarot 1JJ in altfranzösischer Sprache geschrieben wurden. Französisch und Englisch sind dagegen die Namenbezeichnungen des fünften (und letzten) Spiels, die Karten des Tarot of Marseilles. Dieses Tarotspiel stammt aus dem 18. Jahrhundert und ist heute noch in Frankreich am meisten verbreitet. Der schon erwähnte Court de Gebelin hatte sich einst sehr darum bemüht, den Zusammenhang zwischen den altägyptischen Weisheiten und dem Tarot of Marseilles herzustellen. Trotzdem finden wir hier Bezeichnungen wie La Papesse oder Le Pape, Namen, die es in Ägypten noch nicht gab.

Wir wollen also mit den Karten arbeiten, die auf der Welt am meisten verwendet werden, wobei die Kulturräume eine große Rolle spielen. Die französische Kultur legt den Tarot gern mit den Marseilles-Karten aus, im englischen Sprachgebiet — wie auch sonst in der Welt — werden die Rider-Karten am häufigsten gebraucht, trotz ihrer Festlegung auf den Jugendstil. Ebenso verbreitet — und zwar von Australien bis Amerika, von Japan bis Skandinavien, sind die Swiss-Karten 1JJ, weil hier die Einfachheit besticht.

Die neueren Karten — wie der Egyptian-Tarot — sprechen dagegen sehr die jüngere Generation an und erobern sich immer mehr Anhänger, was wohl auch mit der steigenden Beliebtheit des alten Ägypten zu tun hat, weil sich immer mehr Touristen bei Besuchen in diesem Land von den bildnerischen Darstellungen der alten Kunstwerke berührt fühlen und viele Tarotmotive hier wiedererkennen. Sie sind englisch beschriftet.

Der Ansata-Tarot dagegen zeigt wohl die meisten mythischen Bezüge und findet Anklang in den astrologischen oder esoterisch ausgerichteten Kreisen, weil sich vielseitigste Deutungsmöglichkeiten zeigen. Und trotzdem werden die Leser erfahren, daß die Grundaussagen aller Karten jeweils gleich sind, wenn auch jeder später für sich „sein" Tarotspiel auswählen wird. Ein Bezugsnachweis für die jeweiligen Blätter ist am Ende des Buches zu finden.

Von altersher wurde der Weg durch die Karten des Tarot auch als Reise zu sich selbst angesehen, oder auch als Weg des Narren, der 21 Begleiter hat, wobei jeder Begleiter eine Kraft im Narren selbst darstellt beziehungsweise die Erprobung der jeweiligen Kräfte durch eine Aufgabe. Genau dies ist der Schlüssel für das Kartenlegen, denn wer sich die Karten legen läßt, steht vor einer Aufgabe, die er zu bewältigen hat.

# Die Praxis

Nachdem wir uns mit der Geschichte und den Grundzügen des Kartenlegens vertraut gemacht haben, wenden wir uns der Praxis zu, wie sie sich gegenwärtig herausgebildet hat. Jede Zeit — so könnte man in Abänderung eines Sprichwortes sagen — hat die Kartenlegerinnen und -leger, die ihr entsprechen. Heute ist das allgemeine Niveau der Kartenlegenden viel höher als einst, zumal die Psychologie gerade in diesem Metier immer mehr eine Rolle spielt. Das Kartenlegen ist nicht weit von vielen Tests der Psychologen entfernt, schon das Auswählen bestimmter Karten läßt hilfreiche Schlüsse auf die Klienten oder Ratsuchenden zu.

Eine wichtige Rolle spielt in fast allen Spielen die Personen- oder Problemkarte, die im landläufigen Gebrauch einfach nur Pk genannt wird. Hier wird schon oft deutlich, worum es den Fragenden geht, wie sie sich fühlen, was sie erhoffen. Auch sollte sich jede Sitzung (wie die berufsmäßige Anwendung des Kartenlegens oft genannt wird) zu einem Gespräch entwickeln, das in erster Linie die Gedanken oder Vorstellungen der Fragenden ordnet.

Wir stellen im folgenden neun Kartenspiele vor, davon fünf verschiedene Tarotdecks oder -spiele. Wer Karten legt, wird dies nicht nur mit einem Spiel tun, wenn auch jeder mit Sicherheit sein Lieblingsspiel hat. Aber es gibt Spiele, die stoßen bei den Ratsuchenden auf Ablehnung. Manche finden sofort Gefallen. Es erweist sich als sehr praktisch, daß sich die Klienten ihre Karten aussuchen, wie es auch fördernd ist, wenn man den Fragenden kurz die Abläufe der Spiele schildert und sie dann wählen läßt. Auch hier offenbart sich die (oder der) Fragende schon in besonderer Weise. Mancher möchte die eher psychologisch aufgebauten Karten, zu denen die Tarotkarten gehören, mancher greift lieber zu einem Loskartenspiel, weil er das Leben selbst als Lotteriespiel ansieht. Je verzwickter das Problem, desto eher der Griff zu den Tarotkarten, die heute nicht nur am häufigsten gebraucht werden, sondern auch am leichtesten zu erwerben sind.

Im Gegensatz zu den Tarotkarten steht das Arbeiten mit den französischen Spielkarten, die allgemein als Skatkarten benutzt werden. Die Arbeit beziehungsweise die Deutung mit diesen Karten erfordert nicht so viel Phantasie; hier muß erst einmal der Sinngehalt jeder Karte erlernt sein. Dieses Lernen ist genauso wichtig wie das Einpauken von Vokabeln bei der Fremdsprache. Danach kommt es auf das Kombinieren an, das heißt, die einzelnen Karten inhaltlich miteinander zu Aussagen zu verbinden.

Zwischen den Tarot- und den Skatkarten liegen in etwa die Karten der Mlle. Lenormand. Hier ist etwas mehr Phantasie gefragt, doch die Bilder der Karten allein geben schon bestimmte Aussagen wieder. Daher sind diese Karten sehr beliebt.

Noch eindeutiger sind schließlich die Wahrsage- oder Zigeunerkarten, bei denen der Bildtext im Grunde alles besagt. Auch hier liegt die hohe Kunst im Kartenlegen.

Mit jeder Art von Karten sind nun alle hier beschriebenen Legearten (insgesamt 13) auszuführen. Wir haben in diesem Buch zu jedem Kartenspiel die Legearten ausgewählt, die am besten dazu passen.

**Die arabischen und die römischen Ziffern:**

| | | | |
|---|---|---|---|
| 1 | I | 19 | XIX |
| 2 | II | 20 | XX |
| 3 | III | 21 | XXI |
| 4 | IV | 22 | XXII |
| 5 | V | 23 | XXIII |
| 6 | VI | 24 | XXIV |
| 7 | VII | 25 | XXV |
| 8 | VIII | 26 | XXVI |
| 9 | IX | 27 | XXVII |
| 10 | X | 28 | XXVIII |
| 11 | XI | 29 | XXIX |
| 12 | XII | 30 | XXX |
| 13 | XIII | 31 | XXXI |
| 14 | XIV | 32 | XXXII |
| 15 | XV | 33 | XXXIII |
| 16 | XVI | 34 | XXXIV |
| 17 | XVII | 35 | XXXV |
| 18 | XVIII | 36 | XXXVI |

*Ansata-Tarot*

*Egyptian-Tarot*

*Swiss-Tarot-1JJ*

*Rider-Tarot*

*Tarot de Marseilles*

# Karte Null oder 22 (XXII)*: Der Narr

Der Narr — auch *Le Mat* (französisch) oder *The Fool* (englisch) genannt — heißt im ägyptischen Tarot *The Crocodile*. Diese Karte ist Anfang und Ende des großen Einweihungsweges oder Eingang und Ausgang. Jeder Narr unserer ausgewählten Tarot-Blätter trägt einen Stab. Auf zwei der Karten ist noch ein zweiter Stab sichtbar: je ein Obelisk; einmal in den Wolken, einmal liegend. Damit wird der Weg des Narren sehr deutlich, der von der Erde zum Himmel strebt.

Der Narr stellt die Ausgangssituation eines Menschen dar, dessen Entwicklungsmöglichkeiten noch alle offen sind. Deswegen wurde in den späteren Kartenblättern, die aus dem Tarot hervorgegangen sind, aus der Karte des Narren der Joker, der oberste Trumpf. Der Trumpf also, zu dem sich jeder von uns hin zu entwickeln vermag.

Dem Menschen stehen alle Möglichkeiten offen, weil allein er von allen Lebewesen die Welt ändern könnte, wobei es zunächst gleichgültig erscheint, ob dies zum Bösen oder zum Guten hinzielt. Der Narr ist auf einem Berg angekommen (außer im ägyptischen Tarot), wo ihm die Gefahr droht, abzustürzen, wenn er sich nicht entschließt, herabzusteigen.

Der Hund — hier in erster Linie den animalischen Instinkt verkörpernd, der in jedem von uns immer noch lebt — warnt den Narren, indem er ihn fast spielerisch ins Bein beißt.

In der ältesten Karte des Swiss-Tarot fehlt zwar der Hund, aber gerade dieser Narr steht noch sichtbar auf einer Stufe der Naivität, weil der Instinkt noch nicht so zurückgedrängt erscheint wie in der heutigen Zeit, in welcher der Verstand dominiert. Seine Füße entfernen sich bereits vom (nicht zu erkennenden) Abgrund. Sein Blick ist nicht mehr nach oben gerichtet wie die Blicke der anderen Narren, so daß ihm weniger Gefahr droht.

Gefahr droht hingegen dem ägyptischen Narren, dargestellt durch den offenen Rachen des Krokodils. Im Niltal, der Lebensebene des alten Ägypten, gab es keine Höhen und Abgründe, von denen man durch Unachtsamkeit herunterstürzen konnte. Die Gefahr lauerte im Nil, der durch das Krokodil symbolisiert wird. Die Obelisken — einst Herrschaftssymbole — weisen auf das Streben nach gottähnlicher Macht, das in jedem von uns lebt — so wie sich früher die Pharaonen als Vertreter der Himmelsgötter einschätzten, in deren Sinn sie herrschen wollten.

Die Narren sind mehr oder weniger malerisch gekleidet. Sie sind noch voller Optimismus und naiver Zuversicht im Hinblick auf ihre Zukunfts- und Lebensgestaltung. Sie zeigen allerdings durch ihre Kleidung an, daß sie schon eine gewisse Zivilisationsstufe erklommen haben. Sie haben auch Besitz, den sie in einem Beutel mit sich tragen. Einmal erkennen wir ein Musikinstrument (Ansata-Tarot), der Swiss-Narr trägt dafür Schellen an den Beinen und an seiner Kopfbedeckung.

Die Narren ruhen nicht, sie sind in Bewegung, sie befinden sich auf einem Weg, der ihnen aber — auch das ist etwas Närrisches — noch nicht bewußt ist. Das Ziel liegt bestenfalls im Himmel, zu dem fast alle hochblicken, als würden sie einem Wachtraum nachjagen. Die Freiheit wird unbeschränkt genutzt, da sich die Narren allein auf der Welt fühlen können.

Im Englischen heißt der Narr *The Fool,* was sich vom lateinischen Begriff *follis* ableitet und soviel wie Windbeutel oder Blasebalg bedeutet. So richten auch die Narren ihre Nase nach dem Wind. Das französische *Le Mat* deutet oberflächlich auf eine Mattigkeit hin, die in Richtung von Langeweile zu verstehen ist, welche denjenigen packt, der ohne Ziel dahinschlendert.

Von diesen Menschen geht oft auch eine Langeweile aus, weil sie — selbst noch ohne tiefere Substanz — wenig zu bieten haben. Das verwandte italienische *Il Matto* ist da schon klarer, da es etwas Verrücktes besagt, und den Narren eine — auch innere — Ver-rückung ihrer Ansichten

* Auf den Karten stehen zum Teil römische Ziffern, die wir im Titel in Klammern aufführen. Zum leichteren Verständnis arbeiten wir im Text mit arabischen Ziffern.

zubilligt. Die Welt wird also nicht gesehen, wie sie ist, sondern wie man sie sich vorstellt oder wünscht. Daher kann sogar eine gewisse Leichtfertigkeit vorherrschen, die Leichtsinn erlaubt, welcher jedoch schnell in den Abgrund führen kann.
So ahnen die Narren nicht, welchen Gefahren sie begegnen können, und schon gar nicht, welche Gefahren sie eventuell noch auszulösen vermögen. Immerhin haben sie alle eine Erfahrung gemacht: Sie standen am Abgrund und wenden sich nun von einer Gefahr ab. Der Narr ist nicht so närrisch, in das offene Maul eines hungrigen Krokodils zu laufen. Noch werden sie also — vielleicht unverdient wie manche Kinder — beschützt.

Der Narr ist die Karte Null oder die Karte 22. Diese Zahlen sind außerhalb der heiligen Zahlen 1 bis 21, welche sich aus der Multiplikation der oberen heiligen Zahlen 3 mal 7 ergeben. Die Zahl Null ist, allein auf sich gestellt, die Zahl des Nichts, doch auch die Zahl der anonymen Masse, die Zahl ohne Substanz. Diese Zahl sucht wie die Masse eine Führung, eine Autorität, die sie erhebt. Steht vor einer Null nur eine einzige Zahl, dann kann sich ihr Wert ins Unermeßliche steigern.
Dies ist bei der Zahl 22 nicht der Fall. Die Quersumme der 22 ist die 4, die wiederum die Quadratzahl der 2 ist. Und mit der Quadratzahl läßt sich jede Zahl ins Unkontrollierbare steigern. So weist sowohl die Null wie die 22 auf eine innewohnende Energie hin, die beherrscht werden muß — eine Energie, die in den Narren lebt, weil diese Narren entweder als Null am Anfang eines Weges stehen oder als 22 einen Weg gemeistert, also eine Leistung vollbracht haben. Nun ist Energie allein eine ungezügelte Potenz; sie ist nicht zielgerichtet. Der Weg ist also noch unklar, er liegt im dunkeln, im Ungewissen, er muß erst gefunden werden.

Auch dem Narren in uns steht noch jeder Weg offen. Leider ist nur das Närrische in uns bereit, einen neuen Weg einzuschlagen, solang wir fähig sind, uns ohne großes Gepäck auf die Reise zu machen. Oder: Die Narrheit ist *auch* eine Möglichkeit, solange wir noch nichts oder nichts mehr zu verlieren haben. Dann ist noch jeder Torheit Tür und Tor geöffnet. Darum geht es bei diesen zwei Stufen außerhalb unseres Weges.

Außerdem symbolisiert die Narren-Karte auch den Wunsch, möglichst sorglos und leichthin zu leben, und wäre es nur manchmal! Der Narr steht auch für eine Urlaubsstimmung in uns, in der wir uns ohne Verpflichtung nur so leichthin dem Tag ergeben möchten. Manche verspüren das Bedürfnis, sich von der Verpflichtung des Tages zu trennen, sie wollen „aussteigen“, sich auf wahrhaft närrische Art jeder Verantwortung entziehen, jedoch meist, ohne die Gesellschaft von der Verantwortung für sie selbst zu entbinden. Das ist ein Sich-im-Kreise-Drehen, wie es durch die Form der Null gut verdeutlicht wird. Der Narr vermag sich um sich selbst zu drehen, ohne dies zu bemerken. Er meint, auf einem Weg zu sein, der ihn immer wieder zu seinem Ausgangspunkt zurückführt. Damit entzieht er sich jeder Entwicklung, gerade dann, wenn er meint, daß er sich selbst verwirklichen muß.
Aber Selbstverwirklichung ohne Selbstverpflichtung ist Narretei. Man kann nicht auf Kosten anderer leben, ohne eine Eigenleistung einzubringen. Damit befindet sich der Narr auf der Stufe eines Kleinkindes, das sich im Grunde allein nicht zu helfen vermag. Es muß gezwungen werden, eine Schule zu besuchen, um für die Schule des Lebens gerüstet zu sein. Erst nach der Grundschule beginnt der eigene Weg, den jeder für sich finden, ansteuern und bis zum Ende gehen muß, um sein Ziel zu erreichen, das wiederum ein Nullpunkt sein kann, wenn auch auf einer höheren Ebene.
Auch unsere Narren zeigen, daß sie schon einige Stufen der Entwicklung hinter sich haben, daß es aber immer wieder heißt, von vorn anzufangen.
Ihre Stäbe und Spazierstöcke sind bearbeitet, es sind keine zufällig aufgegriffenen, herabgefallenen Baumäste, mit denen sich einst die Urmenschen auf den Weg machten. So frei

also, wie sich die Narren vielleicht fühlen möchten, sind sie nicht mehr, sie haben Erfahrungen gemacht, die zu verarbeiten sind.

Früher wurde der Narr — und das in vielen Spielen — mit verbundenen Augen gezeigt, so wie wir es auf der Karte *The Crocodile* noch erkennen können. Das heißt, der Narr wanderte noch mit verschlossenen Augen, um die Außenwelt nicht wahrnehmen zu müssen. Das zeigt eine innere Kurzsichtigkeit, die auch durch den Blick zum Himmel nicht verbessert wird. So wird wiederum auf das Niveau eines Kleinkindes hingewiesen, das sich, um Wahrheiten und Gegebenheiten nicht zu erkennen, in eine dunkle Ecke stellt, um ja nichts zu sehen, was Schmerzen oder Bedrückungen auslösen könnte. Und wer verschließt sich nicht gerne manchmal den Tatsachen, will nicht sehen, was ist, hofft, daß die Schwierigkeiten des kommenden Lebens, des zu gehenden Weges im dunkeln bleiben und will sich seine Illusionen nicht rauben lassen! Doch auf Dauer werden aus Illusionen Halluzinationen.

Ein närrischer Spruch voll tiefer Weisheit lautet: „Es kommt nie so gut, wie man es erhofft — aber auch nie so schlimm, wie man es befürchtet." Das mag manchem Trost geben, manchem die Hoffnung rauben — aber diese Volksweisheit führt uns auf die Mitte zurück.

Die Narren-Karte symbolisiert den Freiheitsdrang in uns, den Wunsch, das Leben nach eigenen Vorstellungen zu gestalten, als ob jeder für sich allein auf der Welt wäre. Der Narr ist nicht eingebunden, er ist losgelöst vom Geschehen, er steht — wie einst der Hofnarr — außerhalb der Gesellschaft, so daß er zwar Weisheiten verkünden darf, die jedoch nicht ernstgenommen werden müssen. Es sind Weisheiten, die unterhaltend, aber nicht verpflichtend sind, zumal die Narren manchmal die Gabe und Gnade besitzen, über sich selbst lachen zu können.

| | |
|---|---|
| Allgemein: | das Unbeschwerte, das Wagnis, das Losgelöstsein. |
| Liebe: | der erste Blick, der Funke, der Flirt. |
| Beruf: | der Anfang, der Neubeginn, die neue Position oder Lehrstelle, der Mut zur Kündigung, Urlaub. |
| Gesundheit: | Auftrieb, Hoffnung, Genesung, Aktivität, Mut zu neuartigen Behandlungen, Vertrauen. |
| Vermögen: | das Risiko, die Spekulation, die Neuanlage, Verschwendung, Leichtnehmen eines Verlustes. |
| Freundschaften: | neue Begegnungen, Täuschungen, Verführbarkeit, vertrauensvolle Hingabe. |
| Gedanken: | Aussteigen, Veränderungen, Sehnsucht nach dem Ende der Verpflichtungen und Bindungen. |
| Gefahren: | Leichtsinn, Undiszipliniertheit, Rücksichtslosigkeit, Nichtbeachten von Spielregeln. |
| Entwicklungsstufe: | vor dem Anfang — nach dem Ende. |

1
DER MAGIER

I. THE MAGUS

I
DER MAGIER

I
Der MAGIER

I
LE BATELEUR
THE MAGICIAN

# Karte 1 (I): Der Magier

Der Magier oder *Bateleur*, was soviel wie Jongleur bedeutet, symbolisiert das bewußte Ich am Anfang eines Weges. Jeder Magier trägt einen Stab, den Zauberstab, mit dem die Kräfte in jedem von uns geweckt werden sollen. Er ist mit einem Dirigentenstab vergleichbar, da nun der Ablauf des Lebens bewußt von uns gelenkt wird. Dieser Stab wird hochgehalten. Noch ist der Magier in uns voller Optimismus. Früher nannte man diese Karte auch „Der Gaukler", aber das trifft nicht den inneren Gehalt dieser Entwicklungsstufe, auf der es darum geht, die verborgenen Kräfte in uns zu wecken, da Magie die Lehre von den verborgenen Beziehungen darstellt.

Meist finden wir auf dieser Karte auch einen Hinweis auf die Unendlichkeit der magischen Kräfte, die liegende 8 oder Lemniskate, auf welcher der eine Magier steht, während sie beim anderen über ihm schwebt, der dritte trägt dieses Omen der Unendlichkeit, das uns später in der Zahl 8 begegnet, als Hut. Im ägyptischen Tarot wird dies einmal durch den Ibisvogel ausgedrückt, dann durch den Stern, der die Unendlichkeit von Himmel und Erde symbolisiert, sowie durch den Schlangengürtel, der das Unsterbliche verkörpert. Im Swiss-Tarot ist die Zahl 8 in den Streifen auf dem Kleid sichtbar.

Bei den meisten Magiern finden wir die vier Farben der kleinen Arcanen wieder, die Schwerter, die Hölzer, die Kelche und die Münzen. Diese Karte spiegelt unser Herz, den Motor unseres Lebens, weil jeder echte Zauber, jedes magische Handeln aus dem Herzen zu kommen hat. Wie die Geschichte der Alchimie lehrt, war es stets der Wunsch der Menschen, Gold zu suchen, wobei es im Grunde nie um das äußere Gold ging, sondern um das transzendente Gold in uns. Es galt und gilt das Gold als Kern und Symbol der Sonne in jedem anderen Stoff zu entdecken — selbst im Blei.

Der Stab, der nicht nur aufrecht getragen wird, sondern auch nach oben weist, symbolisiert damit, daß alle Kraft von oben kommt. Die Dinge, die auf dem Tisch liegen, sind Sinnbilder für die Kräfte in uns, die zu einem Ganzen zusammengefügt werden müssen, damit sich wirkliche Kreativität entwickeln kann, Kreativität, die vom Herzen kommt und zum Herzen gehen soll.

Diese Karte zeigt also den Beginn des Handelns, hier ist der Weg, den der Narr noch suchte, gefunden. Der Magier hat den ersten Halt (im Symbol eines Tisches) oder eines göttlichen Symboles für sich erreicht. Er ist voller Selbstbewußtsein und hat Energie, die gezügelt und ausgerichtet erscheint. Er stellt sich bereits seiner Umgebung, der er etwas *vor*zaubert, wenn er sie auch noch verzaubern will. Er ist sehend, wie es die ägyptische Karte verdeutlicht, da die Augen von der dunklen Binde des Narren befreit sind. Der Blick geht nicht mehr zum Himmel, die Wachträume sind durch realere Vorstellungen abgelöst. Magier sind Künstler, Künstler sind Geschöpfe, die aus dem Alltag heraus Nichtalltägliches schaffen.

Die Lemniskate erinnert uns daran, daß im Anfang das Ende liegt. Die Kräfte, die dem Magier zur Verfügung stehen, sind sein ganzer Reichtum, der sich nicht vergrößert, bis auf den wichtigsten Besitz: die Erfahrung, die jeder von uns immer wieder neu macht, die uns verändert, die das Schöpferische in uns weckt und weiterentwickelt. Noch wird kaum gespürt, daß aller Anfang schwer ist, wenn es auch oft im praktischen Leben nicht so scheint. Am Anfang ist alles noch sehr subjektiv, sehr egozentrisch auf sich selbst bezogen, man fühlt sich als Auserwählter, als Magier, ist aber meist nur ein Lehrling — immerhin aber ein Zauberlehrling!

Die Kraft dieses Zauberlehrlings, den wir etwas voreilig Magier nennen, kommt allem Anschein nach aus dem Stab. Er ist das Symbol des Dirigierens, des Herrschens, ein Symbol der Selbstsicherheit, aber auch ein Symbol der Wehrhaftigkeit, denn der Stab, die Keule war die erste Waffe des Menschen, mit der er sich nicht nur verteidigen, sondern auch einen Angriff gegen die übermächtigen Tiere wagen konnte. Ein Zauberer lenkt mit seinem Stab allerdings häufig von den Handlungen ab, die er dem Publikum vorgaukelt. Hier besteht die Gefahr, sich selbst etwas vorzugaukeln, sich selbst schon zu früh als Meister seines Schicksals zu fühlen, sich selbst als eine Eins einzuschätzen.

Wir haben es mit der Zahl 1 zu tun, die Zahl der Schöpferkraft, die Zahl der Sonne. Unser Leben hängt allein von einem Stern ab — von der Sonne. Nur sie gibt uns das Leben; wenn sie erlischt, erlischt das Leben im Sonnensystem. Daher ist die Zahl 1 auch die Zahl des Herzens, denn vom Herzen kommt die persönliche Lebenskraft, die versiegt, wenn das Herz aufhört zu schlagen. Davon weiß der Magier noch nichts, weil er am Anfang des Weges von möglichen Ermüdungen und Abnutzungen der Lebenskraft verschont ist.

Die 1 stellt also auch die magische Kraft in uns dar, die uns aus dem anonymen Bereich der Null befreit und hervorhebt. Aber sie ist außerdem die Zahl der Isolation, der Abgeschlossenheit, die Zahl des Einzellebens und -schicksals.
Am Anfang des bewußten Lebens und Weges ist jeder auf sich selbst, damit auf sich allein angewiesen. Das ist sicher eine Belastung, die uns aber auch fordert, die uns zwingt, aus uns herauszugehen, uns *ein*-zusetzen.
Lange Zeit hindurch hatte sich der Mensch viele Götter geschaffen, viele Gottvorstellungen in sich bewahrt, bis sich der Glaube an den einzigen Schöpfer durchsetzte. Diese Karte stellt also das Symbol des schöpferischen, damit des magischen Menschen dar. Hier ist zu sehen, welche vielfältigen Möglichkeiten in jedem von uns vorhanden sind, wenn wir nur bereit sind, sie zu entdecken, was einem großen Zauber gleichkommt. Der Mensch ist aufgefordert, zu wollen und zu handeln, um die innere Magie in eine äußere umzuwandeln. Das Bewußtsein ist also aufgerufen.
Dieser Anfang kann mehrmals im Leben notwendig werden, wie es durch die Spiele mit den Karten der großen Arcanen des Tarot deutlich wird, da jeder immer wieder anfangen muß, sich aber auch immer wieder zu einem Neuanfang aufzuraffen vermag. Das heißt, die vorliegende Karte vermittelt uns alle drei Wege hindurch die Kraft, die aus uns selbst kommt, die Kraft, auf die wir uns verlassen können und auch müssen.
Legen wir zu dieser Karte einmal die Karte des Narren. Wie sehr vermag der Beginn einer Handlung, das Anvisieren eines Ziels Menschen zu verändern! Aus dem Hans-Guck-in-die-Luft ist eine Figur geworden, die den Stab nicht nur als Stütze benutzt, sondern mit diesem Stab handelt. Die Stütze hat sich nach innen verlagert. Alle Magier zeigen, daß sie aufrecht stehen, das heißt, sie haben ihr Rückgrat gefunden.
Die Narren der Zahl Null waren alle leicht gebeugt oder ihre Augen waren (denken wir an den ägyptischen Narren) verschlossen. Jetzt haben sie sich zu aufrechten Magiern verwandelt, die sich nicht mehr zum Narren machen lassen. Es geht also auf dieser Entwicklungsstufe darum, seine eigenen Kräfte zu erkennen, sie sich bewußt zu machen, so daß sie einsetzbar werden.
In Ägypten hieß diese Karte früher „Der Zauberer", in der Alchimie nennt man diesen Zustand — auf Ägypten bezogen — Osiris, das absolute Aktivum.
Jeder Anfang ist ein Wagnis. Aber wer nicht wagt, kann auch nicht gewinnen. Der Sieg setzt ein Wagnis voraus, das unter einem guten Stern stehen soll, wie es der Volksmund weiß.
Der gute Stern ist aber die eigene Autorität, die man erringen muß, die magisch herausgezaubert werden muß, um dann auch Autorität auf andere auszustrahlen, um ihnen den Weg zu zeigen. So sehr „ichbezogen" uns auch der Magier erscheint, der Blick ist nicht mehr ins Leere gerichtet, sondern hat ein Ziel im Visier. Allein der Magier in uns verwirklicht unsere Träume, das soll uns durch diese Karte klargemacht werden.
Der erste Schritt ist gewagt, er richtet uns auf.
Wer schwer krank war, und das erste Mal wieder einen Fuß vor den anderen setzen kann, weiß, was der erste

Schritt Genesenden und Hoffenden (und nur Hoffende genesen) für ein Kraftgefühl, für einen inneren Auftrieb zu geben vermag. Nicht ohne Grund bejubeln daher Eltern den ersten Schritt ihres Kindes.

Der Wandel des Narren zum Magier stellt also den Wandel des Laien zum Profi im Sinne der Lebensbewältigung dar, wenn sich auch der Magier noch im Zustand des Lernens, des Lehrlings befindet. So stellt diese Karte auch den Übermut mit dar, der uns überkommen kann, wenn wir unserer Sache zu sicher sind, wenn wir meinen, wir könnten zaubern, wir könnten alles meistern.

Diese Karte kann auch als Karte des Wunders beschrieben werden, das uns immer wieder begegnet, wenn wir nur selbst etwas für das Wunderbare tun.

Die Zahl 1 ist als die erste Zahl auch die Zahl des Schöpfers und bereits die Zahl, die den Nullen Wert zu geben vermag. Es geht immer um den ersten Pfennig, um die erste Mark, das erste Hundert, das erste Tausend, die erste Million, wenn auch hierin bereits die Gefahren liegen, die uns begegnen werden. „Im Anfang war das Wort" heißt es in Goethes Faust, dann wieder: „Im Anfang war die Tat." Beides ist hier zu sehen, denn Taten bedingen oft Worte, oder Worte lösen Taten aus, eines gehört zum anderen wie die beiden Ellipsen der Lemniskate, der unendlichen 8. Der eine Magier steht auf einem 8strahligen Stern, während über dem ägyptischen Magus ein Stern leuchtet.

Unterstrichen wird die Verbundenheit zur Sonne durch die Uräusschlange (Ansata), die sich um die Sonne windet, und durch das Sonnensymbol am Stab des Ägypters. Bei den anderen Magiern weisen die Hände nach oben und unten: Ohne den Segen des Himmels gelingt nichts.

| | | | |
|---|---|---|---|
| Allgemein: | der Anfang, die erste Tat, der Optimismus, die magische Kraft, der Stolz auf das Wagnis. | Freundschaften: | das Bekennen zur Freundin, zum Freund, das Vertrauen, die Kollegialität. |
| Liebe: | das Herz, das zu verschenken ist, der Mann. Der Zauber, der durch das Bekennen ausgelöst wird. | Gedanken: | Selbstbewußtsein; ich will — ich schaffe es; die innere Autorität: ich bin doch wer. |
| Beruf: | die erste Leistung, der gelungene Start, das Selbstbewußtsein zum eigenen Können. | Gefahren: | die Selbstüberschätzung, der Zauberlehrling, die Verführung des Ichs: ich schaffe es *allein.* |
| Gesundheit: | das Herz, der Optimismus, der helfende Arzt, das Wunder der Heilung. | Entwicklungsstufe: | der bewußte Anfang, der Ausgangspunkt. |
| Vermögen: | das eigene Kapital, das Guthaben, das Vertrauen. | | |

2
DIE HOHEPRIESTERIN

II. THE GATE OF THE SANC-
TUARY

II
JUNON

II
B
J
Die HOHEPRIESTERIN

II
LA PAPESSE
THE HIGH PRIESTESS

# Karte 2 (II): Die Hohepriesterin

Die Karte „Die Hohepriesterin" hat verschiedene Namen. Im ägyptischen Tarot heißt sie „Die Pforte zur Heiligkeit", die eben durch die Hohepriesterin möglich ist, wie das Bild zeigt. Der Name *Papesse* wird von Papst abgeleitet, also vom Heiligen Vater, aber wir finden auch den Namen *Junon*, welcher auf die Göttin Juno hinweist, die in Rom als Juno regina mit Jupiter den Olymp beherrschte, wie Zeus und Hera in Griechenland.

Der Stab, der von Karte zu Karte weitergegeben wird, ist bei der Junon am deutlichsten erkennbar, ebenso bei der Hohepriesterin unseres modernen Tarotspiels. Bei La Papesse finden wir den Stab als Joch über der Kleidung im Kreuz des Gewandes, im Rider-Tarot zusätzlich in den Tempelsäulen, ebenso in der ägyptischen Karte *The Gate of the Sanctuary*. Hier ist er außerdem im Henkelkreuz zu sehen.

Bis auf die älteste Karte der Junon hält jede Hohepriesterin ein Buch in ihrem Schoß. Es ist das Buch des Lebens, das beschrieben werden soll. Daher ist es noch nicht ganz voll beschriftet oder noch leer. Aber es ist auch das Buch des heiligen Gesetzes, wie aus der einen Inschrift (die auf dem Kopf steht) „Tora" zu lesen ist.

Diese Karte symbolisiert — im Gegensatz zur Karte 1 des Bewußtseins — das Unterbewußtsein in uns, auch das Dunkle, das in uns lebt, unseren Schatten. Daher sind die Tempelsäulen einmal hell, einmal schwarz, beziehungsweise wir erkennen eine helle und eine dunkle Sphinx. Es geht um unsere Seele, die im Verborgenen lebt, um unsere unterbewußt gespeicherten Kollektiv- und Früherfahrungen. Die Karte verkörpert die Ergänzung zu der Karte 1, die auch die Sonne mit einschließt: den Mond, der das Licht der Sonne empfängt, der die Wasser der Erde bewegt und damit auch den Menschen beeinflußt.

Das Mondsymbol ist auf drei Karten deutlich erkennbar und auch in dem Namen Junon verborgen, die ja eine Mondgöttin war. Die Priesterinnen sitzen (bis auf Junon, die dafür eine Krone trägt,) auf einem Thron. Sie geben damit zu verstehen, daß das Unbewußte, das Dunkle in uns eine Macht ausübt, die über uns herrscht und die wir akzeptieren müssen. Junon zeigt sich gebieterisch und stark, selbstbewußt, von einem Pfau begleitet: Ausdruck dafür, daß sie als Gegenbild zum Männlichen das Weiblich-Mütterliche darstellt. Junon hatte stets Verständnis für die verborgenen Schwächen, um die es in dieser Karte geht. Das wird dadurch unterstrichen, daß die Gesichter teilweise durch Schleier (wenn auch leicht) verborgen sind oder durch einen Schal, ein Kopftuch jederzeit verborgen werden könnten. Es ist der Schleier der Maja, durch den wir blicken müssen, um unser eigenes Geheimnis und das des Lebens zu ergründen. Nach der Auseinandersetzung mit dem Lichten, dem Bewußten in uns, müssen wir uns also auf der zweiten Entwicklungsstufe mit dem Dunklen auseinandersetzen, wie nach dem Tag- das Nachtwerk folgt, nach der Sonnenzeit des Tages die Nachtzeit des Mondes. Hier haben wir es daher auch mit der Karte unserer nicht bewußten Träume zu tun, mit der Seelensprache, der Sprache des Unbewußten, die wir orakelhaft immer wieder befragen müssen, wie einst die Pythia in Delphi oder die vielen Sibyllen nach der inneren Wahrheit befragt worden sind.

Im alchimistischen Sinn sprechen wir von dem „Geheimnis", das jeder Tat innewohnt, weil es uns nicht bewußt ist. In uns lebt unsere Vergangenheit, der frühere Mythos, das Erbe vieler Generationen, die Erfahrungen der Menschheit. Sicher wird uns hier kaum ein weiblicher Papst weiterhelfen können, dazu bedarf es einer Hohenpriesterin, die eher im Bereich des Mondes (damit des Himmels) anzutreffen ist als auf der Erde. Frau oder Mann haben Männliches wie Weibliches in sich, dem nun einmal Rechnung zu tragen ist.

Wenn wir die Karte des Narren danebenlegen, erkennen wir sehr schnell, wie weit der Narr von seinem Dunklen entfernt scheint, denn gegensätzlichere Bilder kann man sich kaum vorstellen, wenn uns dies im Tarot auch noch öfters begegnen wird. Der Narr, der überwiegend zum Himmel blickt, muß lernen, in sich zu schauen, was übrigens der ägyptische Narr dank seiner Augenbinde auch tut oder tun könnte.

Er weist — im Gegensatz zu den anderen — die Nummer 22 auf — ist also bereits einen langen Weg gegangen.

Die Karte „Die Hohepriesterin" trägt die Zahl 2. Wir sehen zwei Tempelsäulen oder zwei Sphinxen, ein Buch mit zwei Seiten oder neben der Junon ein zweites Lebewesen, den Pfau. Die 2 ist die Zahl der Ergänzung, sie stellt auch die Verdoppelung der 1 dar. Wir haben zwei Zeiten, Tag und Nacht, zwei Lichter am Himmel, Sonne und Mond. Moses trug zwei Gesetzestafeln, um den Willen des Herren zu verkünden. Wir stehen auf zwei Beinen und Füßen, und wir gebrauchen zwei Arme und Hände. Wir kennen die beiden Seiten rechts und links, die sich ergänzen, wie auch nur zwei Menschen sich so ergänzen, daß der Tod durch Geburt von Kindern überwunden werden kann. Die zwei Seiten einer Medaille sind sprichwörtlich, jedes Ding hat zwei Seiten, in allem lebt das Helle wie das Dunkle. Die 2 ist nicht die Zahl der Einheit, sondern die Zahl der Gegensätze, die zu vereinen sind, um so zum Ziel zu gelangen. Sie gilt außerdem als die Zahl des Geheimnisses, da die Folge der Verbindungen von eins plus eins im Leben stets geheimnisvoll erscheint. Und die 2 führt uns von der 1 weg, damit auch von uns selbst, denn es ist ein wesentlicher Unterschied, ob wir nur für uns oder noch für einen anderen mitdenken und handeln.

Letzlich ist die Zahl 2 die Zahl des Femininen und des Maskulinen, die Zahl von Yang und Yin oder Logos und Eros, also die Zahl der zwei verschiedenen, vorherrschenden Lebensprinzipien, die Zahl von Anima und Animus, die Zahl des Oben und Unten.

Sie ist zwar nicht die Zahl der Mitte oder des Ausgleichs, aber sie kommt immer nach der 1, was einen tieferen Sinn ergeben mag, als es im ersten Moment erscheint. Sie weist auf die Gegensätzlichkeit hin, die ja das wahre Geheimnis unseres Lebens darstellt, denn nichts ist eindeutig, sondern alles ist höchst differenziert.

So erscheint uns der Planet, den wir Venus nennen, vom Himmelsanblick her einmal als Abendstern und einmal als Morgenstern. Es dauerte tausende von Jahren, ehe begriffen wurde, daß Morgen- und Abendstern dasselbe sind, ein Stern, der den Mond am Morgen zum Tod führt, ihn aber am dritten Tag abends auferstehen läßt. Diese Zahl — und damit diese Karte — läßt uns also bereits etwas vom Werden und Vergehen ahnen, was wir nicht früh genug in uns aufnehmen können, um uns später innerlich gerüstet mit dem Tod und der Geburt (in dieser Reihenfolge) auseinandersetzen zu können.

Vereinigung von Gegensätzen, das ist die Aufgabe unseres Lebens. Das Gegensätzliche, das sich heute aktuell abzeichnet, liegt etwa auch in den Polen Sattheit und Hunger, die stets den Lauf der Welt mitbestimmt haben. So banal es erscheint: Der Gegensatz von Licht und Schatten hat uns gelehrt, die Zeitgesetze zu verstehen. Die ältesten Sonnenuhren waren auf diesem Prinzip aufgebaut, da der Schatten die Zeit verkündet, die vergangen ist und die kommen wird. Von daher verstanden die Menschen auch, daß es stets einen Gegenspieler geben muß, wenn es um eine Entwicklung geht.

Das Symbol des Kreuzes, das aus zwei Balken besteht, kündet von der Last, die zu tragen ist, worin auch die Erblast enthalten ist.

Der Thron der Hohenpriesterin (sofern vorhanden) besteht aus einem einfachen Felsen, einem Stein, der als Element den Gegensatz zum Wasser darstellt. Mit dem Stein, dem Steinwall kann der Mensch den Gefahren der Wasserfluten auf die Dauer begegnen. Damit weist diese Karte erneut auf die Polarität hin, die von Plus zu Minus geht, die anzieht und abstößt. Der noch sehr optimistische Mensch, der sich seiner Kräfte auf der Entwicklungsstufe der

Karte 1 noch sicher war, wird hier bereits auf die Probe gestellt. So ergänzen sich auch die Karten 1 und 2 ganz besonders gut und deutlich, gerade weil sie so gegensätzlich angelegt sind. Wer diesen Weg (mit uns) geht, sollte jetzt schon zu erkennen suchen, welchem Pol er eigentlich mehr zuneigt, dem des Magiers oder dem der Hohenpriesterin, was nichts mit dem Geschlecht des Kartenbetrachters zu tun hat. Wer sich in das Bild dieser Karte (vielleicht sogar meditierend) vertieft, der wird (bis auf den Blick der Junon) in zwei Augen schauen, die den Betrachter intensiv, fast hypnotisierend ansehen. Daraus wird klar, daß wir alles stets mit zwei Augen zu sehen haben und daß es keine (innere) Einäugigkeit geben darf. Oder anders: Bewußtes Wissen reicht bei weitem nicht aus. Wer nichts von seinem Unbewußten weiß, der weiß noch nichts von sich. Die dunkle Seite in uns können wir nicht verstellen. Mag dies im wachen Leben manchmal gelingen: die Träume, die uns erreichen, sind nicht beeinflußbar; sie künden uns unser inneres Wesen Nacht für Nacht an, auch dann, wenn wir meinen, nicht zu träumen.

Von der Gegenwart aus betrachtet, haben wir uns mit zwei Zeiten zu beschäftigen: mit der Vergangenheit wie mit der Zukunft, die eine Zeit kann ohne die andere nicht sein, gemäß dem Gesetz des Werdens und Vergehens. Mußte der Magier uns das bewußte Handeln lehren, so lernen wir von der Hohenpriesterin, daß wir darüber nicht unsere unbewußten Ströme und Gedanken wie Handlungen leugnen oder verdrängen dürfen. Daher ist sie auch die Karte der Stille, der Besinnung, die mit der Nacht kommt, wenn wir nur wollen. So sollten wir nicht aus Angst vor der Nacht diese zum Tage machen. Die Hohepriesterin führt uns in die Tiefe, deren Kern in uns selbst liegt. Wer dabei Angst vor der Tiefe hat, dem sei zum Trost gesagt, daß gerade der Tiefschlaf (und zwar in doppelter Bedeutung) der erholsamste Schlaf ist.

| | |
|---|---|
| Allgemein: | die Seele, das Dunkle, die Nacht, das Unbewußte, das Träumen und Insichgehen. |
| Liebe: | die mütterliche Ausrichtung, der geheimnisvolle Zauber, die Verwandlung aus der Tiefe. |
| Beruf: | die Erholung, das Abschalten, die Besinnung. |
| Gesundheit: | das Psychosomatische, unheimliche Krankheiten des Körpers und der Seele. |
| Vermögen: | der Nachteil vom Gewinn, der Vorteil vom Verlust. |
| Freundschaften: | die tiefen, oft unerklärlichen Bindungen. |
| Gedanken: | die Schatten in uns, geheime Wünsche. |
| Gefahren: | Wach-Träume, das Sich-Verlieren, das Nichtzurkenntnisnehmen der Schatten in und um uns. |
| Entwicklungsstufe: | das Annehmen des Dunklen, die Begegnung mit der Seele, den eigenen Tiefen. |

3
DIE HERRSCHERIN

III. IRIS-URANIA

III
DIE HERRSCHERIN

III
Die HERRSCHERIN

III
L'IMPÉRATRICE
THE EMPRESS

# Karte 3 (III): Die Herrscherin

Die Karte der Herrscherin, *The Empress* (englisch) oder *L'Impératrice* (französisch) heißt im ägyptischen Tarot *Iris-Urania*. Auch die Herrscherin sitzt wie die Hohepriesterin auf einem Thron oder Thronsessel (diesmal ohne Ausnahme). Der Stab der Hohenpriesterin hat sich jedoch in ein Zepter gewandelt. Nur im modernsten Tarotspiel finden wir statt des Zepters eine Kornähre, darauf hinweisend, daß es hier um das realere Geschehen auf der Erde geht, weil man im Leben Nahrung (im weiteren Sinn) benötigt. Als Zeichen der weltlichen Macht trägt diese Herrscherin den Reichsapfel, den wir auch bei der Herrscherin-Karte des Marseilles-Tarot finden.

Wenn es hier auch mehr um die ersten realeren Erfahrungen geht, so ist die Verbindung zum Himmel immer noch sichtbar: einmal durch die erhobenen Stäbe oder den Zeigefinger und ganz besonders deutlich durch den Halbkreis von Sternen über dem Kopf der Iris-Urania auf der ägyptischen Karte, wie auch auf dem Ansata-Tarot, wo die Sterne über der Krone der Herrscherin schweben. Die ägyptische Herrscherin sitzt zudem auf einem Thron, der mit vielen Udjat-Augen geziert ist, den Augen des Schöpfergottes. Auch über der Königsfrisur der Herrscherin des Rider-Tarot leuchten Sterne, um zu zeigen, daß alles Gelingen auf der Erde von deren Gunst abhängig ist.

Wir haben es hier mit dem herrschenden Mutterprinzip auf Erden zu tun, mit dem Mutterstoff schlechthin — mit der Materie. Das Wort Materie hat sich ja aus dem Wort Mater entwickelt und bedeutet nichts anderes als Mutterstoff. Das heißt, nachdem wir uns mit den bewußten und unbewußten Kräften in uns auseinandergesetzt haben, müssen wir diese nun in Richtung Lebensbewältigung zusammengefaßt und konzentriert einsetzen. Alle unsere Herrscherinnen (vielleicht mit Ausnahme der des Rider-Tarot) zeigen Kleidung von einer gewissen Strenge, die jedoch durchaus die Reize einer irdischen Frau unterstreicht. Aber hier geht es nun doch schon um eine gewisse Disziplinierung, der wir uns zuwenden müssen. Sie kommt auch dadurch zum Ausdruck, daß die Herrscherinnen alle aufrecht und gerade sitzen, keine zeigt sich in erholsamer Ruhestellung.

Der Name Herrscherin weist auch auf die Selbstbeherrschung hin, die in der folgenden Karte auffällig gezeigt wird. Diese Herrscherin ist Vorbild, fordert aber durch ihre Strenge auf, daß wir uns beschränken müssen. Im ägyptischen Sinn verdeutlicht diese Karte aber auch das absolute Neutrum: Wenn eine Frau Mutter wird, hat sie für den Mann neutral zu sein. Die werdende Mutter wird durch dieses Neutrum geehrt und respektiert. Hier geht es um die innere Vernunft, um das eigentliche Jungfrauprinzip.

Die ägyptische Herrscherin wie die des Ansata-Tarot haben eine enge Verbindung zum Mond. So stützt die ägyptische Iris-Urania ihre Füße auf eine Mondschale. Bei den anderen Herrscherinnen wird das fließende Mondprinzip durch die Kleidung deutlich gemacht. Im Sinn der vorhergehenden Karte der Hohenpriesterin hat die unser Erdenleben meisternde Frau (als Herrscherin) weibliches Durchsetzungsvermögen zu symbolisieren. Sie weiß, daß es auch auf Reinheit und Zurückhaltung ankommt, auf Besonnenheit und Gerechtigkeit.

Die Adler unterstreichen die Macht der Herrscherinnen, während der Schwan oder die Venussymbole auf die Reinheit hinweisen sollen.

Diese Entwicklungsstufe führt uns also zur Erde, zu den irdischen Problemen, die mit den Kräften des Magiers und den Geboten der Himmelspriesterin zu erfüllen sind. Legen wir neben diese Karte das jeweilige Bild des Narren, dann wird uns klar, daß es nun für ihn mit dem endgültigen Freiheitsdrang vorbei ist, da er sich einer Frau verbunden fühlt, wenn dies auch mehr im mütterlichen Sinn zu verstehen ist. Hier setzt sich der Narr in uns mit der Prägung der Mutter auseinander.

Die Kornähre mahnt uns zur Einsicht in die Notwendigkeit, in soziale

Verpflichtungen. Wenn es um Nahrung geht, darf es nicht mehr nur den Einzelnen betreffen, jetzt muß an die Gemeinschaft gedacht werden. Diese Karte hieß früher auch „Die Kaiserin“, „Die große Mutter“ oder „Die Königin der Erde“! Man kann die Herrscherin als Stellvertreterin der Hohenpriesterin auf Erden verstehen, die uns durch Liebe leitet, aber auch mit einer gewissen Strenge führt.

Die Zahl dieser Karte ist die 3, die heilige Zahl schlechthin. Denken wir nur an die Dreifaltigkeit. Jedes Dreieck ist ein himmlisches Symbol, wie wir es vollendet in der Pyramide wiederfinden. Auf einer breiten Basis versuchen wir hier dem Himmel näherzukommen. Die 3 ist die Zahl, die den Tod überwindet. Es ist die Zahl der Fortpflanzung, daher tragen die Herrscherinnen ein Kind in ihrem Leib. Es ist die Urmutterzahl, die uns auch im Hexeneinmaleins begegnet, in dem es heißt: „Aus zwei macht drei!“ Für Pythagoras war sie die erste auch irdische Zahl, weil nun erst eine geometrische Figur möglich ist.

In dieser Zahl ist Vergangenheit, Gegenwart und Zukunft zu sehen, das Entstehen, Werden und Vergehen. Daher treffen wir auch — wie bei den Germanen — oft drei Nornen, (Schicksalsgöttinnen) an. Die 3 ist aber vor allem die Zahl von Sonne, Mond und Erde, also die Zahl unserer kosmischen Existenz. Nicht ohne Grund wird daher das göttliche Udjat-Auge oft in Dreiecksform gezeichnet und gemalt, eine Tatsache, die sich später auch auf andere „Gottesaugen“ übertragen hat. Und es ist die Zahl Merkurs, des Boten zwischen Göttern und Menschen, dessen astrologisches Symbol sich als einziges aus drei Teilen zusammensetzt, weil es aus Halbkreis, Kreis und Kreuz besteht, wie es auf der Karte des Ansata-Tarot gut zu erkennen ist. Die 3 ist eine Zahl, welche die Verbindung von Himmel und Erde symbolisiert, eine Zahl der Mitte (dies trifft für alle ungeraden Zahlen zu).

Auf der dritten Entwicklungsstufe geht es nun schon um eine gewisse Reife, die notwendig ist, um das Leben zu bestehen. Sie wird uns zwar nicht in den Mutterschoß gelegt, aber von der Mutter gelehrt. In dieser Karte spiegelt sich also auch Demeter wider, die Göttin der Erdfruchtbarkeit. Als sich Demeter im Zorn darüber, daß Pluto ihre Tochter entführt hatte, zurückzog, wurde die Erde unfruchtbar, so daß Pluto wenigstens zeitweise die Tochter der Mutter zurückgeben mußte. Im Rider-Tarot erkennen wir dieses Symbol auch sehr gut, da sich zu Füßen der Herrscherin ein Kornfeld erhebt, während der Bach, der sie umfließt, in die Unterwelt zu strömen scheint.

Es ist auch die Karte der drei Dimensionen, die wir in der realen Welt messen können: Länge, Breite und Höhe. Der vierten Dimension Zeit werden wir erst später begegnen. Mit dem Meßbaren gewinnt auch das merkurische Prinzip des Denkens und Forschens im wissenschaftlichen Sinn an Bedeutung. Was meßbar ist, ist beweisbar. So geht es hier also zum ersten Mal um Tatsachen, um Wirklichkeiten, die unser Denken, unser Handeln prägend beeinflussen. Das steht im Gegensatz zu dem karmischen Überzeugungsprinzip des nicht sterbenden Lebens, das auch in der Drei enthalten ist: Geburt, Tod und Wiedergeburt (oder Auferstehung). Von daher ist es zu verstehen, daß die Herrscherin einst als Madonna und als Himmelskönigin — also auch als Maria — angesehen wurde.

Sicher bringt die Begegnung mit den Realitäten manchen Zweifel in die Seele, ebenso die Gefahr, alles ein wenig eng zu sehen. Daher wird diese Karte auch in der Deutung als das Irdische, als „Bürgerlichkeit“ angesehen.

Die Herrscherin-Karte ist also keine Karte der Himmelsstürmer. Im Gegenteil, sie lehrt uns, mit den Füßen stets auf der Erde zu bleiben. Diese Entwicklungsstufe symbolisiert die erste Schule des realen Lebens, in die uns die Mutter schickt, damit wir lernen. Dazu gehören Bescheidenheit, Mäßigung und Ordnung, denn nur wenn Ordnung herrscht, kann gesät, geerntet und vorgesorgt werden. Hier erfahren wir die Pflichten des Alltags, die manchem von uns den inneren Schwung nehmen.

In der Deutung symbolisiert diese Karte daher auch die Lehrer, die uns im Leben begegnen: nicht die großen Religions- oder Missionslehrer im priesterlichen Sinn, sondern die Schullehrer, die auf die kleineren Dinge zu achten haben. Hier begegnen wir der Vernunft, die zur Naturwissenschaft führt, wobei es leicht geschieht — und damit muß sich jeder auseinandersetzen —, daß das Naturwissenschaftliche alle anderen Gesetze, die nicht real meßbar sind, nicht gelten läßt oder als Aberglauben einstuft. Die Vernunft, die hier vorherrscht, birgt also die Gefahr in sich, daß wir vom Urinstinkt aller Lebewesen abkommen, so daß wir diese kollektive Empfindungsvernunft später wieder neu suchen oder entdecken müssen.

Kein Wunder, daß gerade diese Karte bei der Deutung mehr Ablehnung hervorruft als viele andere Karten, weil sie viele von uns an die Erziehung, an die Disziplinierung, an die strenge Mutter oder Lehrmeisterin erinnert. Aber diese Begegnungen sind nun einmal notwendige Erfahrungen, denen wir nicht ausweichen dürfen. Wir könen dies auch meist nicht, da wir schon als Kinder in den Lernprozeß eingegliedert werden. Als Erwachsene schlagen wir uns mit diesen Erlebnissen herum, die uns auch das Bücken und Ducken beigebracht haben.

Auf dieser Entwicklungsstufe begegnen wir also dem Lebensernst. Die Mienen der Herrscherinnen sind alle streng und gefaßt. Sie alle mahnen uns, am deutlichsten im Swiss-Tarot, wo der erhobene Zeigefinger fast drohend erscheinen mag. Aber eines ist noch wichtig — und wir werden es erst in der übernächsten Karte ganz verstehen: das Hervorheben der Knie. Die Herrscherinnen fordern uns auf zu knien, uns vor dem Gesetz des Himmels wie der Erde zu beugen. Eindringlicher kann dies nicht in so einfacher Art dargestellt werden, wenn wir daran denken, daß alle Religionen das Knien oder Beugen kennen und lehren. Und dies, obwohl keine Herrscherin mehr in einem Tempel sitzt, der göttliche Respekt also nicht einmal zur Debatte steht. Die Wirklichkeit, der wir immer wieder auf der Lebensreise begegnen werden, hat uns hier eingeholt.

| | | | |
|---|---|---|---|
| Allgemein: | die Wirklichkeit, das Erdenleben, die Erziehung, die Vorsorge, die Lebensbewältigung. | Vermögen: | das Erworbene, das Verdiente, die Sparsamkeit. |
| Liebe: | die erziehende Liebe, auch der Liebesentzug der Sache und Notwendigkeit wegen; die Strenge aus Liebe, auch die Pflicht der Liebe. | Freundschaft: | Bindungen der Vernunft, auch der Berechnungen. |
| | | Gedanken: | Reale Lebensmeisterung; Erinnerungen an die Lehrjahre; bürgerliches Denken. |
| Beruf: | das Lernen, die Pflicht, die Aufgabe. | Gefahren: | Überschätzen des Realen. Bindung an Moralnormen und Gesetze; der verengte Blick auf die Tatsachen; Überschätzen der Logik. |
| Gesundheit: | die realen Krankheiten aus der Abnutzung heraus, aber auch die helfende Fürsorge. | | |

Entwicklungsstufe: Lern-, Lehr- und Erziehungszeit.

4
DER HERRSCHER

IV. THE CUBIC STONE

IIII
Fabrique de Cortes J. Muller & Cie
DER HERRSCHER

IV
Der HERRSCHER

IIII
L'EMPEREUR
THE EMPEROR

# Karte 4 (IV): Der Herrscher

Der Herrscher wird auch *L'Empereur* (französisch) oder *The Emperor* (englisch) genannt, während diese Karte im ägyptischen Tarot *The Cubic Stone* heißt. Die Bedeutung dieses Namens wird im Lauf der folgenden Hinweise klar werden. Der Stab ist immer noch ein Zepter, teilweise mit Reichsapfel. Es handelt sich hier um den Führer des Lebens, und zwar weniger im individuellen Sinn wie bei der Karte 3, der „Herrscherin", sondern mehr im gesellschaftspolitischen Sinn. Es ist der König, der Kaiser, der Präsident, der Pharao, der uns hier begegnet. Wir haben es mit einer autoritären, älteren oder reiferen Person zu tun, der Lebenserfahrung anzumerken ist.

Die Herrscher sitzen auf einem quadratischen Stein (Cubic Stone), sie sind also nach allen Seiten im materiellen Sinn gleich ausgerichtet. Das Quadrat ist immer das Symbol für die materielle, die reale Welt. Die Herrscher sind reich geschmückt. Ihr Gewand ist längst nicht so verbergend streng wie das der Herrscherinnen.

In allen Karten sind Tiersymbole zu erkennen, einmal als Wappen, dann als Begleiter, als Schmuck des Throns oder als Schmuck auf der Brust getragen, wie auch auf dem ägyptischen Gewand. Das heißt: Die Herrscher haben das Tierische in sich überwunden. Man kann erst herrschen, wenn man gelernt hat, sich selbst zu beherrschen. Vom Löwen über den Widder, den Adler und den ägyptischen Falken (stilisiert) handelt es sich durchaus um eigenwillige, wilde Tiere, die in uns leben (denken wir nur an unsere Träume) und gezähmt werden müssen. Ist dies gelungen, beherrschen wir die Welt, dann erst strahlen wir eine natürliche Autorität aus und können eine gewisse Stabilität garantieren. Auf dieser Entwicklungsstufe geht es immer noch (wie bei Karte 3) um das Machbare, das Reale. Der Herrscher steht für die weltlichen Gesetze, die beachtet werden müssen, auch wenn diese Gesetze das Ziel schwerer erreichbar machen. In dieser Karte begegnen wir dem aktiven männlichen Prinzip der Reife, also unserem weltlichen Leitbild, demjenigen, der einen Staat leitet, eine Nation regiert und auch für Gerechtigkeit zu sorgen hat. Er ist verpflichtet, dem Wohl aller zu dienen.

Die Verbindung zur Karte 3 kommt durch das Dreieck zum Ausdruck. Wir erkennen es entweder am Gewand oder an der Beinhaltung, beziehungsweise an dem spitz zulaufenden Schild, dessen Beschriftung (Werbung für eine Kartenfabrik) unangemessen erscheint. Unbewußt wird damit indessen unterstrichen, wie sehr das Materielle im Vordergrund steht. Das Dreieck wird außerdem durch den dreieckigen Widderkopf verdeutlicht sowie durch die ritterliche Beinkleidung. Die Herrscher sitzen auf einem Quadranten, der die vier Dimensionen versinnbildlicht, aber die Zahl 3 noch ahnen läßt und auf diese Weise anzeigt, daß die 4 aus der Trinität erwächst.

Immerhin wird hier die vierte Dimension deutlich einbezogen: die Zeit, und damit die Reife. Der Herrscher spielt eine wichtige archetypische Rolle in uns, denn die Sehnsucht nach Autorität ist im Menschen fest verwurzelt, wenn dies auch heutzutage häufig abgeleugnet wird.

Das Bedürfnis nach führender Autorität lebt indessen in jedem von uns, sonst wäre auch der Drang zu einem Guru, dem die meisten „Aussteiger" folgen, nicht so stark. Damit verbunden ist der Wunsch, in eine Gemeinschaft — und sei es eine Sekte — aufgenommen zu werden, deren Gesetze man anerkennen und befolgen muß, wenn man sich eingegliedert und nicht verloren fühlen möchte.

Die Zahl 4 ist die Zahl der Wirklichkeit. Wir kennen die vier Himmelsrichtungen, die uns an die kosmischen Gesetze mahnen. Nämlich an den Aufgang der Sonne, ihren Höchststand, ihren Untergang und an ihren Tiefstpunkt, den sie um Mitternacht erreicht. Die Chinesen sprechen in diesem Zusammenhang von den vier großen Winden, andere von den vier Weltenden. In der Bibel werden die vier Flüsse des Paradieses — also von Eden — beschrieben, und

die vier kleinen Arcanen des Tarotspiels spiegeln die vier Grundelemente der Antike wider: Feuer, Erde, Luft und Wasser.
Der Mensch hat vier Extremitäten (Arme und Beine). Auch die Quadratur des Kreises gehört in dieses Gebiet. Ebenso die Rechnung: 1 + 2 = 3 + 4 = 7. Diese Zahlen führen uns also über die einfache Addition zu den zwei heiligen Zahlen 3 und 7. Oder die Rechnung: 1 + 2 = 3 + 3 = 6 + 4 = 10. 10 ist die Zahl, bei der das erste Mal die Null Gewicht bekommt. Die 4 symbolisiert die vier Qualitäten der Antike: warm, trocken, feucht und kalt. Wir kennen die vier Temperamente: cholerisch, phlegmatisch, sanguinisch, melancholisch; die vier Evangelisten, die vier Jahreszeiten, die vier Mondphasen. Dies alles besagt: Mit der 4 sind wir in der meßbaren Realität. Daher bezeichnen viele die Zahl 4 als magische Zahl, was aber mehr im realen Sinn verstanden werden sollte. Die vier Grundrechenarten weisen darauf hin: Addition, Subtraktion, Multiplikation und Division. Schließlich wird die Karte 4 zum Symbol der vier Kardinaltugenden: Gerechtigkeit, Weisheit, Mäßigung und Stärke: vier Begriffe, die im Tarot eine maßgebende Rolle spielen, wenn wir statt der Stärke von der Kraft und statt der Weisheit vom All sprechen. So gibt uns die 4 — aufbauend auf der 3 — innerlich wie äußerlich eine Ordnung. Sie ist zudem die Zahl Jupiters, denn im astrologischen Symbol Jupiters ist die 4 klar enthalten, wie auf der Karte 4 des Ansata-Tarot gut zu erkennen ist.
Kein Wunder, daß die Zahl 4 so zum realen oder irdischen Glückssymbol wurde, denken wir nur an das 4blättrige Kleeblatt, das materiellen Gewinn verspricht.
Wir kennen in jedem Spiel vier Farben — vor allem aber vier Trümpfe. Auch die Ordnung des Tages wird durch vier Abschnitte bestimmt: den Morgen, den Mittag, den Abend und die Nacht. Ordnung im überpersönlichen Sinn ist also das Prinzip der 4; wer sie ablehnt, beschwört das Chaos herauf, ob er es will oder nicht. Diese Erkenntnis wird uns hier vermittelt. Das heißt: Bringe erst einmal Ordnung in dein Leben, deine Umwelt und überall dort, wo du Herrscher bist, erst dann kannst du weitersehen und weiterplanen. Als Herrscher des Olymp gilt Zeus/Jupiter. Es mag den Menschen zu denken gegeben haben, daß auch der Olymp einen Herrscher benötigte, der mit Donner und Blitz drohte und gegebenenfalls strafte. So konnten die Menschen vom Himmel lernen, denn Mythen sind ja auf die Realität bezogene Legenden, die Gesetze der inneren (unbewußten) wie äußeren (bewußten) Ordnung widerspiegeln. In den Göttern der Mythen — nicht in den Göttern der Religionen — schufen sich die Menschen ihre persönlichen Leitbilder für das irdische, für das reale Leben auf der Erde. Deswegen wurden auch in der Astrologie die Planeten, die uns die kosmischen Rhythmen vermitteln, mit den Namen von Göttinnen und Göttern des Olymp belegt.
In der Karte 4 begegnen wir der ersten mythischen Gottheit, denn Sonne und Mond sind keine Planeten, sondern Lichter — also über den Planeten stehend. Der Herrscher zeigt sich als ausgesprochene Vaterfigur, damit als Vater der Zivilisation. Keine Karte der Tarotblätter ist so mit äußerlichem Reichtum ausgestattet wie diese. Damit symbolisiert sie auch die Gefahr, der jeder von uns schnell begegnet: die Gefahr des Reichtums, der Eitelkeit und der Wohlgefälligkeit, die Gefahr des großen persönlichen Anspruchs. Das gilt auch für den Stolz, auch den falschen, der aus zu großer Uneinsichtigkeit oder Schwäche erwächst. Erbittert bestraft Jupiter die größte Sünde: die Undankbarkeit. Alles konnte der Herrscher im Olymp verstehen und damit auch verzeihen — nur eines nicht: Undankbarkeit. Dieser Verfehlung erliegen wir alle, wenn wir meinen, etwas aus eigener Kraft geschafft zu haben, dabei aber vergessen, daß uns auf dem Weg zu unserem Ziel viele andere begleiteten und halfen, wobei wir auch an den Segen des Himmels denken müssen, ohne den nichts gelingen kann.
Die alten Pharaonen, später die Kaiser und Könige, fühlten sich oft als Stellvertreter Jupiters auf Erden, worauf auch der Spruch hinweist:

Quod licet Jovi, non licet bovi (Was Jupiter erlaubt ist, ist dem Ochsen nicht erlaubt). Hier genau liegt die Gefahr verborgen, die Mächtige immer wieder ergreift, da sie sich mehr Rechte herausnehmen, als sie anderen zugestehen möchten. Es geht also immer wieder um die Selbstbeherrschung, die Mäßigung, den eigenen Anspruch nicht für sich selbst, sondern den anderen, der Umwelt gegenüber.

Wir legen einmal die Karte des Narren daneben, um zu sehen, was aus ihm geworden ist. Er ist reich und mächtig, aber eingebunden in Pflichten und Verpflichtungen. Die ganze Welt steht ihm nicht mehr zur Verfügung; Reichtum (nicht nur materieller) schränkt die persönliche Beweglichkeit und Freiheit ein. Es ist ein Irrtum zu glauben, daß Reichtum von Sorgen befreit. Die innere Wahrheit sieht anders aus. Wenn die Karte 3 uns die Erziehung von außen auferlegte, dann zeigt uns diese Entwicklungsstufe die Verpflichtung der Selbsterziehung. Die Zahl 4 weist auf die Ganzheit hin, nach der wir im Persönlichen streben sollten. Da wir vier Himmelsrichtungen kennen, müssen wir hier auch von der Beherrschung der menschlichen Dimensionen sprechen.

Die Arbeit an uns selbst wird von Entwicklungsstufe zu Entwicklungsstufe notwendiger. Jeder von uns lebt aus seiner Vergangenheit in der Gegenwart mit der Zielrichtung auf die Zukunft. Was als viertes dazu fehlt, ist die Welt, die Umgebung oder der Raum, in dem wir leben. Wir haben uns also in Raum und Zeit einzuordnen, so schwer es auch fallen mag. Eines scheint noch wichtig: die Herrscher sitzen auf Steinen, was daran erinnert, daß ihre Macht, ihr Reichtum aus der Kargheit gewachsen ist, daß der Stein (Thron) ewig, der Reichtum vergänglich sein wird.

| | |
|---|---|
| Allgemein: | Herrscher, Vater, Beherrscher; Selbstverpflichtung, irdische Macht; Gerechtigkeit. |
| Liebe: | die väterliche oder fördernde Liebe. |
| Beruf: | der Chef, der Vorgesetzte, die Autorität; das Meistern einer Aufgabe, Erfüllung notwendiger Pflichten; der gerechte Lohn. |
| Gesundheit: | Höhe der Lebenskraft; der Arzt; Zivilisations- und Genußkrankheiten aus dem Übermaß. |
| Vermögen: | Reichtum, Großzügigkeit, Verschwendung. |
| Freundschaften: | der Förderer, die gute Beziehung; die Logen und Cliquen, die Schikeria. |
| Gedanken: | an die Macht; Führungsanspruch. |
| Gefahren: | Stolz, Eitelkeit, Übermut, Größenwahn; Maßlosigkeit; Selbstgerechtigkeit. |
| Entwicklungsstufe: | Selbsterziehung, Streben nach Leistung; materielle Ausrichtung; Erkennen der Ordnungsprinzipien. |

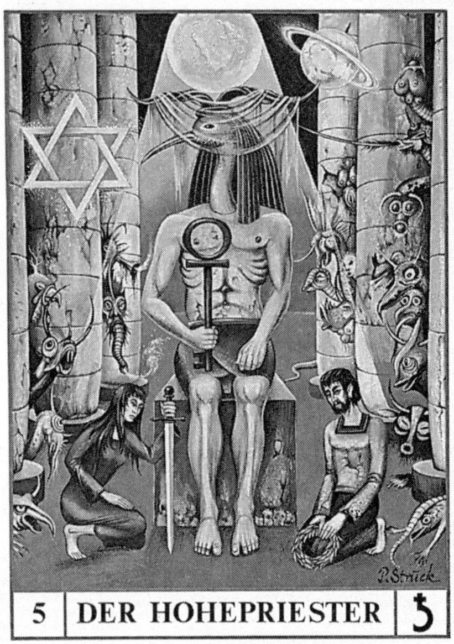
5 DER HOHEPRIESTER

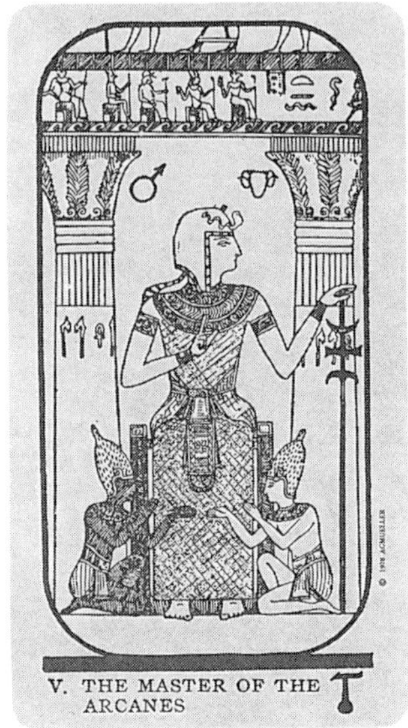
V. THE MASTER OF THE ARCANES

V
JUPITER

V
Der HIEROPHANT

V
LE PAPE
THE POPE

# Karte 5 (V): Der Hohepriester

Bei dieser Karte erscheinen die Namen vielleicht etwas verwirrend. Im ältesten Spiel, dem Swiss-Tarot 1JJ, trägt diese Karte den Namen *Jupiter,* während später dieser Mythen- und Planetengottheit die Karte 4 zugeschrieben wurde. Aber man wußte eben, daß die dargestellte Figur dieser Karte eine höhere Funktion, ja — bis auf die Sonne — wohl die höchste Funktion überhaupt innehat, so daß man ihr den Namen Jupiter gab. Ein anderer Name lautet: *Le Pape* (französisch) oder *The Pope* (englisch), was bekanntlich Heiliger Vater bedeutet, also auf den obersten geistlichen Vertreter einer Religionsrichtung zutrifft. Auch dies ist zu wenig für die Bedeutung dieser Karte. Schließlich wird sie „Der Hierophant" genannt. Das war der Titel der Vorsteher der alten Mysterien, einer, der (so lautet die Übersetzung) die heiligen Dinge erklärte. Aufgaben des Hierophanten war es, Schüler wie Suchende durch die Mysterien zu geleiten, um sie so in die großen Geheimnisse einzuführen, ja einzuweihen. Darauf deutet der Name dieser Karte im ägyptischen Tarot hin: *The Master of the Arcanes,* der Meister des Schicksals, der Meister des großen Geheimnisses. Genau dies ist auch die Funktion des Hohenpriesters, hinter dem sich kein anderer als der Gott Thot verbirgt, der in Ägypten häufig mit einem Ibiskopf gezeichnet oder gemalt wurde. Dieser Vogel kam mit der Nilschwemme und verkündete die Zeit der Fruchtbarkeit.

Der Gott Thot galt als der Gott der Zeit und der Zahlen. Sein griechischer Nachfolger war Chronos (nach dem wir noch heute die Chronometer nennen), und in der römischen Mythenwelt wurde daraus die Gottheit Saturn, die Gottheit des Schicksals, der Hüter der Schwelle. Auch der Hohepriester hütet die Schwelle, er prüft, wer diese überschreiten darf, er ist also gleichzeitig der Glaubenslehrer. Diese Priester tragen alle einen Stab, er ist aber kein Zepter mehr. Abgesehen von der recht primitiven Keule des Jupiter sind die Stäbe kunstvoll, stellen entweder ein stilisiertes Kreuz mit mehreren Querbalken dar oder einen Schlüssel in Form eines Henkelkreuzes. Sie sitzen ferner (abgesehen von Jupiter) in einem Tempel. Eine ähnliche Dekoration kennen wir aus der Karte 2. In der Tat gehören die Hohepriesterin und der Hohepriester zusammen, sie rahmen sozusagen die weltlichen Herrscherinnen und Herrscher ein.

Vor den Hohepriestern (die nicht so typische Karte des Swiss-Tarot lassen wir außer acht) knien die Menschen. Wir erinnern uns an die Betonung der Knie in der vorangegangenen Karte 3. Es knien entweder künftige Priester oder Mann und Frau, beziehungsweise das Helle und das Dunkle oder auch das Yang- und Yin-Prinzip. Seine Knie beugen zu können, ist wichtig, womit das innere Knien, die innere Bescheidenheit gemeint ist. Mit den knienden Menschen erscheinen zum erstenmal mehr als eine Person in menschlicher Gestalt und Pose. Das bedeutet, daß der Mensch jetzt schon soviel an sich erfahren hat, daß er in das Schicksal mit eingreifen darf, wenn er die Schwelle zu einer höheren Erkenntnis überschreitet.

Die drei Personen weisen auf die Dreieinigkeit hin, die damit von den Knienden anerkannt wurde. Im Ansata-Tarot erkennen wir noch das Siegel Salomons — das doppelte Dreieck — das sich aus der großen Konjunktion von Jupiter (vorige Karte) und Saturn (diese Karte) ableitet. Der Papst, der Hierophant, der Master of the Arcanes, der Hohepriester stellen sicher auch einen wichtigen Animustyp dar, der seit ewigen Zeiten als Archetyp in den Menschen lebt.

Diese Karte (und ganz besonders die des Ansata-Tarot wie die des ägyptischen Spiels) mahnt uns, sich mit den Dämonen in sich und um sich herum auseinanderzusetzen, ja zu befreunden. Deswegen kommen sie hinter den Säulen des Tempels hervor, beziehungsweise sind sie auf den Tempelsäulen und Balken zu finden.

„Der Hohepriester" wird auch oft die Karte des Hermes Trismegistos ge-

nannt, des Drei-Mal-Größten. Hermes Trismegistos hat nichts mit dem griechischen Hermes des Olymp gemein. Auf ihn jedoch soll das Buch des Thot, das wir gerade aufschlagen, zurückgehen. Hermes Trismegistos gilt als der innere Gesetzgeber, der den Einsatz unserer fünf Sinne erfaßt, womit wir bei der Zahl 5 angekommen sind.
Die 5 ist aber nicht nur die Zahl unserer Sinne, sondern auch die Zahl unserer Finger der linken oder rechten Hand, die greifbare Zahl, die Mitte der Zahlenreihe 1 bis 9, also die Mitte der Einzel- oder der Individualzahlen. Die 5 symbolisiert ferner, was der Mensch gebraucht: Kopf, Arme und Beine. Fünf Steine brauchte David, um den Riesen Goliath zu besiegen, das heißt, mit der 5 ist der Mensch handlungsfähig und dem Schicksal nicht mehr hilflos ausgeliefert. Die 5 gilt als die Zahl des Logos, als die göttliche Zahl der Erfüllung (manche nennen sie auch die Christuszahl). Sie ist die Hälfte der Summe der vollendeten Schöpfung, die sich in der Zahl 10 offenbart. Wenn wir die Zahl der Hohenpriesterin 2 mit der Zahl des Hohenpriesters 5 addieren, kommen wir auf die heilige Zahl 7. Thot (und in der späteren Entwicklung Saturn) ist der fünfte Planet, zudem der letzte, der mit bloßem Auge bei der Himmelsbeobachtung sichtbar ist. Er wurde deshalb als Hüter der Schwelle angesehen, weil hinter ihm eine neue Welt beginnt, in welche die gewöhnlichen Sterblichen keinen Einblick haben. Dies ist vergleichbar mit dem sechsten Sinn, den nur wenige besitzen, der aber stets einen Gewinn darstellt, weil er uns warnt und vor Gefahren beschützt.
Der altägyptische Gott Thot galt auch als der Gott der Schreibkunst. Erinnern wir uns, daß die Hohepriesterin ein Buch aufgeschlagen hatte, in das wir unsere Erfahrungen hineinschreiben konnten. Nun kann nach der Einweihung, nach der Lehre des Lesens und Schreibens, diese Arbeit angefangen werden.

Bis hierher haben uns die großen Göttinnen, Herrscher und Führer begleitet und belehrt, von der folgenden Karte an ist der Mensch viel mehr auf sich allein gestellt. Nach der Einweihung muß er die Zeit nutzen, da Gott Thot über die Zeiteinteilung wacht.
Die Säulen des Tempels scheinen endlos in den Himmel zu wachsen, so als wollten sie Himmel und Erde verbinden. Auch auf der ägyptischen Karte erkennen wir, daß wir es nur mit dem Ausschnitt eines Tempelbaues zu tun haben. Diese Verbindung von Himmel und Erde soll den Menschen die Angst nehmen, die sie meist erfaßt, wenn sie meinen, dem Schicksal ausgeliefert zu sein. Saturn ist immer auch das Symbol der Angst gewesen. Er selbst hatte Angst, daß seine Kinder das Leben nicht bestehen würden. Deswegen fraß er sie auf, damit sie in ihm reiften und sich später — nach ihrer Befreiung durch Jupiter — gefestigt entfalten.
Das Knien vor einer Gottheit nimmt den Menschen oft die Angst, stärkt sie, ermuntert sie, weil sie sich geborgen und geschützt fühlen. Dabei ist die Einsicht in den eigenen Charakter meist die beste Lehre, die ein Mensch empfangen kann. So sollte man sein Unterbewußtsein, seine Seele kennen, um für sich selbst analysieren zu können, welchen inneren Triebfedern man eigentlich folgt. Diese Besinnung kann aber nur in der Ruhe eines Tempels (innerlich oder äußerlich) gefunden werden und in einem Zustand der Ehrfurcht und der Demut. Damit bekommt das Knien eine aktive Funktion, es ist kein Sich-Ergeben.

Der Philosoph Origenes hat schon in seiner Ermahnung zum Martyrium erklärt, daß die Seele des Menschen — als vernunftbegabten Wesens — etwas mit Gott Verwandtes besitzt. Dies kommt in dieser Karte zum Ausdruck. Sie ist neben der Karte 20 diejenige, die am deutlichsten der religiösen Sehnsucht entspricht, mit der wir uns alle irgendwann auseinandersetzen, was zur Anerkennung des Glaubens, oder zur Gleichgültigkeit führen kann.
Setzen wir den Narren mit dieser Karte in Beziehung, müssen wir uns diesen Vagabunden vor dem Hohenpriester kniend vorstellen. Fast undenkbar, daß er diesem Hierophan-

ten, diesem *Master of the Arcanes* auch nur halbwegs gleichberechtigt gegenüberstehen könnte! So müssen wir uns immer wieder an den Ausgangspunkt der Stufe Null erinnern, damit wir auch bemerken, wie weit der Weg der Entwicklung über die fünf Stufen inzwischen schon geworden ist. Der Hohepriester hatte die Aufgabe, die Menschen mehr im höheren Sinn zu erziehen als durch dogmatisches Verhalten. Der Herrscher kann sich noch dogmatisch geben, auch wenn ihm das nicht gut ansteht, der Hohepriester niemals. Das Knien darf nicht als *Muß*, sondern sollte als freiwillige Einordnung angesehen werden. Daher schaut der Hohepriester die Knienden auch nicht zwingend an, sondern mehr oder weniger seitwärts über sie hinweg.
Auf dem einen Bild sehen wir eine Frau, die das männliche Attribut, das Schwert, hält, während der Mann das weibliche Attribut, eine grünende Pflanze, zeigt: die Erkenntnis, daß im Mann die Frau lebt, in der Frau der Mann.
Dies ist wichtig für die folgende Karte, denn eine baut ja auf der anderen auf. Die Betrachter sollen sich hier mit den Suchenden, den Knienden identifizieren, da ab jetzt, wenn auch nicht in jeder Karte, der Mensch in den Vordergrund tritt. Außerdem werden wir unmerklich auf eine Konzentration der Kräfte hingewiesen, da die Säulen des Tempels das gesamte Bild begrenzen. Diese Beschränkung ist selbst bei dem nicht so sehr gelungenen Jupiterbild des Swiss-Tarot zu erkennen, denn der Adler hockt fast müde am Boden, kaum fähig, sich in die Lüfte, in die Weite zu erheben. Jupiter selbst hat — im Gegensatz zu dem „Herrscher“, — seine Kleidung, seinen Reichtum abgelegt.

Bei dem Bild Nr. 5 handelt es sich sicher um eine Schlüsselkarte. Das wird in mehreren Tarot-Kartenspielen auch angesprochen, doch noch halten die Menschen diesen Schlüssel nicht in ihren Händen.

| | |
|---|---|
| Allgemein: | Zeitgesetze, Zeitablauf; Prüfung auf Herz und Nieren; die Einsicht in die eigene Kleinheit. |
| Liebe: | die Prüfung der Liebe, der Bindung. |
| Beruf: | die Erprobung, der Meisterbrief. |
| Gesundheit: | Krankheit als Besinnungsphase; die Krise einer Erkrankung, der kritische Punkt. |
| Vermögen: | die Opferbereitschaft, das Ertragen von Verlusten; die Lehre, Materielles nicht überzubewerten. |
| Freundschaften: | in der Prüfung oder Erprobung; der Einsatz für eine Freundschaft, um diese zu erhalten. |
| Gedanken: | das Gewissen, die innere Demut; die Auseinandersetzung mit dem Glauben. |
| Gefahren: | Kleinmut, Angst, Verzagtheit, Scheinheiligkeit, Pharisäertum, Schuldablehnung. |
| Entwicklungsstufe: | Lebenskrise, Selbstprüfung, Glaubensauseinandersetzung, Zeit der Klausur. |

P. Struck
6
DIE ENTSCHEIDUNG

VI. THE TWO WAYS

VI
DIE LIEBENDEN

VI
Die LIEBENDEN

VI
L'AMOUREUX
THE LOVER

# Karte 6 (VI): Die Entscheidung

Auch diese Karte hat mehrere Bezeichnungen. Am meisten hat sich der Name „Die Liebenden" eingebürgert, obwohl dies nachweislich falsch ist. *The Lover* (englisch) und *L'Amoureux* (französisch) klingt zwar schön, aber deutlich zeigen alle Bilder, daß hier ein Mann erst einmal wählt, also — wenn wir es schon auf die Liebe beziehen — noch nicht liebt, denn dann gäbe es keine Wahl mehr.
Im ägyptischen Tarot finden wir die Bezeichnung *The Two Ways,* die zwei Wege also, die sich uns im Leben oft anbieten, von denen aber nur einer begangen werden kann. Um diesen einen Weg zu gehen, bedarf es einer Entscheidung. Hier ist der Stab der Pfeil, den Cupido oder Amor abschießt, wobei er (wohlgemerkt) nicht auf ein Herz zielt, sondern stets auf einen Kopf!
Die Kopfbetonung finden wir auch im Rider-Tarot. Der Stab verbirgt sich in den zwei Bäumen des Paradiesgartens Eden. Der eine ist der Baum des Lebens, der andere der Baum der Erkenntnis. Adam und Eva müssen sich entscheiden, von welchem Baum sie essen wollen. (Es war ihnen nie verboten, vom Baum des Lebens zu essen, womit sie unsterblich geworden wären, aber sie haben sich für den Baum der Erkenntnis entschieden!) Es geht also bei dieser Karte oder Entwicklungsstufe um den Kopf, was durch das beherrschende Haupt des Engels (Rider-Tarot) betont wird, der durch die strahlende Sonne dahinter noch leuchtender erscheint.
Ein Mensch — hier ein Mann — muß also eine Entscheidung treffen: die erste nach der Beendigung des Lehr- und Einweihungsweges, wenn ihm auch dabei, für ihn unsichtbar, ein Himmelscupido helfen will. Oder möchte er ihn ablenken? Daß es sich um keinen harmlosen Cupido handelt, wird an der ägyptischen Karte deutlich, wo der Himmelsschütze fast teuflische Züge trägt. Die Pfeile des ägyptischen wie des Swiss-Tarot richten sich übrigens (vom Betrachter aus gesehen) auf die rechte Frau. Die Pfeile der anderen Blätter — das ist überzeugender — sind auf den Kopf des Wählenden gerichtet, denn er muß ja die Entscheidung treffen. Im Paradiesgarten des Rider-Tarot richtet Eva ihre fragenden Augen zum Himmel, als wolle sie von dort Hinweise für ihren Entschluß empfangen, während der Mann in sich geht. Allerdings ist er auch nicht so von der Schlange bedroht wie Eva, die direkt neben dem Früchtebaum steht.

Der Mensch ist also in den Vordergrund gerückt. Er scheint bereits auf sich allein gestellt zu sein. Im Marseille-Tarot ist die Wahl einfach — der junge Mann wird von einer älteren Person beeinflußt, er hat gewählt. Das junge Mädchen dagegen ist noch unentschlossen.
Ein Irrtum allerdings wäre es, anzunehmen, daß es sich hier um Erotik, um Leidenschaft dreht! Auf dieser Stufe sind wir noch nicht angelangt. Es geht um den Weg an sich. Im Swiss-Tarot stellt sich die gleiche Frage: Kommt es zu einer Gemeinsamkeit, oder bleibt der Jüngling zurück, um später als einsamer alter Mann, auf den Stock gestützt, anderen Paaren zuzuschauen?
Die meist sehr gegensätzlich gestalteten Frauen auf den Karten bedrängen den Mann nicht. Es geht ja um den hellen, beziehungsweise um den dunklen Weg — um den Weg des Geistes und der Seele oder um den Weg des Fleischlichen.

Bis auf die Swiss-Tarotkarte sieht man auf den Bildern die untere Körperhälfte des Mannes nackt oder leicht bekleidet. Die zivilisatorische Entwicklung hat zunächst nur das Obere in einem Menschen verändert. Das wird noch deutlicher auf der folgenden Karte. Setzen wir den Narren in Verbindung zu dieser Karte, entdecken wir, daß die Entwicklung von der Null scheinbar noch nicht weit vorangegangen ist, denn der Narr könnte sich durchaus zwischen den beiden Frauen schwer tun. Auf sich allein gestellt, fällt der Mensch also verhältnismäßig leicht in die Narretei zurück, gerade dann, wenn Cupido am Werke ist.
Wir können auch annehmen, daß

beide Frauen im Grunde *eine* weibliche Person sind, die nur ihre zwei Seiten hat, die der Mann sehen muß, ehe er sich entscheidet.
Die Karte hat die Zahl 6, die Zahl der 2 mal 3. Und drei Personen finden wir hier auch, aber nicht im Sinn der Fortpflanzungszahl. Sechs gilt als Ergänzungszahl. In der Astrologie ist das Sextil der Venus-Aspekt, also ein Hinweis auf Gefühl und Empfinden, wobei der Verstand ausgeschaltet sein könnte. Aber genau das darf er nicht, nicht auf dieser Entwicklungsstufe! Daher zielen die Pfeile — wie schon erwähnt — auf den Kopf und nicht aufs Herz. Auch die Schlange flüstert ihre Versuchungen in das Ohr von Eva! Wir sind der Zahl 6 schon im vorigen Bild im Siegel Salomons begegnet. Dies wieder als Hinweis, wie eine Karte mit der anderen verwoben ist.

Von der Zahl her besteht eine Verbindung zur Karte 1, dem Magier. Denn 1 und 6 ergibt die heilige Zahl 7. Und wirklich erscheint hier der Magier wieder, der sich so hoffnungsvoll auf den Weg gemacht hatte und nun nach der Lehrzeit die erste wichtige Entscheidung für sich und andere treffen muß!
Pythagoras nannte die Zahl 6 die erste „vollkommene" Zahl, weil sie von der 1, der 2 und der 3 ohne Rest teilbar ist. Gott schuf die Welt in sechs Tagen, und die sechs Werktage waren lange Zeit hindurch das Symbol der Arbeitsmessung.
Die 6 ist auch das Symbol des „wie oben, so unten". In dieser Karte kommt dies zum Ausdruck, weil der Himmel (ob als Engel oder Cupido) noch nah ist, die Entscheidung aber für das Erdenleben getroffen werden muß, für den realen Weg, der in die irdische Zukunft weisen soll! Und alle drei Personen haben einen Entschluß zu fassen. Allerdings wird im Tarot allgemein dem Mann der Vortritt gelassen. Wer aber die biblische Geschichte kennt, der weiß, daß die Entscheidung, die zur Vertreibung aus dem Paradies führte, von Eva, der Frau, ausging.
Auf dem Bild des Paradiesgartens Eden trägt der eine Baum zwölf Blätter. Sechs ist der halbe Sonnenweg des Jahres, denn Frühling und Sommer wie Herbst und Winter bestehen aus je sechs Monaten oder sechs Tierkreisabschnitten. Auch dies weist darauf hin, daß der Mensch in den Kosmos eingebunden ist.
Die ägyptische Karte macht deutlich, daß jede der Frauen den Mann konträr in eine andere Richtung führen will — im Ansata-Tarot durch den Gegensatz der hellen und dunklen Haare ausgedrückt. Adam und Eva sind an sich Gegensätze, und im Marseilles-Tarot haben wir es mit einer jüngeren und einer älteren Frau zu tun. Auch die beiden Gestalten im Swiss-Tarot stehen auf verschiedenen Lebensstufen.
Es geht also um mehr als um die Wahl der richtigen Partnerin, was den Titel der Karte „Die Liebenden" eigentlich ausschließt. Wir erblicken hier übrigens die erste Waffe der Zivilisation, nämlich Pfeil und Bogen. Das wird uns zur folgenden Karte führen.
Interessant noch die Schuhe der Männer. Wenn sie nicht auf bloßen Füßen stehen, haben sie leichte Schuhe angelegt, als wollten sie sich nach ihrer Entscheidung tänzerisch fortbewegen.
Auf dem einen Bild ist Hermes/Merkur übergroß zu sehen, der Gott, der in den Mythen das Denken und Handeln symbolisiert. Ab jetzt besteht sicher die Gefahr, daß der Verstand, die Vernunft immer kopflastiger werden, daß die intellektuelle Klugheit sogar die Wahl des Herzens überschatten kann. Auch dies ist eine Situation, mit der sich jeder im Leben beschäftigen muß: Folge ich mehr meinem Bewußtsein oder meinem Unterbewußtsein? In diesem Sinn sind die Hinweise auf das Helle und das Dunkle zu verstehen, nicht in der Interpretation von Gut und Böse. Denn was böse ist, darüber streiten nicht nur die Gelehrten, sondern auch Gesetzgeber und Moralapostel.

Wir befinden uns kurz vor dem Abschluß des ersten Weges und können sagen, daß nun die Prüfungen des Erwachsenen beginnen. Auch dies kennt jeder: Soll man im Moment einen guten Job ergreifen oder die Mühsal der weiteren Ausbildung auf sich laden, was sicherlich auch materiell bedrückend sein kann?

Im Grunde ist bei einer Sache fast immer die erste Entscheidung ausschlaggebend — die Antwort folgt auf dem Fuße, und schon sind wir in der ganz freien Entschlußmöglichkeit eingeengt und beschränkt. Kein Wunder, daß diese Phase des Entweder-Oder so schwierig ist! Sich richtig entscheiden können, das ist eine Gnade, die den Menschen in die Nähe des Göttlichen bringt, wenn auch mit all den sich daraus ergebenden Gefahren. Wir erkennen dies in der heutigen Zeit ganz auffallend an der Veränderung unserer Umwelt, die eine Folge gravierender Entschlüsse — in positiver, aber auch in negativer Hinsicht — ist.

Meist ist mit dem Einschlagen eines Weges ein Verlust verbunden, und mag dieser auch nur auf der Vorstellung beruhen, daß man damit etwas aufgibt. Von diesem Grübeln wird der Kopf zerfressen, ausgehöhlt, zermürbt — besonders gut am Haupt des Hermes in der Ansata-Karte dargestellt. Um dem auszuweichen, versucht die Schlange im Paradies Eva zu verführen, und der teufelsähnliche Cupido, der seinen Satansschwanz nicht zu verbergen vermag (ägyptische Karte) zielt auf die Frau.

Auf dieser Entwicklungsstufe ist also der Mensch zum erstenmal auf sich gestellt. Jeder weiß, wie schwierig eine Lage ist, wenn man sich mit niemandem beraten oder nur besprechen kann.

| | |
|---|---|
| Allgemein: | die Entscheidung, die Wahl des Weges, Gebrauch des Verstandes, Abwägen der Möglichkeiten. |
| Liebe: | die Wahl zwischen Vernunft und Leidenschaft. |
| Beruf: | die Entscheidung zu einer Berufswahl, das Bedenken der Möglichkeiten, das Abwägen bei Berufsentscheidungen. |
| Gesundheit: | die Wahl des Arztes und der Behandlungsmethode, der Arzneien; das Nervenkostüm. |
| Vermögen: | die richtige Anlage. |
| Freundschaften: | Entscheidung pro oder kontra. |
| Gedanken: | Was tun? Was bringt Vorteile, was bringt mich weiter, worauf kommt es mir im Grunde an, was soll ich tun, wenn... |
| Gefahren: | Kopflastigkeit, Überbetonung des Verstandes, Kabbalistik, Wortspielereien, böser Witz. |
| Entwicklungsstufe: | Entscheidungsphase, Eigenverantwortlichkeit. |

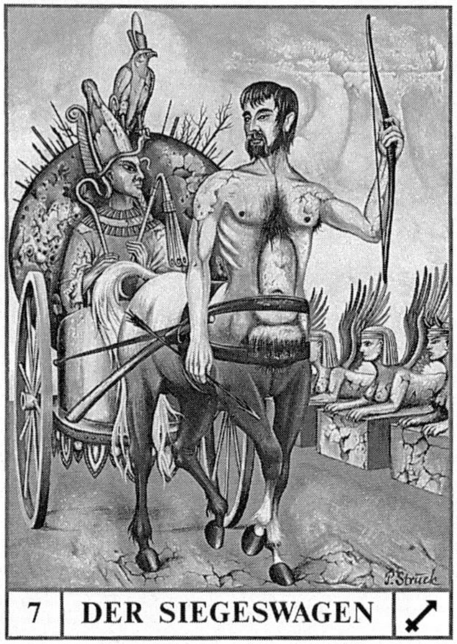
P. Struck
7
DER SIEGESWAGEN

VII. THE CHARIOT OF
OSIRIS

VII
DER WAGEN

VII
Der WAGEN

VII
S.M
LE CHARIOT
THE CHARIOT

# Karte 7 (VII): Der Siegeswagen

Der Name dieser Karte ist für alle Tarot-Ausgaben im Grunde gleich. *The Chariot* (englisch) oder *Le Chariot* (französisch) deckt sich mit dem deutschen Namen, wenn auch die Karte manchmal nur „Der Wagen" heißt. Im ägyptischen Tarot wird vom *Chariot of Osiris* gesprochen. Hier wird der Wagen also scheinbar in den Himmel gehoben, in den Osiris zum einen als Mond —, zum anderen als Sonnengott projiziert wurde. Wir dürfen nicht vergessen, daß sich die Pharaonen als Stellvertreter eines Gottes auf der Erde betrachteten, so daß der Pharao in dem Osiris geweihten Wagen dahinfährt; es ist eine symbolische Fahrt.

Der Pharao beherrscht nicht nur das Bild im ägyptischen Tarot, sondern auch die Ansata-Karte, auf der ein Kentaur den Wagen zieht; sie ist am meisten von der Psychologie seit der Jahrhundertwende beeinflußt.

Auch auf diesen Karten ist der Stab jedesmal klar zu erkennen, den der Wagenlenker in der Hand hält, einmal als Krumm- oder symbolischer Hirtenstab. Zusätzlich trägt der Kentaur den Stab in Form des Pfeiles, den er folglich dem Cupido aus der vorhergehenden Karte abgenommen hat.

Der werdende Mensch (der sich ja erst aus dem Kentaur entwickelt) ist tatbereit und zieht selbst die entscheidenden Fäden. Auch im ägyptischen Tarot finden wir einen zweiten Stab, das Schwert, das der Pharao in der rechten Hand hält: ein Ausdruck von Kampfbereitschaft. Dabei geht es hier nicht um den Kampf gegen einen äußeren, sondern wie stets im Tarot um den inneren Feind.

Zunächst scheint ein Sieg über sich selbst errungen zu sein — das ist die Grundbedeutung dieser Karte; aber es kann sich durchaus um einen Pyrrhussieg handeln!

Am Ende des ersten Weges geht es darum, die Mitte zu finden. Wer die Karten aufmerksam betrachtet, wird schnell erkennen, daß wir es mit zwei auseinanderstrebenden Pferden zu tun haben, von denen jedes „seinen" Weg sucht. Und die beiden Sphinxen, die den Wagen ziehen, sind je einmal schwarz und einmal weiß, also auch hier ist das Helle und das Dunkle nur scheinbar vereint, denn — dies wird beim Rider-Tarot deutlich — noch zieht jede Sphinx in eine andere Richtung. Im Ansata-Tarot schauen der Kentaur (halb Pferd/halb Mensch) und der Pharao in entgegengesetzte Richtungen, also sind sie nur scheinbar auf einem gemeinsamen Weg.

Der Kentaur ist nach ältesten Mythen das Symbol des strebenden Menschen, der aus dem animalischen Bereich (dargestellt durch das Pferd) herauswachsen will, was aber nicht so leicht gelingt. Wir wissen, daß die Kentauren Lehrer waren und die Göttersöhne unterrichteten. Der Kentaur Chiron, der Lehrer des Achilleus, war durch einen vergifteten Pfeil des Herakles (aus Versehen) verwundet worden. Er war unsterblich, doch wünschte er seinen Tod herbei, um von seinem Leiden erlöst zu werden. Zeus erlaubte ihm, seine Unsterblichkeit an Prometheus weiterzugeben, und versetzte den toten Chiron an den Himmel, wo ein Sternbild nach ihm benannt wurde. Bemühungen, Streben werden also vom Himmel belohnt, auch wenn die Mühe noch so groß ist: Dies ist die Essenz der mythischen Legende.

Der Kentaur auf unserem Bild dient dem Gottstellvertreter mit seiner ganzen Kraft, er hat sich vor den Wagen des Osiris gespannt, um sich gegebenenfalls kampfbereit für den Pharao zu opfern.

Manchmal wird im Zusammenhang mit dem Siegeswagen auch von einem Prunkwagen gesprochen. Die Gedanken gehen hier zu den prunkvollen Siegeswagen, mit denen Kaiser und Feldherren in ihre Stadt heimkehrten, nachdem sie die Feinde vernichtend geschlagen hatten. Wir wissen von den Prunkwagen Alexander des Großen, vom Prunkwagen Caesars und der Kleopatra, erinnern uns an den Wagen von Ben Hur. Aber hier handelt es sich immer um Siege über andere, die wohl viel leichter zu erringen sind als Siege über sich selbst. Diese Siege sind meist unscheinbar, werden kaum verkündet, können nur später eine

Ausstrahlung haben. Daher ist hier der Begriff Prunkwagen weniger gut angebracht, denn einem Sieg über sich geht meist eine tiefe Selbstbesinnung voraus. Die Karte soll in diesem Sinn zeigen, daß es den Stolz nicht verletzt, wenn man einem Fürsten, einer höheren Schöpferkraft dienen möchte.

„Der Siegeswagen" ist die Karte 7. 7 ist die zweite heilige Zahl. Der siebte Tag ist der Tag des Schöpfers, an dem er ruhte, nachdem er die Welt erschaffen hatte. Alle Religionen kennen den siebten Tag als Tag des Herrn, an dem seiner gedacht werden soll. Von daher leitet sich auch die Sieben-Tage-Woche ab, die durch das Licht des Mondes unterstrichen wird, denn der Mond benötigt für den Wechsel von einer Phase zur anderen sieben Tage.
7 ist außerdem die Zahl von Saturn, und auch der Uranus-Rhythmus kündigt uns einen Siebener-Takt. 7 ist die Zahl der antiken Astrologie, in der die zwei Lichter und die fünf Planeten die Geschicke der Welt zwar nicht bestimmen, aber anzeigen sollten. Es ist die Zahl der Weltwunder, die Zahl der Hügel, auf denen nicht nur Rom, sondern noch viele andere Städte erbaut sein sollen. 7 ist die Zahl des Himmels, damit die Zahl des Geistes im Gegensatz zur Zahl 4, die ja die Zahl der Materie, des Mutterstoffes, der Erde darstellt. So braucht die 4 wiederum eine heilige Zahl, die 3, um mit dieser Addition auf die Zahl 7 zu kommen. Wir haben es in diesem Bild also nicht mit einem Krieger zu tun, sondern mit dem selbstbewußten Menschen, der sich überwunden hat, und nun den kommenden Konflikten ins Auge blicken möchte.
Schwierigkeiten sind zwar vorprogrammiert, aber am Ende des ersten Weges scheint der langsam reifende Mensch dafür gerüstet zu sein, der äußere Erfolg ist nicht so wichtig, so sehr man sich auch über ihn freuen mag. Aber es geht um mehr! Der Mensch — so kann man sagen — hat seine Gesellenprüfung für das Leben abgelegt, der Wagen wird ihn jetzt weitertragen, ihm neue Horizonte eröffnen.

Wir dürfen in diesem Zusammenhang nie vergessen, daß eine der größten Erfindungen des menschlichen Geistes die Schaffung des Rades war. Damit konnte die Welt erobert werden, der Mensch war nicht mehr allein auf seine Füße oder auf den Rücken des Pferdes, des Kamels oder anderer Tiere angewiesen. Das Rad schuf weitere Möglichkeiten, von denen wir hier noch das Mühlrad nennen wollen.
Auch das Rad wurde aus dem Bild des Himmels gefunden, denn die lebengebende Sonne erschien als Scheibe stets kreisrund, und der Mond übte dann nachweisbar seine größte Wirkung auf die Erde aus, wenn er als Vollmond kreisförmig und voll am Himmel stand. Mit dem Rad wurde der Wagen erfunden. Damit war der Mensch beweglicher geworden, er hatte sein erstes entscheidendes Hilfsmittel gewonnen. Danach kam die Schule des Lenkens, die aber erst im zweiten Weg unserer Reise durch die Tarotwelt absolviert wird.

Der Wagenlenker war stets ein besonderes Symbol, denken wir nur an den Wagenlenker von Delphi. Auch wer sich von den Pferden des Pegasuswagens davontragen lassen will, muß das Lenken beherrschen, damit er nicht nur himmelwärts strebt. Der Absturz ist die Folge, das ist die Mahnung dieser Karte. Der Sieg darf nicht zum Übermut verführen, sondern sollte die Bescheidenheit stärken.
Die Sphingen unterstreichen die Unsicherheit des kommenden Weges, denn es war eine Sphinx, die den Menschen ihr Lebensrätsel stellte: Morgens auf allen Vieren, mittags auf zwei, abends auf drei Beinen. Die Lösung: Der Mensch als gerade geborenes Kind, auf seiner Lebenshöhe und im Alter am Stock gehend. Auch diese Entwicklung klingt hier an.
Die Versuchung wird durch die eine teuflische Sphinx mit Hörnern angedeutet, aber auch durch die ungebärdigen Rosse, die sich nicht leicht lenken lassen werden. Erstaunlich ist nun die Tatsache, daß kein Wagenlenker die feurigen Rosse oder die Sphingen führt. Auch der Kentaur

geht seinen Weg allein. Gemeint ist damit eine gedankliche Führung, die sowohl den äußeren Lebensablauf wie die innere Haltung bestimmt. Damit heben sich diese Menschen von der Masse ab.

Diese Erkenntnisse führen uns zu einem anderen Symbol, dem des Kreises. In einen Kreis passen genau sieben kleinere Kreise. Der Durchmesser dreier kleiner Kreise (die zweite heilige Zahl 3 taucht also wieder auf) ist genau der Durchmesser des großen Kreises.

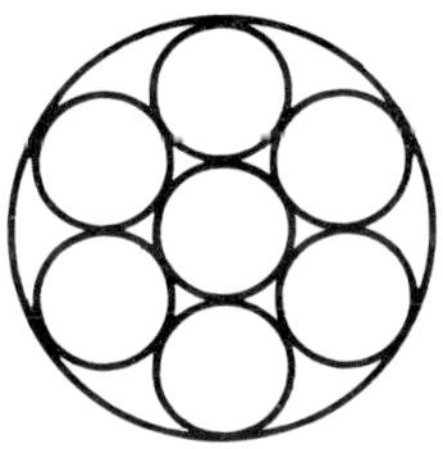

Der Kreis ist immer das Symbol der Einheit. Er faßt die sieben wesentlichsten Kräfte zusammen: Bewußtsein, Seele, Handeln, Empfinden, Wille, Entfaltung und Konzentration! Diese sieben meist sehr unterschiedlichen Kräfte zu vereinen und zu zügeln, das will auf dieser Entwicklungsstufe errungen sein. Erst dann ist die Hybris gebannt, daß der Mensch seine ihm gesetzten Grenzen überschreitet.

Die Mythen berichten davon, daß jeder Mensch, der sich Gottähnlichkeit anmaßt, von den Göttern niedergestreckt wird. Ikarus ist ein Beispiel: Da er sich auf seinem Höhenflug zu sehr der Sonne nähert, verbrennt er in ihren Strahlen. Im Gegensatz dazu steht die mythische Erzählung von Phaeton, einem Sohn Apollos, der voreilig die Zügel der Macht ergriff, der Sonne entgegenfuhr, aber von einem Skorpion abgelenkt wurde, so daß Zeus ihn mit einem Donnerkeil tötete. Hier war der Siegeswagen auf eine falsche Spur gelangt. Mit dem Besitz eines Wagens erhöhen sich also die Chancen, aber gleichzeitig türmen sich auch Gefahren auf.

Vom Wagenlenker zu Delphi ist folgender Spruch überliefert: „...nicht auf den Wogen der Stimmungen zu reiten, zu lenken, sondern sich gemessen selbst an den Zügel der Emotionen zu nehmen!“ Bei aller Freude über einen Sieg also darf nichts im Übermaß geschehen, das ist die Botschaft dieser Karte und die Lehre aus dem ersten Weg, den jeder bis hierher gegangen ist.

| | |
|---|---|
| Allgemein: | Sieg über sich selbst, Selbstüberwindung, aus dem Animalischen herauswachsen. |
| Liebe: | Selbstbewußtsein, Stärke, Kraft, Stolz, Gewinn. |
| Beruf: | Aufstieg, aber auch Chefgebaren; Übermut. |
| Gesundheit: | voller Kraft; Heilung aus sich heraus; Gefahren durch Selbstüberschätzung im Sinn von „Mir kann nichts passieren. Ich überlebe!“ |
| Vermögen: | Vermehrung; hoher Kapitalgewinn. |
| Freundschaften: | Führung übernehmen, die erste Geige spielen. |
| Gedanken: | Ich schaffe es; ich bin wer, ich lasse mir nicht die Butter vom Brot nehmen. |
| Gefahren: | Selbstüberschätzung, Über- und Hochmut; zu starke Siegessicherheit; arbeiten ohne Netz; Waghalsigkeit. |
| Entwicklungsstufe: | Eigenbestätigung, daraus resultierende Verführungen; optimistische Lebensphase. |

P. Strück
8
DIE GERECHTIGKEIT

VIII. THE BALANCE AND
THE SWORD

VIII
GERECHTIGKEIT

XI
GERECHTIGKEIT

VIII
LA JUSTICE
JUSTICE

## Karte 8 (VIII): Die Gerechtigkeit

Der Name Gerechtigkeit gilt fast für alle Karten — *La Justice* (französisch), *The Justice* (englisch). Im ägyptischen Spiel heißt die Karte *The Balance and the Sword*, also die Gerechtigkeit und das Schwert, was auf eine kämpferische Gerechtigkeit hinweist. Der Stab hat sich hier zu einem Schwert gewandelt, aber er ist auch die Waage, an der die Schalen hängen. Dieses Motiv ist uralt, es stammt aus Ägypten, wo man das Totengericht so darstellt: Das Herz des Gestorbenen wurde gegen eine Flaum- oder Tierfeder aufgewogen. War das Herz schwerer, also von Schuld belastet, dann wurde es einem Untier — meist einem Anubishund — zum Fraß vorgeworfen.
Die Frau, welche die Gerechtigkeit symbolisiert — auch ein uraltes Motiv des Tierkreisabschnittes Waage —, zeigt sich sehr kämpferisch. Schuldige haben kein Pardon zu erwarten. Dieses Gerechtigkeitsgefühl lebt in jedem von uns. Nur dann wird uns das Gegenüber Gnade erweisen, wenn wir unsere Schuld eingestehen. Selbstgerechtigkeit führt auf keinen Fall zu einem milden Urteil. Gerechtigkeit ist eine der Kardinaltugenden, die es besonders zu bewahren und zu behüten gilt. Die Schwerter sind übrigens zweischneidig, das heißt, daß es keine einseitige Gerechtigkeit geben darf.
Am Anfang des zweiten Weges dürfen wir uns also nichts vormachen; wir müssen uns in unserem wahren Wert erkennen. Wir sollten eine innere Ausgeglichenheit an den Tag legen und wissen, daß es auf jede Handlung, jedes Wort ankommt. Deshalb hat keine der Richterinnen die Augen verbunden, alles soll zur Kenntnis genommen werden. Nur die ägyptische Hüterin des Rechts hat die Augen verbunden, aber dafür schaut noch eine Priesterin auf die Leute, die vor das Gericht treten werden, und eine Sphinx und ein Löwe wachen über den gerechten Ablauf einer Verhandlung. Dieser Justitia haben wir zu vertrauen und damit unserem eigenen Urteil!

Wie leicht kommt jeder von uns in die Versuchung oder gar Pflicht, über andere Recht sprechen zu müssen. Nichts ist schwerer, als andere Menschen richtig zu beurteilen oder ihnen die verdiente Gerechtigkeit zukommen zu lassen. Dazu gehört eine Eigenerziehung zur Objektivität.

Wenn wir neben diese Karte den Narren legen, dann würde uns wohl klar werden, daß dieser in seinem subjektiven Freiheitsdrang kaum auf eine ausgewogene Waage hoffen dürfte. Er könnte nur um mildernde Umstände bitten, damit er Zeit bekäme zu lernen. Aber vorerst wird hier nicht der Narr geprüft, der sich inzwischen zum Lenker des Siegeswagens entwickelt hat und kaum wiederzuerkennen ist.
Der Stab, das Schwert ist erhoben, wie bis jetzt alle Stäbe erhoben waren (bis auf die Pfeile in Bild 6 und einmal in Bild 7), das heißt, die Ausrichtung zum Himmel, zum Kosmos ist noch eindeutig. Die Gerechtigkeit wird also im Sinn der Götter wahrgenommen, deswegen wird die Justitia vielfach als Priesterin dargestellt oder als Prinzessin (Swiss-Tarot) sowie als Königin (Marseilles-Tarot).
Urteilen darf also nicht jedermanns Sache sein, es bedarf dazu schon einer besonderen Stellung und Ausbildung. Die Richterinnen des Tarot schauen dabei weder auf das Schwert noch auf die Waagschale, alle scheinen in die Ferne zu blicken, als sähen sie durch diejenigen hindurch, die vor ihnen erscheinen.
Es geht hier nicht nur um Taten der Realität, sondern um das karmische Gesetz, daß niemand *für* seine Sünden, sondern *durch* seine Sünden bestraft wird. Die Beziehung zum Karma, die wir hier aufgedeckt haben, führt uns zur Bedeutung der Zahl 8.

Sie spiegelt sich auch in den beiden Schalen der Waage wider, denn aneinandergerückt ergeben sie eine 8. Diese Zahl ist, wie wir von der Karte 1 (der Magier) wissen, die Zahl der Unendlichkeit, des ewigen Kreislaufs. Auch die Lemniskate ist eine mehr oder weniger liegende 8.

Schon in der Bibel hatte diese Zahl eine Bedeutung. Es waren nicht zufällig acht Personen, die in der Arche Noah überlebten. Die 8 ist außerdem die Venus-/Mondzahl, denn acht Monde hindurch zeigt sich die Venus einmal als Morgen-, dann als Abendstern. Daher muß die Gerechtigkeit auch durch eine weibliche Figur repräsentiert werden. 8 ist 4 + 4, also die verdoppelte Materie, an der die meisten Menschen sündigen, weil sie die Materie überschätzen. Und sie ist die Zahl der Ganzheit, wenn wir das Bewußtsein und das Unterbewußtsein als Kreise ansehen. Sie spiegelt ferner den riesigen Raum des Kosmos wider. Der wiederentdeckte achte Planet (Uranus) läuft jenseits der Schwelle, die Saturn hütet, und er ist in dieser Entfernung nicht mehr mit bloßem Auge sichtbar (zu den sieben alten Planeten rechnet man die zwei Lichter Sonne und Mond). Die 8 ist zudem die Spiegelzahl, denn sie entsteht, wenn wir einen Kreis auf einen Spiegel stellen. So gewinnt die Lemniskate hier eine besondere Bedeutung, obwohl sie auf keiner der Karten eigens abgebildet ist. Das ist nicht notwendig. Wie die Lemniskate steht die Zahl 8 für die Unendlichkeit.

Wir können daher folgern: Wer in sich die Balance der Gerechtigkeit gefunden hat, der ist für die Unendlichkeit offen, gleichgültig wie er sie begreift oder eines Tages erleben wird. Dazu jedoch gehört die Fähigkeit, Gegensätze, wie sie durch die zwei Schalen der Waage verkörpert werden, so zusammenzuführen, daß sie eins werden können. Der eine Pol ist dabei sicher das Weibliche, der andere Pol das Männliche, und beide leben im Menschen. Wie heikel es ist, gerecht zu urteilen, zeigt die Geschichte der beiden streitenden Mütter, die von Salomon ein weises Urteil erwarteten. Die leibliche Mutter des Kindes wollte der Frau, die das Kind aufgezogen hatte, dieses streitig machen, und beide behaupteten, das Kind mehr als die andere zu lieben. Da schlug Salomon vor, das Kind in zwei Hälften zu teilen, und jeder Mutter eine Hälfte zu überlassen. Die Frau, die das Kind nur aufgezogen hatte, war darüber so entsetzt, daß sie auf das Kind verzichtete, worauf ihr Salomon das Kind zusprach mit der Begründung: Wer sein Kind nicht töten läßt, obwohl er es verlieren könnte, ist im Recht. Vor einem irdischen, materiell ausgerichteten Gericht wäre diese Art von Rechtsprechung unmöglich, da käme es auf die Blutgruppe und andere naturwissenschaftlich gefundene Beweise an, nicht aber auf den tiefen geistigen Gehalt.

In Ägypten symbolisiert die Gerechtigkeit die Göttin Maat, was soviel wie „Suche" heißt. Wahre Gerechtigkeit müssen wir also suchen, sie liegt nie so klar auf dem Tisch, wie wir es uns wünschen, sie ist nicht mathematisch abwägbar oder bestimmbar und mit Verstandesüberlegungen allein nicht zu finden, je besser unsere Gesetze auch werden mögen. Dazu bedarf es einer Priesterin oder Königin/Prinzessin, die als Stellvertreter des Himmels dieses Amt ausübt.

Auch im Jahresablauf erleben wir so gut wie nie eine Gleichheit. Denn im Frühling und Sommer steht die Sonne länger über dem Horizont als der Mond, dann haben wir also den längeren Tag. Im Herbst und Winter dagegen scheint der Mond am Himmel länger als die Sonne am Tag, die Nacht überwiegt. Nur an zwei Tagen des Jahres ist der Tag so lang wie die Nacht und umgekehrt: An den Tagen der Frühjahrs- oder Herbst-Tag-und-Nacht-Gleiche. Deswegen stehen sich in unserem modernen Tarotspiel Sonne und Mond auch gleichberechtigt gegenüber.

In Ägypten wurde die Gerechtigkeit immer mit der Wahrheit gleichgesetzt, oder die Wahrheit mit der Gerechtigkeit. Dahinter steckt eine jahrtausendealte, sozial geprägte Erfahrung, die mehr aussagt als viele Schriften oder kluge Bücher. Auch gaben die Ägypter den Menschen ein Leben lang hindurch Zeit, um ihr Herz zu wiegen. Erst am Ende wurde entschieden: Wird das Herz dem Höllenfresser vorgeworfen, oder darf es die Reise durch die Nacht antreten, um wieder zum Leben zu gelangen.

Bei dieser Karte müssen wir noch auf eine gewisse Technik eines Spiels

aufmerksam machen. Der Tradition nach ist die Karte der Justitia mit der 8 numeriert. Nur im Rider-Tarot trägt diese Karte die Nummer 11.
Arthur Waite hat die Karten 8 und 11 ausgewechselt, als er das Spiel 1910 in Jugendstilmanier von Pamela Colman Smith zeichnen ließ. Waite meinte wohl, daß die Gerechtigkeit die Mitte der 21 Karten sein müßte; er selbst hat keine Begründung für den Tausch dieser Karten gegeben. Zurückzuführen ist diese Numerierung wohl auf einen hermetischen Orden, der sich *The Golden Dawn* nannte. Waite war Mitglied dieses Ordens und ließ sich wahrscheinlich von daher zu diesem Tausch anregen. Aber alle anderen, und vor allem die älteren Tarotspiele, lassen die Gerechtigkeit als Karte acht erscheinen, weshalb auch wir uns erlauben, diesen Rücktausch hier vorzunehmen.

Wie sehr übrigens die Gerechtigkeit mit dem Schwert verbunden war und ist, beweist der Volksmund, der davon spricht, daß etwas auf des Messers Schneide steht. So knapp kann es beim Abwägen zugehen! Eine Verpflichtung für uns, nicht vorschnell oder aus der Emotion heraus zu urteilen oder gar zu verurteilen! Besonders Vorurteile sind meist fern von jeder Gerechtigkeit und belasten die innere Balance, ja bringen sie aus dem Gleichgewicht.
Ein Narr soll einmal gesagt haben, daß Gerechtigkeit eine optische Täuschung sei, weil es keine absolute Gerechtigkeit gebe. Langfristig holt uns die Gerechtigkeit doch ein, und sei es über das Erlebnis, daß wir das Karma-Gesetz annehmen.
Im Grunde will diese Karte den inneren Ausgleich in uns ansprechen, damit zwischen dem Bewußtsein und dem Unterbewußtsein, zwischen dem Intellekt und der Seele eine Balance vorhanden ist. Jede Schale der Waage sollte beiden Kräften zur Verfügung stehen, damit ihr Gewicht ausgeglichen wird.
Ist dies der Fall, kann der zweite Weg weiter beschritten werden.

| | |
|---|---|
| Allgemein: | Ausgleich, Gerechtigkeit, Harmoniestreben; Insichruhen; Balance der Werte und Gewichte. |
| Liebe: | die Harmonie und Gleichberechtigung der Bindung. |
| Beruf: | sich gut bewertet fühlen; Harmoniestreben am Arbeitsplatz; Chancen, weiterzukommen. |
| Gesundheit: | sanguinische Hoffnung; weder Streß noch Trägheit; gesunde Lebenshaltung. |
| Vermögen: | den Lebensumständen angepaßt; gutes Auskommen. |
| Freundschaften: | im inneren Gleichgewicht; Geben und Nehmen. |
| Gedanken: | ideell auf Gerechtigkeit ausgerichtet; Harmoniedenken. |
| Gefahren: | sich auf die Gerechtigkeit verlassen. Zu abwartende Grundhaltung: Andere werden es schon machen! Einsatzmangel. |
| Entwicklungsstufe: | Ausgleich in sich finden als Voraussetzung für ausgeglichenen Lebensablauf! |

P. Stržok
9
DER EREMIT

IX. THE VEILED LAMP

VIIII
DER EREMIT

IX
Der EREMIT

VIIII
L'HERMITE
THE HERMIT

## Karte 9 (IX): Der Eremit

Der Name der neunten Karte ist ziemlich einheitlich: Der Eremit oder *L'Hermite* (französisch) beziehungsweise *The Hermit* (englisch). Es gibt auch die Namen Einsiedler oder Asket. Im ägyptischen Tarot trägt diese Karte den Titel *The Veiled Lamp*, wörtlich übersetzt etwa „verschleiertes Licht". Dies ist jedoch wohl mehr in dem Sinn zu verstehen, Licht in das verschleierte Dunkel zu bringen.

Der Stab hat sich entscheidend verwandelt! Er ist wieder der Stab des Narren geworden, weil sich der Eremit wie der Narr auf ihn stützen. Der Eremit scheint überhaupt eine gewisse innere Beziehung zum Narren zu haben, denn wenn man dessen Karte daneben sieht, könnte man versucht sein zu sagen: Hier haben wir es mit einem alt gewordenen Narren zu tun.

Entscheidender ist in diesem Bild jedoch die Lampe, die stets zu finden sein sollte. Diese Lampe leuchtet nicht nach außen, sondern nach innen, mehr zum Eremiten hin als von ihm weg. Bei *The Eremit* wird dies dadurch deutlich, daß das Licht der Lampe sich mit dem Innentuch des Mantels deckt, ja vereint. Auch der Stab strahlt von innen heraus, wie man auf dem Ansata-Tarot sieht, und im ägyptischen Tarot leuchten Stab wie Licht zum Einsiedler hin.

Der Eremit des Rider-Tarot schaut nach unten, also nach innen, denn das Innere wird ja in der psychologischen Symbolik stets mit dem Unten gleichgesetzt; dafür hält der Eremit des Swiss-Tarot die Lampe von sich aus tief, er will also nach innen schauen, um sich mit seinen Dämonen auseinanderzusetzen. Das sieht man auch im modernen Tarotspiel.

Der Eremit erscheint auf den ersten Blick als weiser alter Mann, was wir nicht überschätzen dürfen; war man doch früher der Ansicht, daß erst Weise nach innen schauen können. Besser wäre zu sagen, daß das Nach-innen-Schauen erst weise macht.

Denken wir noch einmal an unseren Ausgangspunkt. Der Narr war wie der Einsiedler auf der Wanderschaft, nur wanderte der Narr nach außen, während der Eremit nach innen wandert — in sich hinein. Sicher müssen beide Wanderschaften im Leben absolviert werden, doch dürfte die Reise nach Innen die bedeutend schwierigere sein. Als Zeichen des Unterwegsseins tragen beide — Narr wie Eremit — eine Kappe oder Kapuze, nur trägt der Narr noch kein eigenes Licht mit sich. Das ist der große Unterschied.

Das Gewand des Eremiten ähnelt einem Büßergewand, zeigt aber keine Buße an, sondern will uns sagen, daß der Blick nach Innen Bescheidenheit verleiht. Dazu bedarf es keines großen Aufwandes von außen. Es ist die Karte, die Entwicklungsstufe, bei der uns im Grunde genommen die Psychologie am deutlichsten begegnet, wenn auch alle 21 Stationen so zu werten sind. Aber hier geht es schon fast um eine psychologische Analyse, der man sich unterziehen muß, bevor die nächste Station anvisiert wird.

Die 9 ist die letzte der Einzelzahlen. Es handelt sich hier um die Potenzzahl der heiligen 3. Die 9 ist aus vielerlei Gründen in die Geschichte als die „unheimliche" Zahl eingegangen. Man nehme irgendeine Zahl, die hinten keine Null hat, sagen wir 43, und errechne die Quersumme: 4 + 3 = 7. Wenn wir nun zur 43 die 9 dazuzählen, dann bekommen wir die Zahl 52. Auch hier lautet die Quersumme 5 + 2 = 7. Wenn wir zu irgendeiner Zahl die 9 addieren, bleibt die Quersumme immer gleich.

Nehmen wir noch ein Beispiel einer etwas höheren Zahl. 1341 hat die Quersumme 9. 1341 + 9 ergibt 1350. Auch hier ist die Quersumme 9. Das ist das — in Anführungsstrichen — „Unheimliche" an der 9. 9 wurde somit zur Zahl der Dämonen. Auf der Karte des Ansata-Tarot werden diese sichtbar: Da ist der Hund (kein Cerberus aus der Unterwelt) mit drei Köpfen und drei Schlangenschwänzen. Dies ergibt multipliziert auch die 9.

Das Ungeheuer links oben zeigt neun Augen und fordert uns damit auf, den eigenen Dämonen offen ins Gesicht zu schauen. Daß dadurch den Menschen nichts Böses ge-

schieht — viele scheuen sich ja deswegen, ihren Dämonen ins Gesicht zu schauen —, garantiert eben die Zahl 9, da sich die Quersumme, der innere Wert also, ja nicht verändert! Aber das eigene Wissen über sich ist so zu steigern, wie die 9 nun einmal die Einzelzahl ist, die jede Summe durch Addieren oder Multiplizieren am schnellsten erhöht.
Noch etwas Merkwürdiges: Wenn wir die Zahlen von 0 bis 9 einmal von unten nach oben und einmal von oben nach unten nebeneinanderstellen, dann bekommen wir stets eine Zahl, deren Quersumme neun ist.

| | | | | | | | | | |
|---|---|---|---|---|---|---|---|---|---|
| 0 | 9 | = | 09 | | 5 | 4 | = | 54 |
| 1 | 8 | = | 18 | | 6 | 3 | = | 63 |
| 2 | 7 | = | 27 | | 7 | 2 | = | 72 |
| 3 | 6 | = | 36 | | 8 | 1 | = | 81 |
| 4 | 5 | = | 45 | | 9 | 0 | = | 90 |

Wenn wir nun die zweiziffrigen Endzahlen betrachten, dann haben wir die folgende Multiplikation der 9 von 09 bis 90 bekommen, und auch hier beträgt jede Quersumme 9. Von der 9 sagt man, sie vernichtet sich selbst und bleibt trotzdem bestehen. Ein Satz, über den sich das Nachdenken lohnt.

Auch Einsiedler oder Eremiten vernichten sich scheinbar, indem sie aus dem realen Leben herausgehen, alles Materielle aufgeben, aber sie gewinnen dadurch oft eine neue und festere Standhaftigkeit für sich. Heutzutage wird meist für die Suche nach der Macht des Unterbewußtseins der Eremit als Hauptkristallisationspunkt vorgestellt. Er symbolisiert unsere innere Weisheit, die es zu entdecken gilt. Dieser Weise ist zusätzlich ein Animus- und Archetyp, der in uns lebt, auch wenn heute das Alte, die Senioren und Seniorinnen kaum mehr den Respekt genießen, den einst der alte Mensch als selbstverständlich für sich in Anspruch nahm.
Eine Volksweisheit sagt: „Das Glück (oder Unglück), das ganz nahe liegt, das sieht man nicht." Das heißt, daß die Menschen zwar hinaus und in die Ferne schauen können, weit in den Kosmos hineinstreben, aber ihre eigene Welt nicht kennen. Es mag ein Zug der Zeit sein, der auch durch die Statistiken der Reisebüros belegt wird, daß die Menschen lieber in andere Erdteile aufbrechen, als in ihrer Heimat auch nur zwei Urlaubstage zu verbringen. Sicher ist dies nur eine äußere Randerscheinung der Gegenwart, aber sie drückt doch schon etwas Typisches aus.
Für die Psychologen zeigt sich dies in anderer Hinsicht. Da heißt es, daß einem *die* Fehler bei anderen Menschen am meisten auffallen und auf die Palme bringen, die man selbst besitzt. Wer sich folglich über den Hochmut oder den Geiz bei anderen aufregt, sollte zuvor prüfen, ob er nicht selbst eine Veranlagung zum Hochmut oder zum Geiz hat. Diese „Projektion", wie dies von den Psychologen genannt wird, weil wir etwas von uns auf das Gegenüber projizieren, kann nur abgebaut werden, indem wir unsere eigenen meist verborgenen Eigenschaften aufdecken. Darum geht es bei dieser Entwicklungsstufe.

In der alchimistischen Auslegung des Tarot wird diese Karte im Sinn des Eingeweihten gedeutet. Auch dies weist auf die Grundproblematik dieser Lebensphase oder -stufe hin: Sich mit seinem eigenen Wesen vertraut zu machen. Dazu gehört noch etwas, was beim Eremiten bestens erkennbar ist: Er schweigt. Der Blick ist nach innen gerichtet, der Mund verschlossen. Der Einsiedler hört also in sich hinein. Er nimmt mit den Sinnen wahr, ohne das Wahrgenommene gleich weiterzugeben. Der Eremit verkündet nicht, er lernt. Er ist also nie der Lehrer, sondern er gibt bestenfalls ein Vorbild ab, so als wolle er damit ausdrücken: Man kann noch soviel lehren, aber es ist vergeblich, wenn das Gelehrte und Gelernte nicht mit der eigenen, inneren Substanz verbunden wird.

Mit dem Namen Einsiedler oder Eremit ist übrigens nicht gemeint, daß wir uns von der Welt zurückziehen sollen, wie es manchmal etwas oberflächlich gedeutet wird. Das ist unmöglich, nicht jeder kann ein Einsiedlerleben führen. Aber wir sollten bei allem Trubel Ruhe finden, um in uns einkehren zu können.
Die Kutte des Einsiedlers verleitet oft zur Annahme, daß es sich hier

um eine religiöse Einrichtung handle oder daß ein Mönchsleben — in welcher Form auch immer — auf uns zukomme. Richtig ist, daß wir alle den Abschied von gewissen Dingen ertragen müssen. Wer beispielsweise in seinem Leben viel gegessen oder getrunken hat und anderen Genüssen nachstrebte, wird in der Mitte seines Lebens erfahren, daß es nun langsam gilt, davon einigen Abstand zu nehmen, soll die zweite Lebenshälfte gut genutzt werden. Es wird hier keine tiefe Reue verlangt, sondern Einsicht.

Viele meinen nun, für diese Entwicklungsstufe hätten sie noch Zeit, die gelte eher für die Älteren. Das ist mit Sicherheit ein Irrtum! Je früher die Einsichten kommen, um so früher wird der Einsichtige auch reif für größere Aufgaben oder Möglichkeiten. C. G. Jung hat gesagt: „Wir lernen (leider) nur für die erste Hälfte unseres Lebens, für die zweite und wichtigere Lebenshälfte gibt es keine Anleitung, keinen Unterricht. Den müssen wir uns alleine geben."

Wer nicht im fünften Lebensjahrzehnt beginnt, sich ein ernsthaftes Hobby auszusuchen und auszubauen, der wird kaum Lebenserfüllung für die Lebensphase finden, wenn er Zeit hat (es gibt selbstverständlich Ausnahmen von dieser Regel). Der Abschied vom Arbeitsleben wird zwar meist heiß ersehnt, aber er bringt doch eine Leere mit sich, die häufig zu spät erkannt wird.

Von dieser Entwicklungsstufe, bei der übrigens der Verstand kaum mitbeteiligt ist, wird letztlich nicht viel verkündet. Es geht wirklich weniger um vernunftmäßige Bilanzen oder Erkenntnisse, sondern um das In-sich-Schauen. Grübeln, Nachdenken — das sind sicher wichtige menschliche Tätigkeiten, aber sie können hier nicht viel ausrichten. Ein Grund auch, warum diese Karte und diese Entwicklungsstufe vielen Kartenbetrachtern im Grunde fremd, ja unheimlich bleibt.

| | |
|---|---|
| Allgemein: | Einsichtigkeit, Insichgehen, die Klausur. Dämonen, das heißt, eigene Fehler erkennen. |
| Liebe: | die höhere Liebe; die nicht so weltliche Ausrichtung der Zuneigung; das stumme Verstehen. |
| Beruf: | die Erholung, der Abschied; die Bilanz. |
| Gesundheit: | das Erkennen psychosomatischer, seelischer Voraussetzungen, die zur Erkrankung führten; Heilprozesse aus sich selbst. |
| Vermögen: | die stillen Werte des Geistes, der Grundhaltung. |
| Freundschaften: | der Mut, sich abzusondern, sich abzuschließen. |
| Gedanken: | Insichgehen; die Besinnung. |
| Gefahren: | über den Dingen schweben, sich abkapseln, eigentümlich werden; Übertreibung von Askesen. |
| Entwicklungsstufe: | Einsichtigkeit, mit sich ins reine kommen; das Sicherkennen, die Eigenentschleierung. |

10
DAS FORTUNE

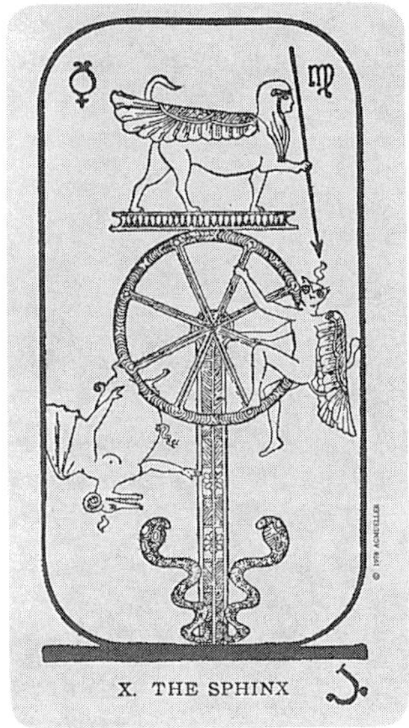
X. THE SPHINX

X
RAD des SCHICKSALS

X
RAD des SCHICKSALS

X
LA ROUE DE FORTUNE
THE WHEEL OF FORTUNE

# Karte 10 (X): Fortune

Diese Karte heißt auch *La Roue de Fortune* (französisch) oder *The Wheel of Fortune* (englisch), und der Name „Rad des Schicksals" wird gebraucht. Andere nennen diese Karte einfach das Glücksrad, wobei sie wohl an eine ähnliche Jahrmarktseinrichtung denken, bei der durch Drehen bestimmt wird, wer gewonnen und wer verloren hat. Aber dieses Bild hat nichts mit dem äußerlichen oder materiellen Glück zu tun, nichts mit dem Glück der Liebe oder dem Glück im Beruf. Es geht um „Fortune"! Glück kommt von außen — Fortune von innen. Fortune muß man haben. Unvergeßlich die Worte des Kaisers Napoleon, der dem Sinn nach sagte: „Die erste Voraussetzung für einen General ist die, daß er Fortune hat!" Wie viele kluge Politiker haben kein Fortune, wie viele Künstler vermissen schmerzlich dieses Geschenk, das einen ja erst von der Masse absetzt. Im ägyptischen Tarot wird diese Karte sogar „Die Sphinx" genannt, die dem Fortune bringt, der ihr Rätsel löst. Wer es nicht löst, muß sterben. Dies ist auch ein Grund, warum auf allen Karten — bis auf die vom Swiss-Tarot — eine Sphinx auf dem Rad sitzt, wenn sie auch im Marseilles-Tarot teuflische Züge angenommen hat.

Wir haben es hier mit dem Rätsel des Lebens zu tun. Dieses Rätselhafte wird im Swiss-Tarot durch die Frau mit den verbundenen Augen ausgedrückt. Sie dreht das Rad. Damit kommt zum Ausdruck, daß es der Mensch ist, der sein Rad des Lebens in Bewegung setzt.

Der Stab ist hier nicht das Zepter, das einige Sphinxen entweder aufrecht oder tief halten, sondern die Nabe des Rades, die jedoch mehrmals vorhanden ist. Vom sich drehenden Rad kann man in den Abgrund stürzen, in die dämonische Schlangenwelt, aber man kann sich auch festhalten, um sich mit dem Rad unter oft tierischen Mühen wieder nach oben zu arbeiten. Daher sind die meisten Figuren am Rad in tierischer Gestalt dargestellt. Die Menschen, die das Tierische (das hier negativ gemeint ist) nicht losgeworden sind, müssen in die Unterwelt, um von dort aufzusteigen, indem sie die Bestie in sich überwinden.

Schwere Arbeiten wurden im Volksmund als tierisch bezeichnet. Der Ausdruck: Ich habe geschuftet wie ein Tier dürfte jedem bekannt und geläufig sein. Auch die Redewendung: Bin ich denn ein Tier?, wenn man eine Arbeit zugeteilt bekommt, die einem überhaupt nicht paßt. Die Schlangendämonen bauen noch auf der Karte 9 auf, wo sie uns zum erstenmal begegneten.

Ein weiteres Symbol, das hier verborgen ist: Alles dreht sich. Das Rad dreht sich wie die Erde um ihre eigene Achse, so daß jeder Flecken immer wieder aus der Helligkeit in die Dunkelheit abwandern muß. Auch das Sonnenjahr dreht sich von der warmen zur kalten Jahreszeit und umgekehrt. Wer oben ist, muß herunter, wer unten ist, kann herauf.

Der ewige Kreislauf, dem wir ausgesetzt sind, drückt sich auch durch die Null der Zahl 10 aus. Zum erstenmal begegnen wir einer zweistelligen Zahl. Es ist die Zahl des Magiers plus der Zahl des Narren, was im Grunde bereits die ganz tiefe Bedeutung des Bildes erläutert: Wenn wir noch soviel erkannt haben, noch soviel geschafft haben, wir dürfen nie annehmen, daß wir am Ende eines Weges angekommen sind, denn das wäre echte Narretei. Das Bemühen hat nie aufzuhören. „Werd ich zum Augenblicke sagen — verweile doch, du bist so schön, — dann kannst du mich von hinnen tragen", heißt es in Goethes *Faust*. Nur wer nicht verweilt, der bekommt doppelte, eben zweistellige Möglichkeiten! Die Null hat endlich einen Wert bekommen. Die Quersumme der 10 ist zwar noch die 1. Es kommt also immer noch ganz besonders auf uns an. Immerhin steigt von jetzt an das Närrische mit uns auf oder ab.

Auch diese Karte baut auf die vorige auf, zeigt durch die Zahlen beider Karten eine innige Verbindung. Man rechne nur: 9 + 10 = 19. Die Quersumme der 19 aber ist die 10. In den Zahlen begegnet uns der Narr erst wieder in Karte 20.

Wer die Karte des Narren neben die Karte „Fortune“ legt, kann sich gut vorstellen, wie dieser sich abstrampelt, um oben zu bleiben! Wenn er das aber schafft, wird der Narr zum Magier. Deshalb führt nun eine 1 jede Zahl an. Man sollte also ab jetzt zu den Bildstationen des zweiten Teils statt des Narren die Magierkarte dazulegen.
Eine Leistung muß erbracht werden! Und zwar die eigene Leistung, die eigene Tat, damit nichts dem Zufall überlassen bleibt. Der Begriff „Zufall“ wird vordergründig durch die Frau mit den verbundenen Augen unterstrichen, aber es gibt ja im vordergründigen Sinn keinen Zufall. Zufall ist, was uns *zu-fällt*. Deswegen finden wir auf dem Rad des Rider-Tarot die geheimnisvollen magischen Zeichen, die beim genauen Hinsehen das Wort Tarot ergeben. Das Rad symbolisiert aber nicht nur den königlichen Weg des Tarot, sondern unseren Lebensweg, auf dem wir aufsteigen, uns zur Höhe emporhangeln; dann folgt ein erneuter Abstieg.

Keiner kann sich auf die Dauer oben festsetzen; dies ist der Platz der Sphinx und wird von ihr belegt. Wie sehr wir alle vom Himmel abhängig sind, kommt durch die Bildgestaltung gut zum Ausdruck. Das Rad im Ansata-Tarot steht mitten im Himmel, auch das des Rider-Tarot, das förmlich in den Wolken schwebt. Im ägyptischen Spiel hängt das Rad hoch oben an einem Obelisken, einem Himmelssymbol, während auf den beiden anderen Darstellungen die Räder an einem Abgrund, auf einem Felsen stehen. Die Frau mit den verbundenen Augen kann uns auch als Engel erscheinen. Hier greift ein himmlisches Wesen direkt in die Handlung auf der Erde ein.
Auf allen Abbildungen ist der Aufstieg, der Wille zur Leistung mit Freude, zumindest mit Eifer verbunden, während der Abstieg oder die Angst davor Schrecken und Verzagen auslösen. Allein im Rider-Tarot scheint sich der arme Hund, der aufwärts rollt, schwerer zu tun als die geschmeidige Natter, die — bereits gewandelt — im Dunkeln heimisch ist. Im Mittelalter wurde das Rad, die herrlichste Erfindung der Menschheit, auch als Folterinstrument benutzt, mit dem man Menschen räderte. Viele gebrauchen noch heute das Wort, daß sie sich „gerädert“ fühlen, womit sie meinen: Ich fühle mich wie auf die Folter gespannt. Ixion wurde von Zeus auf ein feuriges Rad (die Sonne) gebunden, weil er sich als undankbar erwies. Seine Undankbarkeit bestand darin, daß er sich maßlos in Zeus' Gattin Hera, die Mutter des Olymp, verliebte. Man weiß ja, daß die Sonne auch höllische Strapazen auslösen kann, besonders für diejenigen, die ihr ungeschützt ausgesetzt sind.
Aber das Rad sagt uns noch mehr. Es ist die Sehnsucht nach dem „perpetuum mobile“, der ewigen Bewegung, die aus sich selbst erzeugt wird, also keine Kraft irgendwelcher Art benötigt: ein ewiger Menschheitstraum, der den Einsatz von Energie ersparen soll. Das Rad ist jedoch auch das Symbol für Energie, denken wir nur an das Mühlrad oder das Räderwerk einer Uhr.

Im Tarot ist diese Karte meistens eine von denen, auf der kein Mensch abgebildet ist. Aber alles, was in uns lebt, gehört zum menschlichen Aspekt. Wir können uns hier also durchaus gut erkennen! Im Tarot gibt es *nichts*, was nicht mit dem Menschen zu tun hat. Dazu gehört auch die Einsicht, daß das Rad sich ewig dreht, daß jeder, der daraufsitzt, auch einmal abgeworfen wird. Wir nähern uns jetzt der Entwicklungsstufe, in der wir uns auch gedanklich mit dem Tod auseinandersetzen müssen. Alles bewegt sich, nichts bleibt stehen. Und alles geschieht gleichzeitig, denn während geboren wird, wird gestorben. Dies gilt für die kleinen Erlebnisse, die großen Schicksale, dies gilt für den Gesamtablauf. Das Rad der Zeit dreht sich, wenn sich auch keine Geschichte wiederholt.
Der Mittelpunkt des Rades ist da, wo sich die Speichen treffen. Diesem Mittelpunkt bleiben wir immer fern. Wir werden nur auf das Rad des Lebens gespannt, damit wir unser Fortune erproben können, und das Auf und Ab ist ein Lebenselixier. Nicht ohne Grund sind auf einem Jahr-

markt genau die Vergnügungen so beliebt, die dieses Prinzip spielerisch zum Ausdruck bringen: das Karussel und die Berg- und Talbahn, die Achterbahn sowie in ganz besonderer Weise das Riesenrad.

Das Runde verbindet auch, deswegen sprechen wir, wenn es gemütlich ist, von einer geselligen Runde; wir hocken gern im Kreis, der auf natürliche Art zu vereinen scheint — anders als das Quadrat, das eher wie eine künstliche geometrische Figur wirkt. Das Runde — also dem Rad Nachempfundene — ist auch ein Symbol für Beweglichkeit, man denke nur an das Ballspiel. So ist das Rad auch ein tröstender und mahnender Hinweis auf notwendige Flexibilität, auf die es so oft im Leben ankommt und die im Gegensatz zur festgefahrenen Sturheit oder Verkrustung steht. Ein Stein macht äußerlich und innerlich unbeweglich. Ein Rad rollt nun einmal fast von selbst — auch von uns fort, wenn wir nicht achtgeben!

In der Alchimie ist dies bekannt. Das sogenannte Werk, um das es den Alchimisten im besonderen Maß geht, wird als *circulare* oder *rota*, eben als Rad bezeichnet. Da es sich in der Alchimie um Wandlungen handelt, etwa die, aus Blei Gold zu schaffen, steht das Rad (rota) auch für die Wandlung schlechthin, womit uns dieses Bild der Karte 10 etwas sehr Positives und Erneuerndes verspricht, was im Rider-, im ägyptischen und im Ansata-Tarot durchaus anklingt, während die Marseilles- und Swiss-Karten uns eher mahnen und unseren Übermut dämpfen wollen.

Schließlich kennen wir noch das Himmelsrad mit den zehn Planeten (die Lichter von Sonne und Mond inbegriffen). Die zwölf Speichen, welche die Tierkreisabschnitte symbolisieren, verkünden uns die Rhythmen des Kosmos, die auch in jedem von uns leben. Wir Menschen sind Geschöpfe der Sonne. Wie diese müssen wir absteigen, um wieder aufsteigen zu können.

| | |
|---|---|
| Allgemein: | das Auf und Ab; das stete Bemühen, die Anstrengung, die eigene Leistung, das Erkennen des Fortune, der Glücksmeisterung durch sich selbst. |
| Liebe: | der Kampf um die Liebe; die Wandlung der Liebe. |
| Beruf: | die Leistung, das Bemühen, der Auf- und Abstieg. |
| Gesundheit: | die Krise, das Fieber, der Höhepunkt einer Krankheit, der Streß, die Ausweglosigkeit. |
| Vermögen: | Verlust und Gewinn; das Wirtschaften an sich, vorsorgen; sparen und ausgeben. |
| Freundschaften: | der Wechsel von und die Belastung durch Freundschaften, Kollegen und Bekannte. |
| Gedanken: | gerädert sein, sich erschöpft fühlen; Bedürfnis nach Entspannung und Erholung. |
| Gefahren: | das Überdrehtsein, die Überanstrengung; sich gegen eine Entwicklung stellen; sich nicht fügen und einfügen können. |
| Entwicklungsstufe: | Wunsch und Chance, über sich hinauszuwachsen; Angst, zurückzufallen. |

11
DIE KRAFT

XI. THE TAMED LION

XI
KRAFT

VIII
KRAFT

XI
LA FORCE
FORCE

## Karte 11 (XI): Die Kraft

Die Karte die Kraft wird auch *La Force* (französisch) oder *The Strength* beziehungsweise *The Force* (englisch) genannt. Im ägyptischen Tarot heißt diese Karte *The Tamed Lion*, der gezähmte Löwe. Sie wird auch oft mit der Bezeichnung „Die Lust" belegt. Es ist die erste Karte, in welcher der Stab nicht überall ohne weiteres zu entdecken ist. Es handelt sich hier einmal um den Dressurstab, den die weibliche Gestalt hält, die auf dem Löwen reitet. Leicht ist auch der Stab als Keule auf dem Bild zu erkennen, wo ein Mann den Löwen zähmt. Diese Gestaltung im Swiss-Tarot soll an den Kampf des Herkules gegen den nemeischen Löwen erinnern, ist sicher aber nicht nach der ursprünglichen Tarot-Symbolik ausgerichtet. Denn es soll ja gerade das Weibliche die stolze Löwenkraft (im Mann) zähmen, damit diese sinnvoll eingesetzt und gebraucht werden kann. Im ägyptischen Tarot sehen wir den Stab im Gewand der Pharaonin verborgen, und zwar als göttliches Dreieck, das fast wie eine Pyramide ausgerichtet erscheint. Ansonsten sind die Stäbe (auf allen Karten übrigens) die Arme der Frauen (des Mannes), was bekunden soll, daß die magische Kraft des Zauberstabes auf die handelnden Personen übergegangen ist.
Diese Karte, welche auch „Die Stärke" genannt wird, bringt zum Ausdruck, daß wir uns nun auf der Höhe des Weges und unseres Lebens befinden. Die Entwicklungsstufe, die hier symbolisiert wird, ist die Mitte aller Stufen auf der Reise durch die Tarot-Welt. Sie entspricht der Hoch-Zeit, die als Leistungs-, aber auch als Gnadengeschenk anzusehen ist.
Das Weibliche regiert uns, und dies nicht nur im äußeren Sinn. Die Frau muß den Mann beherrschen, weil sie der Garant für das Weiterleben ist. Sicher finden wir in dieser Karte auch noch Bezüge zum Matriarchat, als die weiblichen Göttinnen die obersten Gottheiten darstellten, ehe sie im Patriarchat von Göttern abgelöst wurden. Das war ein großer Umbruch im Denken und Handeln der Menschheitsgeschichte! Mag diese Karte auch ein Erbe von damals widerspiegeln, es geht doch darum, daß letztlich weibliche Kraft das Leben bestimmen sollte, daß nur sie es möglich macht, überschäumende männliche Energie in die richtigen Bahnen zu lenken.

Der Löwe wurde immer als Symbol reinster Sonnenkraft angesehen, der König der Wüste, also der König der Erdregionen, wo die Sonne ihre sengende Kraft voll entfaltet. Der Löwe will gelenkt werden. In der Mähne der einen Karte sehen wir drei Männerköpfe: den Jüngling, den reifen und den weisen Mann — die drei Hauptalter des Mannes. In der ägyptischen Karte sehnt sich der Löwe nach Zähmung, er geht förmlich auf die Frau zu, stellt sich ihr offen (oder die Frau stellt sich offen dem Löwen), während auf den anderen Karten die Frauen und der Mann den Löwen mehr von hinten angehen. Am sichersten fühlt sich die Frau, die auf dem Löwen reitet und ihm die Mähne krault.
Die Frauen zeigen sich waffenlos (bis auf den Dressurstab), sie sind sich also sicher, in ihrer Hoch-Zeit die wildeste und stärkste Kraft ihres Gegenpoles in den Griff zu bekommen. Alle, die den Kampf mit dem Löwen aufgenommen haben, zeigen sich selbstsicher und mutig, innerlich überlegen. Sie wissen, ihnen kann nichts geschehen. Der Löwe will besiegt und gezähmt werden. Damit wird angezeigt, daß auch die potenzierteste Kraft eine Führung braucht.
Die alten Mythen kannten diese Tatsache auch, da sich der wilde, kämpferische Mars nur einem Wesen kniend unterwarf: der Venus. Nichts anderes tut hier der Löwe. Kräfte können magische Gewalt ausüben, die also auf der Mitte des Weges dem Magier in uns zur Verfügung stehen.

Es ist die Karte Nummer 11. Die doppelte 1 spielt hier eine Rolle, die Zahl des Magiers findet sich gleich zweimal in dieser Karte, was wiederum kein Zufall ist. Die Quersumme der 11 ist die 2, was auf die Hohepriesterin hinweist. Sinnbildlich ist also der Magier jetzt soweit, sich den Geset-

zen der Hohenpriesterin zu unterwerfen. Doch nicht im direkten Sinn! Denn die Frauengestalten stellen hier keine Priesterin dar. Aber die Lehre der Hohenpriesterin ist aufgegangen, daß im Mann das Weibliche zumindest gleichberechtigt vorhanden ist, daß also auch der Mann diesem anderen Pol nach leben muß.
Zweimal die 1, das ist eine Zahl, die später nur von der Zahl 111 oder 1111 überboten wird (das sind allerdings Zahlen, die keinen individuellen Wert mehr darstellen, die außerhalb der Numerologie stehen). Bei dieser Gelegenheit sei noch einmal darauf hingewiesen, daß im Rider-Tarot die Karte die Nummer 8 trägt, was von der Tarot-Tradition entscheidend abweicht, so daß wir die Karte an dieser Stelle wieder hier eingeordnet haben. Auf die 8 weist die Lemniskate hin, die hier bei zwei Frauen zu sehen ist; einmal schwebt sie über dem Frauenkopf, einmal erkennt man sie in Form des Hutes. Die Herrschaft dieser Frauen also ist unendlich, was auch im Ansata-Tarot sichtbar wird: Die Männer (die drei Köpfe) können sich entwickeln, wie sie wollen, die Frau wird sie in allen Altersstufen, zu allen Zeiten zähmen können. Außerdem weist hier die Sonne auf die Unendlichkeit hin.

Setzen wir zu dieser Karte das Bild des Narren, dann allerdings werden wir sagen müssen, daß hier keine Spur mehr von ihm vorhanden ist. Er würde in diese Lebenssituation, zu dieser Entwicklungsstufe nicht mehr passen. Daher legen wir die Karte des Magiers daneben — und finden zweimal die 1 — Mann und Frau als Magier! Denn hätte ein Narr die Weisheit, sich von den führenden Händen einer Frau zähmen und leiten zu lassen? Man kann darüber nachdenken.
Diese Karte wäre etwas für Männer — zum Meditieren. Denn wir könnten auch sagen, wie es in einem bekannten Chansontext heißt: „... von nun an ging's bergab!" Vom Alter her gesehen (also körperlich) stimmt das, aber nicht in der geistigen Entwicklung. So wurde oft zur Diskussion gestellt, ob dies nicht die Karte *auch* zeigt: Die männliche Kraft — durch den Löwen symbolisiert — hat auf der Höhe soviel Vitalität verloren, daß nun die Frau das Regiment übernimmt. In vielen Familien spielt sich dies wohl so ab. Aber der Tarot geht eben doch tiefer; dies sind zwar mögliche Gedanken, die aber nicht das Wesentliche ausmachen.

Wir haben 10 Bilder hinter uns — nach diesem Bild kommen noch einmal 10 Bilder; in der Mitte steht die 11. Sie ist Ausgangspunkt für die folgenden 10 Karten. Im Grunde also die Karte Null der zweiten Hälfte.
Außerdem bildet sie eine weitere Zäsur: Waren die ersten 10 Karten eher männlich ausgerichtet, sind die kommenden mehr weiblich orientiert. Das spielt jedoch nur vordergründig eine Rolle, denn im Weiblichen lebt das Mannhafte — im Mannhaften das Weibliche. Gleichwohl sind wir an einem Wendepunkt angekommen. Wäre die Reise durch die Tarot-Welt äußerlich mit einem Marathonrennen vergleichbar, hätten wir die Wendemarke erreicht. Denn die Bilder der großen Arcanen wurden einst wirklich als Bilderbuch betrachtet, in dem Lebenserfahrung, ja Weisheit verborgen war.
Das Tierische in uns hat nun als besiegt zu gelten. Jetzt erst hat der Kentaur seine Wandlung zum Menschen vollendet. Wir begegnen hier der weiblichen Magierin, wobei wir nicht wissen, ob sie das Maul des Tieres öffnet oder schließt: seit langer Zeit ein Rätsel, das noch nicht gelöst wurde. Im Grunde genommen kommt es aber auch nicht darauf an. Die Frau faßt das Löwenmaul an, ob der Löwe nun brüllt, gähnt oder es geschlossen hält. Das heißt, sie kämpft nicht mit dem Löwen! Beide, die Frau wie der Löwe, sind sich ihrer Kraft bewußt. Er wird nicht besiegt, er läßt mit sich spielen, ein Zeichen, daß er sich gemeinsam mit der Frau an eine Aufgabe heranwagt. Auch hier kommen wir wieder zum Bild des Narren, das wir eingangs bewußt in Frage gestellt hatten. Denn was der Hund für den Narren darstellte, das ist der Löwe für die Frau.

Der Löwe wurde stets als Tier der Sonne und der Weisheit bezeichnet. Sonne ist Leben — daher wurde der Löwe auch als Symbol der Reinkarnation angesehen, also des ewigen Lebens. Der Glaube an das ewige Leben gibt ungeheure Stärke. So ist der Löwe als Symbolbild in den antiken Stätten und Städten zu finden sowie in den Wappen unzähliger Herrscherhäuser. Er ist also in den uralten Menschheitsbildern auf der ganzen Welt weitaus mehr als nur der König der Tiere. Mit ihm kann es nur noch ein anderes Königstier aufnehmen, der König der Lüfte: der Adler.

Der Löwe gilt auch in den Träumen der Frau als starkes Sehnsuchtssymbol. Nicht ohne Grund gibt es — und mag dies auch nur äußerlich scheinen — viele Dompteusen, die sich gerade der Löwendressur verschrieben haben. Es geht nicht darum, Stärke zu beweisen, indem man siegt oder besiegt, sondern indem man sich mit einer anderen Kraft verbündet.

In dem ältesten Spiel, dem Swiss-Tarot, kommt der Mann noch mit der Keule, um notfalls auf den Löwen einzuschlagen, wenn er sie auch auf den Boden gelegt hat. Die Frau will nicht siegen, sie will mit dem Löwen eins sein. So denkt sie weiter und auch tiefer. Deutlich wird auch auf den Bildern, daß sich die Frau nicht anstrengt, sie lächelt, ob sie dem Löwen nun nackt oder im feinsten ägyptischen Gewand entgegentritt, sie wird in jeder Beziehung unbeschadet aus der Begegnung mit dem König der Tiere hervorgehen. Das Weibliche schafft einen Ausgleich.

Der männliche Pol, der aber auch in vielen Frauen stärker lebt, als es diesen manchmal lieb sein mag, strebt nach oben, will siegen, will allein zur Spitze. Herakles mußte den nemeischen Löwen umbringen, ehe er sich mit dem Löwenfell schmücken und schützen konnte: Die Frauen auf unserem Bild verbinden sich mit der Kraft des Leo, ohne diesen zu töten oder an die Kette legen zu müssen.

| | |
|---|---|
| Allgemein: | die Kraft, die Stärke, das Hochgefühl. |
| Liebe: | Selbstbewußtsein, Verbindung gleicher Kräfte, die Lust, die aus der natürlichen Stärke kommt. |
| Beruf: | Erfolg, Sicherheit, Ausstrahlung. |
| Gesundheit: | Hochgefühl, strotzende Kraft, Erholung nach Krankheiten und Operationen. |
| Vermögen: | Sicherheit, gute Anlagen, sicheres Gespür. |
| Freundschaften: | positive Auswirkungen, gutes Echo, Autorität von Freunden und Kollegen anerkannt. |
| Gedanken: | voller Optimismus und Tatendrang, Abenteuerlust. |
| Gefahren: | Übermut, Hochgefühl; Mangel an Feingefühl, Siegerlaunen; Gefahr, von der Höhe herabzufallen. |
| Entwicklungsstufe: | auf der Höhe sein; die Hohe-Zeit (Hoch-Zeit). |

12
DER GEHÄNGTE

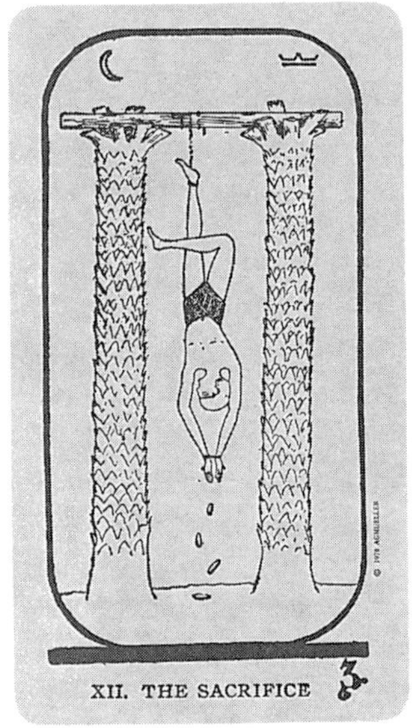
XII. THE SACRIFICE

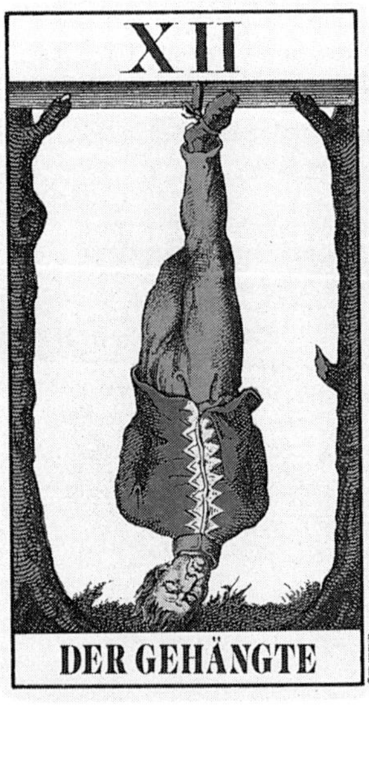
XII
DER GEHÄNGTE

XII
Der GEHÄNGTE

XII
LE PENDU
THE HANGED MAN

## Karte 12 (XII): Der Gehängte

Diese Karte trägt auch den Namen *Le Pendu* (französisch) oder *The Hanged Man* (englisch). Im ägyptischen Tarot wird diese Karte als *The Sacrifice* bezeichnet, was soviel wie Opfer bedeutet. Im allgemeinen heißt sie „Der Gehängte", hat aber noch andere Namen, etwa „Der Gekreuzigte" oder „Die Prüfung".
Dabei ist der Name „Der Gekreuzigte" sicher am wenigsten richtig, denn die Figur, die wir auf allen Abbildungen sehen, hat sich einwandfrei freiwillig in diese auf den ersten Blick fatale Lage gebracht. Das eine Bein ist angewinkelt, so daß ein Dreieck entsteht — und wir wissen, daß jedes Dreieck eine im schöpferischen Sinn positiv strebende Bedeutung hat. Der Stab ist hier leicht zu erkennen. Er ist der Baum, beziehungsweise die Latte, der Balken, an den sich diese männliche Figur gehängt hat. Im Ansata-Tarot hat sich der Stab zusätzlich in eine Flöte verwandelt, was soviel aussagt wie „Ich pfeife auf die Welt, ich spiele mir mein Lied."

Wichtig ist allein die Tatsache, daß sich hier jemand auf den Kopf gestellt hat! Wir wissen aus der Medizin, daß der Kopfstand höchst gesundheitsfördernd sein kann, denn nun fließt mehr Blut (auch neues, wie der Volksmund meint!) in den Kopf, das Gehirn wird wiederbelebt. Der Kopfstand symbolisiert ferner die Tatsache, daß es hin und wieder gut ist, alles einmal auf den Kopf zu stellen. Der Mann gewinnt dadurch ein neues Blickfeld! Er sieht die Welt mit anderen Augen, er versteht nun vielleicht die Meinung anderer Menschen besser. Er nähert sich auch wieder der Realität, der Erde, da er dem Mutterstoff, der Materie mit dem Kopf näherkommt! Allen Himmelsstürmern täte ein solcher Ausgleich hin und wieder sehr gut.
Die Hände sind, wenn sie nicht Flöte spielen, auf den Rücken gelegt oder gefesselt. So kann der Mann nichts halten. Sein Geld fällt aus den Taschen, wie es auf dem ägyptischen Bild gut zu erkennen ist. All das aber scheint ihm nichts auszumachen, er sucht mit dem Kopf die Verbindung mit der Erde, was ihm Erleuchtung zu bringen scheint. Sein Gesicht ist entspannt, Schmerzen empfindet er nicht. Man kann annehmen, daß sich der Mann wieder belebt, indem er etwas tut, was unüblich ist.

Auf dieser Karte könnten wir den Narren am deutlichsten erkennen. So könnten wir ihn uns vorstellen! Aber es ist nicht der Narr, es ist der Magier, der den Mut hat, sich einer solchen Narretei hinzugeben, denn ab jetzt wird die Welt mit anderen, wir können auch sagen: mit entpersönlichteren Augen gesehen. Dieser Mensch kommt zu sich, er richtet seinen Kopf nicht mehr nur himmelwärts, sondern bewußt zur Erde — und dies mit allen Konsequenzen. Er hängt am Baum des Lebens, denn es müssen Bäume sein, wenn man sich freiwillig in eine solche Lage bringt. Es könnte ja auch ein Hausgiebel, ein Fels sein, aber der Baum steht auf der Erde stellvertretend für den Lebensbaum, den wir am Himmel sehen, wo früher die Milchstraße als Baum angesehen wurde. Uralt ist die Verbindung von Baum und Leben, so daß man einst Tote in Bäume hängte, als Garantie für eine Wiedergeburt.

Auch unsere männliche Gestalt will wiederbelebt werden. Dazu bedarf es neuer Eindrücke, neuer Standpunkte. Darum geht es auf dieser Entwicklungsstufe in erster Linie.
Sie ist außerdem eine Erprobung, ob ich überhaupt noch fähig bin, mich umzustellen, ob meine seelische und körperliche Verkrustung das erlaubt, ob ich also im Grunde noch flexibel und jung geblieben bin! Ob ich den Mut habe, etwas Neues anzufangen, auch wenn die ganze Welt meint: Der hat sich ja nun durch seine neuen Aufgaben in eine vertrackte Lage gebracht! Hier ist nur scheinbar etwas ver-rückt. Die folgende Karte wird jedoch zeigen, wie wichtig diese innere Neueinstellung, die eine vollkommene Umstellung darstellt, für die allgemeine Entwicklung ist.

Der Gehängte ist die Karte 12, der Anfang der zweiten 10 Karten. Würden wir alle Karten zweistellig durchzählen, sähe das so aus: 00 — 01 — 02 — 03... Von der Karte 11 an über die 12 — 13 — 14... stände bei dieser Überlegung der Magier an erster Stelle. Deshalb sollten wir nun statt des Narren die Karte des Magiers hinzudenken.
Die zweite Zahl ist die 2, die Karte der Hohenpriesterin. Diese verkörpert das Unterbewußtsein. Der Magier also, der im vollen Glanz mit allen Möglichkeiten steht, hat sich dieser entledigt, um echten und tiefen Kontakt mit dem Unterbewußtsein aufzunehmen. Wie kann das deutlicher gezeigt werden als durch die Lage, die unser Gehängter freiwillig angenommen hat! Die Zahl 12 symbolisiert unsere Monate, aber in erster Linie die zwölf Tierkreisabschnitte. Der letzte Abschnitt (die Fische) symbolisiert die Hingabe an einen höheren Anspruch, aber auch die Selbstaufgabe. Das klingt hier an.

Die Quersumme von 12 ist die 3, die Zahl der Herrscherin, was in diesem Fall — durch die hängende Lage bedingt — Abkehr von der „nur" realen Meisterung des Lebens heißen dürfte. 12 ist außerdem eine besondere Zahl: Die Zahl der 4 Jahreszeiten multipliziert mit den 3 Monaten jeder Jahreszeit ergibt die 12, wie ja auch die 4 Elemente, die im Tierkreis je 3mal vertreten sind, miteinander multipliziert 12 ergeben. Es ist die Zahl der Tages- wie der Nachtstunden und 5mal 12 die der Minuten und Sekunden. Wir kennen die 12 Stämme Israels, die 12 Jünger Christi. Jeder von uns weiß, daß nachts um 12 Uhr, um Mitternacht, die Geisterstunde anbricht, daß eine gerade rechtzeitige Handlung mit dem Ausdruck belegt wird: „Es war fünf vor zwölf", daß ein zu spätes Reagieren aber mit den Worten begleitet wird: „Es war halt schon fünf nach zwölf."

Dies alles unterstreicht die Zwölfer-Einteilung in unserem Leben, die in erster Linie durch den Ablauf des Sonnenjahres bedingt ist. Sie ist die Zahl des Einschnitts, der Wende. Viele, die diese Karte zum erstenmal sehen, wenden sie fast automatisch um. Sie meinen, sie läge verkehrt.
Dies beweist, wie eingeschränkt wir im Grunde denken. Der Kopf hat oben zu sein oder in die Richtung zu weisen, die wir für das Oben halten. Wir sind alle in eine bestimmte Denkmechanik eingebunden. Alle diese Normen, die uns umgeben, versucht der Mensch auf dieser Stufe zu durchbrechen, um eben die Welt auch aus anderen Augen betrachten zu können. Dies ist sehr wichtig, denn die nächste Entwicklungsstufe zeigt uns die Auseinandersetzung mit dem Tod an, den wir aber nicht mit dem Ende gleichsetzen sollten.
Darum geht es auf der Entwicklungsstufe des Gehängten: die eigene Meinung, den eigenen Standpunkt, die eigene Ansicht! Dabei wendet sich der Gehängte wieder dem Ausgangspunkt zu, von dem er kam: der Erde.
Sicher darf dies alles nicht dazu führen, daß nun alles und jedes auf den Kopf gestellt wird. Tun wir das mit der Zahl 12, dann ergäbe dies die Zahl 21, und wir wären schon am Ziel unserer Tarot-Reise angelangt, der Weg wäre zu Ende. Zu diesem Standpunkt neigen jedoch viele, die meinen, mit dem Auf-den-Kopf-Stellen sei schon alles oder zumindest das Wesentliche getan. Zu einem derartigen Kopfstand bedarf es eines Trainings, ist eine innere Disziplin erforderlich. Insofern ist der Ausdruck „Prüfung" für diese Lebensphase richtig gewählt.
Alles hat seine zwei Seiten. Und auch die Bestimmung von „oben und unten" ist abhängig vom jeweiligen Standpunkt. Das ist der Grund vieler Mißverständnisse in unserem Leben, ob wir es nun privat oder gesellschaftspolitisch betrachten.

Es ist sicher bedeutsam, daß diese Karte zwischen dem Hochgefühl der Kraft und Stärke und dem Tod steht, der als Nummer 13 folgt. Das ist nun wirklich ein Salto mortale, mit dem sich aber jeder auseinandersetzen muß. Es wird ja stets als besonders tragisch empfunden, wenn junge Menschen auf der Höhe ihres Lebensgefühls und ihrer Kraft in einem Krieg ihr Leben lassen müssen. Dies gilt genauso für Sportler, denken wir

nur an die Rennfahrer, bei denen Triumph und Tod so nahe beieinanderliegen können.
Wird die Karte „Der Gehängte“ nur flüchtig betrachtet, stößt sie häufig auf Ablehnung. Dabei ist der Gehängte auch das Symbol für unsere Intuition, unsere Einfallskraft, die nur dann erfolgreich ist, wenn sie ausgefahrene Gleise verläßt. Alte Wege sind zwar sicher und erprobt — aber auf ihnen erreicht jeder ohne eigenes Zutun das Ziel.

Noch etwas vermittelt dieses Bild: So verquer eine Lage sich auch zeigen mag, so verworren, so schwierig sie ist, es gibt immer einen Ausweg, wenn wir nur unsere Intuition bemühen, das heißt auch bereit sind, notfalls völlig neue Wege zu gehen, neu zu denken, neu zu handeln, uns also umkehren können. Das ist die Prüfung, die uns auferlegt wird, die sicher meist auch ein Opfer nach sich zieht.
Welch treffende Namen für diese Karte! Sie wirkt sehr „menschlich“, denn Tiere haben keine Intuition. Wir dürfen Intuition — als Einfallskraft — nicht mit dem angeborenen Instinkt verwechseln! Intuition ist die Gabe, die uns geschenkt wird, wenn wir uns den Kopf zerbrochen haben, wenn alles hin- und hergedacht wurde. Dann — und wirklich erst dann — kann die Intuition urplötzlich vorhanden sein und uns Auswege aufzeigen.
Einst wurde die Karte in Italien „Der Verräter“ genannt, weil man Verräter zur Strafe umgekehrt aufhängte, aber dabei wurde übersehen, daß dieser Mann sich freiwillig in diese Lage gebracht hat! Im Rider- und im Ansata-Tarot sieht man sehr gut die Erleuchtung, die er durch die neuen Einsichtspunkte gewinnt.

| | |
|---|---|
| Allgemein: | die neue Lage, der neue Blickpunkt, das freiwillige Training, der Kopfstand, die scheinbare Unlogik in der Grundeinstellung. |
| Liebe: | die verrückte Begegnung, neue Sicht einer alten Bindung, Unbegreifliches. |
| Beruf: | Berufswechsel, Sehnsucht nach Berufsabwechslung. |
| Gesundheit: | neue Heilmethoden, Ablehnung von routinemäßigen Behandlungen, die neue Lebenslage nach einer Erkrankung. |
| Vermögen: | der Umsturz, Umdisponierung von heute auf morgen. |
| Freundschaften: | der Einbruch, das Erkennen neuer Freunde, neuer Welten und Ansichten durch neue Begegnungen. |
| Gedanken: | der Umsturz, das Revolutionäre, das Ausbrechenwollen, Sehnsucht nach neuen Aspekten. |
| Gefahren: | Zerreißen oder Zerschneiden von Bindungen, Ablehnung von Erfahrungen, Vernichtung bestehender Ordnung. |
| Entwicklungsstufe: | der Umbruch für die zweite Lebenshälfte. |

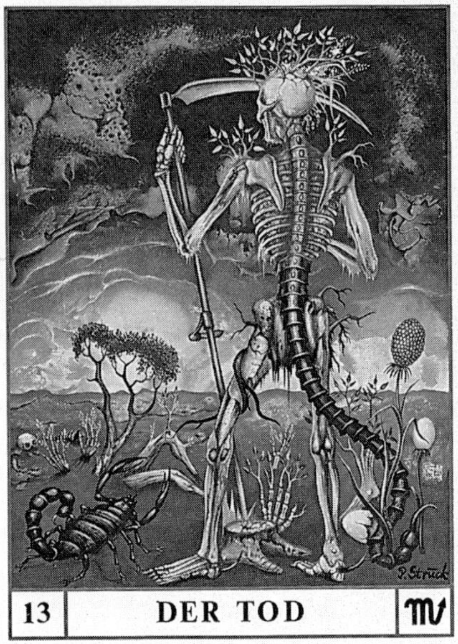
13
DER TOD

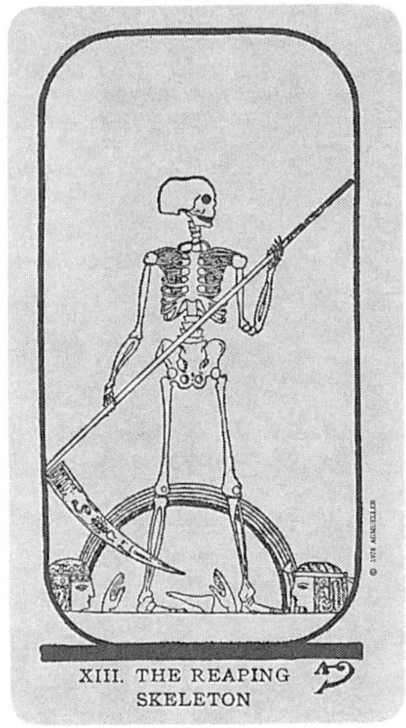
XIII. THE REAPING
SKELETON

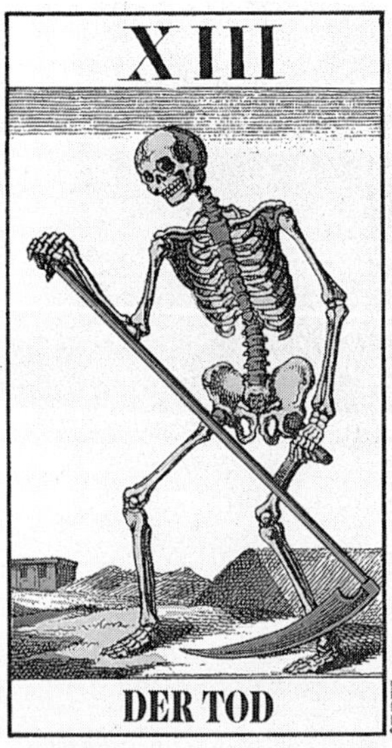
XIII
DER TOD

XIII
TOD

XIII
LA MORT
DEATH

# Karte 13 (XIII): Der Tod

Der Name dieser Karte „Der Tod" ist eindeutig und einheitlich: *La Mort* (französisch) und *The Death* (englisch) bedeuten Tod. Im ägyptischen Tarot heißt sie *The reaping Skeleton*, was dem Sinn nach übersetzt „das mähende Skelett" oder „der Schnitter Tod" heißt. Hier haben wir es mit einer Karte zu tun, die meist mit Entsetzen betrachtet wird, wenn sie in ein Spiel fällt. Aber sie bedeutet nie den Tod des Kartenbetrachters oder den Tod eines seiner Angehörigen.

Der Tod, der hier gemeint ist, bezieht sich immer auf den Abschluß einer Sache, nicht eines Lebens! Alles, was wir tun, kommt einmal zu einem Ende. Die Schulzeit geht zu Ende, die Lehrzeit, auch eine Liebe kann sterben, die Arbeit wird gekündigt, hört auf oder der Urlaub ist vorbei. All dies ist hier gemeint. Es muß ja etwas absterben, damit Neues Platz hat! Wenn es etwa in der Natur keinen Tod gäbe, wenn es nicht Herbst würde, könnte nie der Frühling oder Sommer wiederkommen. Wenn es keine Nacht gäbe, würde der stete Tag alles verbrennen und versengen. Gäbe es keinen Tag, wäre kein Leben möglich, also muß die Nacht sich verabschieden, sterben, damit der Tag geboren werden kann. Jede Arbeit sollte zu einem Abschluß gebracht werden, ehe eine neue in Angriff genommen wird. Das ist hier in erster Linie mit dem Begriff Tod gemeint.

Wir sollen uns indessen mit Fragen des Todes und des Lebens auseinandersetzen! Leben ist nicht als selbstverständlich hinzunehmen! Nur schließt der Tod, das Absterben nie etwas völlig ab. Das lehrt jede Religion dieser Welt.

Auf vielen Karten trägt das Sinnbild des Todes, das Skelett, eine Sense — unseren Stab! —, um das Vergangene abzuschneiden, abzumähen. Vorbild dafür ist die herbstliche Jahreszeit. Daher wird diese Zeit auch mit der Skorpionzeit des Jahressonnenweges gleichgesetzt (Ansata-Tarot). Auch Älterwerden bedingt ein Absterben. Sicher verlassen uns jugendliche Kräfte, aber andere wachsen uns dadurch zu. Ungeduld stirbt ab (nicht bei jedem), Geduld stellt sich ein. Es gibt überall ein „Stirb und werde", von dem Goethe schrieb: „Und solang du das nicht hast, — dieses Stirb und Werde! Bist du nur ein trüber Gast auf der dunklen Erde." Der Tod ist also nicht unser Feind, eher unser Gevatter, unser Verwandter, manchmal unser Freund. Und auch eine Heilung wird nur durch das Abflauen, das Absterben der Krankheit ermöglicht — was oft verkannt wird. Auf dem Rider-Tarot-Bild ist der Tod als stolzer Reiter dargestellt, der mit einem geheimnisvollen Zeichen auf einer Standarte daherkommt, eine sehr eigenwillige Auslegung des Autors Waite. Der Tod ist hier sozusagen ein Ritter, ja ein Heilsbringer, nur sein Kopf erinnert noch an die alten Darstellungen der Gerippe, als die man sich den Tod bildlich vorstellte. Dieser Tod reitet auf einem weißen Pferd, die Farbensymbolik weist ins neue Leben hinein, wie hier auch zwischen den Türmen im Hintergrund rechts die Sonne leuchtet. Auch auf allen anderen Karten wurde der Hintergrund mehr oder weniger deutlich hell gemalt, als Symbol des Aufbruchs zu neuen Ufern.

Sehr symbolträchtig ist dabei die Zahl 13. Ihre Quersumme ist die 4, die Zahl der Materie. Materie kann sterben, das Geistige nie. Die 13 wird allgemein als Unglückszahl angesehen. Das hat etwas mit dem Mondumlauf zu tun, von dem es zwei Berechnungsarten gibt. Berechnen wir die Mondumläufe von Vollmond zu Vollmond, dann haben wir in einem Jahr rund 12 Mondumläufe. Berechnen wir aber den Mondumlauf von einem Fixstern zum anderen, dann wären es 13 Umläufe pro Jahr. Der Umlauf von Vollmond zu Vollmond beträgt nämlich rund 30, der von einem Stern zum anderen rund 27 1/2 Tage. Wer den Umlauf nach den Sternen berechnet, kann von der Mondform her keine Mondfeste feiern, der Anblick des Himmels stimmt damit nicht mehr überein. Nur wer mit rund 12 Umläufen rechnet, kann seine Mondfeste sichtbar auf den Vollmond legen. Das bedeutet: Die 13

hatte den Himmelsanblick zerstört. Von daher wurde die 13 zur Unglückszahl, denn die Menschen wollten ihren Mond sehen. Noch heute spiegelt sich dies in alten Mondkalendern aller Religionen wider.
Auch wir feiern das Osterfest am ersten Sonntag nach dem Frühjahrsvollmond. Die Menschen waren mit Himmelsbildern aufgewachsen, die sie nie vergessen wollten. Dies hat selbst in den Märchen Eingang gefunden, denken wir an den verheerenden Einfluß der 13. Fee in Dornröschen!
Wenn wir Freitag, den 13., schreiben, dann verhalten sich immer noch viele Menschen unbewußt oder bewußt sehr vorsichtig. Die 13 ist die Karte, die nach der 12 kommt, und wie heilig die 12 seit jeher den Menschen war, haben wir ja bei Beschreibung der vorhergehenden Karte festgehalten.
Wenn wir den Magier danebenlegen, erkennen wir sofort den gravierenden Unterschied zwischen den Karten. Hier nutzt nun kein strahlender Magierstab mehr, keine Verzauberung und keine Zauberei, hier geht es nur um den Kern, der übrigbleibt.

Auf einigen Karten sind einzelne Köpfe und Hände zu sehen. Auf den ersten Blick sieht das grausam aus, als wären Hände und Köpfe abgemäht worden. Aber der Sinn dieser Bilder geht tiefer. Der Mensch kommt von der Erde — er wird wieder zu Erde. Was bleibt, ist sein Denken, ist sein Handeln. Daher überdauern die Köpfe und Hände, wie es besonders schön auf der ägyptischen Karte zu sehen ist. Was wir gedacht und wie wir gehandelt haben, das wirkt fort, auch wenn die Zeit, der Anlaß längst vorbei, abgestorben und vergessen sind.
Auf der Ansata-Karte finden wir aufgebrochene Eierschalen. Das Ei war stets das Symbol der Geburt, weil der Mensch miterleben und sehen konnte, wie aus dem Ei neues Leben kam. Das führte dazu, daß man die Urnen, in denen die Asche Verstorbener aufbewahrt wurden, in Eiform gestaltete: ein Symbol der Wiedergeburt.
Ein weiterer uralter Brauch ist das Schenken und Verschenken von Eiern zum Osterfest, weil mit diesem Frühlingsfest die Auferstehung und das neue Jahr in der Natur gefeiert werden sollten. Die alten Bräuche spielen also eine bedeutende Rolle; wir sollten uns beim Betrachten dieser Karte daran erinnern.
Auch das Symbol der Sense ist nicht unwichtig, denn mit der Sense wurde geerntet. Es stirbt also nur dann etwas, wenn es dazu reif ist, wenn es nicht weiter reifen kann, sondern in Gefahr gerät, zu verfallen oder zu verfaulen. Man denke nur an nicht geerntetes Obst an unseren Bäumen. Werden die Früchte nicht entfernt, können sie mit ihrer Fäulnis kommende Ernten in Frage stellen.
Die tiefere Auseinandersetzung mit dem Tod geht jedoch noch in eine völlig andere Richtung. Bei dem Gedanken an ein Ende wird uns klar, daß danach alle gleich sind. Der Tod klopft an jede Tür, sei es die einer Hütte oder eines Palastes. Gegen das Ende an sich kann sich keiner wappnen. Da hilft keine Magie, kein Zauber, keine erfüllten Wünsche von Feen. Viele Leute verfallen in eine Art Trägheit, wenn sie an das Ende einer Entwicklung denken, sie meinen, es habe alles doch keinen Sinn mehr. Viele fühlen sich für Taten zu alt, ohne zu merken, daß sie damit das Ende, ja sogar den frühen Tod herbeiwinken.

Eine alte Weisheit sagt: „Wer mit der Zeit geht, besiegt die Zeit.“ Wie viele aber versäumen sie, weil sie nur auf die Zukunft hoffen! Sehnen sich nicht viele den Tod herbei, obwohl sie dies heftigst ableugnen würden, wenn man es ihnen auf den Kopf zusagte?
„Ach, wenn doch nur erst Freitagnachmittag wäre! Wenn doch endlich die Ferien beginnen würden! Wenn ich bloß schon in Pension gehen könnte! Wenn nur erst diese Unterrichtsstunde vorbei wäre! Wenn endlich meine jetzige Arbeit geschafft wäre!“ — Man könnte diese Beispiele seitenlang fortsetzen. Im Grunde beweisen sie etwas Erschreckendes, daß nämlich die Gegenwart kaum genossen wird, das alle Sinne und Gedanken darauf ausgerichtet sind, daß nur erst alles vorbei ist. Damit ist natürlich Schwieri-

ges gemeint, aber das ändert nichts an der Tatsache, daß man sich schnellstens ins Grab wünscht.
Dies soll uns hier klar werden! Deswegen liegt die Karte des Todes nicht am Ende des Spieles, wo wir sie doch vermuten könnten, sondern knapp nach der Mitte, um uns zu mahnen: Alles geht zu Ende, sehne dich nicht danach!
Wir wollen den Schwierigkeiten ausweichen und möchten komplizierte, uns bedrückende Situationen überspringen. Wir leben vieles nicht aus. Heißt es nicht gerade bei Krankheiten immer: „Wäre ich nur erst gesund!", ohne daß der Krankheit etwas Gutes abgewonnen wird, obwohl wir zur Besinnung gezwungen wurden, zur Ruhe, vielleicht sogar zur Einsicht!
„Wer ans Ende denkt, ist am Ende", sagt eine alte Volksweisheit. Das heißt aber nicht, dem Danach keine Gedanken zuzuwenden. Denn wer ans Danach denkt, denkt ja letztlich über das mögliche Ende bereits hinaus. So vermag gerade diese Karte Kraft zu geben, wenn man die erste Furcht bei ihrem Anblick überwindet. Man wird auf allen Karten sehen, daß der Tod nie drohend oder triumphierend dasteht. Oft hat er etwas Stilles, Trauriges — ja, er verbirgt sich fast hinter dem großen Helm (Rider), der Kappe (Marseille) oder wendet sein Antlitz von uns fort (Ansata).
Die Frage ist, warum der Tod so oft als Gerippe bezeichnet wird, auch wenn es sich hier im Rider-Tarot verkleidet hat. Das Symbol des Sterbens können wir am Himmel verfolgen, wenn der Mond abnimmt und zuletzt nur eine schmale Rippe von ihm übrigbleibt, ehe er vom Himmel verschwindet. Er steht am dritten Tag — nur in anderer Richtung — als schmale Rippe wieder auf (Adams Rippe!). Er zeigt uns damit, daß es keinen Tod gibt, daß das Leben — in welcher Form auch immer — weitergeht. So ist das Gerippe des Sensenmanns ein vom Himmel übertragenes Symbol, das uns nicht nur Schrecken, sondern auch Hoffnung und Zuversicht einflößen kann.

| | |
|---|---|
| Allgemein: | das Absterben, der Abschluß einer Angelegenheit, die Auseinandersetzung mit dem Werden und Vergehen. |
| Liebe: | eine Liebe, die zu Ende geht; eine Bindung verlangt neue Impulse. |
| Beruf: | das Ende einer Aufgabe, Abschluß, Pension, Versagen. |
| Gesundheit: | Ende einer Krise; Entscheidung für eine Operation; Mut zu einem neuen Weg. |
| Vermögen: | Vorsicht! Nicht aus Gewohnheit in der Art wie bisher mit Erspartem umgehen, möglicherweise Verluste. |
| Freundschaften: | werden nach Krisen auf den Bestand geprüft. |
| Gedanken: | Erinnerungen; Hängen an alten Vorstellungen; Gefahr des Sich-im-Kreise-Drehens; Trott der Gewohnheiten; was war — bleibt gut. |
| Gefahren: | Angst, Panik, Hoffnungslosigkeit, Selbstaufgabe. |
| Entwicklungsstufe: | Das Ende in sein Leben bewußt einbinden; Verlust von Menschen ertragen lernen. |

14
DAS MASS

XIV. THE TWO URNS

XIIII
MÄSSIGKEIT

XIV
MÄSSIGKEIT

XIIII
TEMPÉRANCE
TEMPERANCE

# Karte 14 (XIV): Das Maß

Die Karte trägt den Namen „Das Maß", *Tempérance* (französisch) oder *The Two Urns* (englisch), die zwei Gefäße, die auf den Abbildungen aller Karten deutlich zu sehen sind. Auch der Name „Mäßigkeit" wird gebraucht. Es ist die letzte Karte des zweiten Weges, auf ihr erscheint ein Engel, der eine Flüssigkeit von einem Gefäß ins andere gießt. Mehr oder weniger trägt der Engel menschlich-weibliche Gesichtszüge. Im Ansata-Tarot wird er zwar auch weiblich gezeigt, weist aber zwei Köpfe auf, die sich auf je ein Gefäß beziehen.

Wir haben es hier mit einer meist umstrittenen Karte zu tun, die viele Assoziationen erlaubt, ja herausfordert. Sie läßt uns zunächst an den Tierkreisabschnitt Wassermann denken. Aber es handelt sich hier wohl nicht um das Wasser schlechthin, das aus dem Himmel kommt, um die Erde fruchtbar zu machen, sondern um eine besondere Flüssigkeit, von der nicht ein Tropfen verlorengehen darf. Unser Stab hat sich in diesen „heiligen Strahl" verwandelt, und dieser vorsichtige Umgang mit der heiligen Flüssigkeit verlangt eine Beherrschung, eine Mäßigkeit, ein Ansichhalten.
Auf dieser Karte sollen anscheinend zwei Gegensätze miteinander verbunden werden. Aber wir können noch weitergehen: der Strahl, der vom oberen Gefäß in das untere fließt, um dieses zu füllen, wird dann wieder zurückfließen. Das untere Gefäß wird später das obere Gefäß sein. Es ist also ein ewiger Kreislauf, dem wir im Leben begegnen, und der nicht durch ein Übermaß, durch einen Temperamentsausbruch, durch eine hektische Handlung gestört werden darf. Dazu bedarf es eines Schutzengels, den der Himmel denen zur Verfügung stellt, die sich noch nicht oder nicht mehr zu helfen wissen. Dieser Schutzengel, dem Kinder und Gebrechliche so gern vertrauen, begleitet uns durch die Geschichte der Mythen und der Legenden als Beschützer des edlen Helden, der nicht für sich, sondern für eine gute Sache kämpft.
Der Engel war immer zweigeschlechtlich, was durch die Karte im Ansata-Tarot deutlich wird, da der schwarze Kopf durchaus ein Jüngling sein kann, wie auch die untere Bekleidung mit Hosen die männliche Hälfte darstellt. Das Sternbild Wassermann, das einst nur schlicht das Wasser hieß, war als Wasserfrau bekannt, da man die Meinung vertrat, daß von der Frau alle Fruchtbarkeit ausgehe.

Diese Karte trägt stark alchimistische Züge, sie entspricht dem Wunsch, alles auf Erden zu Gold zu wandeln. Ebenso stellt der Androgyn ein alchimistisches Symbol dar — ein Wesen, das die höheren geistigen und seelischen Fähigkeiten beider Geschlechter in seiner Natur vereint. Als anderes Symbol wird hier das Kind von Aphrodite und Hermes genannt, der Herm-Aphrodit — ebenfalls ein männlich-weiblicher Zwitter.
Die Wassermannzeit des Jahres ist die Zeit, in der die Menschen sich gerne verkleiden, wo sie ihre Gesichter verbergen, indem sie Masken aufsetzen, wo der Schabernack dem Fasten — also der Reinigung — vorausgeht, wo genossen wird, weil dann gefastet werden muß, um das Maß wiederzufinden und zur Mäßigkeit zurückzukehren.
Gegensätze vereinen sich also, lösen sich ab. Auf den Karten (Rider-, ägyptisches Tarot) ist es daher oft der zwitterhafte Engel, der diese Vereinigungen nicht nur darstellt, sondern auch beschützt, wie es zu jeder großen Tat eines himmlischen Schutzes bedarf. Gerade Alchimisten (meist Astrologen) schauten gebannt zum Himmel, um den gesegneten Zeitpunkt zu finden.

Die Zahl der Karte ist die 14. Die Quersumme weist auf die 5, die Zahl unserer Sinne hin. Eine Zahl, die auch zur Mäßigkeit aufruft, die sich automatisch einstellt, wenn wir unsere fünf Sinne gleichermaßen und gleichzeitig gebrauchen. Die 14 ist aber auch die Zahl der Tage, die der Mond von der Sonne aus gesehen braucht (wenn er also bei ihr steht), um Vollmond zu werden, beziehungsweise die Tagesdauer, die der Mond vom Vollmond aus benötigt, um wieder bei der Sonne zu stehen. Der Weg des Mondes beträgt also jeweils 14 Tage, einmal zunehmend, einmal abnehmend. Dies weist auf das erste entscheidende Gleichmaß hin, welches der Himmel durch den Anblick der beiden Lichter verkündigte und das der Mensch in sich aufnahm, um danach auch seine Zeit einzuteilen.

Die Zeit läuft im unerschütterlichen Gleichmaß ab; sich dagegen zu stemmen, sich dem entziehen zu wollen, ist vergebens. Setzen wir den Magier neben diese Karte, dann kann man sich gut vorstellen, welche Erfahrungen ein Mensch in sich machen muß: Nach der inneren Begegnung mit dem Gehängten und dem Tod geht es jetzt um die Ausgewogenheit, die nach den vorherigen Gegensätzen zu finden ist.

Ein anderer Name für diese Karte, „Die Mischung", deutet letztlich auf die vollkommenste Vereinigung von polaren Gegensätzen hin. Es mag interessant sein zu hören, daß früher Wein im Wechsel mit Wasser getrunken wurde oder mit Wasser vermischt. Somit könnten wir viele Berichte von Gelagen der alten Römer durchaus in einem anderen Licht sehen. Alkoholische Exzesse, wie wir sie heute erleben, waren in der römischen Spätzeit eher die Regel, als das Maßhalten nicht mehr als eine hohe Tugend angesehen wurde. Sicher handelt es sich bei der hier symbolisierten Flüssigkeit um mehr als die Mischung von Wasser und Wein: Es ist das allgemein befruchtende Wasser gemeint, das vom Himmel kommt. Von diesem Wasser darf kein Tropfen verlorengehen, darum wird diese Zuteilung von einem Engel abgemessen, der Mensch ist noch nicht soweit.

Das führt uns zurück in die Märchenwelt. Alle Märchen erzählen davon, daß der Mensch im Tiefsten mit den Wünschen, die ihm von Feen oder anderen guten Geistern erfüllt wurden, nichts anfangen konnte. Hier also gibt der Himmel ein Beispiel. Diese Karte ist eine Aufforderung, nach oben zu schauen, sich von dem Erdstandpunkt zu lösen, um oben die Erkenntnis zu finden. Wie im Himmel, so auf Erden. Dies ist als Aufforderung zu verstehen. Das ist die Mahnung am Ende des zweiten Weges.

Der Alchimist (wie diese Karte auch genannt wurde) ist stets auf der Suche nach diesem Maß gewesen, wenn er es auch bis heute wohl kaum im materiellen Sinn gefunden hat, aber darauf kommt es nicht an. Die Alchimisten wollten in erster Linie das Niedrige und Vergängliche herausdestillieren, damit das Wahre und das Reine übrigbleibt. Jeder von uns sollte daher irgendwo ein Alchimist sein, das heißt, sich an das kaum Mögliche heranwagen, vor allem nie Dinge, die ihm unlogisch erscheinen, ablehnen.

Der Engel — der Alchimist — ist hier das Vorbild, dem wir nachstreben sollen. Auf dieser Entwicklungsstufe begegnen wir also viel mehr als nur der Mahnung, maßzuhalten, weil das wahre Maß auch etwas mit dem Weltengleichgewicht zu tun hat, und wie sehr dieses vom Menschen abhängt, ist gerade im 20. Jahrhundert deutlich geworden.

Das Wasser galt von altersher als psychologisches Symbol der Seele, was besonders für die Traumdeutung entscheidend ist. Auf dieses Bild übertragen, heißt dies aber, daß jedes Gefäß, auch das des Menschen, mit Seele zu erfüllen ist. Seelenloses Handeln, wer weiß das nicht, ist wie kaltes oder herzloses Handeln. Auch diese Urerfahrung sollen wir begreifen.

Außerdem gilt der Engel sowohl als Anima-Symbol für den Mann, als auch als Animus-Symbol für die Frau. Für den Mann ist dies der weibliche, für die Frau der männliche Engel. Es ist interessant, daß in den Kunstwerken oder Legenden und Märchen die weiblichen Engel überwiegen, vielleicht weil sie vorwiegend von Männern gemalt und erdacht wurden. Mit diesen Engelsgestalten haben wir es also wieder mit Archetypen zu tun, die in uns leben — ob wir sie nun wahrnehmen oder nicht.

In allen Bildern — bis auf die Karte des ägyptischen Tarot — ist die Natur, in welcher der Engel steht, üppig gezeichnet. Einmal erblicken wir auch im Hintergrund eine Schneelandschaft, was auf die Jahreszeit des Wassermannabschnittes im Tierkreis hinweist, aber im Vordergrund sehen wir leuchtende Blüten. Auch sonst viel Grün und eine belebte oder sonnige Landschaft.

Der Engel, der uns das Maß bringt, will uns also in eine reiche Natur führen! Erfüllen wir das seelische Gleichgewicht, werden wir von der Natur in und um uns belohnt, dann grünt und blüht es, wir können aus dem Vollen schöpfen. Die Gefahr, die auch darin liegen kann, wird uns mit der nächsten Karte deutlich vor Augen geführt. Die Tragik mancher Erfahrungen ist ja, daß wir von einem Extrem ins andere fallen können. Der Tarot weiß darum, deshalb offenbart uns die folgende Karte meist klar den Gegensatz zur vorhergehenden.

Insgesamt handelt es sich hier sicher um eine nicht so leicht zu fassende Entwicklungsstufe, und es ist oft ganz typisch, wie Kartenbetrachter diese Karte am liebsten aussparen wollen. Sie wird oft als letzte Karte gewählt oder gar nicht beachtet. Besonders sehr konservative oder in traditioneller Umgebung erzogene und aufgewachsene Menschen finden meist schwerer den Zugang zu der Symbolik dieses Bildes.

Die Karte kommt nach der des Todes. Ein Grund vielleicht, daß die Ägypter sie einst „Wiederverkörperung" nannten. Liegt auch unsere Asche in den Urnen, sie ist als Lebenselexier nicht verschwunden und kann — allerdings durch einen Engel — in ein neues Gefäß gegossen werden.

| | | | |
|---|---|---|---|
| Allgemein: | die Vereinigung der Gegensätze, das Entweder/Oder; das Erkennen himmlischer Gesetze. | Vermögen: | die Unwichtigkeit der materiellen Werte erkennen, die Opferung, die Spende. |
| Liebe: | Liebe auf neuen Wegen; auch die „andere" Liebe, äußere Gegensätze vermischen sich. | Freundschaften: | tiefe Verbindungen gleichgeschlechtlicher Art. |
| Beruf: | der völlig andere Weg, die Reform, Verbesserungsvorschläge, unerkannte Möglichkeiten. | Gedanken: | das Unterste zuoberst kehren, daraus dann eine neue Synthese finden; Analysen auf den Kopf stellen. |
| Gesundheit: | Krankheit als Weg zur Erkenntnis; Reformvorsätze, die zur Heilung führen; ungewöhnliche Heilmethoden (evtl. Geistheilung). | Gefahren: | sich über alles hinwegsetzen; reale Gefahren leugnen. |
| | | Entwicklungsstufe: | der große Erkenntnissprung zum neuen Denken. |

15
DER TEUFEL

XV. TYPHON

XV
DER TEUFEL

XV
Der TEUFEL

XV
LE DIABLE
THE DEVIL

# Karte 15 (XV): Der Teufel

Der Name dieser Karte ist fast einheitlich. *Le Diable* (französisch) und *The Devil* (englisch) stehen für das Wort Teufel. Im ägyptischen Tarot heißt diese Karte jedoch *The Typhon* (der Typhon). Seinerzeit gab es ja den Begriff Teufel nicht, der erst mit dem Christentum aufkam und sich aus dem Satan entwickelte. Der ägyptische Gott Typhon jedoch war der Gott der Zerstörung und Auflösung und wurde meist affenähnlich gestaltet. Aber wir kennen auch das Symbol der Schlange für diese Gottheit, die dem Leben gegenüber nur feindlich gesinnt war. Typhon wollte die Toten vom Himmel fernhalten und in die Erde stoßen.

Auf der Karte Fortune wird die absteigende Figur auf dem Rad oft mit diesem Gott gleichgesetzt. Die zerstörende Gottheit tritt hier auf, um uns gleich zu Beginn des dritten und entscheidenden Weges auf die Probe zu stellen, wie es nun einmal die Aufgabe des Satans oder des Teufels ist, die Menschen in Versuchung zu führen.

Wir dürfen nicht vergessen, daß der Teufel ja ein gefallener Erzengel ist. Hinter ihm verbirgt sich Luzifer, der Lichtbringer. Der Teufel oder der Satan ist der Gegenspieler Gottes, den sich dieser selbst geschaffen hat, wohl wissend, daß es ohne einen Gegenpol, ohne ein Kontra keine Entwicklung geben kann. Auf der Karte des Ansata-Tarot wird deutlich, daß der Teufel wirklich der Lichtbringer ist, denn sein Fackellicht bekommt er direkt von der Sonne, oder — wenn man so will — vom himmlischen Schöpfer.

Teufel tragen eine Maske oder sie verzerren ihre Miene zu einer Fratze, was ja auch wie eine Maske wirkt, um ihre wahren Absichten nicht gleich zu erkennen zu geben. Wenn man dem Teufel in die Augen schaut, läßt seine Macht nach. Die Eingeborenen in Afrika und in Australien und sicher auch anderswo wehren sich gegen böse Dämonen — gleich welcher Art —, indem sie am Eingang zu ihrem Kral ein furchteinflößendes Bild aufhängen; diese Fratze soll das Eindringen böser Geister verhindern.

Der Stab hat sich hier zum Teufelsinstrument gewandelt, das oft einem Phallussymbol gleichkommt. Der Stab ist sowohl die Fackel wie die Kerze, der Zweizack (Swiss), der ägyptische Stab mit dem Henkelkreuz beziehungsweise das Schwert im Marseilles-Tarot. Der Teufel ist also bewaffnet, dazu gehören auch Ketten und Fesseln. Diese Ketten aber sind Werkzeuge des Teufels, die im Menschen selbst leben. Es sind nämlich die Begierden und die Lüste, durch die sich Frauen und Männer selbst in Ketten legen. Die Frau auf der Swiss-Karte empfindet Scham darüber, während die Paare im Rider- und Marseilles-Tarot sich stolz und stark zu fühlen scheinen, andere geben sich ihren Begierden geradezu hin. Die beiden Menschen im ägyptischen Tarot haben sich förmlich in Tiere verwandelt. Und der Teufel triumphiert, als wolle er damit zum Ausdruck bringen, alles Lernen, alle Einsicht war umsonst! Locke ich, der Satan, mit den „tierischen“ Vergnügungen, dann fessele ich alle Menschen, die noch vitales Leben in sich spüren!

Auf der Rider-Karte hält der Teufel das Licht der Fackel herunter, als wolle er die Köpfe der Menschen, in denen Leidenschaften toben, bewußt im Dunkeln halten. Teufel und Schlange sind in der bildenden Kunst oft gemeinsam dargestellt worden, wohl weil die Schlange im Paradies Adam und Eva in Versuchung führte. So wächst hier (ägyptisches Tarot) dem Teufel eine Schlange aus dem feisten Bauch, während der Teufelsschwanz selbst ein Symbol der Schlange ist. Denen, die sich dem Teufel ergeben haben, wachsen dieselben Schlangensymbole aus ihrem Körper heraus, anzeigend, wie sehr sie sich ausgeliefert haben.

Auch die Legende von Gott und Satan hat ihren Ausgangspunkt am Himmel. Fasziniert beobachteten einst die Priester den Lauf der Sonne und des ersten äußeren Planeten, des Mars. Sie hatten bemerkt, daß der Mars sehr unterschiedlich in seinem Tempo war. Stand er nahe bei der Sonne, war er fast so schnell wie

diese, obwohl seine Durchschnittsgeschwindigkeit nur gut halb so schnell ist wie die unseres Zentralgestirns. Aber der Mars — aus dem später das Symbol des Teufels wurde — wollte mit der Sonne mithalten. Das wurde einst nicht nur äußerlich aufgefaßt, sondern da oben gab es einen Himmelskörper, der es mit der Sonne aufnehmen wollte, das war das Entscheidende! Aber der Planet konnte nicht mithalten. Natürlich ist auch heute noch diese Bewegung alle zwei Jahre am Himmel zu beobachten. Der Mars bleibt zurück, ja er läuft — wenn die Sonne in Opposition zu ihm steht — dieser geradezu von der anderen Seite entgegen. Und dabei nimmt der Mars eine kriegerische Farbe an, er wird rot! Allein von daher stammt die Bezeichnung „der rote Planet". Dieses Rot leuchtet klar, weil der Mars immer, wenn er der Sonne entgegenläuft (in der Fachsprache heißt dies: wenn er rückläufig ist), der Erde so nahe ist wie sonst nie. Das liegt an der ekliptischen Umlaufbahn dieses Planeten.
Zusammenfassend: Der Kampf zwischen Mars und Sonne hat sich tief in das Ur-Gedächtnis der Menschen eingegraben. Aus diesem Bild entstanden viele Mythen und Religionsvorstellungen, so auch die von Satan und seinem Aufbegehren gegen Gott. Daher symbolisiert der Mars in der Astrologie das Satanische, wie im Tarot der Teufel. Er kommt also auch vom Himmel, er ist der gefallene Erzengel. Gerade deshalb fühlen sich die Menschen ihm so oft unterlegen. Denn er knebelt sie mit den irdischen Lastern, wenn er ihnen dafür auch himmlische Freuden verspricht.
Diese Kraft, die auch vom Himmel kommt — später erfand man dafür den Begriff Hölle —, ist es also, die den Menschen in Versuchung führt, und daher bestehen so wenige diese Prüfung, die uns auch bei unserer Tarot-Reise als schwerster Härtetest erscheinen dürfte. Irgendwann müssen wir dem Teufel entgegentreten, ein Ausweichen ist nicht möglich! Vor diesem Entgegentreten haben wir eine starke Angst! Dies ist leicht daran zu erkennen, wenn vor allem diese Karte spontan abgelegt wird; viele wollen mit ihr möglichst überhaupt nichts zu tun haben. Sicher weil es hier um animalische Triebe geht.

Wenn wir hier einmal die Karte des Magiers danebenlegen, dann werden wir leicht feststellen, daß sich keiner von beiden im anderen erkennen könnte, und doch ist gerade dies wie ein Blick in den inneren Spiegel. Der Teufel war ja stets auf die Menschen eifersüchtig, er beneidete Adam in seinem Paradiesgarten. Die Folgen kennen wir. Er wollte, daß die Menschen zu ihm aufblickten, statt zu Gott. So versuchte er sie mit einer List zu bestechen. Er schenkte nämlich vorher, gab Vorschuß auf viele Freuden des Lebens und holte sich (oder holt sich) erst später die Zeche dafür. Gott ging immer den umgekehrten Weg. Er verlangte erst Mühe, ehe er Dank spendete. Auch dieses begegnet uns alltäglich im Leben. Von allen, die uns ködern wollen, wird das Beste versprochen, ohne daß die Zeche dafür auch nur erwähnt wird. Dem müssen wir zu widerstehen wagen.
Aus Ägypten wird uns über die dortigen Mythen berichtet, daß der Teufel oft als Gott Seth, der Böse, die Form eines Krokodils annahm. Nun wird verständlich, warum der Narr auf der Nullstufe des Tarot-Weges mit dem Krokodil konfrontiert wird. Da ist er noch blind, besitzt kein Wissen, aber auf der Stufe 14 darf er nicht zufällig am Satan vorbeilaufen, hier muß er Stellung beziehen, zumal er ja schon ein Magier geworden ist, sich also besser wehren und bewahren kann. Diese Entwicklungsstufe lehrt uns also, sich nicht an das Teuflische ketten zu lassen, auch wenn es uns noch so verlocken möchte. Denn der Mensch kann das Teuflische nur ablehnen, den Teufel besiegen kann er nicht!
Alle Darstellungen dieser Karte zeigen den Teufel übermächtig, indem er groß, die Menschen dagegen sehr klein gezeichnet sind. Doch handelt es sich um Menschen, die sich bereits dem Teufel ausgeliefert haben, also für den Teufel keine ernsthaften Gegenspieler sind. Hier geht es nicht um den Kampf zwischen Faust und Mephisto, sondern um das Bestehen des Durchschnittsmenschen.

Der Teufel kann uns nicht gegen unseren Willen verzaubern, dazu sind unsere eigenen magischen Kräfte inzwischen viel zu groß. Aus Frankreich stammt der Satz: „Die größte List des Teufels ist es, uns zu überreden, daß es ihn gar nicht gibt!“ Die teuflischste List, die man sich denken kann, so daß kaum ein Mensch zugibt, daß auch er jederzeit Gefahr läuft, dem Teufel zu begegnen.
Die Karte 15 hat die Quersumme 6. Die sechste Karte ist die der Entscheidung, da wir uns nun vom „Nur“-Antrieb lösen müssen. Auch zeigt diese Zahl den Magier (1) neben dem Hohenpriester (5), folglich das Magische in uns auf dem Prüfstand, was uns ja über das Teuflische hinausführen soll.
Auch der Teufel ist eine archetypische Figur, die in uns lebt, denn die Menschen projizierten ihre eigenen negativen Seiten und Veranlagungen auf eine Figur, die sie den Bösen, den Satan, den Teufel, eben *Le Diable* nennen. Und dieses Sich-Reinwaschen, dieses Projizieren der eigenen Fehler auf eine Symbolgestalt, das gelingt nur im Bewußtsein, das kann nur der Kopf leisten, womit auch er sich in den Dienst des Teufels stellt. In unserem Unterbewußtsein lebt das Böse. Fast alle Menschen haben Angst vor dem Teufel, ob sie es nun zugeben oder nicht. Das wird uns am Anfang des dritten Weges durch diese Bildanordnung klargemacht, und wir stehen nun vor der größten Hürde, der wir bis jetzt begegneten. Auch diese ist zu überwinden, denn das Ende des Weges ist ja noch längst nicht erreicht, wenn auch am Ende des Tunnels vielleicht schon Licht zu sehen ist. Ist es ein Irrlicht? Ein Teufelslicht? Denn seine List besteht auch darin, den schweren Weg abzukürzen. Der Teufel kann uns Abkürzungen zur Freude zeigen.
Wer also den Teufel zu seinem persönlichen Sündenbock macht, der macht es ihm leicht, denn dafür bietet er sich ja förmlich an. Der Teufel und seine Darstellung im Tarot stößt die meisten Menschen im ersten Moment ab. Trotzdem (oder gerade deshalb?) hat er soviel Anziehendes an sich, denn er verkörpert ja auch unseren Antrieb, unseren Trieb und die zu weckende Energie in uns.

| | |
|---|---|
| Allgemein: | die Versuchung, der Trieb, die Lust, die geheimen Wünsche und Begierden. |
| Liebe: | die Begehrlichkeit, das Alles-haben-wollen, die sexuelle Hingabe und Erotik ohne Liebe. |
| Beruf: | Betrug, über Leichen gehen, die Aufsässigkeit. |
| Gesundheit: | Vertrauen auf Quacksalberei, Tabletten- und Drogenmißbrauch, die Manie, die Sucht. |
| Vermögen: | die Verführung zur Spekulation; das falsche Vertrauen; auf falsche Berater hören. |
| Freundschaften: | die falschen Freunde, Verführer. |
| Gedanken: | was ist mir entgangen, was habe ich versäumt? |
| Gefahren: | im Übermut und Übermaß handeln, Selbstüberschätzung, Durchdrehen; Ausschweifung. |
| Entwicklungsstufe: | Standhaftigkeit gegen Versuchungen, die von außen und aus dem eigenen Innern kommen. |

16
DER TURM

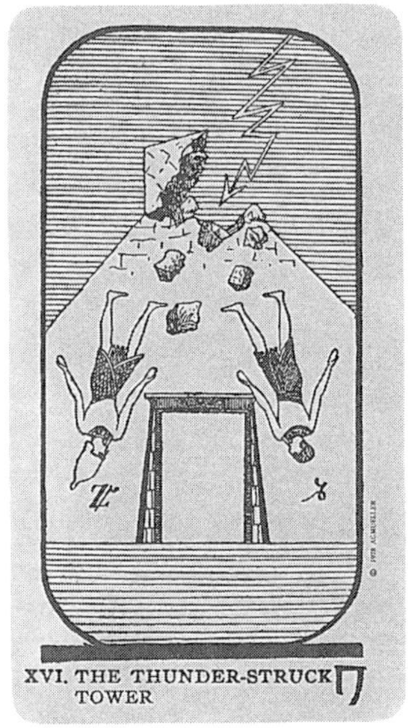
XVI. THE THUNDER-STRUCK TOWER

XVI
DER TURM

XVI
Der TURM

XVI
LA MAISON DIEU
THE TOWER OF DESTRUCTION

# Karte 16 (XVI): Der Turm

Die Karte „Der Turm" hat verschiedene Namen. Sie wird auch „Das Haus Gottes" genannt oder „Das Gotteshaus", *La Maison Dieu* (französisch) oder aber „Der Turm der Zerstörung" — *The Tower of Destruction (englisch).* Türme galten immer als etwas Besonderes. Die ersten Türme (wie den von Babylon) errichtete man, um dem Himmel nahe zu sein und den Göttern die Ehre zu erweisen, denn man erwartete, daß sie nachts auf die oberste Plattform zu Besuch kommen würden, um den Glauben der Menschen zu überprüfen. Nach den Obelisken waren Türme Herrschaftszeichen, sie zierten Kirchen und Burgen; daher wohl der Name: Haus Gottes. Auch die Pharaonen betrachteten sich als Vertreter einiger Gottheiten auf Erden, und sie bauten sich als Grabkammer und als Übergang in das himmlische Reich Pyramiden, von denen die gewaltigsten heute noch als Weltwunder bestaunt werden. Daher sehen wir auch auf der Karte 16 des ägyptischen Tarot eine Pyramide mit einer eingebauten Grabkammer, die aber auch ein kleiner Tempel gewesen sein könnte.

In die Türme wie in die Pyramide schlägt ein Blitz ein, der das Bauwerk zerstört und Menschen herauswirft. Der Name der ägyptischen Karte lautet: *The Thunder-Struck Tower.* Man könnte übersetzen: der donnernde Einschlag im Turm. Der Blitz kommt vom Himmel und wurde von den Menschen immer als Strafe, oft aber auch als Befreiung empfunden. Zeus strafte mit Blitz und Donner, womit er aber auch viele Göttersöhne aufrüttelte. Auch die Menschen auf unseren Kartenbildern werden befreit, denn keiner kommt schwer zu Schaden, manchen wird nur durch den Sturz aus dem Turm eine Maske vom Gesicht gerissen. Alle kommen heil unten an, wenn sie auch mit dem Kopf vorneweg herunterstürzen. Sie blicken alle entsetzt und erschreckt, aber sie überleben den Absturz, das ist das Wesentliche.

Die vorherige Karte zeigte uns den Teufel. Reagieren nicht Menschen manchmal so, daß sie sich vor diesem Unhold bewahren wollen, indem sie sich einmauern? Nichts sehen wollen ist eine in der Welt gern angewandte Methode, um sich vermeintlich zu schützen! Dagegen sendet nun die oberste Gottheit, der Gegenspieler des Satans, den unheilbringenden donnernden Blitzschlag, der ja, wie auf dem Ansata-Tarot, direkt aus dem Udjatauge, also aus dem Auge der schöpferischen Gotteskraft oder aus der Sonne zu kommen scheint.

Aber noch eine andere Überlegung schließt sich an. Nachdem ich die Versuchungsprüfung mit dem Teufel bestanden habe, baue ich mir meine Burg, meine, nun habe ich es geschafft. Ich errichte mir ohne jeden Bezug nach außen meine Welt, in der ich allein herrsche. Auch dagegen wendet sich der himmlische Blitzstrahl. Jeder — und das ist individuell zu sehen — zu hoch gebaute Turm stellt eine Herausforderung dar, die innerhalb der gesamten kosmischen Ordnung nicht geduldet wird! Und es gibt viele Türme! Etwa wenn sich jemand persönlich Vorräte en masse anlegt, obwohl seine Umgebung Hunger leidet, wenn jemand (und der jemand kann ein Volk sein) notwendige Rohstoffe hamstert, die anderen fehlen. Dies sind Sünden gegen die Gemeinschaft, die letztlich immer bestraft werden, gleichgültig, von wem die Strafe kommen wird. Ein gemütliches Sich-Abschließen gibt es also nicht.

Dies gilt auch für unsere Gedanken! Der innere Snob in uns, der einfach keine anderen Argumente mehr annimmt, der sich hochmütig jeder Anregung verschließt, auch der sitzt bereits in einem Turm und beginnt zu versteinern. Jede Unbeweglichkeit — egal auf welchem Gebiet — führt zur Versteinerung, zur Verkalkung. Davor möchte uns der aufschreckende Blitz bewahren, indem er das Haus des Götzen in uns einstürzen läßt, so daß wir wieder auf den Boden der Realität fallen, wo wir uns erneut aufrichten können.

Dies wird gut unterstrichen, wenn wir uns den Magier hierherdenken. Er (und seine weibliche Polarität) fallen hier heraus, dies besagt auch die Zahl 16. Sie besteht aus der Zahl 1, der des Magiers und der Zahl 6, die ja zur Karte der Entscheidung gehört. Die Entscheidungssituationen sind also noch nicht zu Ende! Der Magier hätte sich zu früh in sein eigenes (Turm-)Ego eingeschlossen! Dabei ist die Quersumme der 16 die 7, die heilige Zahl. Aber auch auf der Stufe der Karte 7, dem Siegeswagen, war ja der Sieg noch verbunden mit der Suche nach der Mitte. Im Eingeschlossensein finden wir aber diese Mitte mit Sicherheit nicht, das muß jedem klar sein. Die 16 ist auch die Potenz-(Quadrat-)Zahl der 4, die letzte Potenzzahl in der Tarotzählung. Die Zahl 4 (Entfaltung in der Materie) also mal 4, was zum Turm des Eigennutzes führen kann.

Denken wir jetzt schon ein wenig vor, dann wissen wir, daß die nächste Karte das Blatt der Liebe ist. Die können wir nur gewinnen, wenn der Eigennutz überwunden und aufgegeben wird, anders ist die Aufgabe am Du nicht zu erfüllen. Hier bricht also das Ego zusammen, büßt an Selbstsicherheit ein. Dem Marathonläufer wird bedeutet, daß der Lauf bei Kilometer 35 noch nicht zu Ende ist. Der Turm vermittelt uns indessen — trotz der scheinbaren Zerstörung, die der Blitz anzurichten scheint — doch ein Gefühl der Sicherheit. Es zeigt uns, daß wir nicht allein sind auf dieser Welt, selbst dann nicht, wenn wir die letzten Überlebenden in einem Turm wären. Über uns (und damit mit uns) wacht eine schöpferische Kraft, die uns — wenn auch mit Schock und zeitweiligem Schrecken — die Wege weist.

Dies entspricht einer tief in uns lebenden, archetypischen Sehnsucht, die manchen Menschen eine unglaubliche Sicherheit für ihr Leben zu geben vermag. Allerdings nicht denjenigen, welche die Schöpferkraft rein naturwissenschaftlich zerlegen, um sie dann nur mit dem Verstand zu analysieren! Wer nur gelten läßt, was er mit seinem Verstand erlebt, der ist einer der Ärmsten der Welt. Die Karte wurde auch „Der Ruin" betitelt. Genau diese Art von Betrachtungsweise ist analytisch und nur vordergründig. Hier wird zwar etwas „ruiniert", aber es steckt viel mehr in diesem Bild, wenn man es im Zusammenhang unserer gesamten Reise durch den Tarot betrachtet.

Die Devise „Neues Leben wächst aus den Ruinen" ist älteste Menschheitserfahrung. Denken wir nur an den griechischen Gott Asklepios, der auch von dem Donnerkeil des Zeus erschlagen und später der Gott der Heilkunst wurde! „Niemand", so ein griechischer Weiser, „der von einem Blitz erschlagen wird, bleibt ohne Ruhm." Wer schwere Schicksalsschläge empfängt, der sollte darüber nicht klagen, so heißt es weiter, weil er nur dadurch die Möglichkeit bekommt, über sich hinauszuwachsen. Heutzutage klingt dies wie ein banaler Trost, aber ein Körnchen Wahrheit mag darin enthalten sein. Plutarch sah den Blitz als Ursprung allen Lebens an.

Blitze sind himmlische Energieballungen, die sich entladen müssen. Türme wurden als Schutz gebaut, auch als Schutz vor den Unbilden des Klimas. Aber Türme waren auch stets ein Gewahrsam. Wenn man jemanden strafen oder gefangenhalten wollte, dann warf man ihn in den Turm. Das Symbol des Turmes ist also doppelbödig. Insofern ist ein Blitzeinschlag wirklich als Befreiung anzusehen. „Es hat bei mir plötzlich wie ein Blitz eingeschlagen", mit diesen Worten schildern Betroffene entweder niedergeschlagen oder freudig eine Situation. Doch immer brachte dieser Blitzeinschlag eine Veränderung, die eine Neueinstellung verlangte. Ein Blitz ist darüber hinaus meist erhellend, er lichtet das Dunkel auf.

Gegen Ende seines Lebens wird fast jeder mit einem Turm konfrontiert. Entweder gehen die Kinder aus dem Haus, man bleibt in seinem Turm allein zurück, während andere wiederum in einem Turm eingewiesen werden, den man Senioren- oder Altersheim nennt. Da heißt es dann oft: „Nun ja, mein Leben verlief eigentlich sehr gut", was so klingt, als wäre es bereits abgeschlossen, als könnte man mit dem jetzigen Leben nichts mehr anfangen. Das kann man sicherlich nicht, wenn man sich nicht nur äußerlich, sondern auch innerlich in einen Turm einschließen läßt.

Auch die Jugend kennt das Turmproblem; für sie gilt es ganz besonders, den Turmkomplex zu durchschauen. Viele Jugendliche erwarten vom Leben nichts. Keine Siege, keine Niederlagen, keine Aufregungen, keine Überraschungen, keine Abenteuer. Sie wählen sich eine Tätigkeit (von Beruf kann man da kaum sprechen, denn dieses Wort hängt mit dem Begriff Berufung zusammen), von der sie sich ausgerechnet haben, mit wieviel Geld oder anderer Substanz sie dann (und wann!) in Rente gehen können. Diese Einstellung greift immer mehr um sich, so daß man förmlich Blitze herbeiwünschen möchte. Auch der Begriff Elfenbeinturm ist bekannt, der immer dann gebraucht wird, wenn Menschen lebensfern wirken, wenn sie nichts von dem wissen, was abläuft.
Diese Karte sollte eine Karte der Jugend sein, denn der Blitz, der hier einschlägt, schlägt in ein altes Gemäuer ein, was am besten durch die Pyramide symbolisiert wird. Dies ist auch in dem Sinn zu werten, daß der Blitz des Schöpfers das Alte auf seinen Wert hin prüft. Nichts ist gut, nur weil es alt ist! Tradition ist zu schätzen, aber sie kehrt sich ins Gegenteil um, wenn sie ihrer selbst wegen hochgehalten wird, so daß kein Fortschritt möglich ist.
Der Blitz lehrt uns also: ja keinen Stillstand, weil das Leben auch nie stillsteht! So ist dieses Blatt sehr ermutigend in seiner Aussage und alles andere als deprimierend. In dieser Lebensphase werden wir also noch einmal aufgerüttelt. Je notwendiger dieses Aufrütteln ist, um so stärker das einschlagende Erlebnis. Wer sich selbst wach, flexibel, damit reagierend hält, der braucht keinen zu mächtigen Blitzeinschlag zu befürchten. Die Mediziner kennen dies: Wer sich nicht rührt, wird steif. Gern wird die Ausrede gebraucht, daß man sich nicht rühre, weil man steif ist, womit in den meisten Fällen Ursache und Wirkung verwechselt werden. Und wer es sich beim Denken bequem macht, der kommt aus dieser Bequemlichkeit kaum mehr von allein heraus.

| | |
|---|---|
| Allgemein: | die Aufrüttelung, der Schicksalsschlag, die Befreiung von der Eigenfesselung. |
| Liebe: | Aufbruch der Liebe, Erkennen neuer Dimensionen, Auflehnung gegen eine Routinebindung. |
| Beruf: | das Aussteigen, der Neuanfang; der Wechsel; plötzliche Abenteuerlust im Beruf. |
| Gesundheit: | die Krankheit, die schockt; neue Impulse gegen das Altern finden (nicht gegen das Altwerden). |
| Vermögen: | der Einbruch, der Verlust. |
| Freundschaften: | Ende alter, Beginn neuer Begegnungen. |
| Gedanken: | „Man müßte noch mal 20 sein“, noch nicht out sein. |
| Gefahren: | alles umstürzen wollen, ausbrechen, allem ein Ende setzen, Radikalität. |
| Entwicklungsstufe: | Erwachen aus der Erstarrung, der Routine. |

17
DER STERN

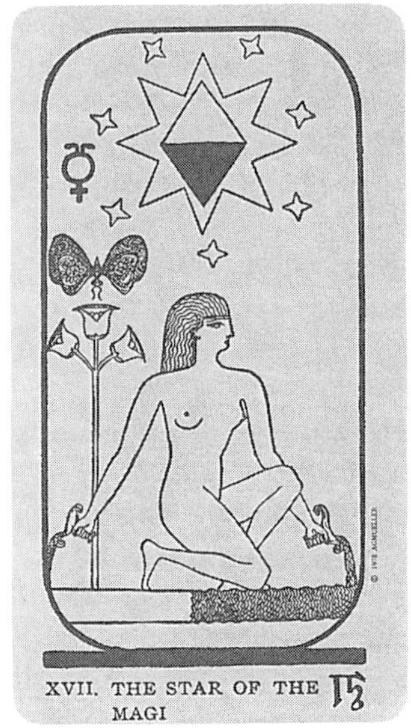
XVII. THE STAR OF THE MAGI

XVII.
DER STERN

XVII
Der STERN

XVII
L'ÉTOILE
THE STAR

# Karte 17 (XVII): Der Stern

Der Name „Der Stern" ist so gut wie einheitlich. *L'Étoile* (französisch) oder *The Star* (englisch) erfährt nur im ägyptischen Tarot eine Ergänzung durch den Begriff: *The Star of the Magi,* der Stern der Magie — oder —, wie die Karte auch genannt wird, „Der magische Stern". Es handelt sich dabei eindeutig um keinen Stern, sondern um einen Planeten: die Venus. Sehen wir von Sonne und Mond ab, ist die Venus sicherlich unser hellster Himmelskörper, obwohl wir sie als innerer Planet nur sichelförmig erblicken können. Aber diese Sichelfläche spiegelt das Sonnenlicht hervorragend wider. Die Zahl der Venus (nicht dieser Tarot-Karte) ist die Zahl 8, da die Venus (wie schon erwähnt) immer acht Vollmonde lang als Abendstern oder als Morgenstern am Himmel zu sehen ist. Daher finden wir das Symbol der 8 auch in der Anzahl der Sterne auf jeder Karte wieder, — mit einer Ausnahme, nämlich der Karte aus dem Swiss-Tarot.

Der Stab, den wir hier verwandelt finden, ist der Wasserstrahl, den die Frau auf diesem Bild empfängt oder weitergibt.

Es handelt sich in erster Linie um die Karte der Liebe. Nun mag man fragen, warum die Liebe erst so spät auftritt? Dazu sei betont, daß es sich bei der Reise oder beim Ablauf dieser Karten keinesfalls um einen *zeitlichen* Ablauf handelt. Die Reise beginnt also nicht mit der Geburt oder endet mit dem Tod, weil es sich ja um Erfahrungen- und Entwicklungsstufen handelt. Außerdem symbolisiert diese Karte auch die himmlische Liebe, das Musische, das Künstlerische, die Gefühlswelt.

Die Frau befindet sich an einem befruchtenden Wasser, das sie auf die Erde lenkt. Das mag zunächst an die Karte „Das Maß" erinnern, aber bei dem Bild vom Maß handelt es sich um einen Engel, während wir es hier einwandfrei mit einer irdischen Frau zu tun haben, wenn diese sich auch sehr mit dem Himmel verbunden fühlt. Der Name „Der Stern" oder *The Star* soll uns klarmachen, daß wir nun den Stern gefunden haben, der uns leitet, der uns führt, der aber aus uns herausscheint, also in uns geboren wurde.

Hier herrscht — ähnlich wie in Karte 11 („Die Kraft") — die Frau, also die weibliche Polarität vor. Dies kommt auch gut durch die Zahl 17 zum Ausdruck. Die Quersumme ist die 8, und diese Ziffer weist auf die acht Sterne hin, die am Himmel mehr oder weniger deutlich scheinen, obwohl die meisten Darstellungen ja nicht in das Dunkel der Nacht gehüllt sind, was sicher richtiger wäre. Die 17 ist die Karte des Magiers mit der Karte des Siegeswagens. Da der Magier aus seinem animalischen Bereich herausgewachsen ist, wie in der Karte 7 deutlich wurde, kann er sich hier seiner Venus auf Erden nähern oder ihr begegnen.

Wenn wir die Karte des Magiers danebenlegen, dann ist eine Verbindung zwischen beiden Karten gut denkbar, ja zu wünschen! Der weibliche Pol braucht keine noch so zarte Dressur auszuüben, die Frau hockt hier wie selbstverständlich am Wasser, um die Erde, um den Samen (auch den des Mannes) zu befruchten. Dadurch ist eine Unendlichkeit, eine Ewigkeit garantiert, denn aus der Verbindung von Mann und Frau entsteht neues Leben, so wie es die Zahl 8, die unendliche Zahl, auch fordert. Das Wasser, welches hier geschöpft wird, bedeutet, daß die Bindungen und alle daraus entstehenden Folgen beseelt sein müssen, daß Seelenloses auf Dauer nicht existieren kann.

Die 17 hat noch eine Besonderheit. Sie ist eine Zahl, die durch keine andere Zahl teilbar ist als durch sich selbst oder die 1. Sie ist sicher nicht die einzige unteilbare Zahl, aber hier bestärkt dies doch die Besonderheit der befruchtenden Verbindung durch Liebe und im höheren Sinn durch den Kuß der Musen.

Sterne bringen uns die Erleuchtung. Auf die Kunde der Sterne war einst alles Wissen, jede Religion und jeder Kult aufgebaut. Es mag also kein Wunder sein, daß zum Ende des Tarot-Weges gerade die Himmelsbilder nun so bedeutsam werden (bis auf die Karte 20), denn nun folgen Sonne und Mond und die Karte „Das All".

Der Himmel ist Anfang, Ende und Heimat zugleich. Jede Legende, die die Menschen einst erfanden, um Erfahrungen weiterzugeben, so wie wir heute noch Märchen erzählen, wurde zunächst einmal an den Himmel versetzt. Dort sind die berühmten Heldenfiguren alle zu finden. Da sitzen der Kentaur Chiron, Herkules, Pegasus und Orion, Perseus wie der Fuhrmann, alle Planetengötter, die Jungfrau, der Schütze. Bär, Drache, Kleiner und Großer Hund, der Fuchs wie der Schwan, der Esel und die Krippe, Andromeda und das Einhorn, Castor und Pollux: unmöglich, alle aufzuzählen.

Die Vorstellung, daß die Sterne etwas mit dem menschlichen Schicksal zu tun haben, existierte bereits lange, bevor die Astrologie ihre Regeln entwickelte. Diese entstanden erst, als man die Planetenbahnen berechnen konnte, was Jahrhunderte hindurch dauerte. Der Blick zum Himmel ist uralt. Meister Eckehart hat gesagt: „Das Auge, durch welches ich Gott sehe, ist das Auge, durch welches er mich sieht." Klarer, poetischer ist die Wechselbeziehung zwischen Himmel und Erde kaum in Worte zu fassen. Die Sterne zeigen an, aber sie sehen auch, denn sie wurden früher als die Augen des Himmels betrachtet. Übrig blieb davon heute noch das Kompliment, daß ihre oder seine Augen „wie Sterne strahlen". Die Sterne sind unsterblich; deshalb kam die Überzeugung auf, daß die Seele eines Verstorbenen zu einem Stern wird, da wir im Kreislauf zwischen Himmel und Erde fest eingebunden sind.

Der Stern ist auch unsere Traumkarte, die — wenn es sich etwa um einen Alptraum handelt — mit dem Teufel zusammengelegt wird; handelt es sich um einen Wunschtraum, vielleicht mit der Karte der Sonne. Die Traumwelt — oder besser die nächtliche Welt — spielt hier eine wichtige Rolle. Nachts kommen uns die erleuchtenden, die fruchtbaren Gedanken, weil der hektische Alltag uns dazu keine Ruhe läßt. Nachts in der Stille können wir die Zusprüche der Musen vernehmen, da sind die Ideen greifbarer.

Schon immer hieß es, wenn es um ein wichtiges Problem ging, „eine Nacht darüber schlafen", weil sich dann alles in einem senkt, weil dann auch die Seele und das Unterbewußtsein mit über die Probleme nachdenken, die es zu lösen gilt. Dies kommt in der Karte des Ansata-Tarot ganz besonders deutlich zum Ausdruck, weil hier die Nacht bildlich mit einbezogen ist. Aber auch die anderen Darstellungen weisen darauf hin.

Normalerweise leuchten ja am Tage keine Sterne, obwohl sie über uns am Tageshimmel stehen, doch das Sonnenlicht verdeckt sie. Wenn sie auf unseren Bildern auch am Tage zu sehen sind, dann bedeutet dies eben, daß man die Nachtseite, das Dunkle mit ins Tagesbewußtsein hinübernehmen soll. Keiner sollte sich am Tage von seinen dunklen Gedanken trennen, wobei das Wort „dunkel" nicht im negativen Sinn ausgelegt werden darf! Es sind damit die Gedanken aus der Tiefe gemeint, die oft weitergehender und klarer sind als die bewußten, die so sehr vom Tagesecho beeinflußt werden.

Dies gilt ganz besonders für die heutige Zeit, in der die Menschen im psychologischen Sinn mit das Unvernünftigste schufen, was möglich ist, nämlich die Nacht zum Tag zu machen. So muß ja das Unterbewußtsein zu kurz kommen, und wir wundern uns, warum so viele Menschen vergeblich nach ihrer Mitte suchen.

Das Wasser auf diesem Bild wurde in der Geschichte des Tarot oft als das Lebenselixier bezeichnet, das dem Menschen vom Himmel gespendet wird. In diesem Sinn sprachen wir bereits von der Beseelung. Die Kartenbetrachter fühlen etwas von dieser Kraft, denn vor die Wahl gestellt, welche Karte ihnen besonders zusagt, greifen die meisten (drei von fünf Personen!) zu dieser Karte, obwohl im Grunde genommen keine dieser Frauendarstellungen als schön anzusprechen ist. Es soll sich hier auch gar nicht um eine hübsche oder sexuell reizvolle Frau handeln. Das Rider-Blatt verläßt ein wenig diese Traditionslinie des Tarot, denn es geht ja um die innere Weiblichkeit, die nicht vom Äußerlichen her ansprechen soll. Die Anima des Mannes sollte hier eigentlich nicht reagieren, im Gegensatz zum Bild 11, der Kraft, das sicher auch einer Anima-Vorstellung entspricht. Im Gegenteil, diese Frau sollte auch etwas Männliches an sich haben, entweder in den Gesichtszügen (Marseilles-Tarot) oder in der muskulösen Darstellung (Swiss-Tarot), der Herbheit (Ansata-Tarot), der knabenhaften Figur (ägyptisches Tarot). Im Rider-Tarot zeigen dies die hellblonden Haare der Frau, welche die Feuerkraft des männlichen Elements symbolisieren. Das Haar hat die Farbe der Sonne, die hier als Stern golden strahlt. Auch die Frisur ist nicht sehr weiblich. Die Frauen sind alle mehr oder weniger aktiv, was auch auf das männliche Prinzip hinweist, mit ein Grund vielleicht, warum diese Karte bei weiblichen Ratsuchenden so gut ankommt, besser als die „Kraft", wo die Frau den Löwen fest im Griff hat.

„Der Stern" wird als Venus angesehen, als Aphrodite, als Isis und auch als Astarte, als die weibliche Göttin also, die den Frieden, Liebe, Harmonie und den Ausgleich bringt. Göttinnen waren Glaubenssymbole. Daher haben die Handlungen dieser Frauen in der Gesamthaltung etwas von einem Ritual an sich. Und das Wasser spielt in allen Religionen eine ganz besondere Rolle. Früher herrschte die Vorstellung, daß alles Wasser vom Himmel käme. Die Milchstraße wurde von den Ägyptern als himmlischer Nil angesehen, aus dem irgendwo der irdische Nil entspringt. Wasser ist das Symbol der Fruchtbarkeit, aber auch der Aufnahmefähigkeit eines Menschen. Wasser ist immer auch etwas Reines, das man Priesterinnen oder wenigstens Glaubenden anvertrauen sollte. Der Engel vom Bild 14, der uns mit dem Wasser und den zwei Krügen das Maß lehrte, hat sich hier für eine ähnliche Tätigkeit sicher nicht irgendeine Frau ausgesucht, sondern eine Frau, die voller Demut über die Gaben des Himmels ist.

| | |
|---|---|
| Allgemein: | die Liebe, die Muse, die Religion, die Hoffnung. |
| Liebe: | die himmlische Liebe, die fruchtbare Bindung, die Liebe, die gebärt, die etwas wachsen läßt. |
| Beruf: | der Musenkuß, die nächtliche Idee, die Gnade des Erfolges. |
| Gesundheit: | die Hoffnung; das innere Gleichgewicht, Meisterung von Belastungen. |
| Vermögen: | die gute Anlage, die sich wie von allein vermehrt; die gute Beratung. |
| Freundschaften: | eine tiefe Freundschaft zu einer Person des anderen Geschlechts vor und nach der Liebe. |
| Gedanken: | religiöse, musische und heilende Gedanken. |
| Gefahren: | mehr Hoffnung, der Gefahr zu entrinnen, als in ihr zu landen. |
| Entwicklungsstufe: | die sinnsuchende, himmlische Liebe; Bereitschaft, zu geben und zu schenken. |

18
DER MOND

XVIII. THE TWILIGHT

XVIII
DER MOND

XVIII
Der MOND

XVIII
LA LUNE
THE MOON

## Karte 18 (XVIII): Der Mond

Die Bezeichnungen dieser Karte sind so gut wie einheitlich. Der Mond oder *La Lune* (französisch) beziehungsweise *The Moon* (englisch). Der Name der ägyptischen Karte lautet *The Twilight*, was sowohl dem Zwielicht entspricht wie dem Licht des Mondes. Die ägyptische Karte zeigt das sehr gut, da der Mond von Wolken umhüllt ist, so daß eine Pyramide ganz im silbernen Mondlicht liegt, die andere völlig dunkel erscheint. Die Karte des Ansata-Tarot kommt einer solchen nächtlichen Darstellung ebenfalls nahe, während die anderen Karten auch Tagesdarstellungen sein könnten, mit Ausnahme des Swiss-Tarot, wo ein junger Mann einer jungen Frau eine Serenade, ein Ständchen am Abend bringt — übrigens die einzige Mond-Karte, auf der wir Menschen finden: Dies entspricht wenig der uralten Tarot-Tradition.

Auf dieser Karte sollten wir stets zwei Türme erkennen (im Swiss-Tarot im unteren Teil symbolisch graphisch eingezeichnet), und im Hintergrund die Ruine einer Burg, von der noch einige Türme in den Himmel ragen.
Die andere Bedingung für den symbolischen Wert dieser Karte sind zwei Hunde, auch davon finden wir im Swiss-Tarot nur einen. Wichtig schließlich — und auf allen Karten eingezeichnet — ist ein Krebs, der jeweils schnurstracks auf den Mond zustrebt. Der Krebs kommt aus der Tiefe, er lebt, wo sich Erde und Wasser treffen. In der Astrologie (und dies zeigt eine klare Verbindung zwischen ihr und dem Tarot auf) wird der Mond dem Abschnitt Krebs zugewiesen, also dem ersten Sommermonat. Als Vollmond steht er im Abschnitt Krebs über 16 Stunden am Himmel, so daß man ihm wohl auch deswegen diesen Abschnitt zuteilte. Die Sonne steht zu dieser Zeit im Abschnitt Steinbock. Es ist die Zeit der kürzeren Tage, wenn diese auch langsam wieder länger werden.
Die Hunde bellen den Mond an, der sie stört, vielleicht nimmt er ihnen die Ruhe, und sie lauern mehr oder weniger deutlich in die Ferne, in die Unendlichkeit, die zum Himmel führt. Der Weg geht zwischen den beiden Türmen oder Pyramiden vorbei und verläuft sich im Hintergrund.

Dieser Weg ist unser Stab, dem wir nun zu folgen haben. Das Bild will den Aufbruch der Seele verdeutlichen. Es ist eigentlich eine karmische Karte. Sie zeigt, daß die Seele über den Mond (in der Astrologie stets das Symbol für die Seele) in den Himmel hineinkommen wird. Die Seele ist allem Anschein nach nur den Menschen eigen; darum bellen die Hunde und jaulen, weil sie diese Unsterblichkeit nicht in sich tragen.
Die Unsterblichkeit wird im Swiss-Tarot durch den Musikanten versinnbildlicht, denn die Musik, die Sphärenklänge sind etwas Unsterbliches.

Diese Karte löst oft Angst und Bedrückung aus. Beim fahrenden Volk wird sie als Bote des Unglücks bezeichnet. Sie soll Enttäuschung anzeigen, Unaufrichtigkeit, Unglück. Genau das Gegenteil dürfte richtig sein. Diese Karte symbolisiert die allgemeine Aufbruchstimmung aus dem tiefsten Innern. Dieser Aufbruch ist nicht aufzuhalten! Er überwindet nicht nur das Animalische (die Hunde), sondern weiteste Entfernungen, gelangt an Wachttürmen vorbei und vermag sogar Felsen zu sprengen! Hier wird die tiefe und die magische Kraft symbolisiert, die in jedem von uns wohnt, die nur erlöst werden will. Denn die magischen Kräfte leben in einem Menschen oft so wie Dornröschen im Märchen. Die Kraft ist da — sie muß nur geweckt werden, dann überwindet sie alle Hindernisse, dann läßt sie alles zurück, auch den Hund, der den Narren begleitete. Damit wird der Narr endgültig abgelegt, und der Magier bringt mit seiner Kraft Licht in die Nacht, die er zum Tage wandeln könnte, wenn er wollte.

Die Zahl dieser Karte ist die 18. Die Quersumme ist die 9. 9 ist die Karte des Eremiten, der auch Licht in die (seine) Finsternis brachte, aber hier dringt das Licht nach außen. Die 18 ist auch die 2 mal 9, also die der Hohenpriesterin mal dem Eremiten, wie die 18 aber auch den Magier (Karte 1) symbolisiert neben der Karte 8, der Gerechtigkeit. Das Dunkle drängt zum Hellen, sucht das Licht. Daß das Dunkle wie ein gefesseltes Ungeheuer in uns lebt, empfinden viele Menschen. Deswegen rührt eine gewisse Bedrückung von dieser Karte her.

Hier spielt das Wasser, das Lebenselixier wieder eine große Rolle. Der Krebs ist ein Symbol der Selbsterneuerung, dem Skorpion und der Schlange gleich. So wurde in Ägypten an Stelle des Krebses, den es dort kaum gibt, der Skarabäus als Tier der Auferstehung verehrt. Der Tierkreisabschnitt, den wir Krebs nennen, wird dort Käfer genannt, was deutlich auf den Skarabäus hinweist. Er schiebt die Sonne durch die Unterwelt der Nacht. Er hilft also, daß die Sonne morgens wiederkommt. Skarabäus und Krebs sind folglich symbolisch als die mütterliche Funktion des Gebärens zu sehen. Hier bricht der innere, dunkle Mensch heraus, hier wird er geboren, weil er nun dafür reif ist. Die Reifung brauchte immerhin 17 Stationen unserer Tarot-Reise. Nun macht sich der ganze Mensch auf den Weg, der allerdings keine Umkehr kennt.
Damit stoßen wir noch auf eine andere Symbolik des Hundes. Er galt immer auch als Wachhund der Unterwelt. Normalerweise lassen die Höllenhunde, wie sie auch genannt werden, niemanden aus dem Dunklen heraus, bis auf diejenigen, die kein Halt kennen. Sicher bedarf es dazu großer Kräfte, aber die kann jeder erringen. Auch Herkules überwand den dreiköpfigen Cerberus, ohne ihn töten zu dürfen, das erschwerte den Kampf in ganz besonderer Weise.
Es geht ferner um ein großes Wagnis in diesem Bild, denn der Krebs will ans Land, er verläßt sein Element, das Wasser, das ihn beschützte, ihm eine Heimat bot. Jetzt läßt er alle Sicherheit hinter sich. Diese Mutprobe kann nur bestehen, wer mit seinem ganzen Herzen, mit seiner ganzen Seele engagiert ist. Hier wird mehr als vordergründiger Mut verlangt, Einsatz mit allem Risiko. Vor dem jedoch schrecken viele von uns zurück; auch deswegen stößt dieses Bild oft auf deutliche Ablehnung.
Wer sich jedoch eingehender mit diesen Tarotkarten beschäftigt hat, der findet schnell eine Zuneigung zu diesem Bild. Vielleicht weil jeder von uns über sich hinauswachsen will und sich nach dem großen Aufbruch sehnt! Beim Krebs können wir allerdings nie sicher sein, ob er seinen Weg auch wirklich bis zum Ende fortsetzt. Drei Schritte vor — zwei Schritte zurück, so hat es der Volksmund beobachtet. So scheint sein Wagnis leicht zu sein. Ist er aber einmal an den Höllenhunden vorbei, kann er kaum zurück, ein zweitesmal würden sie ihn nicht durchlassen. Der Krebs beweist hier also Mut.
Auf manchen Karten werden die Hunde unterschiedlich dargestellt. Einmal als Wolf, dann als Hund. Damit soll zum Ausdruck gebracht werden, daß aus dem wilden Wolf ein disziplinierter Hund werden muß. Im Ansata-Tarot ist diese Disziplinierung des animalischen Tieres gut dargestellt, ebenso im Swiss-Tarot, wenn da auch der Wolf (beziehungsweise der zweite Hund) fehlt. Im Marseilles-Tarot tragen die Hunde scharfe Wolfsgebisse.

In der Alchimie trägt diese Entwicklungsstufe den Namen „Die Kraft des Unbewußten“, womit ausgedrückt werden soll, daß diese Kraft nicht zu schlagen ist. Das Unbewußte in einem Menschen besteht aus zwei Teilen, aus dem individuellen und dem kollektiven Unterbewußtsein. Hier haben sich karmische Erfahrungen aller Zeiten niedergeschlagen. Wenn diese Erfahrungen umgesetzt werden, dann besteht die Möglichkeit des Über-sich-Hinauswachsens, wie es beispielsweise bei den großen Genies aller Zeiten zuzutreffen scheint. Fast alle stammen aus Familien, denen man ein Geniekind nicht zugetraut hätte. Mag auch die Möglichkeit zum Genialen in jedem leben, so bricht sie doch nur höchst selten hervor. Dazu gehört eben auch, aus dem Schlamm herauszukommen — deswegen ist das Symbol Krebs so unverwechselbar.
Der zähe und hindernde Schlamm ist in uns, oder wie es wieder einmal

der Volksmund treffend formuliert: Man muß den inneren Schweinehund überwinden, wenn man etwas erreichen möchte. Wir haben beim Bild des Eremiten gesehen, daß er Licht ins Innere brachte, um seine Dämonen in sich zu erkennen. Das fällt sicher schwer, denn der Schlamm deckt diese Dämonen zu, er verbirgt sie. Allein der Krebs, die Urkraft in uns, bringt sie hervor, befreit sie aus der Dunkelheit, zum Leidwesen der Hunde, die dadurch bereits die Macht über das Dunkle verloren haben. Würde der Krebs nun auf seinem Weg wieder umkehren, was er bewegungsmäßig könnte, dann wäre das ein erneutes Hinabsinken in den Schlamm.

Die Hunde weisen noch auf ein Himmelsbild hin, auf den Sirius, den Hundsstern. Er kündigte zu Beginn des Sommers mit seinem Aufgang am Frühmorgen die kommende Nilflut, damit die Fruchtbarkeit und den Sommer an. Und dies in einer genauen Folge von 365,25 Tagen pro Jahr. Wo die Sonne aufgeht, erscheint vorher ein Stern, der Sirius, der Hundsstern, der auch „Der Scharfe" heißt.

Die folgende Karte ist die der Sonne. Sie kommt, nachdem die des Mondes vorbeigegangen ist. Stets wurde es als Anerkennung betrachtet, wenn jemand aus dem Dunklen ins Helle treten durfte; denn dieser hatte den Segen der Sonne. Deswegen liegt die Mondkarte im Tarot *vor* der Sonnenkarte. Der Magier ist also noch einmal tief in das Dunkle gestiegen, um mit allen Schätzen, die er dort fand, den weiten Weg ins helle, glänzende Licht zu wagen. Dazu war sicher Mut nötig, die innere Angst vor dem Dunkeln läßt uns auch das äußere Dunkel fürchten.

Diese Karte ist ohne Menschen, wie die Karte „Fortune", wo auch der Aufbruch aus dem Dunklen eine so große Rolle spielt, als wollten beide Karten zeigen, daß wir es hier mit fast übermenschlichen Anstrengungen zu tun haben, die trotzdem zu meistern sind.

| | |
|---|---|
| Allgemein: | der Aufbruch aus der Tiefe, der grundsätzliche Weg, die große Entscheidung vor sich selbst. |
| Liebe: | der Zwang, den Bindungsweg bis zum Ende zu gehen, aber nicht als Opfer, sondern als Aufgabe. |
| Beruf: | seiner Berufung ohne Rücksicht nachstreben. |
| Gesundheit: | die große Umwandlung; Gesundungskraft aus der Seele oder der Aufgabe. |
| Vermögen: | alles hinter sich lassen. |
| Freundschaften: | Freunde ziehen mit, oder man geht allein. |
| Gedanken: | über sich hinauswachsen wollen. |
| Gefahren: | alles riskieren; Selbstopferung. |
| Entwicklungsstufe: | Einblick in die Ganzheit; Kraft aus der Erkenntnis des Lebenssinns; Selbstanalyse; der Weg aus sich heraus. |

P. Strück
19
DIE SONNE

XIX. THE DAZZLING LIGHT

XVIIII
DIE SONNE

XIX
Die SONNE

XVIIII
LE SOLEIL
THE SUN

# Karte 19 (XIX): Die Sonne

Wie der Name „Der Mond" für die vorherige Karte ist auch hier die Bezeichnung Sonne so gut wie einheitlich: *Le Soleil* (französisch), *The Sun* (englisch). Im ägyptischen Tarot finden wir die Bezeichnung *The Dazzling Light* im Gegensatz zu *The Twilight*. *Dazzling Light* drückt soviel wie blendendes Licht, gleißendes Licht — also Sonnenlicht aus. Die Sonne ist der strahlende Mittelpunkt, sie bedeutet Leben. Unter ihrem Schutz und in ihrem Glanz vereinen sich zwei Menschen, wie wir es (bis auf Rider-Tarot) überall sehen können. Der Stab hat sich hier in die Sonnenstrahlen verwandelt. Er wurde zum Strahl des Segens.

Auf der Karte des Ansata-Tarot steht in der Mitte der Lebensbaum, um den zwei Menschen verschiedenen Geschlechts sich tanzend vereinen. Im Hintergrund ein altes Alchimisten-Labor, unterstreichend, daß die Sehnsucht der Alchimisten immer die allmächtige Sonne war, die jedem Ding die Existenz verleiht. Außerdem dreht sich um die Sonne der Tierkreis: Alles im Sonnensystem kreist allein um unser Zentralgestirn.

Im Swiss-Tarot sitzt ein verliebtes junges Pärchen engumschlungen. Beide halten ein Buch in der Hand — das Buch der Hohenpriesterin vielleicht, das nun gemeinsam gelesen wird. Für diese jungen Menschen geht ein Glück unter dem Schutz der Sonne in Erfüllung. Auch auf der ägyptischen Karte vereinen sich Mann und Frau in einem Blumenbeet, während wir es im Marseilles-Tarot mit zwei Kindern zu tun haben, die miteinander unter dem Sonnenlicht spielen und groß werden.

Eine völlig andere Gestaltung finden wir im Rider-Tarot. Hier reitet ein Kind auf einem weißen Pferd. Das Kind steht für das Symbol der Erneuerung. Das weiße Pferd trägt uns das Kind entgegen, das die Arme so ausstreckt, als wolle es die Betrachter alle umarmen. Alle Bilder drükken Freude, Zuversicht, ja Glück aus. Keine Darstellung wirkt deprimierend, nicht ein Merkmal weist auf etwas hin, was dunkel wäre. Und so wirkt diese Karte auch auf den Betrachter! Wenn es um die Frage geht: Wie stellen Sie sich die Zukunft vor? würden viele gern diese Karte wählen. Nur ist die Karte dann meist nicht mehr im Spiel. Denn auch in der Vergangenheit gab es für fast alle während des Verliebtseins eine ähnliche Situation.

Es ist die Karte der gleichwertigen Zweisamkeit. Diese ist so verbindend, daß es hier keiner Gottheit oder anderer Helfer bedarf. Wenn man sich vereinen kann oder vereint hat, hilft die Hoffnung, alle Zweifel zu besiegen. Das Leben wird in den sonnigsten Farben gesehen. Hier ist das Leben so voller Magie, daß der Magier nicht mehr zu zaubern brauchte! Immerhin handelt es sich hier um die Karte des Magiers und des Eremiten. Der Eremit hat aus seinem Einsiedlerleben heraus zur Zweisamkeit gefunden, was einen überwältigenden Schritt darstellt. Die Quersumme der Zahl 19 ist 10, damit die 1. Alles geht auf den Magier zurück. Dessen Weg ist im Grunde zu Ende, findet hier seinen Abschluß.

Die folgende Karte wie auch die letzte des Spiels, die 21, tragen bereits die 2 als erste Zahl. Es sind daher die Karten, die wir ganz besonders der Hohenpriesterin zuteilen. Auch die 19 ist wie die 17 und die 11 oder die 13 als zweiziffrige Zahl nur durch die 1 oder durch sich selbst teilbar — also unteilbar. Das gemeinsame Glück sollte unteilbar sein, obwohl man dafür stets auf der Hut sein muß, denn immerhin haben wir es hier auch mit der unheimlichen 9 zu tun. Doch die Kraft des Magiers, die 1, bändigt sie letztlich wohl doch.

Viele Völker, von den Babyloniern, den Ägyptern über die Azteken und die Indianer, haben die Sonne direkt als den Schöpfer angesehen. Auch in Malereien der christlichen Kunst finden wir dies, etwa in der Abendmahldarstellung des Leonardo da Vinci, wo Jesus, deutlich als Sonne dominierend, zwischen seinen 12 Jüngern sitzt, welche die Tierkreisabschnitte symbolisieren. Obwohl wir *die* Sonne sagen, wurden ihr stets mehr männliche als weibliche Eigenschaften zugeschrieben, die weiblichen teilte man dem Mond zu, der ja vordergründig männlich eingestuft wird, wenn wir *der* Mond sagen. Viele Gläubige wiesen etwa beim Sonnenaufgang auf die Sonne hin und meinten: Seht, da oben — da geht „ER" ... das ist unser Vater!

Die Sonne erschien dem Mond gegenüber stets ein wenig benachteiligt, denn den Mond kann man oft auch am hellen Tage sehen, die Sonne aber nie des Nachts. Doch was wären unser Mond, unsere Planeten, unsere Erde ohne Sonne? Es gäbe kein Leben auf dem Planeten Erde, und die anderen Planeten, die wir sehen, wären dunkle Massen im Weltraum, die man von einem anderen Planeten aus nicht betrachten könnte, weil sie kein Sonnenlicht zurückwerfen würden. Die Sonne ist unsere große Freude, besonders in den nördlichen Breiten. Wenn die Sonne steigt, feiern wir unsere schönsten Feste, nämlich die des Frühlings. Wenn sie absinkt, dann werden die Feste schon besinnlicher, ob es sich nun um das Erntedankfest handelt oder um das Weihnachtsfest, das auch aus einem Sonnenfest, nämlich der Wintersonnenwende, hervorgegangen ist.
So steht die Sonne als Höhepunkt, als letzte Karte, die sich mit den Entwicklungsstufen des hiesigen Daseins beschäftigen. Mit der Karte 20 beginnt eine völlig andere Auseinandersetzung, da das Jenseits bereits mit im Vordergrund steht. Aber noch können wir im Sonnenlicht des Lebens schwelgen und uns ausgiebig darüber freuen.
Es ist eine Karte der Zuversicht, des Vertrauens auch in sich selbst, da man auf dieser Entwicklungsstufe die innere eigene Sonne entdeckt hat. Einst hieß dieses Bild in Ägypten: volles Leben. Besser läßt sich diese Karte kaum beschreiben!

Im alchimistischen Sinn haben wir es hier mit der Konjunktion zu tun, der Vereinigung gegensätzlicher Elemente. Mit dem Zusammensein des Mannes — hier außerdem für das Bewußtsein stehend — und des Weiblichen — das Unterbewußtsein symbolisierend — ist die erstrebenswerte Mitte erreicht. Auch das reitende Kind auf der Karte des Rider-Tarot zeigt uns dies an, denn das Pferd ist ja stets ein Symbol des Unbewußten, des Animalischen in uns. Wir brauchen nur an den Kentaur der Karte 7 zu denken oder an den Teufel, der auf einem weißen Pferd ritt.
Das Kind stellt hier allerdings nicht im vordergründigen Sinn das neugeborene Lebewesen vor, sondern in erster Linie den „erneuerten" Menschen, der also durch alle Proben hindurchgegangen und nun innerlich rein und verjüngt hervorgetreten ist. Deswegen reitet das Kind auch von der Mauer weg, hinter der sich der Mensch vielleicht bisher in sich eingeschlossen fühlte. Daß das Pferd ein Sonnenpferd darstellt, läßt die Fahne, die Erde und Himmel verbindet, gut erkennen.
In der Karte des Swiss-Tarot dagegen wird deutlich, daß erst die Vereinigung zweier verschiedengeschlechtlicher Menschen das Grün des Lebens bringt, denn nur in ihrer näheren Umgebung wachsen Pflanzen, während das aufsteigende Gebirge im Hintergrund recht öd und karg erscheint. Dies finden wir auch im ägyptischen Tarot so ähnlich dargestellt, während die beiden Kinder des Marseilles-Tarot ganz im Sonnenland angesiedelt sind, da der Boden, auf dem sie stehen, dieselbe Farbe wie die Sonne trägt. Auch im Ansata-Tarot wird deutlich, daß die beiden jungen Menschen vorerst noch im siebten Himmel schweben.
So bleibt also noch viel zu tun, fast alles, wie es scheint. Die Kinder müssen wachsen, die Erwachsenen ihr Land bestellen. Aber die Ausgangslage ist günstig wie nie! Auch im Jahresablauf beginnt ja mit dem Höchststand der Sonne um den 21. Juni erst die eigentliche Arbeit, die den Sommer hindurch anhält, während die Sonne bereits hinabsteigt. Der Mensch muß also das Werk der Sonne weiterführen.
Je höher man zum Norden unserer Erde kommt, desto klarer wird dies. Wo die Sonne nur einige Wochen hindurch scheint, muß diese Zeit viel intensiver genutzt werden als dort, wo die Sonne so gut wie immer Wärme spendet. Sicher war dies mit ein tieferer Grund, warum sich die Völker des Nordens in den letzten zwei Jahrtausenden kulturell und zivilisa-

torisch einen gewissen Vorsprung herausgearbeitet haben, der ja eigentlich unbegreiflich ist, weil hoch im Norden die Vorbedingungen zum Leben viel schwieriger waren als im Süden. Aber Not oder karge Sonnenzeit macht erfinderisch. Auch in diesem Sinn ist die Karte zu betrachten: als Aufforderung, sich nicht nur seiner eigenen Sonnenkraft zu überlassen, sondern diese anregend und intensiv einzusetzen.
Schöpferkraft, die in jedem Menschen lebt, muß genutzt werden. Nicht genutzte Schöpferkraft wird eines Tages als starke Last empfunden. Wer also die Sonne (welche auch immer) nicht nutzt, wer meint, dies sei ein Geschenk, das zu nichts verpflichtet, der irrt und wird bald seine falsche Einstellung büßen.

Wie sind die Wüsten entstanden? Man sagt, weil die Menschen mit dem Gut, das ihnen dort geschenkt war, leichtfertig umgegangen sind. Wälder, die dort wuchsen, wurden abgeholzt, die Wüste drang vor, und nur mit größter Mühe gelingt es heute, verödete Gegenden wieder fruchtbar zu machen.
Den Wäldern im Norden droht ein ähnliches Schicksal, nur von anderer Seite. So ist diese Karte auch eine Aufforderung zur Tat. Der Sonntag kann erst dann wirklich genossen werden, wenn die Werktage genutzt wurden. Zu viele Sonntage treiben zur Langeweile. Und äußerliche Langeweile wird bald zur inneren: diese erstickt sehr schnell die Sonnenkraft in uns. Viele arbeitende Menschen, die zu früh aus dem Beruf gerissen wurden, können ein trauriges Urteil darüber abgeben. Sie haben erfahren, wie schwer es ist, die verschüttete Sonnenkraft wieder auszugraben und erneut zu aktivieren. Auch in diesem Sinn sind die Kinder oder die jungen Menschen dieser Karte zu verstehen.

| | |
|---|---|
| Allgemein: | Lebensfülle, Zuversicht, Glück, Aktivität, Lebensfreude, Kraft zum Anpacken, Optimismus. |
| Liebe: | Hochgefühl, Auftrieb durch Bindungen, Kraft zum Geben und um Freude zu bereiten. |
| Beruf: | anerkannte Leistung, Erfolg, Freude am Einsatz, Erringen hoher Positionen. |
| Gesundheit: | bestens, oder alle Chancen, geheilt zu werden. |
| Vermögen: | vermehrt sich von selbst, sichere Anlagehand. |
| Freundschaften: | können Wunder bewirken; alte Freunde tauchen überraschend auf, Bindungen erneuern sich. |
| Gedanken: | Hochgefühl; man möchte die ganze Welt umarmen. |
| Gefahren: | kaum vorhanden, bestenfalls Übermut oder Gefahr, die Sonnenkraft nicht zu nutzen. |
| Entwicklungsstufe: | Erneuerung, Kraftgefühl, Schöpferimpuls in sich fühlend. |

20
DIE AUFERSTEHUNG

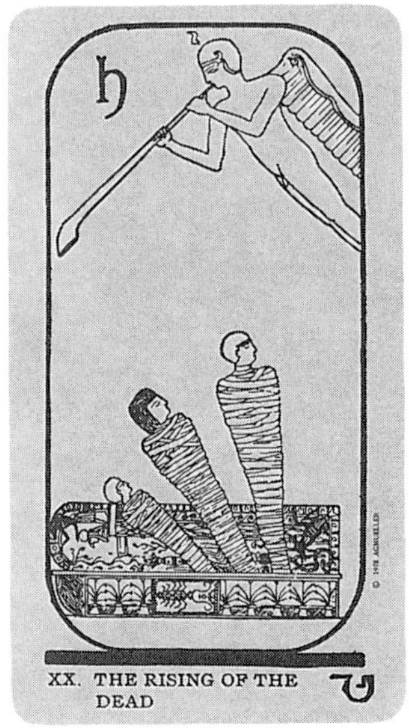
XX. THE RISING OF THE
DEAD

XX
GERICHT

XX
GERICHT

XX
LE JUGEMENT
JUDGEMENT

# Karte 20 (XX): Die Auferstehung

Diese Karte trägt sehr viele Bezeichnungen. Da wäre der Name „Das Urteil" oder *Le Jugement* (französisch) beziehungsweise *The Judgement* (englisch), was auch soviel wie Meinung bedeuten kann. Es wird auch der Titel „Das Gericht" verwendet; im ägyptischen Tarot lautet der Name: *The Rising of the Dead*, die Befreiung vom Tod, also „Die Auferstehung". Der letzte Name scheint der richtige zu sein, denn die Auferstehung ist eine Folge des Gerichts, eine Freisprechung oder eine neue Aufgabe für das künftige Dasein.
Auf dem Bild des Rider-Tarot sehen wir den Erzengel Gabriel in einer Wolke, der mit seiner Posaune die Verstorbenen aufruft. Die Posaune ist unser Stab, der in jeder Karte gut zu erkennen ist. Die Ägypter meinten sicher einen anderen Engel, während die Posaune auf dem Ansata-Tarot nur aus dem Himmel kommt, der Posaunenbläser also nicht personifiziert wird, sicher ein Vorteil für den Tarot, der sich nicht zu sehr bestimmten religiösen Strömungen anschließen sollte. In allen Religionen spielt indessen das Weiterleben nach dem Tod eine bedeutende Rolle.
Bestimmend hierfür ist das Vorbild, das uns der Mond am Himmel gibt. Er ist das einzige Gestirn, das wächst und wieder vergeht, das über Tage vom Himmel verschwunden ist, dann aber immer wieder neugeboren oder „am dritten Tage auferstanden" zu erblicken ist. Kein Wunder, daß diese Karte ganz der Hohenpriesterin gehört, die ja im Tarot den Mond am Himmel repräsentiert.
Die 2 ist die empfangende Zahl, die Zahl des Mondes, der sein Licht von der Sonne empfängt. Und die Quersumme der Zahl 20 ist 2. So schließt sich auch hier ein Kreis. Da der Mond aufersteht, hoffen die Menschen, auch auferstehen zu können. Damit wurde der Mond zum Symbol der gebärenden Frau, ja zum Symbol der Geburt. Die Auf- oder Wiederauferstehung wurde lange Jahrhunderte hindurch als Belohnung verstanden, der ein Gerichtsurteil des Himmels vorausgehen mußte: Auferstehung in den Himmel oder Abstieg in das Fegefeuer, die Hölle. Diese Begriffe wurden auch als Erziehungsmittel eingesetzt, also sehr individuell ausgelegt. Im Osten ging man da andere Wege, da der Begriff des Karma nicht als Strafe oder Belohnung und schon gar nicht als Druckmittel verstanden wurde.
Das Jüngste Gericht, wie diese Karte oft genannt wird, galt und gilt im Osten nicht als Tag des Lohnes oder des Schreckens. Im Tarot ist dies im Grunde auch so. Die Menschen erheben sich aus der Erde, aus den Särgen, um aufzuerstehen. Von einem Urteil, einem Gericht ist nichts zu sehen, auch nichts von einer Strafe oder einer Hölle.
In der ägyptischen Karte erheben sich die Menschen noch mumifiziert, dem Ruf des Himmels folgend. In der Bibel heißt es dazu: „Siehe, ich enthülle euch ein Geheimnis: Wir werden nicht alle entschlafen, aber wir werden alle verwandelt werden — plötzlich und in einem Augenblick, beim letzten Posaunenschall." Hier liegt der Kern mancher Überlieferung. Die Posaune wird erschallen, heißt es dann auch, die Toten werden zur Unvergänglichkeit aufgeweckt! Einmal bläst übrigens der Engel Gabriel, ein andermal der Engel Michael, was aber ohne Bedeutung ist, zumal wir die Karten nicht auf eine Religion bezogen bewerten müssen, wenn wir auch auf zwei Karten deutlich Kreuze finden, die auf die christliche Religion Bezug nehmen.
Neutraler sind da die Karten des Swiss- und des Ansata-Tarot. Hier, wie auf der Karte „Das Gericht" des Rider-Tarot, befinden sich die Menschen schon im Himmel, denn der wurde einst als Himmelsmeer angesehen, in dem Neptun herrschte und der den Weg zwischen und zu den Sternen leitete. Stella Maris, der Stern, dem die Seefahrer folgen, weist auf den Stern hin, der nur in einem Meer zu finden sein dürfte.
Alle Menschen zeigen Freude oder verharren in einer betend-dankenden Haltung. Allein die erwachenden Mumien können vorerst nur ihre Gesichter dem Engel zuwenden, noch fehlt ihnen die Möglichkeit, Hände und Arme dem Himmel ent-

gegenzustrecken. Sicher wäre dies richtiger, wenn dann auch der Künstler auf das schöne Symbol der Mumifizierung hätte verzichten müssen. Denn die Leichen wurden ja zunächst mumifiziert, damit sie wohlbehalten im Jenseits in der Welt des Himmels ankommen. Daß dies eine lange Reise sein dürfte, wußten die alten Ägypter durchaus. Damals ging man also noch von der Tatsache aus, daß der Körper eines Tages erlöst werden würde. Später beschränkte sich dann diese Auferstehung immer mehr auf die Seele.
Man kann auf mehrere Arten überleben. Künstler und Dichter tun dies durch ihre Werke, Techniker oder Forscher durch ihre Erfindungen. Erfahrungen von Menschen überleben, auch Traditionen und Wertbegriffe. Hier aber geht es wohl mehr um ein Weiterleben, nicht um ein neues Leben, das vielleicht in einem neuen Körper stattfinden mag. Interessant an dieser Auferstehungslegende ist die Tatsache, daß die Menschen nicht nur die Hoffnung in sich tragen, daß das Leben anderswo — egal auf welche Art — weitergeht. Nein, so gut wie alle Gestalten, die auferstehen, zeigen sich jung, kräftig und wirklich erneuert, wenn man bedenkt, daß doch die meisten Menschen in einem höheren Alter sterben. Hier geht es also um unseren Kern, der in dem Sinne nicht altert.
Aber diese Karte streift die ganze Karma-Problematik doch eigentlich nur am Rande. Sie wendet sich ja auch an alle, die sich mit diesen Fragen nicht so auseinandersetzen wollen, weil sie davor eine gewisse Scheu empfinden. Das Wort „Jüngstes Gericht" allerdings ist für die Menschen unseres Kulturkreises recht greifbar. Darunter kann man sich etwas vorstellen.
Um die irdische Gerechtigkeit ging es in der Entwicklungsstufe 8, wenn auch dort schon das Herz eine Rolle spielte. Gedanken über den Tod sollte sich der Kartenbetrachter bei der Karte 13 machen. Hier bei Karte 20 geht es mehr um die Vorstellungen, wie es denn wirklich im Jenseits aussehen könnte, egal welche Funktion und Aufgabe da der einzelne hat. Es wäre für den Menschen einfach erniedrigend, wenn er wirklich daran glauben müßte (so naturwissenschaftlich dies auch begründet sein könnte), daß er wieder zu Erde wird. Dazu hat er im Laufe der Menschheitsgeschichte zu häufig zum Himmel geschaut, um sich von dort Trost und Hinweise zu holen: Wenn wir also nach dem „Danach" fragen, dann geht es eigentlich um die Frage: Hat das Leben überhaupt einen Sinn?
Durch die Karte 20 soll das Beschäftigen mit dieser Entwicklungsstufe angeregt werden. Sie will etwas vom Sinn der Existenz aussagen. Das beginnt damit zu begreifen, daß am Ende wieder alle Menschen gleich sind: Das letzte Hemd hat keine Taschen. Hier hat keiner — wie manchmal schon von Geburt an — Vorteile oder einen Vorsprung, mag auch das einzelne Grab noch unterschiedlich gestaltet und ausgestattet sein. Damit soll gesagt werden: Die Chancen, sich mit dem Unerklärlichen zu beschäftigen, das Okkulte zu durchdringen, die sind eines Tages für alle gleich, denn was auf Erden nicht möglich ist, das wird im Himmel möglich sein.
Wenn im Anfang das Ende liegt, wie wir schon vernommen haben, dann muß im Ende auch ein Anfang liegen, und darüber nachzudenken lohnt sich gewiß! Dabei sind die individuellsten Ausdeutungen und Auslegungen möglich, was uns zur Karte 1 zurückführt, da sich ja beide, die 20 und die 1, in der letzten Karte vereinen.

Die vorletzte Entwicklungsstufe führt uns zu den Dingen, die eigentlich kaum faßbar sind. Alle diese Fragen, ob okkult, konfessionell oder karmisch, sind Fragen, auf die Antworten im logischen Sinn nicht beweisbar sind. Hier spielt die Überzeugung, auch der Glaube eine wichtige Rolle. Alle Religionen beruhen auf diesen Fragen nach dem Danach und damit letztlich nach dem Sinn des Daseins.
So werden wir hier also durch die Gegenüberstellung mit einem göttlichen Gericht, mit der Religion, mit dem Glauben konfrontiert. Der Glaube selbst ist dabei als Realität hinzunehmen.
Manche Fragen werden beim Anblick dieser Auferstehung gestellt:

Wie sieht es drüben aus, wenn es Drüben gibt? Rollt im Moment des Todes das Leben noch einmal vor einem ab? Bekomme ich wieder Kontakt zu den Menschen, die vor mir die große Reise angetreten haben? Die „für sich selbst" gefundenen Antworten entscheiden oft über die Grundeinstellung letzter Stunden, Tage, Jahre. So will dieses Bild eigentlich mehr anregen, sich mit Dingen auseinanderzusetzen, die meistens mit Stillschweigen übergangen werden.
Wer sich allerdings im Tarot bis hierher durchgearbeitet hat, der wird sich mit Sicherheit auch diesen Überlegungen stellen. Jetzt wird weniger nach den Dämonen in uns, als nach den Kräften gefragt, denen wir außerhalb dieses Lebens begegnen könnten.
Auch dies wurde von vielen Künstlern im Lauf der Menschheitsgeschichte immer wieder festgehalten und im persönlichsten Sinn interpretiert.
So muß sich jeder Tarot-Leger besonders mit der Karte „Die Auferstehung" auf ganz individuelle Weise auseinandersetzen, er muß ihr sehr persönlich begegnen, vielleicht wird auch mancher über die Bildaussage meditieren. Nur eines ist klar, und das weist auch auf die Karte 13 hin: Der Mensch steigt erst wieder neu geboren heraus, wenn er vorher durch die Dunkelheit gewandelt ist. Wir kennen diese Krisensituationen aus unserem Leben, wenn wir uns etwa freiwillig in ein Exil (auch innerlich) begeben, um mit uns ins reine zu kommen. Auch diese Selbsterfahrung ist hier angesprochen; sie muß sogar bei der Deutung und Auslegung vorrangig gesehen werden. Denn das „Jüngste Gericht" erleben wir mehrmals im Leben, wenn wir auch die Posaune leider meist nicht vernehmen.

| | |
|---|---|
| Allgemein: | Hingabe, Glaubensfrage, Auseinandersetzung mit dem Okkulten, dem Dunklen. |
| Liebe: | Glauben an die Liebe, Auslieferung an den Partner. |
| Beruf: | Ende des Berufes, Abschied, Pensionierung, Bilanzierung des Berufslebens. |
| Gesundheit: | Besinnungsphase, Selbstquälerei, psychosomatische Belastungen, langsame Regeneration. |
| Vermögen: | Letzter Wille; Spendenabgabe. |
| Freundschaften: | Beschränkung auf wesentliche Freundschaften; Opferung für eine Freundschaft. |
| Gedanken: | Auseinandersetzungen mit dem Okkulten, dem Jenseits, dem Geheimnisvollen. |
| Gefahren: | Selbstaufgabe, Irrlehren, einem Sog ausgeliefert sein, Ergebenheit; Schwierigkeiten aus dem Weg gehen. |
| Entwicklungsstufe: | Beschäftigung mit den Dingen „danach"! Glaubensüberprüfungen; Glaubenswechsel. |

21
DAS ALL

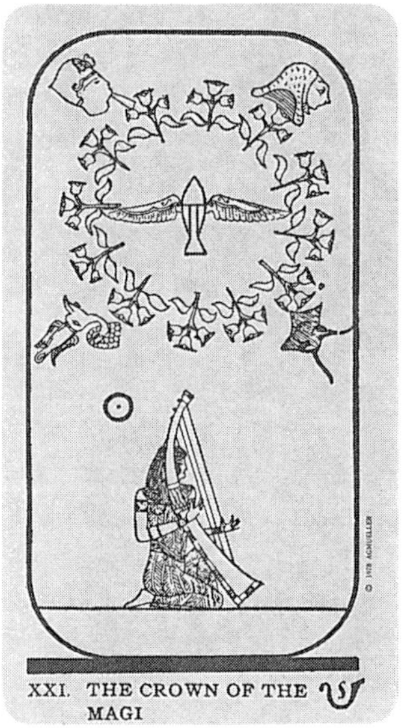
XXI. THE CROWN OF THE MAGI

XXI
DIE WELT

XXI
Die WELT

XXI
LE MONDE
THE WORLD

# Karte 21 (XXI): Das All

Der Name dieser Karte ist recht unterschiedlich. Am gebräuchlichsten ist der Name „Die Welt", *Le Monde* (französisch) oder *The World* (englisch). Der ägyptische Tarot benennt diese Karte mit dem Begriff: *The Crown of the Magi*, was soviel wie „Die Krone der Magie" bedeutet. Ein poetischer Begriff, der das Ende unserer Tarot-Reise sehr gut wiedergibt. Die Karte wird auch „Das All" genannt, was am besten zutreffend erscheint, weil der Begriff Welt heute im Sprachgebrauch oft zu eng gesehen wird.

Auf drei Karten erkennen wir den Stab sehr gut in den Händen der weiblichen Gestalt. Im ägyptischen Tarot ist es die Harfe, die uns die Sphären der Welt vermitteln möchte. Ins Swiss-Tarot scheint der Stab vielleicht bewußt nicht hineingemalt zu sein. Hier ist die Frau, welche die Welt darstellt, wohl der Stab selbst, denn dieser soll ja die Bindung von unten nach oben und umgekehrt zeigen. Die Frauen symbolisieren die Freuden der Welt, und alle Karten sind von den Ecken her mit drei Tierköpfen und einem Menschenbild geziert. Dieser vierte Kopf fehlt wiederum im Swiss-Tarot, hier nimmt auch die Frau in der Mitte diesen Platz ein.

Diese vier Bilder weisen auf die vier Evangelisten hin. Es handelt sich um den Stier, der für Lukas steht, um den Löwen, das Symbol von Markus. Der Adler versinnbildlicht Johannes und der Engel (oder der Menschenkopf) Matthäus. Fast in jeder katholischen Kirche kann man diese Symbolik finden. Sie weist auch auf die Astrologie hin, da es sich hier um die vier „festen" Zeichen handelt. Das sind diejenigen Tierkreisabschnitte, die in der Mitte jeder Jahreszeit stehen. Im Frühling ist dies der Abschnitt Stier, im Sommer der Abschnitt Löwe, im Herbst der Skorpion (der ja einst Adler und Schlange hieß), und im Winter der Abschnitt Wassermann, der immer mit einem Engel- oder Menschengesicht dargestellt wurde. So greift zum Schluß noch einmal alles zusammen: Astrologie, Religion und Tarot. Das All ist die Karte der Endstation, welche die Entwicklungsstufe symbolisiert, da man sich im Kosmos eingebunden fühlt. Erde, Pflanze, Tier, Mensch und Himmel haben in Ordnung zueinander gefunden.

Im alten ägyptischen Spiel hieß dieses Bild auch: „Gott alles", und im alchimistischen Sinn wurde diese Station als „Die Einordnung" benannt. Es handelt sich hier um die Welt der Erfüllung, um das Endresultat aller Anstrengungen. Es ist die stärkste aller Karten, die oft anderen Karten den Punkt auf das i setzt.

Die Zahl ist die 21, da nun die 2, die Hohenpriesterin vor dem Magier steht, der ja die Zahl 1 repräsentiert. Das Unbewußte hat wieder Vorrang, oder anders gesagt, wir sind wieder zur Ordnung des Matriarchats zurückgekehrt. Die 21 ist die Multiplikation der heiligen Zahlen 3 mal 7. Hier ist der Weg zu Ende; danach gibt es zwar noch unzählige Zahlen, aber keine heilige Zahl mehr. Drehen wir diese Zahl um, dann bekommen wir die Zahl 12, eine Tatsache, die wir schon bei der Besprechung dieser Karte berücksichtigt haben. Die Quersumme der 21 ist die 3, was uns zur Herrscherin zurückführt, die sich hier in die Figur der Welt gewandelt hat. Auch die Symbolik der Herrscherin hat also einen ungeheuren Wandel absolviert, denn aus der Beherrschung des Materiellen ist nun die Herrschaft über das All geworden.

Diese Gestalt wurde am Höhepunkt des Tarot zum ruhenden Pol. Hier haben eigentlich der Narr wie der Magier nichts mehr zu suchen, fall sie sich nicht mitgewandelt haben. Auf der Karte des ägyptischen Tarot sehen wir in der Mitte einen Horusfalken, der den Göttern von den Menschen künden wird. Er ist das Tier der Sonne, und der Kranz, in dem dieser Vogel schwebt, läßt den Tierkreis ahnen, der hier durch 12 Blüten stilisiert wurde. Auch die anderen Darstellungen der Welt- oder der Allfigur (bis auf die Karte des Ansata-Tarot) sind von Kränzen eingerahmt. Im Ansata-Tarot tut dies die Lorbeerschlange (ein symbolisches Phantasieprodukt). Die Schlange erhebt sich zu Ehren der Welt vom Boden.

Der Kranz soll darauf hinweisen, daß die Natur in der Ganzheit harmonisch eingebunden ist. Es geht hier also nicht mehr um das Schicksalsrad oder das Rad des Fortune, sondern dieser Kranz zeigt die Verbindung von Erde und Himmel. Er hat eine Ei-Form, was immer auf neues Leben hinweist.
Aber auch die Schlange trägt dieses Symbol in sich, denn das Häuten wird als Verjüngung empfunden, weil sich die Schlange verjüngt und erneuert wie der Mond. Daher ist sie ein Mondtier oder ein Symbol des Mondes. Im Ansata-Tarot erkennen wir das Symbol links unten, wo die Sonne durch die Hörner des Apisstieres wandelt, sie geht also durch beide Sicheln des Mondes, die sterbende wie die auferstandene. Alles ist eine Einheit.
So wirkt die Karte — gleichgültig von welchem Spiel — fast immer beruhigend. Fällt sie bei einer Frage als entscheidende Karte, braucht es meist keine Erklärung mehr, die Fragenden zeigen sich im Moment beruhigt; sie fassen wieder Vertrauen. Das Bild scheint Zuversicht zu geben.
Die Figur der Welt ist fast immer als Tänzerin dargestellt, nur im ägyptischen Tarot als Musikantin. Tanzen und Musizieren bedeutet Lebensfreude. Die Heiltherapie kennt das, denn gerade Kranke oder depressive Menschen werden zum Tanzen angeregt, damit sie sich — wenn auch nur in einer kleinen Welt — wieder eingliedern. Tanzen läßt Impulse aufkommen, Tanzen befreit.
Um diese Lebensfreude gruppieren sich die vier Symbole der Evangelisten. Über die Bedeutung dieser Religionsgestalten hinaus vertritt der Stier die Festigkeit, die Geduld, die Möglichkeit, diese Erde fruchtbar zu machen, denn der Stier war das erste Pflugtier. Er steht für beharrliche Substanz, für das Zusammenhalten.

Der Löwe ist das Symbol des Feuers, besonders des Feuers der Schöpfung. Aber er vertritt auch den Geist, den Stolz und die Autorität, die vorhanden sein muß, um das Feuer, das auch künstlich erzeugt werden kann, zu beherrschen. Wasser konnte man bisher nicht künstlich herstellen, auch nicht Erde oder Luft, wenigstens nicht in dem Maße, daß künstliche Erde, Wasser oder Luft die Welt so vernichten könnten wie das künstliche Feuer.
Das Wasser wird vom Adler vertreten, was Nicht-Astrologen verwundern mag, aber es ist schon erläutert worden, wieso dies so ist. Wasser steht für die emotionale Kraft, für die Seele, den Lebensborn, die Fruchtbarkeit und für die Kraft des Aufnehmens, des Aufsaugens.
Bleibt der Engel, der die Luft vertritt. Es ist hier der Intellekt gemeint, das Gedankliche, die Überlegungen, die Erfindungen der Schriften und die Sprache: Dinge also, die den Menschen in erster Linie vom Tier unterscheiden. Deswegen hat man hier auch das Symbol des Engels gewählt. Und diese vier — sie dürfen auf keiner echten Tarotkarte mit der Nummer 21 fehlen — umrahmen die Welt, das All, wobei so gut wie immer Adler und Mensch oben, also dem Himmel nah, dargestellt werden, während sich Löwe und Stier unten auf der Erde befinden. Daran sieht man, daß in dieser Darstellung der alten Tarotkarte nicht nur viel Weisheit, sondern auch eine sehr hoch einzuschätzende Logik enthalten ist.

Für den Betrachter geht es darum, daß er nun am Ende des Weges seine kleinere Welt für sich in Ordnung bringt, denn nur wenn Ordnung im Kleinen ist, kann im Großen diese Ordnung anzutreffen sein. Jeder kann hier wirklich ein Buch des Wissens vorfinden, das in der Karte 21 seinen Abschluß oder seine Krönung findet. Wie sehr die Ordnung, die Ganzheit eine Rolle spielt, geht aus der Tatsache hervor, daß die Figur der Welt, der Tänzerin, zwar oberflächlich als Frau dargestellt ist, daß sich aber in dieser Gestalt auch ein gemischtes Wesen verbirgt, wie es uns die kräftigen, muskulösen Beine mitteilen. Auch die Schleier sind symbolisch männliche Geschlechtsorgane. Im Ansata-Tarot züngelt die Schlange.
Wir haben hier also den Androgyn vor uns, das Wesen, das in sich das Weibliche wie das Männliche trägt. Er wurde stets auch als Symbol des Ausgleichs der Gegensätze angese-

hen, weil er beide Polaritäten in sich vereint. Der Androgyn kann auch anders dargestellt werden, überwiegend männlich mit weiblichem Einschlag, aber nicht im Tarot, zumal diese Karte 21 ja mit der Hohenpriesterin verbunden ist. Hier spiegelt sich die uralte Überzeugung wider, daß doch das Weibliche durch das Gebären, das den Tod überwindet, das letztlich Führende ist.

Es ist die Karte der Mittsuche. Hier sollten wir uns selbst gefunden haben. Wer die Mitte in sich hat, gewinnt ein völlig neues Verhältnis zum Leben und zu seiner Umwelt. Im Menschen lebt das Universum, wenn auch im kleinsten Maßstab. Er stellt den Mikrokosmos dar, der dem Makrokosmos entsprechen sollte.

Der königliche Weg will uns zu diesem Endergebnis führen. Ein Weg, der früher nur als Weg der Eingeweihten galt. Es waren von einer Priesterkaste oder anderen Institutionen Auserwählte, die für diesen Weg ausgebildet wurden. Je stärker und persönlicher sich der Mensch als Individuum entwickelt, um so intensiver ist sein Bemühen um die Einordnung in das All. Gerade in einer Zeit, da das Technisch/Materielle alles total zu überspielen scheint, wehrt sich der Mensch, indem er für sich alte Wege der Erkenntnis sucht, um sich in eine Ordnung einzugliedern.

Die Frau des Alls dieser Karte wurde in älteren Spielen auch als „Astrologia" dargestellt, um zu zeigen, daß im Mittelpunkt jedes Zieles, jeder Anvisierung, jeder Entwicklung der kosmische Reigen zu stehen hat. Der ellipsenförmige Kranz spiegelt das wider, weil ja die Planeten die Sonne auf einer Ellipsenbahn umkreisen.

Während der ganzen Reise durch die Welt der großen Arcanen ging es nie um andere — sondern immer um uns selbst. Etwas Merkwürdiges ist geschehen: Man hat nicht die Umwelt verändert, sondern sich in der Umwelt. Damit ist eine innere Freiheit errungen, die einen zum Himmel schauen läßt.

| | |
|---|---|
| Allgemein: | Ruhe, Ausstrahlung; sich in die allgemeine und höhere Ordnung eingebunden fühlen. |
| Liebe: | Sicherheit gebend und erwartend, wobei das Geben an erster Stelle steht. |
| Beruf: | Erfolg; seine Grenzen erkennen und ausfüllen. |
| Gesundheit: | gut; sich bei Krankheiten in guten Händen wissend; voller Vertrauen an der Heilung von innen mitarbeitend. |
| Vermögen: | weniger wichtig, Befreiung vom Geiz oder von Verschwendung; Geld relativ sehen. |
| Freundschaften: | Geborgenheit geben und empfangen. |
| Gedanken: | sicheres Denken; voller Optimismus. |
| Gefahren: | sich zu sehr von den Menschen um sich herum entfernen, sich zu sehr auf „Es wird schon alles werden" verlassen; auf die anderen von höherer Warte herabsehen. |
| Entwicklungsstufe: | die eigene Mitte angestrebt und gefunden. |

Sehen wir uns am Ende noch einmal den Narren an! Die Karte Null ist nun also die Karte 22, also als die Karte danach. Sicher wird jetzt der Narr doch anders betrachtet werden. Er ist zu seiner Mitte gelangt, glaubt dem Himmel näher zu sein, als es vielleicht einem Menschen erlaubt sein mag. Und ehe er sich's versieht, ist er wieder in Gefahr, abzustürzen oder vom Höllentier, dem Krokodil, gefressen zu werden. Es beginnt der schwerste Moment eines Lebens, nämlich neu anzufangen, nachdem man meinte, nun habe ich es geschafft! Dieser ewige Kreislauf bringt viele zur Verzweiflung! Ist die Grundschule geschafft, muß weitergelernt werden. Ist die Schule aus, folgt die Lehre, das Studium. Das geht so weiter bis zur Rente oder Pension, wo wir lernen müssen, nun für das Alter Inhalte zu finden. So muß auch unser Narr, nachdem er einen Lehrabschnitt geschafft, wieder wie von vorn beginnen, denn um einen echten Neuanfang handelt es sich ja nicht. Das wird klar, wenn wir den Narren jetzt mit anderen Augen betrachten.

Zudem kennen wir nun schon die Spielregeln des Tarot. Außerhalb der Hauptkarten der großen Arcana gliedern sich die 21 Karten in drei Wege zu je 7 Karten und weiter in drei andere Wege: Davon ist der erste Weg 10 Karten lang, dann kommt die Mitte, die Karte 11, und schließlich der zweite Weg von Karte 12 bis 21. Die einziffrigen Karten sind in erster Linie die Karten des Narren, die zweiziffrigen Karten von 10 bis 19 die des Magiers, und die Karten 20 und 21 die Karten der Hohenpriesterin. Wenn wir nun den Sinn der Karten und den der Haupteinteilungen kennen, wird uns die Praxis des Tarot kaum mehr schwerfallen, obgleich auch hier wieder Übung den Meister macht. Die folgenden Beispiele aus der Praxis werden helfen, den Umgang, das Legen und das Ausdeuten mit den Tarot-Karten zu erleichtern, zumal Kartenlegen Spaß macht und immer spannend ist!

III. TEIL

# Die Praxis des Tarot

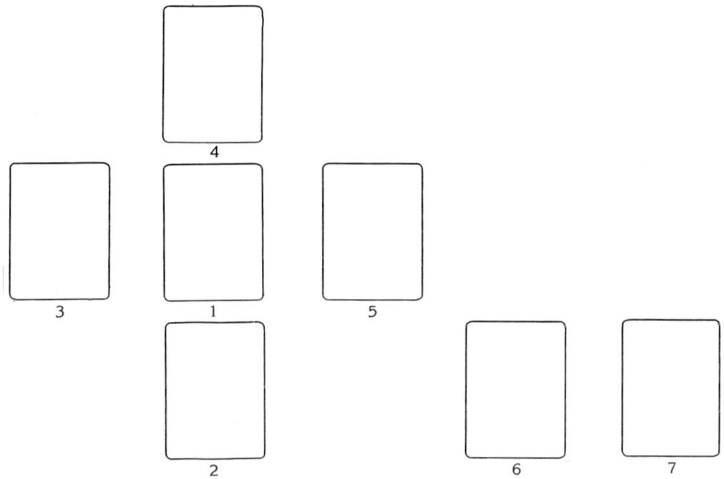


## Das Orakel*

Das Orakel zu legen ist gar nicht so einfach, wie es zunächst aussieht. Man beginnt damit, daß alle Karten offen (auch durcheinander) ausgelegt werden. Der Ratsuchende nennt die Frage, die auch vom Orakel abgelehnt werden kann, wenn sie zu banal ist oder aus anderen Gründen nicht beantwortet werden kann (beispielsweise Fragen nach dem Tod). Zu dieser Frage wählt der Ratsuchende eine passende Bildkarte, die er herauslegt. Danach nimmt er die Karten einzeln auf, mit dem Bild nach oben, mischt sie verdeckt, und legt sie mit dem Rücken nach oben aus. Nun wählt er 6 Karten aus, die übrigen 14 werden beiseitegelegt. Die offene Karte wird in die Mitte des Tisches gelegt, es ist für uns die Karte 1. Danach werden die Karten wie folgt verdeckt gelegt: Karte 2 unter die Karte 1. Karte 3 vom Betrachter aus links neben die Karte 1. Karte 4 über die Karte 1 und Karte 5 rechts von der Karte 1. Die restlichen beiden Karten sind das Orakel, sie werden rechts unten verdeckt hingelegt.

Die Karte 2 erläutert nun die Frage genauer. Karte 3 sagt etwas über die Vergangenheit aus, auf der das Problem der Fragestellung beruht. Karte 4 spiegelt die Gegenwart wider, und Karte 5 zeigt die Zukunft. Nun kann es durchaus sein, daß damit schon die Frage beantwortet ist, dann werden die Orakelkarten nicht aufgedeckt, auch nicht spaßeshalber. Ist der Ratsuchende aber mit der letzten Antwort (das ist bis jetzt die Karte 5, die Karte der Zukunft) nicht zufrieden, wählt er eine der Orakelkarten. Diese Karte wird aufgedeckt und in die Ausgangs- oder Zukunftsbetrachtung einbezogen. Nur wenn der Ratsuchende immer noch nicht zufrieden ist, wovor oft gewarnt werden muß, weil meist zuviel Gutes gehört werden will, deckt er die letzte Orakelkarte auf.
Diese gibt stets die entscheidende Antwort. Aber was vorher gut war, kann nun weniger gut aussehen — oder umgekehrt.

* Arabische Zahlen unter den Kästchen beziehen sich auf die Reihenfolge des Legens.

11
DIE KRAFT

4

0
DER NARR

3

19
DIE SONNE

1

10
DAS FORTUNE

5

12
DER GEHÄNGTE

2

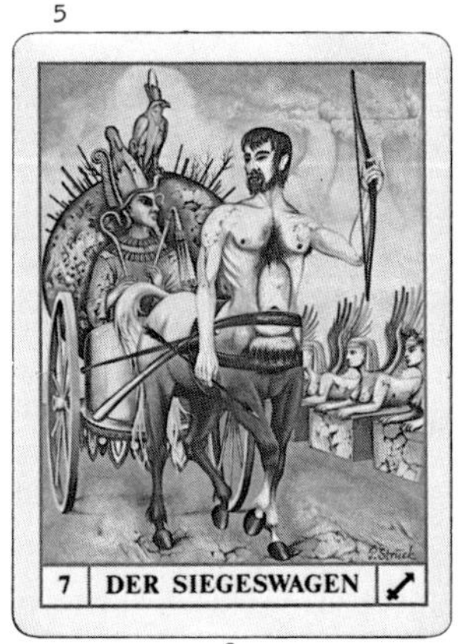
7
DER SIEGESWAGEN

6

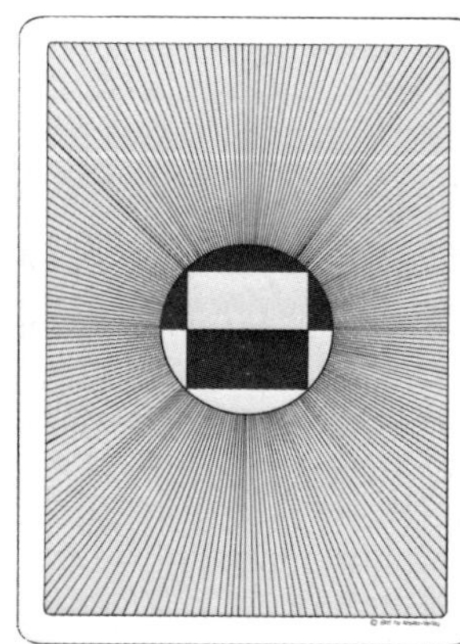

7

## I. Orakellegung: Die Frage nach der Heirat

Die Frau war Ende 30 und sah blendend aus. Bei ihrer Tätigkeit innerhalb der Werbebranche hatte sie einen Kaufmann kennen- und liebengelernt, der verheiratet war. Da er immer über seine unglückliche Ehe klagte, drängte sie auf Scheidung und anschließende Heirat. Der Mann war einverstanden, aber die Scheidung wurde aus den vielfältigsten Gründen immer wieder verschoben, stets gab es einen Grund, die Ehefrau zu schonen oder aus anderen Anlässen noch zu warten.
Mit diesem Problem suchte die Frau über die Karten eine Antwort auf die Frage: Würde sich ihr Freund überhaupt je scheiden lassen, solle sie warten, lohne sich die Bindung? Aus den offenen Karten wählte sie zunächst die Karte, die die Frage am besten symbolisierte. Da es ihr um eine Gemeinsamkeit ging, wurde die Karte „Die Sonne" ausgesucht.

*Beim Orakelspiel ist es stets gut, mit verdeckten Karten zu arbeiten, da Menschen, die ein gutes Gedächtnis haben, sich durchaus merken könnten, welche Karten sich im Orakel befinden, was besonders bei der letzten Orakelkarte so ungemein wichtig wäre.*

Die Fragerin legte also die offenen Karten zusammen, mischte sie dann, legte sie anschließend mit dem Rücken nach oben auf und wählte sich sechs Karten aus, die aufgelegt wurden. Die zuerst aufgedeckte Karte 2, die unter die Sonne fiel, war „Der Gehängte": Die junge Dame mußte sich wohl klarwerden, daß sich mit der Scheidung und der eigenen anschließenden Verheiratung ihr Leben auf den Kopf stellen würde. Die nächste aufgedeckte Karte 3, „Der Narr", links von der Sonne, besagte dann, daß sie in der Vergangenheit frei und unbeschwert leben konnte, für die Gestaltung ihres Privatlebens also Narrenfreiheit besaß. Die Karte 4, „Die Kraft", die ja die Gegenwart verdeutlicht, zeigt, daß die Frau schon den Mann beherrscht und wohl auch beherrschen will, aus der Überzeugung heraus, daß sie beide so etwas aus ihrer Gegenwart machen könnten. Das alles sah rosig aus. Aber als Karte für die Zukunft lag das Blatt „Fortune". Also was man (sie) sich selber erkämpfen muß, die Karte der Mühe und der Anstrengung. Die Zukunft würde also schwer werden. Die Fragerin erkannte dies, wußte aber nicht: Wird es schwer mit ihm oder wenn ich allein bleibe?
Ihre direkte Frage lautete: „Wird er sich scheiden lassen?" Die Antwort: „Ja, nach vielen Schwierigkeiten, die immer wieder Einsatz und Belastung nach sich ziehen." So sah die Zukunft im Gegensatz zur Vergangenheit und Gegenwart dunkel aus.
Sie befragte das Orakel und wählte als erste die verdeckte Karte 6, den „Siegeswagen". Das wurde so ausgelegt: Anstrengung lohnt sich, am Ende steht ein Sieg, dem aber ein Sieg über sich selbst vorhergehen sollte, denn die Ratsuchende müßte sich zurückhalten, um nicht die Schuld für Scheidung und eventuelle Folgen auf sich allein nehmen zu müssen. Damit hatte das Orakel eigentlich gesprochen. Das Aufdecken der letzten Karte hätte ja alles in Zweifel ziehen können, so verzichtete die Frau auch darauf. (Sie hätte sie aufdecken können, es war die Karte des „Magiers", also eine zusätzliche positive Antwort.) Allein durch den Verzicht, diese Karte zu befragen, arbeitete die Ratsuchende bereits an sich, da sie sich selbst am Zügel nehmen wollte.
Sie wußte nun, daß auch sie ihre Freiheit aufgeben mußte — wie der Mann seine Bindung lösen —, und sie begriff, daß dies alles einschließlich der anschließenden Verheiratung kein Zuckerschlecken sein würde, denn viel harter Einsatz zur Überwindung aller Probleme stände ins Haus, um das eigene Fortune zu erringen. Danach erst könnte man von einem Sieg sprechen. Bei den Gesprächen war ihr klargeworden, daß es auch sehr auf sie ankäme, sollte es zu einer guten Bindung kommen. Dies würde nicht allein an ihrem Freund und zukünftigen Ehemann liegen.

8
DIE GERECHTIGKEIT

4

6
DIE ENTSCHEIDUNG

3

3
DIE HERRSCHERIN

1

17
DER STERN

5

20
DIE AUFERSTEHUNG

2

2
DIE HOHEPRIESTERIN

6

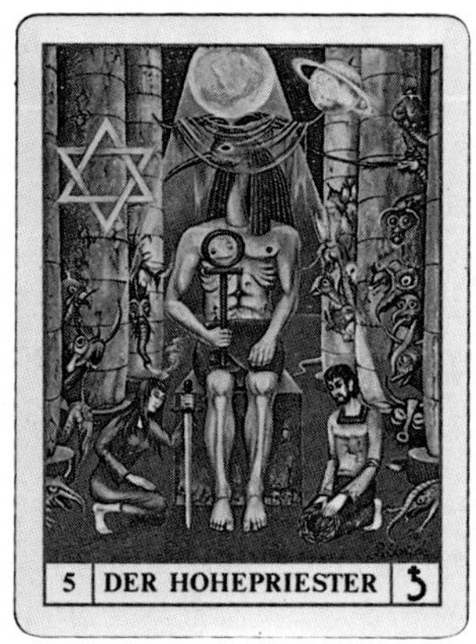
5
DER HOHEPRIESTER

7

## II. Orakellegung: Die Frage nach der Unabhängigkeit von der Mutter

46 Jahre war der erfolgreiche Kaufmann N., der die Karten befragen wollte. Sein Problem: Die über 70jährige Mutter läßt sich nicht aus dem Geschäft verdrängen. Sie beherrscht die Kasse; und obwohl sie Fehler bei der Eingabe der Preise macht, sie gibt ihre Machtstellung nicht auf. Ihre Starrsinnigkeit verschreckt bereits Kunden, und viele gute Angestellte verlassen den Betrieb. Was tun?

Als Fragekarte wählt der Kaufmann die Karte „Die Herrscherin". Dann legt er die Karten offen zusammen, mischt sie verdeckt und legt sie mit dem Rücken nach oben aus. Die sechs gezogenen Karten werden noch einmal gemischt und dann in der bekannten Reihenfolge verdeckt ausgelegt.

Unter der Herrscherin liegt die Karte „Die Auferstehung". Dies zeigt an, daß die Mutter mit wahrster Hingabe am Geschäft hängt, ja daß das Geschäft ihr „Heiligtum" ist. Dem Kaufmann wird allmählich klar, daß sich die gesamte Lage mit dieser Bewußtseinserkenntnis verschärft hat.

Die Karte für die Vergangenheit zeigt „Die Entscheidung". Die hier gestellte Frage ist also längst überfällig, schon lange nagten Zweifel an ihm, was der Geschäftsführung sicher nicht guttat. Die Karte der Gegenwart, „Die Gerechtigkeit", weist darauf hin, daß es im Moment um eine — auch sehr innerliche — Gerechtigkeit geht, was das Problem noch differenzierter macht.

Die Karte der Zukunft ist die der Liebe „Der Stern". Der Kaufmann, selbst unverheiratet, muß dies auf seine Mutter beziehen und meint nach einiger Überlegung: „Die Liebe der Mutter werde ich sicher nie verlieren! Aber löst dies mein augenblickliches Problem, da ich mich im Geschäft nicht entwickeln kann? Und ich muß das Geschäft umstellen, sonst überholt mich die Konkurrenz! Aber gegen eine Umstellung wehrt sich die Mutter mit aller Sturheit. Ihr Argument: „Klein und solide ist besser als das Große, das auf Krediten wackelig aufgebaut wurde."

Dann deckt der Kaufmann die siebte Karte als erste Orakelkarte auf. Sie zeigt den „Hohenpriester". Er identifiziert sich sofort mit dem knienden Mann, und meint: „Es muß also alles beim alten bleiben, ich habe der Reife, der Erfahrung Respekt zu erweisen. Ich muß meiner Mutter für alles dankbar sein, also soll sie im Geschäft bleiben."

Er will den Raum schon verlassen, als er meint, eine Antwort hätte er ja noch gut. Das Gegenargument des Beraters, der Aufbau sei doch bis jetzt eindeutig, warum dies nicht akzeptieren, wischt er mit den Worten weg: „Aber ich habe ja nichts mehr zu verlieren!" Er deckt die letzte Karte auf: „Die Hohepriesterin". Damit wird dem Mann klar, daß alles beim alten bleiben muß. Er akzeptiert nun die Mutter als den guten Geist des Hauses. Ja, er bekennt, daß er sicher auch nicht die Kraft gehabt hätte, seine Mutter vor die Tür zu setzen. Im Grunde sei er wohl ein Muttersöhnchen gewesen, denn er habe nicht einmal eine Heirat gegen den Willen seiner Mutter durchgesetzt, weil diese jede seiner Freundinnen mit der Drohung abgelehnt hatte: „Dann enterbe ich dich!"

Dem Kaufmann war seine Stärke — die Mutterliebe und Anhänglichkeit — klar geworden, aber auch seine Schwäche. Zudem die Angst, mit der Mutter könnte ja der gute Geist aus dem Geschäft verschwinden, er hätte dann viele Prüfungen durchzumachen. Damit waren die Zweifel der Vergangenheit besiegt, und er sah allmählich die Mutter im Geschäft mit anderen Augen an.

Die Mutter muß die Veränderung gespürt haben, daß er seine Entscheidungen mehr in ihrem Sinn traf, und so zog sie sich langsam — in kleinsten Schritten — aus dem Geschäft zurück. Der Kaufmann gewann mehr Selbstsicherheit, orientierte sich aber in Gesprächen oder im Geist immer an der Meinung seiner Mutter. Von diesem Zeitpunkt an ging es mit dem Geschäft aufwärts.

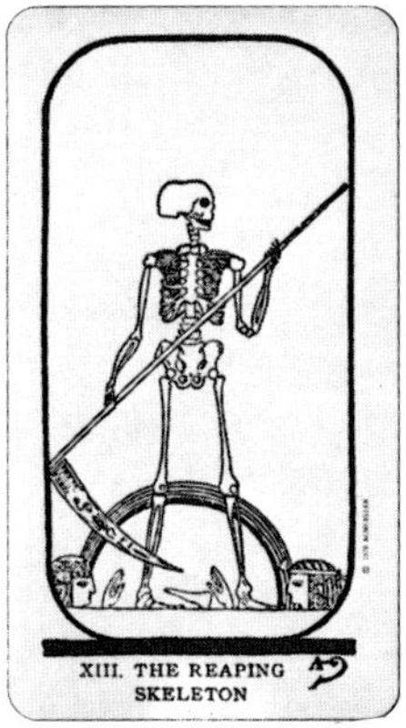
XIII. THE REAPING SKELETON
4

X. THE SPHINX
3

VIII. THE BALANCE AND THE SWORD
1

IV. THE CUBIC STONE
5

XIV. THE TWO URNS
2

II. THE GATE OF THE SANC-TUARY
6

VII. THE CHARIOT OF OSIRIS
7

## III. Orakellegung: Die Frage nach dem Prozeß

Sie war Anfang fünfzig und hatte als Chefsekretärin großen Erfolg. Dann kam der Junior auf den Chefsessel und brachte sich seine eigene „rechte Hand" mit. Er bot ihr einen Ersatzposten an, den sie aber ablehnte. Daraufhin versetzte er sie einfach in die Verwaltung, wo sie nun im Hintergrund, wenn auch bei gleichem Gehalt, ihre Arbeit tat. Ein Kollege riet ihr, doch einen Prozeß zu wagen, denn man könne sie nicht einfach ohne einen triftigen Grund abschieben. Der Gedanke, den Junior zu verklagen, verfolgte die Sekretärin nun Tag und Nacht. Da sie keine Entscheidung fällen konnte, wollte sie sich mit Hilfe der Karten zu einer Handlung durchringen. Sie wählte sich aus dem ägyptischen Tarot die Gerechtigkeit als Fragekarte aus.

*Wir behalten bei allen Spielen die Namen der Kartenüberschriften bei, die wir zu Beginn ausgewählt haben.*

Die anderen Karten wurden aufgenommen, gemischt, sechs Karten gewählt, gemischt und ausgelegt.

Als Ergänzung zur Fragekarte „Gerechtigkeit" finden wir das „Maß". In dem Moment war der Sekretärin bereits klar, daß sie nicht aufs Ganze gehen durfte, daß sie also keine maßlosen Forderungen anmelden sollte. Die Karte der Vergangenheit, die links von der Fragekarte liegt, war „Fortune" oder „Die Sphinx". Die Fragende erkannte darin, daß ihre Arbeit als „rechte Hand" auch nicht so leicht gewesen war, ja daß sie sich oft innerlich eine Entlastung gewünscht hatte. Sie erinnerte sich daran, daß der Junior gesagt hatte: „Ich weiß ja, in Ihrem Alter wird Ihnen dies hier alles etwas viel ...", daß sie ferner nur auf das Wort: „in Ihrem Alter" gehört hatte und empört darüber war.

Die Karte der Gegenwart aber war die Karte des Todes. Natürlich nicht sie, etwas in ihr mußte sterben, wenn die künftige Arbeit einen Sinn haben sollte! War es nun ihr Stolz oder ihre alte Position? Als Karte der Zukunft jedoch war „Der Herrscher" gelegt worden, die Karte des Jupiter. Damit war die Frau eigentlich überzeugt, daß sie vor dem Gericht recht bekäme, denn der Jupiter stellt zugleich den Richter dar. Aber sie wußte auch, daß sie ihre Forderungen nicht zu hoch schrauben durfte, daß ferner eine Arbeit an der alten Stelle, also mit dem jungen Chef, nicht in Frage kam, denn da lag ja die Karte des Todes. Eigentlich war sie nun entschlossen, den Prozeß zu wagen, ohne das Orakel weiter zu befragen.

Aber aus Neugier nahm sie die sechste Karte auf. Es war die Karte der Seele, „Die Hohenpriesterin", die Karte des Unterbewußtseins. Sie fand allein die Antwort: „Ich muß alles überschlafen, und mich befragen, wie wichtig mir die ganze Angelegenheit ist." Aber nun wollte sie es wissen. Die letzte Orakelkarte war die des „Siegeswagens". Das bestätigte sie zusätzlich, zu kämpfen — wenn auch unter den erkannten Vorbehalten.

Wohl präpariert ging sie eine Woche später zum Chef. Sie unterbreitete ihm ihre Forderungen, was den Chef zunächst irrsinnig aufregte. Die Frau blieb kühl, der Zorn war ja in ihr gestorben, es ging um ihren Stolz, und sie drohte, das Arbeitsgericht anzurufen.

Schließlich lenkte der Chef ein. Er bat sie, sich eine andere Stellung in seinem Betrieb auszusuchen. Wenn es möglich wäre, sollte sie dann dort arbeiten. So einigte man sich schließlich, ohne das Gericht zu bemühen.

Beim Orakel sind also nicht nur die Orakelkarten so wichtig, sondern alle! Die Fragenden sollten auf jede Karte reagieren, spätestens dann, wenn der Beratende ihnen den Sinn der jeweiligen Karte unterbreitet hat. Dann schauen die Ratsuchenden in sich hinein und denken bereits im Sinn des Orakels. Auf diese Weise kann das Spiel — so einfach es scheint — sehr viel zur Selbst- und zur Entscheidungsfindung beitragen.

IIII
L'EMPEREUR
THE EMPEROR
4

VIII
LA JUSTICE
JUSTICE
3

VI
L'AMOUREUX
THE LOVER
1

VIIII
L'HERMITE
THE HERMIT
5

X
LA ROUE DE FORTUNE
THE WHEEL OF FORTUNE
2

III
L'IMPÉRATRICE
THE EMPRESS
6

XVI
LA MAISON DIEU
THE TOWER OF DESTRUCTION
7

## IV. Orakellegung: Die Frage nach der Selbständigkeit

Eine Dame Mitte Dreißig kommt, um sich die Karten legen zu lassen. Sie ist arbeitslos, verheiratet und möchte sich selbständig machen. Ihrem Mann fehlt der Mut, aber sie meint, sie könne es schaffen. Doch die Zweifel ihres Mannes lähmen sie, so daß sie einfach einmal aus einer anderen Ecke einen Rat hören möchte. Wir benutzen diesmal den Marseilles-Tarot.
Sie wählt die Karte, die den Zweifel an der richtigen Entscheidung symbolisiert, eine Karte, die häufig gewählt wird („L'amoureux" oder „The Lover"). Die Karten werden von ihr gemischt, sechs Karten herausgenommen, diese wieder etwas durcheinandergewirbelt und dann ausgelegt. Ihr gefällt die Unterschrift „The Lover", weil es ja auch um ihre Ehe geht. Dann wird die unterste Karte aufgedeckt. Es ist die Karte „Fortune". Der Fragenden ist durchaus klar, was auf dem Spiel steht, daß die Aufgabe, sich selbständig zu machen, mit großen Mühen verbunden ist. Sie meint: „Davor schreckt mein Mann wohl zurück", und vollendet schnell: „oder er traut es mir nicht zu!"
Die Karte der Vergangenheit ist die Gerechtigkeit, „La Justice". Sie überlegt: „Das stimmt! Bis jetzt trafen wir stets beide gemeinsam eine Entscheidung". Dann deckt sie die oberste Karte auf, die die Gegenwart verdeutlichen soll. Es ist „Der Herrscher". Das heißt, der Mann dominiert. Sie muß also gegen seinen Willen handeln, will sie das Geschäft eröffnen. Es fragt sich, ob sie den Mut hat, die Zukunft in die Hand zu nehmen.

*Wir müssen in der Praxis eine Karte nach der anderen aufdecken, wir können dies aus Platzgründen nicht so zeigen, aber die Schlußfolgerungen werden dadurch sehr logisch.*

Die Karte der Zukunft („Eremit") weist auf ein Insichgehen, aber auch auf eine Einsamkeit hin. Der mutigen Dame wird klar, daß sie die Verantwortung allein tragen muß, weiß jetzt aber nicht, ob dies der Ehe gut bekommt. Hier müssen also eine oder beide Orakelkarten gezogen werden. Das dauert lange, woran der Kartenleger erkennt, daß die Fragende nicht nur von einer Scheu erfaßt ist, sondern voller Angst steckt. Er sagt: „Wir können auch aufhören, und Sie kommen in drei Monaten einmal wieder." Aber sie schüttelt den Kopf und wählt die letztgelegte Karte, also die siebte.
Es ist die Karte „Der Turm". Der Blitz vom Himmel schlägt ein. Zunächst ist die Dame sehr verwirrt, aber sie erkennt, daß jetzt gehandelt werden muß, daß die scheinbare Gemütlichkeit, das Dahinleben nicht das Richtige sein kann. Sie muß aus dem Trott der Gewohnheit heraus, muß auch ihren Mann aus seinem Routineleben befreien. Spontan, ehe der Kartenleger eingreifen konnte, deckt sie die letzte Orakelkarte auf. Es ist „Die Herrscherin". Nun ist sich die Ratsuchende sicher. Sie wird handeln! Der Kartenleger meint vorsichtig: „Sie sollten sich ihrem Mann gegenüber nicht als Chefin aufspielen, denn dies könnte diese Karte auch besagen. Also geben Sie acht!"
Frohgemut verläßt unsere Dame das Haus. Sie will es schaffen. Schwungvoll, nun innerlich gestärkt, brauchte sie nicht viel Mühe, ihren Mann mitzureißen. Auch er packte an, und beide eröffneten einen Naturladen. Das Geld war zunächst knapp, das Angebot sehr mäßig, aber bald konnten sie das Geschäft ausbauen. Sie richteten ein Spielzimmer ein, die Kleinen konnten dort bleiben, solange die Mütter einkauften. Hieraus entwickelte sich bald ein Treffpunkt in der kleinen Stadt.
Der Mann fühlte sich nicht unterdrückt! Er brauchte scheinbar jemanden, dem er folgen konnte, ja er schien froh, keine Verantwortung tragen zu müssen.

# Das Keltische Kreuz

Das Keltische Kreuz ist eines der ältesten und traditionellsten Spiele des Tarot. Es wird in vielen Variationen gelegt. Wir stellen die „große“ Variation vor. Im Grunde handelt es sich beim Keltischen Kreuz um ein erweitertes Orakel. Der Unterschied ist jedoch, daß der Ratsuchende hier *nicht* entscheiden kann, welche Karte er als erste aufdecken will, beziehungsweise ob er überhaupt beide Orakelkarten (oder nur eine) gebrauchen möchte.

*Wir benötigen hier 11 Karten, also die Hälfte der großen Arcana. Daher werden diese Karten offen ausgelegt, vor allem, wenn der Besucher sie nicht kennt! Sind die Bedeutungen dem Fragenden vertraut, werden 11 verdeckte Karten gewählt.*

Aus den 22 Karten wählt also der Ratsuchende praktisch jede zweite Karte aus, aber ganz nach seiner Wahl. Dann werden sie vom Berater gemischt — in der Fachsprache heißt dies *neutralisiert*, ehe sie vor dem Legen noch einmal vom Ratsuchenden durchgemischt werden. Anschließend werden die Karten mit dem Rücken nach oben in der angegebenen Reihenfolge gelegt.
Die Karte 1 wird quer gelegt. Sie steht für die allgemeine Lage, in der sich die Ratsuchenden zur Zeit befinden. Diese Karte wird also *nicht* — im Gegensatz zum Orakel — vorher ausgesucht! Die Karte 2 wird nun gerade etwas über die quergelegte Karte 1 gelegt. Sie gibt uns eine Erläuterung zur allgemeinen Lage, sie differenziert die momentane Situation. Anschließend wird — genau wie beim Orakel — die Karte 3 ausgelegt. Aber sie erläutert nun nicht mehr (wie beim Orakel) die Lage oder Frage, sondern zeigt uns, was die Ratsuchenden zu verdrängen suchen. Es ist im Grunde genommen die Schuldkarte, an die man sich ja stets höchst ungern erinnert.
Karte 4 spiegelt (wie beim Orakel) die Vergangenheit, die Karte 5 die Gegenwart wider. Die Karte 6 zeigt die nahe Aufgabe an, das heißt die künftige Pflicht. Sie beinhaltet oft das Problem, das die Ratsuchenden zum Kartenleger führt!
Dies alles ähnelt noch dem Orakelspiel, das sich ja aus dem Keltischen Kreuz entwickelt hat. Nun aber werden von unten nach oben vier Karten ausgelegt, dabei sollten wir darauf achten, daß zwischen der Karte 6 und der Karte 11 ein kleiner Zwischenraum bleibt, damit die Verbindung zwischen beiden Karten nicht gestört werden kann. Die Karten 7 und 8 zeigen den Ratsuchenden, was sie überwinden müssen, oder wovon sie sich lösen sollten. Hier liegen die Gefahren, die sie hindern, sich weiter zu entwickeln. Die Karten 9 und 10 zeigen dagegen, was zu fördern ist: Die künftigen Aufgaben, auch die Talente oder Ausrichtungen, die unbedingt zu trainieren und zu stärken sind. All das führt zur Zielkarte, der Karte 11, die im Grunde genommen das letzte Wort hat.

Dieses Spiel ist sehr spannend, und es besteht ein gewisses Wagnis darin, es zu legen, weil oft die letzte Karte das entscheidende Bild ist. Daher sollte diese Legeart auch nur angewandt werden, wenn es sich um Menschen handelt, die innerlich gereift sind und die Karte Tod nicht als reales Ende ansehen! Hier ist vor allem darauf zu achten, ob die Ratsuchenden innerlich ängstlich sind! Daher ist die Frage selbst sehr wichtig. Es kann sich beispielsweise bei einer unglücklichen Liebe durchaus darum handeln, daß diese Liebe stirbt, weil der Liebende unter der Bindung viel zu sehr zu leiden hätte. Dies gilt auch für andere Gebiete. Etwa für Einstellung eines Prozesses oder für die Aufgabe einer Stelle, das Lassen von einem Anliegen, das Ende einer Gefährdung (Trinken, Rauchen usw.).

Wichtig ist noch, daß eine Karte nach der anderen aufgedeckt wird, daß dazu bereits von den Ratsuchenden im Dialog mit den Kartenlegern etwas geäußert wird, weil dies an das Problem bereits heranführt. Auch sollte es dem Ratsuchenden stets freigestellt sein, bei einer gewissen Karte das Spiel abzubrechen, wenn er meint, die Antwort sei genügend. Dann werden die Karten sofort zugedeckt, zusammengelegt und gemischt.

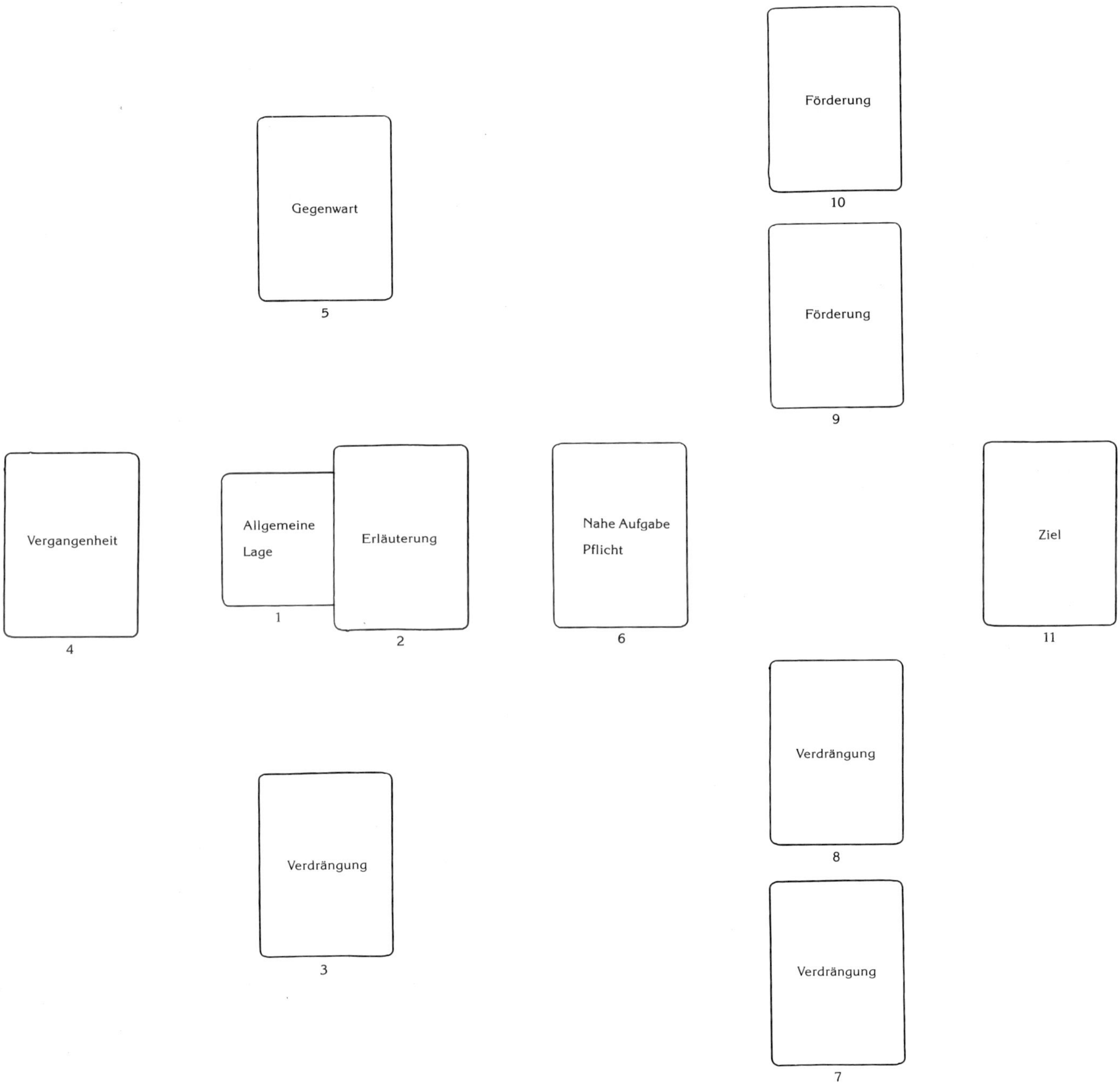
Förderung
10
Gegenwart
5
Förderung
9
Vergangenheit
4
Allgemeine Lage
1
Erläuterung
2
Nahe Aufgabe Pflicht
6
Ziel
11
Verdrängung
8
Verdrängung
3
Verdrängung
7

4 DER HERRSCHER
10
8 DIE GERECHTIGKEIT
5
1 DER MAGIER
9
17 DER STERN
4
21 DAS ALL
1
12 DER GEHÄNGTE
2
2 DIE HOHEPRIESTERIN
6
15 DER TEUFEL
11
10 DAS FORTUNE
8
7 DER SIEGESWAGEN
3
14 DAS MASS
7

## Keltisches Kreuz I: Zweifel an der jungen Freundin

Zum Kartenleger kommt ein reicher Mann, der als Erbe ein gutgehendes Geschäft besitzt. Außerdem gehören ihm einige Mietshäuser und andere Werte, wie Aktien und Bundesobligationen. Die Ehe ist weder schlecht noch gut, weniger aufregend, als sie einst war, was den Mann aber gleichgültig läßt. Da lernt er ein junges, hübsches Mädchen kennen, das ihn — nach seinen Worten — verführt hat und auf Scheidung und neue Heirat drängt. Der Mann wird von Freunden gewarnt, daß es dieses junge Mädchen nur auf sein Geld abgesehen hätte, es wäre dafür in einschlägigen Kreisen bekannt. Dies alles verunsichert den Frager, er kommt zum ersten Mal zum Kartenleger, um sich über die Karten ein Bild von sich selbst zu machen, da er — wie er sagt — kaum mehr klar denken und schon gar nicht entscheiden kann.

Er wählt aus den 22 *aufgedeckten* Karten 11 aus, die der Kartenleger neutralisiert, dann werden diese Karten vom Ratsuchenden gemischt. Eine Karte nach der anderen wird nun verdeckt aufgelegt. Als Karte 1 fällt das Blatt „Das All". Das besagt, die Lage des jungen Mannes ist allgemein gesehen in Ordnung. Er könnte zufrieden sein. Als Karte 2 jedoch erkennen wir den „Gehängten", und der Fragende bestätigt, daß seine Ordnung zur Zeit auf den Kopf gestellt wird. Die Karte 3 ist „Der Siegeswagen". Da muß ein wenig nachgehakt werden. Der Ratsuchende sollte wohl seinen Wunsch verdrängen, den Sieger zu spielen, das heißt auch den Glauben, eine junge Bindung würde ihn mitverjüngen. Karte 4 ist „Der Stern", die Liebe. Der Mann bestätigt sehr betroffen, daß in der Vergangenheit durchaus eine große Liebe bestanden hatte. Karte 5 zeigt die Gegenwart. Da liegt das Blatt der „Gerechtigkeit". Das heißt, der Ratsuchende muß gut und klug abwägen. Aber er ist noch zu keiner Entscheidung gekommen. Als Aufgabe und Pflicht liegt „Die Hohepriesterin", in unserem Fall also das Gewissen, das Unterbewußtsein. Diese Karte symbolisiert, daß der Kaufmann sich in naher Zukunft nicht über die Gesetze hinwegsetzen darf. Spontan und fast erleichtert ruft er: „Also muß ich die Entscheidung noch aufschieben!"

Ohne Antwort hebt der Kartenleger die Karte 7 auf, die ja besagt, was der Fragende zu verdrängen hat. Das ist die Karte „Das Maß", was in diesem Fall bedeutet, dem Hin und Her muß ein Ende gemacht werden. Die 8 soll nun zeigen, was noch abzuschließen ist. Es ist die Karte „Fortune". Und hieraus schließt der junge Mann für sich, und das ist wichtig: „Die ganze Arbeit und Mühe, die ich bisher geleistet habe, soll also ein Ende haben, ich sollte das Leben wohl doch noch einmal genießen, und das ver mag ich nur mit meiner jungen Freundin." Anmerkung des Beraters: „Es könnte aber auch heißen, daß man sich nicht übernehmen sollte, daß es besser ist, die Kräfte in dem Alter (der Mann war Mitte 40) einzuschränken und einzuteilen". Die 9 zeigt uns, daß der Mann sich selbst fördern sollte. Es ist die Karte des „Magiers", die ja besagt, daß noch alle Chancen bestehen, aus sich etwas zu machen, sich selbst zu verzaubern. Entscheidend dürfte aber die Karte 10 sein: „Der Herrscher". Herrscher über sein Geschick ist nur, wer sich beherrschen kann, zumal dieses Symbol auch für den Richter steht. Langsam wird dem Fragenden klar, daß nur er allein entscheiden kann. Er möchte hier bereits das Kartenlegen abbrechen. Er will nicht mehr wissen, was ihm die Zielkarte vermittelt.

Als der Kartenleger die Karten bereits zusammenlegen will, deckt der Fragende diese Karte auf. Es ist „Der Teufel". Das Ziel zeigt also eine Verführung, eine Triebanheizung, ein Aufbäumen an. Der Fragende wird blaß. Nicht ohne Grund fühlt er sich durchschaut.

Erst viel später erfährt der Berater, daß dieser Mann der Karte des „Teufels" nachgab, daß also die Warnung des Spieles nicht befolgt wurde. Das Ganze führte zur Katastrophe, die Freundin konnte ihn bald beerben.

GERICHT
1
Die HERRSCHERIN
2
RAD des SCHICKSALS
3
Der HERRSCHER
4
Der GEHÄNGTE
5
TOD
6
Der EREMIT
7
Der TURM
8
Der NARR
9
Der MAGIER
10
Der MOND
11

## Keltisches Kreuz II: Was soll ich im Alter tun?

Frau Gerda W. wurde das Angebot gemacht, mit Mitte 50 sich zur Ruhe zu setzen. Sie war bei einer großen Industriefirma beschäftigt, gut gelitten, und das Angebot der Firma war daher auch sehr großzügig. Das Problem bestand also nicht in der Abfindung, sondern in der Frage, was sie von jetzt an tun sollte, denn Gerda W. hatte sich auf das Alter nicht vorbereitet. Ihre Antwort auf die Frage, warum sie das nicht getan habe, lautete: „Ich wollte nicht ans Alter denken." Nun bat sie um eine Kartenanalyse ihrer Grundsituation, eine Freundin hatte sie auf das Kartenlegen aufmerksam gemacht, obwohl sie — nach ihren eigenen Worten — sehr skeptisch war.

Gewählt wurde der Rider-Tarot, denn der Jugendstil dieser Blätter sprach Gerda W. an, zumal sie Sachen aus dieser Zeit sammelte. Nachdem sie 11 von den 22 Karten — offen ausgelegt — ausgewählt hatte, diese mehrmals gemischt und ausgebreitet waren, wurden sie einzeln ausgelegt. Als Karte 1, welche die Ausgangslage symbolisiert, lag das Blatt „Die Auferstehung" oder „Das Gericht". Erstaunlich auch für den Kartenleger, denn das bedeutete ja, daß Gerda W. wirklich vor einem neuen Leben stand. Als Erläuterung finden wir „Die Herrscherin", was besagt, daß sie das Zepter allein in die Hand nehmen muß. „Fortune" als dritte Karte: Also müßte jede Angst vor einer Anstrengung für den neuen Anfang verdrängt worden sein und nun überwunden werden. Dazu zeigte sich Gerda W. auch sofort bereit. Die Karte 4, die uns die Vergangenheit schildert, war „Der Herrscher". Darin sah sie sich selbst, auf dem wichtigen Posten, den sie früher in der Wirtschaft innegehabt hatte. Als Karte der Gegenwart finden wir den „Gehängten". Gerda W. fühlte sich auch wie auf den Kopf gestellt und sah sich völlig neuen Situationen gegenüber.

Die Karte 6 der nahen Aufgabe und Pflicht zeigte den „Tod": Also ist die Angst vor einem inneren oder äußeren Absterben unbedingt zu überwinden! Diese Karte der nahen Pflicht unterstreicht deutlich, daß Gerda W. nicht an dem Vergangenen hängenbleiben darf, sondern völlig neu anfangen muß. Das Gewesene hat zu sterben.

Die erste Karte der Verdrängung zeigt uns den „Eremiten". Deutlich weist die Lage dieser Karte darauf hin, daß es nun auch keinen Sinn hat, sich abzuschließen, sich als Einsiedlerin zu fühlen. Dies wird sogar durch die Karte 8, den „Turm", unterstrichen, denn Gerda W. darf nicht meinen, man hätte sie herauskatapultiert, sondern sollte dies als Chance nehmen, ihrem Leben eine neue Richtung zu geben! Als Karte 9 liegt „Der Narr". Gerda W. muß also ihre Freiheit fördern! Sie sollte sich über diese Freiheit freuen, sie genießen, ohne in den Abgrund zu stürzen. Unterstützt wurde dies durch die Karte 10, die den „Magier" zeigt. Zu fördern sind also bisher verborgene Kräfte, die in Gerda W. schlummerten und durch den Streß der Arbeit unterdrückt wurden.

Gespannt schauten nun Gerda W. und der Kartenleger auf die Karte 11, die ja das Ziel symbolisiert. Wir finden den „Mond". Das ist die Karte des Aufbruchs, des unendlichen Weges, dem Licht entgegen, wobei das Gebell der Hunde oder der Wölfe nicht stören sollte. Gerda W. zeigte sich recht beeindruckt. Sie hatte nicht erwartet, daß die Karten ihr genau sagen würden, was sie zu machen hätte, aber ihr war klar geworden, daß sie die Kraft besitzt, etwas in ihrem Leben neu zu gestalten. Sie ging mit dem Gefühl, daß sie noch nicht zum alten Eisen gehöre.

Sie unternahm zuerst eine Weltreise; zurückgekehrt, beschloß sie, zunächst Psychologie zu studieren, wobei Persönlichkeitstests für sie im Vordergrund standen. Kurz: Sie wandte sich jetzt mehr als früher den Menschen zu.

X
RAD des SCHICKSALS
10
XIII
DER TOD
5
XIIII
MASSIGKEIT
9
XVIIII
DIE SONNE
4
GERECHTIGKEIT
1
XX
GERICHT
2
XI
KRAFT
6
IIII
DER HERRSCHER
11
VI
DIE LIEBENDEN
3
VIIII
DER EREMIT
8
XVIII
DER MOND
7

## Keltisches Kreuz III: Existenzangst

Hartmut B. war Anfang 40. Sein Leben war sehr schwer verlaufen, er hatte sich mühsam hochgearbeitet. Nun saß er auf einem halbwegs guten Posten. Die Schwierigkeit war nur, daß er meinte, sein Augenlicht lasse rapide nach: besonders schlimm für ihn, da er den ganzen Tag über an einem Computer arbeitete. Er hatte sogar Angst, zum Augenarzt zu gehen, denn sein Chef vertrat die seltsame Ansicht, daß Brillenträger nicht für einen Platz am Computer geeignet wären. So wurde Hartmut B. von der Angst erfaßt, man könnte ihn entlassen, wenn er eines Tages mit einer Brille erscheinen würde.
Dann war er ohne Brille in einen Autounfall verwickelt, weil es ihm, wie er nach eigener Aussage vor der Polizei sagte, „vor den Augen schummrig wurde". Er wurde aufgefordert, einen Augenarzt aufzusuchen. Immer noch schwankte Hartmut B., ja er spielte sogar mit dem Gedanken, seinen Führerschein zurückzugeben. So war die Situation, als er zum Kartenleger kam.
Er wählte die Karten des Swiss-Tarot, die schienen ihm am klarsten und nicht furchterregend. Das ließ schon darauf schließen, daß Hartmut eine klare Antwort suchte, also die Entscheidung nicht selbst treffen wollte. Die Karten wurden ausgewählt und gemischt, dann ausgelegt und nacheinander aufgenommen.
Die Karte 1 zeigt die Gerechtigkeit, „La Justice". Das verblüffte Hartmut B., denn alles wurde ja für ihn durch die Polizei, also ein Rechtsorgan ausgelöst. Die Erläuterungskarte 2 war „Die Auferstehung" oder „Das Gericht", was soviel heißen könnte: Es besteht die Chance, aus diesem Problem neu zu erstehen. In der Frage an die Karten, die ja stets eine Frage an sich selbst ist, würde demnach Hoffnung stecken.
Die Karte 3, die anzeigt, was zu besiegen, zu verdrängen ist, wird durch das Blatt „Die Entscheidung" („Die Liebenden") dargestellt. Also sollte Hartmut B. wohl alle Zweifel verdrängen, auch wenn ihm die Vergangenheit, wie Karte 4 („Die Sonne") sehr rosig erschien. Bei der Aufdeckung der Karte 5 für die Gegenwart „Der Tod", wird Hartmut B. klar, daß zur Zeit etwas zu Ende geht. Er greift schnell nach der Karte 6, welche uns die nahe Zukunft, die zu erledigende Pflicht offenbart. Die Karte „Die Kraft" suggeriert Hartmut B. förmlich, daß er Mut haben kann, daß er seine Kräfte wecken sollte. Zur Verzweiflung besteht kein Anlaß!
Der Kartenleger fragt, ob er die Karten weiter aufdecken soll. Hartmut B. zeigt sich nun (durch die „Kraft"?) mutig. Karte 7 ist „Der Mond". Klar, daß das Grübeln zur Zeit nur zu Zweifeln führt. Er würde aus dem endlosen Dunkel kaum allein einen Ausweg finden. Das verdeutlicht verblüffenderweise zusätzlich die Karte „Der Eremit". Beide Karten weisen darauf hin, daß Hartmut B. diese ganze Angelegenheit nicht mit sich allein abmachen sollte.
Als Karte 9 finden wir „Das Maß". Darauf kommt es an: Nicht in zu starken Pessimismus wie Optimismus fallen. Karte 10 wird durch das Blatt „Fortune", vertreten. Eine Aufforderung, nicht zu verzweifeln, sondern erst die Schwierigkeiten auf sich zu nehmen. Doch diese Karte löst gewisse Angsteffekte aus. Die werden erst gemildert, als Hartmut B. mit der Karte 11 sein Ziel sieht: Diese Karte mit dem Symbol des „Herrschers" des Jupiter, vermag Hartmut B. Zuversicht zu vermitteln.
Er geht zum Augenarzt, bekommt eine Brille verschrieben und läßt sich einen Termin beim Personalchef geben. Man beschließt, für Hartmut B. eine andere Stellung im Betrieb zu finden, was auch gelingt. Dort leistet er beste Arbeit, und er fühlt sich förmlich erlöst von dem grünen Schriftbild des Computers. — Die Karten haben hier kein Wunder vollbracht, sondern nur aufgedeckt, welche Kräfte in Hartmut B. schlummerten.

## Das Wagnis

Die Legeart „Das Wagnis" hat seinen Namen daher, weil hier alle 22 Karten benötigt werden, also keine Auswahl getroffen werden kann. Auch werden alle Karten sofort *offen* ausgelegt. Die Ratsuchenden können also nicht unter- oder abbrechen. Recht viele schrecken vor dieser Auslegeart zurück, was wiederum gewisse Rückschlüsse erlaubt. An und für sich ist dieses Spiel recht einfach, wenn es auch zunächst kompliziert erscheinen mag. Das einzige, was hier vom Ratsuchenden (außer dem Mischen) getan werden kann: Er wählt *die* Karte aus den *offen* ausgelegten Karten heraus, die seinem Zustand entspricht. Das ist die Karte 1. Danach werden die Karten von ihm zusammengelegt und *verdeckt* auf 5 Haufen verteilt (1. Grafik). Die Karte 2 kommt unter die Karte 1, die Karte 3 links davon, die Karte 4 über die Karte 1 und die Karte 5 rechts von Karte 1, so wie wir es beim Orakel hatten. Dann wird weitergelegt. Karte 6 kommt auf die Karte 1, Karte 7 auf die Karte 2, Karte 8 auf die Karte 3, Karte 9 auf die Karte 4 und Karte 10 auf die Karte 5. Dies geschieht insgesamt 4mal, so daß jeder Haufen aus je 4 Karten besteht. Der mittlere Haufen besteht aus den Karten 1 — 6 — 11 — 16. Der untere Haufen aus den Karten 2 — 7 — 12 — 17. Der linke Haufen aus den Karten 3 — 8 — 13 — 18. Der obere Haufen aus den Karten 4 — 9 — 14 — 19, und der rechte Haufen aus den Karten 5 — 10 — 15 — 20. Karte 21 und 22 geben später Auskunft, was zu tun ist. Dann werden die Haufen auseinandergeschoben und offen ausgelegt (2. Grafik). Der mittlere Haufen kommt in die Mitte der 5 Reihen. Diese Reihe gibt uns Auskunft über den *Zustand* der fragenden Person. Darunter wird die Reihe des unteren Haufens gelegt. Sie besagt, was der Fragende *ablehnt* oder mit Füßen tritt. Darunter kommt die Reihe aus dem linken Haufen, die uns die *Vergangenheit* erläutert.

Der obere Haufen wird dann über der dritten Reihe ausgelegt. Dies sind die *Gedanken*, die in dem Fragenden vorgehen. Der rechte Haufen wird die oberste Reihe. Diese Karten sagen etwas über die *Zukunft* aus. So haben wir also 5 Reihen zu 4 Karten. Die vordersten Karten, die den Karten 1 — 2 — 3 — 4 und 5 entsprechen, sind stets die wichtigsten, das heißt die ausschlaggebenden Karten! Alle anderen Karten erläutern diese Bilder und zwar abnehmend mit der Entfernung von der führenden Karte dieser Reihe. Es sollte dem Fragenden freistehen, ob er beide oder nur eine Karte aufnimmt, gerade weil er ahnt, welche Karte als Nr. 21 oder 22 daliegt.

Bei der Deutung gehen wir so vor: Wir versuchen den Sinn der *mittleren* Reihe zu ergründen. Dann wenden wir uns der *vierten* Reihe zu, der Reihe also, die verdeutlicht, was die Ratsuchenden ablehnen, oder wie es in der Sprache der Kartenleger heißt, „was mit Füßen getreten wird". Danach folgt die *unterste* Reihe, die uns die Vergangenheit in die Erinnerung holt. Ist dies geklärt, wird die *zweite* Reihe von oben analysiert, in der es um die Gedanken geht, welche die Ratsuchenden bewegen.

Die *oberste* Reihe wird als letzte erörtert. Dann wenden wir uns den etwas abseits liegenden Karten 21 und 22 zu, wobei die Karte 21 wichtiger erscheint als die Karte 22, welche die Karte 21 nur näher erklärt.

Dieses Spiel kann oft eine ganze Weile dauern, nimmt also Zeit in Anspruch, weil es psychologisch eine ganze Menge offenlegt. Der Kartenleger sollte hier mit der Wahl seiner Worte bei der Auslegung vorsichtig sein und die Karten für sich sprechen lassen. Am besten bewährten sich hier die Karten des Ansata-Tarot, die des ägyptischen Tarotspiels und auch die des Marseilles-Tarot.

II.

1. Reihe
Zukunft

2. Reihe
Gedanken

3. Reihe
Zustand

4. Reihe
Ablehnung

5. Reihe
Vergangenheit

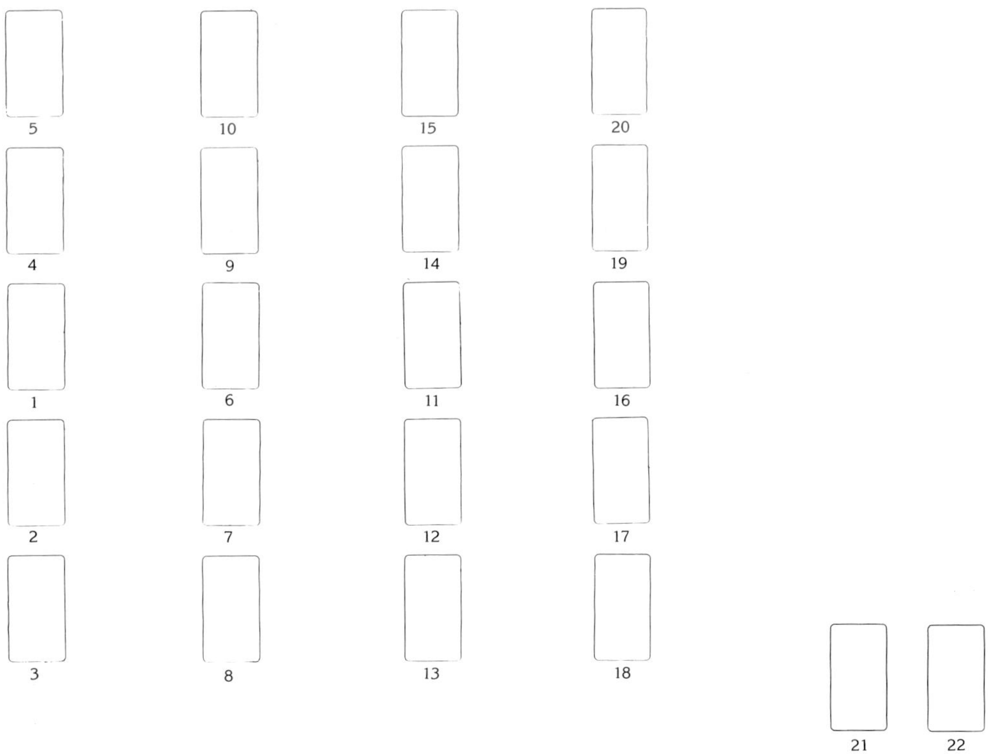

*1. Reihe*
*Zukunft*

5

10

15

20

*2. Reihe*
*Gedanken*

4

9

14

19

*3. Reihe*
*Zustand*

1

6

11

16

*4. Reihe*
*Ablehnung*

2

7

12

17

*5. Reihe*
*Vergangenheit*

3

8

13

18

21

22

## Das Wagnis I: Der Ausländer

Marianne A. meldet sich beim Kartenleger an. Sie ist seit fünf Jahren mit einem Araber verheiratet, aber der Zusammenhalt fällt ihr immer schwerer. Der Mann ist zwar sehr lieb zu ihr, verlangt aber, daß sie Kinder bekommen soll, was sie nicht will, denn diese Kinder würden dann nach seiner Religion und Tradition erzogen. Diese Bedrängung ist immer stärker geworden. Die Frau wußte nicht mehr aus und ein, zumal sie seinerzeit den Beruf und alle Freunde aufgegeben hatte.
Als Ich-Karte wählt sie die Karte „Das Maß". Damit meint sie, daß sie nichts übers Knie brechen und im Gleichgewicht bleiben will. Dann werden die Karten gemischt und in die fünf beschriebenen Haufen eingeteilt, dann in die angegebenen Reihen gelegt.
Die mittlere Reihe beschreibt die augenblickliche Lage der Frau recht treffend. Sie will das Maß halten, fühlt sich dabei hin- und hergerissen, wendet viel Mühe auf, um die Lebenssituation zu meistern. Sie befragt sich Tag und Nacht, um zu einer Entscheidung zu kommen. In der Reihenfolge: „Das Maß" — „Fortune" — „Die Hohepriesterin" und „Die Entscheidung" ist das nicht besser auszudrücken.
Was sagt nun die vierte Reihe, also das, was man ablehnt, was man nicht wahrhaben möchte? Marianne A. tritt in Gedanken die einstige Hingabe an den Mann mit Füßen, der sie sehr ausgeliefert war, wie die Karte „Auferstehung" verdeutlicht. Auch die imponierende Erscheinung ihres Ehemanns tritt sie mit Füßen, genauso wie die gutbürgerliche Bindung, die für sie die ganze Welt bedeutete. Allerdings verdrängt sie auch, daß es mit dieser Bindung ein Ende haben möchte. Die Karte „Der Tod" erschreckt sie sehr, sie hatte schon öfter sein Wegbleiben, die Heimkehr in sein Land, ja sogar seinen Tod gewünscht.
Wir kommen zur Reihe fünf von oben, der untersten Reihe, welche die Vergangenheit verdeutlicht. Sie hatte diesen Mann als „Herrscher" und Beherrscher sehr anerkannt. Sicher gefiel ihr auch, daß er ihr triebmäßig verfallen war, was „Der Teufel" in diesem Zusammenhang versinnbildlicht. Auch der einstige Gedanke an eine wagnisreiche Gemeinsamkeit mit langem Weg scheint der Vergangenheit anzugehören, wie dies die Karte „Der Mond", anzeigt, zumal wir dicht daneben die Karte „Die Sonne" sehen. Danach scheint auch die glückliche Partnerschaft nicht mehr der Gegenwart anzugehören.
Die Reihe zwei von oben zeigt uns nun die Gedanken dieser Frau an. Das beginnt mit dem „Narren", der Karte Null; sie denkt also nur an die Freiheit, an die Ungebundenheit. Sie will, betrachten wir die folgende Karte, den „Siegeswagen", selbst Herr im Haus sein, dann meint sie, fließe ihr wieder neue Energie zu, was durch die Karte „Die Kraft" ja auch ausgesagt wird. Bleibt die Karte „Der Eremit". Sicher befürchtet Marianne A. aber auch, daß sie allein bleiben könnte, aber diese Karte steht am Ende der Reihe, wo ihr Wert längst nicht mehr so groß ist wie der Wert der Karten, die am Anfang stehen.
Damit zur obersten Reihe, die uns einiges über die Zukunft aussagt. Da steht „Die Gerechtigkeit". In diesem Zusammenhang könnte man sagen, es wird eine Scheidung geben, denn die Karte der Gerechtigkeit gilt dafür. Allerdings wird danach alles drunter und drüber gehen („Der Gehängte"), zumal für ihren Mann diese Scheidung nicht gelten wird. Er wird versuchen, die Frau wiederzugewinnen.
Liebe steht auch im Raum, die Karte „Der Stern" zeigt die Möglichkeit an, doch wird es nicht die Liebe zu ihrem Ehemann sein, da diese Liebe bei ihr wie ein Blitz einschlägt. Also dürfte es eine neue Liebe sein. Was bleibt zu tun? Schauen wir uns die Karte an, die den „Hohenpriester" zeigt, vor dem Mann und Frau knien. Das könnte als eine neue Zusammenführung angesehen werden, in der die Frau dominiert (Karte „Die Herrscherin"). Mag sein, daß Marianne A. nichts anderes hören wollte. Sie reichte noch in derselben Woche die Scheidung ein.

*1. Reihe*
*Zukunft*

*2. Reihe*
*Gedanken*

*3. Reihe*
*Zustand*

*4. Reihe*
*Ablehnung*

*5. Reihe*
*Vergangenheit*

## Das Wagnis II: Das verlockende Angebot

Die Lebenskrise wurde durch ein verlockendes Angebot ausgelöst. Arnulf P. war Abteilungsleiter eines großen Presseverlages; hier hatte er erreicht, was er konnte. Sein Gehalt war gut, ihm aber stets zu wenig. Da kam das Angebot einer Industriefirma, ihm ihre Public-Relations-Aufgaben zu übertragen. Die Firma verlangte jedoch, daß er dies als Selbständiger ausführe, das heißt, Arnulf P. müßte eine eigene Firma gründen, was immer sein Traum gewesen war. Der Werbeetat war sehr groß, was die Versuchung noch vergrößerte. Aber da bestand das Wagnis, alles zu riskieren! Den sicheren Posten, die stete Gehaltsüberweisung, die Alterssicherung! Diese Überlegungen sowie eine eventuelle Heirat führten ihn den Karten zu.

Als Zustandslage wählte Arnulf P. die Karte „Der Gehängte". Er sagte: „So fühle ich mich, alles ist umgestülpt." Die Karten wurden gemischt und ausgelegt. Die Zustandsreihe, die Reihe 3 von oben, ergab also den „Gehängten", der aber wurde erläutert durch die Hingabe an eine Sache, wie es die Karte „Die Auferstehung" aussagt. Sie zeigt aber auch die Sehnsucht nach einem neuen Leben. Dies wird unterstrichen durch den „Teufel" (Antrieb, Energie, Angestacheltsein), aber „Der Siegeswagen" gibt noch eine optimistische Grundstimmung an. Man spürt, daß Arnulf P. in dieser Lage bereit wäre, das Sichere aufzugeben.

Was tritt er mit Füßen? Er verdrängt die Prüfung in seine Fähigkeiten, die — wie es „Der Eremit" zeigt — erforderlich wäre, er verdrängt die notwendige Demut, die ein verantwortungsvoller Posten verlangt, und er verdrängt auch, daß die neue Aufgabe ein langdauernder und damit unsicherer Weg sein kann, der wirklich Aufbruchsstimmung aus der Tiefe verlangt (Karte „Der Mond"). Warnungen aus der Seele, dem Unbewußten werden auch von Arnulf P. verdrängt („Die Hohepriesterin"). Aber wie die unterste Reihe anzeigt, war sein Leben stets von Zweifeln begleitet (Karte „Die Entscheidung"). Dazu meinte er, er hätte das immer sehr gut abgefangen und sei damit sehr glücklich gewesen (Karten „Das Maß" und „Die Sonne"). Ja, er fühle sich sogar recht frei. Sicher lebte in ihm aber stets der Wunsch, völlig unabhängig zu sein („Der Narr").

Mit dieser Erkenntnis wenden wir uns nun den Gedanken zu, die ihm dauernd durch den Kopf gingen.

Da war zunächst doch der Gedanke an die Schwierigkeiten und Belastungen der Gegenwart und Zukunft — beides vermag die Karte „Fortune" auszudrücken. Immerhin meint er doch, es schaffen zu können, was durch den „Magier" bestätigt wird. Von der Heirat erwartet er sehr viel Hilfe und einen inneren Ausgleich. So sind die Karten „Der Stern" und „Die Gerechtigkeit" zu deuten. Die Liebe scheint also in seinen Gedanken eine große Rolle zu spielen, oder zumindest das Gefühl, mit dem neuen Posten werde ich erst meine Liebe verwirklichen können. Die Zukunftsaussichten scheinen zunächst verlockend, denn die Karte „Das All" ist ja der größte Trumpf. Dies wird ein wenig durch „Die Herrscherin" abgeschwächt, weil Arnulf P., wie er nun spontan äußerte, deswegen bisher nicht geheiratet hatte, weil er befürchtete, daß man ihn beherrschen könnte oder ihn wegen seiner Verdienstchancen wählen würde. Diese Überlegungen wurden durch die Karte „Die Kraft", die fast negativ auf ihn wirkte, noch verstärkt! Sie bedeutet ja, daß er eine Führung braucht, die er in Zukunft auch bekommen wird. Die Karte „Der Turm" am Ende der Zukunftsreihe sieht er so, daß sonst die Zukunft für ihn wohl schnell in sich zusammenbrechen würde. Da deckt er die Karte 21 auf. Es ist „Der Herrscher". Triumph also?

Da es sich um ein Wagnisspiel handelt, muß auch die letzte Karte aufgehoben werden. Es ist die Karte „Der Tod". Bestürzt legt Arnulf P. dies als Warnung aus und sagt der verlockenden Chance ade.

Hätte er wirklich Mut zum Neuanfang gehabt, würde er das letzte Bild so sehen: Das Alte muß zu Ende gehen, damit das Neue gelingt! Arnulf P. blieb in seiner gesicherten Position.

*1. Reihe*
*Zukunft*

*2. Reihe*
*Gedanken*

*3. Reihe*
*Zustand*

*4. Reihe*
*Ablehnung*

*5. Reihe*
*Vergangenheit*

## Das Wagnis III: Der Teilhaber kündigt

Anfang 40 war Ursula T., als sie sich das erste Mal mit dem Kartenlegen beschäftigte. Bis dato hatte sie es abgelehnt. Ihre Situation war schwierig geworden. Sie besaß mit Herrn Z. ein gutgehendes Speditionsunternehmen. Urplötzlich jedoch kündigte der Teilhaber und bot Ursula T. an, daß sie seinen Anteil kaufe; andernfalls würde er diesen Anteil anderweitig anbieten. Ursula T. wußte, an wen Partner Z. dachte, und sie wußte auch, daß die Verbindung zwischen ihr und dem neuen Teilhaber nie gutgehen könnte.
Also stand sie vor der Wahl: kaufen oder auch verkaufen. Sie empfand das als Lebenskrise, obwohl sie keine Existenzangst kannte. Außerdem war sie mit einem verheirateten Mann befreundet, der an alles andere als an eine Scheidung dachte. Auch hier spielte Ursula T. mit dem Gedanken an eine Klärung dieses Verhältnisses.

Als Zustandskarte wählte sie — einigermaßen überraschend — die Karte „Die Auferstehung". Ihr Kommentar dazu: Ich muß ja neu anfangen, was bleibt mir übrig! Ich kann mich doch nicht abschieben lassen! Mit diesen Worten mischte sie bereits die anderen Karten. Die Reihe drei — die mittlere Reihe — zeigt den Zustand. Neben der Auferstehung liegt die Karte der „Hohenpriesterin": Ihr Neu-anfangen-Wollen entspringt also dem Unterbewußtsein. Kaum zufällig, daß daneben „Die Herrscherin" liegt! Das besagt, daß Ursula T. durchaus noch Herr ihrer Lage ist, wenn sie auch befürchten muß, daß sich das Bisherige völlig ändern wird. So sieht *sie* die Karte „Der Tod" an.
Mit Füßen tritt sie aber (und das lehnt sie damit ab), sich völlig auf den Kopf zu stellen, wie es „Der Gehängte" verdeutlicht. Auch will sie keinen Triumph („Der Siegeswagen"), verzichtet daneben auch auf eine innere Ausgeglichenheit und Abgewogenheit. Daß die Karten „Das Maß" und „Die Gerechtigkeit" nebeneinanderliegen, zeigt hier, daß diese Frau allem Anschein nach zum Wagnis bereit ist. In der Vergangenheit hat Ursula T. mehrmals viel Mut und Kraft bewiesen, sie kann also aus ihrer Erfahrung schöpfen (Karte „Die Kraft").
Daneben „Die Entscheidung" und „Der Turm". Sie meint selbst, daß manche ihrer Entscheidungen zu Umwälzungen führten, die sie aber gut gemeistert hatte, wie es „Der Herrscher" klar anzeigt.

Was geht nun in ihrem Kopf vor, welche Gedanken bewegen sie? Dazu schauen wir auf die zweite Reihe von oben. Erst einmal hat sich Ursula T. entschlossen, völlig allein zu entscheiden (Karte „Der Eremit"). Sie will ihren eigenen Kräften vertrauen, um ihre Liebe kämpfen, was die Karten „Der Magier" und „Der Stern" belegen, um dann („Fortune") auch alle Mühen auf sich zu nehmen. Sie will also um das Geschäft und um den Mann kämpfen. Wird sich dies erfüllen? Die oberste, die erste Reihe zeigt die möglichen Zukunftsaussichten. Da liegt an erster Stelle „Der Hohepriester", der *Master of the Arcanes*. Dies könnte darauf hindeuten, daß die Zukunft zunächst mit Prüfungen beladen sein dürfte. Zwar hätte sie im Geschäft Narrenfreiheit, aber stände doch auch am Abgrund, die Karte „Der Narr" oder „Das Crocodil" verschweigt dies nicht. Ihre Energie geht aber auch über die Erotik, den Antrieb und den Trieb, — wie es „Der Teufel" (in ihr) fordert. Das aber würde zu einer engen Gemeinsamkeit, also wohl doch zu einer Heirat führen. Was also tun? Die Karte „Der Mond", zeigt Ursula T., daß sie vor einem großen Aufbruch steht, der nicht leicht zu meistern sein wird.

Aber sie muß diesen Weg gehen! Wohin führt er? Als 22. Karte liegt „Das All", die höchste Zielkarte, die man sich denken kann! Mit Elan und Zuversicht verläßt Ursula T. den Kartenleger. Wie hinterher zu erfahren war, hat sie zwar nicht alles, aber doch sehr viel erreicht.

*1. Reihe*
*Zukunft*

5

10

15

20

*2. Reihe*
*Gedanken*

4

9

14

19

*3. Reihe*
*Zustand*

1

6

11

16

*4. Reihe*
*Ablehnung*

2

7

12

17

*5. Reihe*
*Vergangenheit*

3

8

13

18

21

22

## Wagnis IV: Der Idealist

Er war Mitte 30 und hatte sich die Welt ertrampt. Dann beschloß er seine Erfahrungen — auch bei Gurus und mit Drogen — niederzuschreiben. Als kein Verlag seine Notizen veröffentlichen wollte, suchte er verzweifelt nach einer Möglichkeit, anderswo sein Manuskript unterzubringen. Alles vergeblich. Da entschloß er sich, sein Buch, dessen Umfang 400 Seiten betrug, im Selbstverlag herauszubringen. Er beantragte einen Kredit zur Selbständigmachung und bekam ihn, außerdem noch eine staatliche Hilfe. Dann suchte der Mann einen Drucker, einen Buchbinder und fuhr mit seinem alten Auto von Stadt zu Stadt, um sein Buch direkt den Buchhändlern anzubieten. Das war sehr schwer, ja fast aussichtslos. Aber er lernte unterwegs eine Buchhändlerin kennen, die ihm Quartier anbot, so daß sich beide näherkamen. Sie war sogar bereit, den Mann in ihr Geschäft aufzunehmen, allerdings wollte sie keinen Pfennig in das Buchprojekt stecken. Nicht einmal für die Kredite wollte sie einstehen.

Der Mann kam immer mehr in Konflikte. Er beschloß die Karten zu fragen. Die Karte seines Zustands heißt: „Der Magier", was für eine mutige Grundeinstellung spricht. Die Karten werden gemischt. Der Zustand danach zeigt sich recht interessant: Neben der gewählten Karte des „Magiers" liegt die des „Mondes". Unser Idealist kennt also den schweren Weg. Daneben „Der Hohepriester" oder *Le Pape*. Er selbst meint dazu, er müsse sich wohl treu bleiben. Doch auch die Möglichkeit, sich völlig umzukehren, wird durch den „Gehängten" deutlich. Er schließt sie nicht aus.

Mit Füßen tritt der Mann die Liebe (vierte Reihe von oben, Karte „Der Stern"). Er verdrängt auch jede eigene Beherrschung, die zuerst von einem Herrscher verlangt wird, aber er verdrängt wohl auch schon (wie die Karte „Der Herrscher" ebenfalls in diesem Fall interpretiert werden müßte) den Gedanken, Verleger zu werden. Und er tritt mit Füßen eine mögliche, aufrüttelnde Veränderung („Der Turm"), ebenso weist er Gedanken an Opfer und Schwierigkeiten von sich — „Fortune" am Ende dieser Reihe.

In der Vergangenheit erkennt er sich gut wieder. Da liegt der Vagabund, „Der Narr", als erste Karte der untersten Reihe, auch der Antrieb („Der Teufel") die Abenteuerlust, die ihn hinaustrieb, um sich allen Verpflichtungen zu entziehen („Die Gerechtigkeit"). Immerhin muß er auf gefährlichem Fuß gelebt haben, denn hier liegt als letzte Karte die des „Todes". Und unser Idealist gestand, daß er tatsächlich aus juristischen Gründen auf „Weltreise" gegangen und daß er einmal in Indien vor Hunger schwer krank geworden sei.

Die zweite Reihe von oben zeigt seine gegenwärtigen Gedanken: „Auferstehung" — also ein neues Leben, ein neuer Start. Daneben die Karte „Der Eremit". Der Mann ist sogar bereit, in sich zu gehen, um seine Einordnung in der Welt („Das All") zu finden. Aber er will trotzdem eines Tages den beruflichen Triumph, vielleicht einen Bestseller, denn „Der Siegeswagen" schließt diese Reihe ab.

Wie könnte nun die Zukunft aussehen? Da finden wir zunächst die Karte der „Entscheidung", die durch die Nebenkarte der „Herrscherin" verdeutlicht wird. Der Idealist bezieht diese sofort auf seine Buchhändlerin. Da hiernach „Das Maß" folgt, weiß er auch, daß er mit seinen Ansprüchen nicht zu hoch hinaus darf, will er von seiner Geliebten profitieren. (Die letzte Karte „Die Kraft" bezieht er wieder sofort auf seine Freundin.)

Was also tun? Er schlägt die 21. Karte auf, sie zeigt die „Hohepriesterin". Diese Karte fordert ihn, wie er etwas verlegen meint, auf, in sich zu gehen, um zu prüfen, ob seine Seele bei der Entscheidung für die Buchhändlerin mitmacht. Die 22. Karte ist die der „Sonne". So ist anzunehmen, daß letztlich alles gut ausgehen dürfte.

Der Idealist allerdings blieb auf der Strecke. Seine Freundin, die nie seine Frau wurde, stellte ihn zwar fest im Geschäft an, ließ aber keine großen Kapriolen zu.

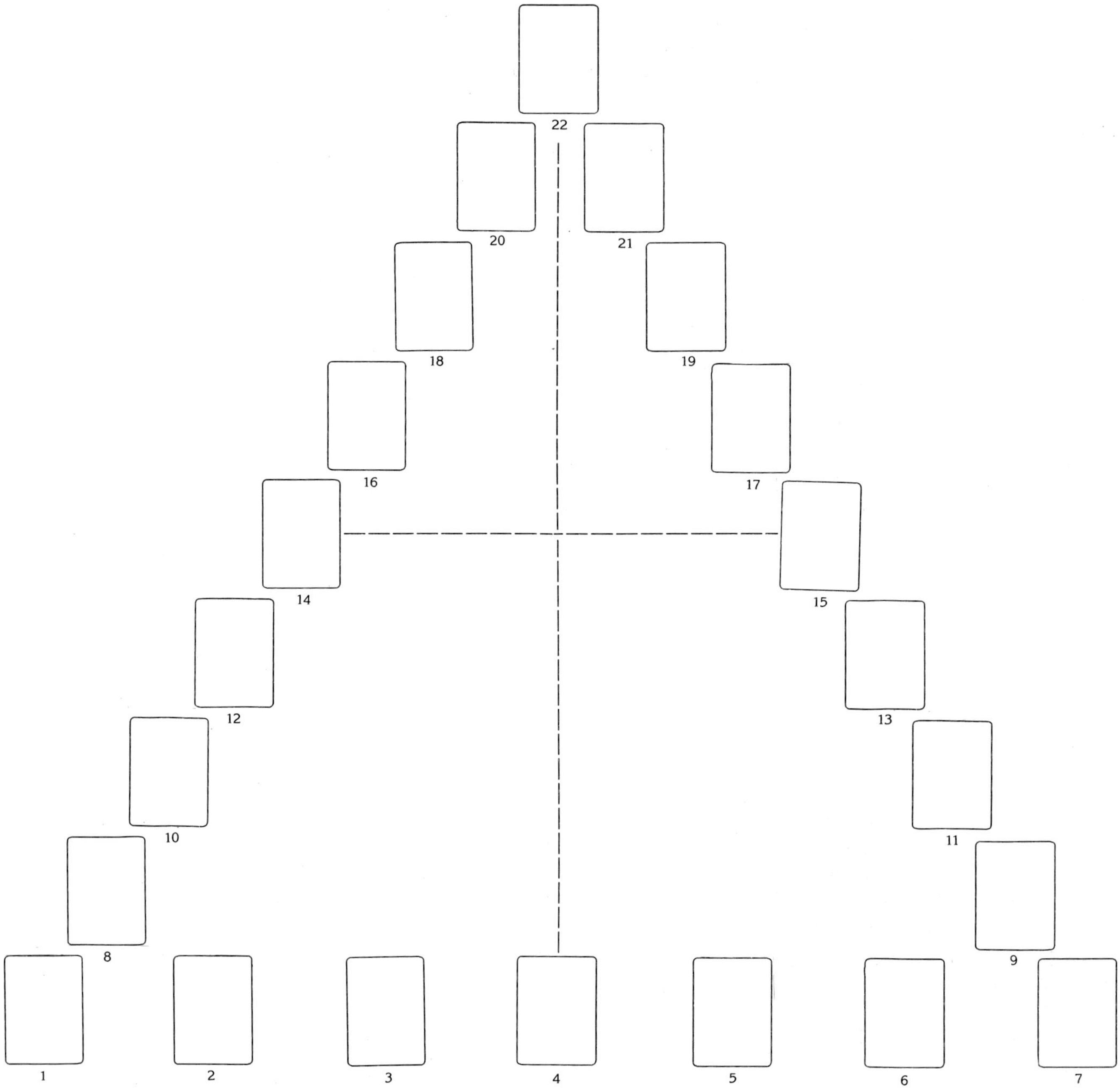
22
20
21
18
19
16
17
14
15
12
13
10
11
8
9
1
2
3
4
5
6
7

## Die Pyramide

Die Pyramide stellt die am meisten psychologische Leseart vor. Hier geht es wirklich um den ganzen Menschen. Man kann sagen, hier analysiert sich der Ratsuchende über die Karten fast selbst. Der Umgang mit der Pyramide ist daher nicht einfach, dazu bedarf es mancher Übung, und die zukünftigen Kartendeuter sollten erst die anderen Spiele völlig beherrschen, ehe sie ihnen unbekannte Menschen über die Pyramide zu beraten versuchen; dann aber wird keiner mehr auf dieses Spiel verzichten wollen.

Auch hier sind alle 22 Karten beteiligt. Die Karten werden *offen* hingelegt. Die Ratsuchenden schauen sich die Karten länger und bewußt an. Wir Kartenleger müssen immer bedenken, daß wir zwar schon sehr gut mit den Blättern der großen Arcana umgehen können, aber daß diese Karten auf Fremde zunächst etwas befremdlich wirken könnten. Es wäre sehr gut, wenn einem selbst die Bilder schon vertrauter sind.

Nach dem Betrachten legt der Ratsuchende die Karten *offen* zusammen, also mit den Bildern nach oben. Dann werden die Karten vom Kartenleger und dem Ratsuchenden mehrmals gemischt und vom Ratsuchenden ausgelegt. Begonnen wird unten auf der linken Seite. Sieben Karten werden nun von links nach rechts waagerecht *offen* hingelegt. Der Rest der Karten wird noch einmal, das entscheiden die Ratsuchenden, gemischt. Dann wie folgt ausgelegt, und zwar mit dem *Rücken nach oben*, so daß das Bild des jeweiligen Blattes *nicht* zu sehen ist: Die Karte 8 kommt über die Karte 1, aber leicht zur Mitte, also nach rechts versetzt. Die Karte 9 kommt über die Karte 7, aber leicht zur Mitte, also nach links versetzt. Dann folgt Blatt 10 über Karte 8 leicht zur Mitte versetzt, und Blatt 11 über Karte 9 leicht zur Mitte versetzt und so fort. Immer eine Karte links zur Mitte hin und eine Karte rechts zur Mitte hin. So entstehen 7 Reihen zu je 2 Karten, die sich oben dann fast treffen.

Wir haben bis jetzt also gelegt: 7 Karten als Basis der Pyramide und je 7 Karten links als aufsteigende linke Berandung der Pyramide und rechts desgleichen. Nur müssen diese Karten eben immer in der Reihenfolge gelegt werden, wie es die Numerierung angibt. Also sind 21 Karten ausgelegt. Bleibt eine übrig. Und diese kommt oben in die Mitte über die Karten 20 und 21. Diese Karte stellt die Krone dar, den Abschluß, und sie sollte über der Karte 4 der Basisreihe liegen, denn die (gedachte) Verbindung von Karte 4 zu Karte 22 stellt unsere Mitte dar, die zu suchende Mitte, die Pole, an denen wir arbeiten müssen, um unsere Mitte zu finden, um von ihr aus ans Ziel zu kommen. Damit ist auch schon gesagt worden, welche Karten in der Pyramidenlesart die wichtigsten sind: die eben erwähnten Karten 4 und 22, gleich Basis und Ziel.

Wir betrachten die offen ausgelegte Basisreihe der ersten 7 Karten. Aber hier gehen wir *nicht vom Anfang* der Reihe aus, sondern von der *Mitte*, also der vierten Karte. Die Karten rechts von der vierten Karte (also 5—6—7) stellen die *bewußte Basis* dar, die Karten links von der vierten Karte (also 3—2—1) die *unbewußte Basis*. Ist sie gedeutet, gehen wir Reihe für Reihe nach oben. Wir decken in der zweiten Reihe links die Karte 8 auf, die uns sagt, was wir unbewußt denken und fühlen. Dann analysiert sich der Ratsuchende mit Hilfe des Kartenlegers selbst, um schließlich seine Zielkarte 22 zu verstehen.

Als letztes deuten wir die Karte 4 in der Ergänzung oder im Gegensatz zu Karte 22. Damit wissen wir um die Ausgangslage der jeweiligen Situation und den Zielwunsch, beziehungsweise das zu erreichende Ziel. Karte 14 und 15 sind die wichtigsten Karten der Seiten; sie bilden mit 4 und 22 das Kreuz der Pyramide, das die grundsätzliche Aufgabe anzeigt.

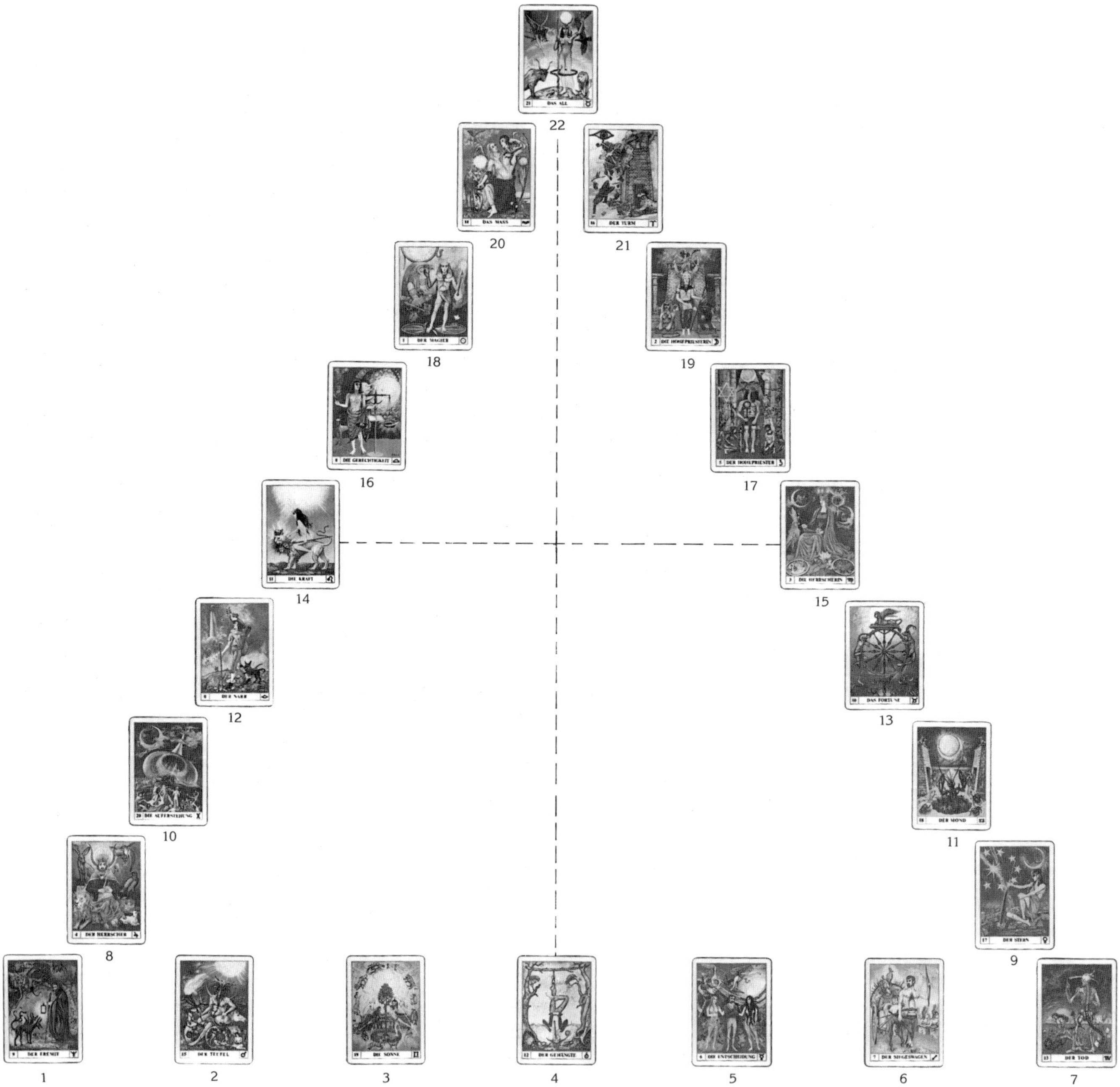
22
20
21
18
19
16
17
14
15
12
13
10
11
8
9
1
2
3
4
5
6
7

## Pyramide I: Abschied vom Leben und von der Liebe?

Frau Sieglinde F. war sechzig Jahre alt geworden. Sie war Künstlerin, malte und bildhauerte und hatte viel Erfolg. Noch in diesem Alter sah man ihr an, wie schön sie einst gewesen sein mußte, sie war immer noch attraktiv, und keiner würde ihr die 60 Jahre eines temperamentvollen Lebens angesehen haben.
Sieglinde F. war dreimal verheiratet, und es waren immer recht bedeutende Männer, die sie erwählt hatten. Die letzte Ehe hatte 15 Jahre gedauert, der Mann war 18 Jahre jünger als sie, und sie hatte ihn gefördert, so daß er als Schauspieler angesehen, ja erfolgreich war. Nun hatte er eine Freundin gefunden, die jünger war als sie, und trennte sich von seiner Frau, ohne sich scheiden zu lassen, um den „dummen" Gerichtsverfahren aus dem Weg zu gehen, wie er sagte. Er ließ seine Ehefrau zwar in seinem Haus wohnen, verlangte aber eine hohe Miete, sonst — so drohte er — würde er das Haus verkaufen. Damit war Sieglinde F. in eine vertrackte Situation gekommen, wurde zudem immer einsamer, weil die gemeinsamen Freunde sich immer mehr von ihr lossagten. Sie konnte allerdings keine Schuld bei sich entdecken, schwor deshalb ihrem Ehemann stets Rache und versuchte ihn zu schädigen, wo sie nur konnte. Zum Beispiel, indem sie ihn als Mann lächerlich machte und die bösesten Reden über ihn verbreitete.
Auf einer Party lernte sie eine Kartenlegerin kennen, die ihr anbot, ihr zu helfen. So kam es zur Pyramidenlegeart. Sieglinde F. mischte und legte die Karten nach den gegebenen Anweisungen aus.

Betrachten wir zunächst die vierte Karte der unteren Basisreihe der Pyramide. Es ist „Der Gehängte". Für Sieglinde hatte sich die ganze Welt auf den Kopf gestellt und verändert — nicht sie selbst! Daneben lag als Blatt 3 „Die Sonne" nach links zum Unbewußten hin und als Blatt 5 die Karte der „Entscheidung". Das heißt, im Unbewußten lebt noch sehr stark die Erinnerung an die schöne, lange gemeinsame Zeit, während im Bewußtsein die Frage im Vordergrund steht, wie sie sich entscheiden soll. Karte 2 ist „Der Teufel", der signalisiert, daß im Unterbewußten doch auch ein böser Trieb sitzt, der, wie sie zugab, stets an Rache dachte. Im Bewußtsein finden wir entsprechend als Karte 6 den „Siegeswagen", das heißt, Sieglinde F. gab sich noch immer überlegen und als Siegerin aus, sie versuchte (vor sich selbst) Haltung und Stolz zu bewahren und verkündete der gesamten Umwelt: „Mein Jürgen kommt zu mir zurück." Das Unterbewußtsein dagegen scheint schon zu ahnen, wie es Blatt 1 anzeigt, wo wir den „Eremiten" finden, daß eine Einsamkeit auf Sieglinde zukommen könnte.
Beim Betrachten des Blattes 7 (Karte „Der Tod") meint sie, das könnte heißen: Ach, der ist doch für mich gestorben! — was sie sich oft wünscht. Ihr wird klar, daß wohl etwas zu Ende geht.
Die Basis sieht also insgesamt sehr widersprüchlich aus. Es ist leicht erkennbar, daß sich diese Frau hin und her gerissen fühlt. Dies wirkt sich selbstverständlich auch auf ihr Handeln aus. Nun ist es wichtig, etwas tiefer in diese Frau hineinzuschauen. Dazu wird, wiederholen wir es ruhig noch einmal, erst jetzt die Karte 8 aufgedeckt. Wenn auch in unserer Abbildung alle Blätter gleich zu sehen sind, wird in der Praxis eine nach der anderen aufgedeckt und besprochen.
Als achte Karte finden wir den „Herrscher". Hier sind zwei Deutungsmöglichkeiten vorhanden. Einmal, daß im tiefen Unterbewußtsein von Sieglinde F. noch ein Herrschaftsanspruch besteht, oder aber, daß das Unterbewußtsein Beherrschung für sich verlangt. Wahrscheinlicher ist das erste, der unbewußte Herrschaftsanspruch. Im Bewußten finden wir dem polar entgegengesetzt als Blatt 9 die Karte „Der Stern", die Liebe. Also liebt die Frau ihren Mann noch immer und leitet daraus einen Herrscheranspruch ab, den sie stets hatte! Denn sie gesteht nun, daß sie immer die dominante Person in dieser Ehe war und erschreckt vor die-

22

14

15

4

ser Aussage: „Sollte er deswegen...?" Nun wird Blatt 10 aufgedeckt; es ist die Karte der „Auferstehung". Im Unterbewußtsein ist also ein starker Hingebungsdrang vorhanden. Vielleicht aber auch schon das Wissen, neu anfangen zu müssen? Polar dazu finden wir als Blatt 11 die Karte „Der Mond". Also doch das Wissen um einen neuen Aufbruch zu einem weiten Weg. Als das Wort kaum ausgesprochen war, kam die Frage: „Woher wissen Sie denn, daß ich mir das Leben nehmen will?" Die Kartenlegerin wußte dies nicht, sie schwieg, denn nun merkte sie, wie die Karten Sieglinde F. zum Sprechen brachten.

Als Karte 12 im Unterbewußten finden wir nun das Blatt des „Narren". Also eine Sehnsucht nach Befreiung, die noch nicht weiter geklärt werden kann. Ergänzend dazu liegt als Blatt 13 die Karte „Fortune". Im Bewußtsein also weiß Sieglinde um ihren schweren Weg, es wird ihr jetzt vielleicht schon klar, daß dies aber nicht ihrer gesamten Einstellung entspricht, weil sie ja im Unterbewußtsein doch einen Freiheitswunsch in sich hegt. Darauf angesprochen, meint sie: „Vor einem Jahr wollte ich Schluß machen, hätte ich es nur getan." Es schält sich also heraus, daß hier auch verletzter Stolz eine starke Rolle spielt.

Die polare Karte des Bewußtseins: Blatt 15, „Die Herrscherin", bestätigt, daß sie wirklich die Dominierende und Fördernde ist, wobei dies nicht zu negativ ausgelegt werden sollte. Aber Sieglinde F. zeigt sich schon erschüttert, daß sie die Führung in dieser Bindung verloren hatte, was sie nun auch ihrem Alter zuschrieb, obwohl das Unbewußte ihr immer wieder zuflötete: „Du bist kraftvoll, reizvoll, den Mann (die Männer?) beherrschst du noch immer" (Karte „Die Kraft").
Als Blatt 16 finden wir dann die Karte der „Gerechtigkeit". Im Unbewußten also rumort es in Sieglinde F. doch. Das Unterbewußtsein mahnt

sie wohl, nicht zu sehr als „Herrscherin" im bewußten Leben aufzutreten, vielleicht auch die Schuld ein wenig bei sich selbst zu suchen. Denn diese Karte zeigt ja deutlich, daß hier das Herz gewogen wird und daß Sieglinde F. in sich gehen muß. Das könnte durch die polare Karte der bewußten Reihe, durch das Blatt 17, ein Echo finden. Aber zunächst scheint diese Karte anzuzeigen, daß Sieglinde F. die Prüferin ist. Und sie meint auch, sie beurteile alle Freunde und Bekannten danach, wie sie sich verhalten, ob sie zu ihr stünden oder zu ihrem Mann. Sie hasse Opportunismus! Dies spricht sie alles sehr erregt, und die Kartenlegerin spürt, wie Sieglinde F. innerlich aufgebracht ist („Der Hohepriester").
Nach einer Pause sagt sie leise: „Ich muß sicher auch einige Fehler bei mir suchen, aber er hat mich sitzenlassen!" Wörtlich „sitzenlassen", so wie junge Mädchen reagieren. Erfahrenere Frauen sprechen wohl eher von „verlassen". Das Blatt 18 wird aufgedeckt. Es ist „Der Magier". Fast befreiend! Denn diese Karte signalisiert ja deutlich, daß im Unterbewußtsein, in der Seele der Glaube an die eigene Kraft verankert ist. Da die dazu entsprechende Karte 19 die „Hohepriesterin" ist, wird Sieglinde F. eigentlich damit aufgefordert, in sich zu hören. Das Bewußtsein hat dies als notwendig erkannt.
Kommen wir zum letzten Paar der Pyramide. Da liegt als Karte 20 „Das Maß". Ein deutlicheres Signal, nicht übers Ziel zu schießen, gibt es gar nicht! Nun, wie reagiert Sieglinde darauf vom Bewußtsein her? Schlagen wir die vorletzte Karte, Nummer 21, auf. Es ist „Der Turm". Im Bewußtsein revoltiert es also doch! Sie weiß, daß sie zerstört ist (oder bildet es sich ein), und ist entschlossen, Zerstörung mit Zerstörung zu vergelten. Zahn um Zahn, das scheint ihre Devise zu sein, was sie auch sofort bejaht. Aber, so fügt sie hinzu, wenn er nicht zurückkommt, dann werde ich mich eben völlig von ihm verabschieden müssen, womit sie auf ihre Selbstmordgedanken anspielt, die sie doch offensichtlich ernsthaft bewegen.

Es beginnt die zweite Phase des Spiels.
Sieglinde F. wurde auf die linke, die unterbewußte Seite der Pyramide aufmerksam gemacht, und auf die rechte, bewußte Seite. Im Unterbewußtsein scheint schon viel mehr Einsicht, Beherrschung und Zutrauen zur eigenen Kraft vorhanden zu sein, als bis jetzt ins Bewußtsein von Sieglinde F. gedrungen ist. Die Liebe, die gerne alles einstürzen läßt (auch die guten Erinnerungen), wurde hier mit Macht hochstilisiert (Spannung zwischen „Turm" rechts oben und „Stern" rechts unten). Vielleicht auch die Einsicht, daß es ja auch ein Glück war, so lange mit einem soviel Jüngeren gut verbunden gewesen zu sein, wenn auch alles irgendwie bezahlt werden muß. Dann wurde das 22. und letzte Blatt aufgedeckt: die Karte des „Alls". Die Zielkarte zeigt an, daß Sieglinde F. nun von sich aus ihre Ordnung erringen muß.

Betrachten wir das Pyramidenkreuz. Es besteht aus der senkrechten Achse „Gehängter" zum „All" und der waagerechten Linie „Kraft" und „Herrscherin". Die Horizontale gibt Mut, aus starker unbewußter Kraft wieder das bewußte Leben in den Griff zu bekommen. Die Senkrechte vom „Gehängten" zum „All" weist Sieglinde darauf hin, daß sie aus ihrer jetzigen Umwelteinstellung wieder zu einer für sie guten Einordnung kommen muß und daß diese Kräfte auch in ihr intakt sind. So schwer es ihr auch zunächst fallen mag: Sie besitzt durchaus die Fähigkeit, nicht in den Abgrund zu fallen, sondern ihre Lebenskrise würdig durchzustehen. Am Ende dürfte ihr erneuter Erfolg sicher sein. Aber sie muß handeln, nicht im Sinn der Zerstörung, sondern des Aufbaues. Sie muß etwas für sich tun, ohne sich auf hoffendes Warten zu verlegen. Da Sieglinde F. die einzelnen Ausdeutungen aller Karten annehmen konnte, sah sie auch die Bilanz ein, wobei besonders das Pyramidenkreuz ihr — wie sie sagte — die Augen öffnete. Natürlich dauerte es noch eine geraume Zeit, ehe sich Sieglinde F. gefunden und wieder aufgerappelt hatte.

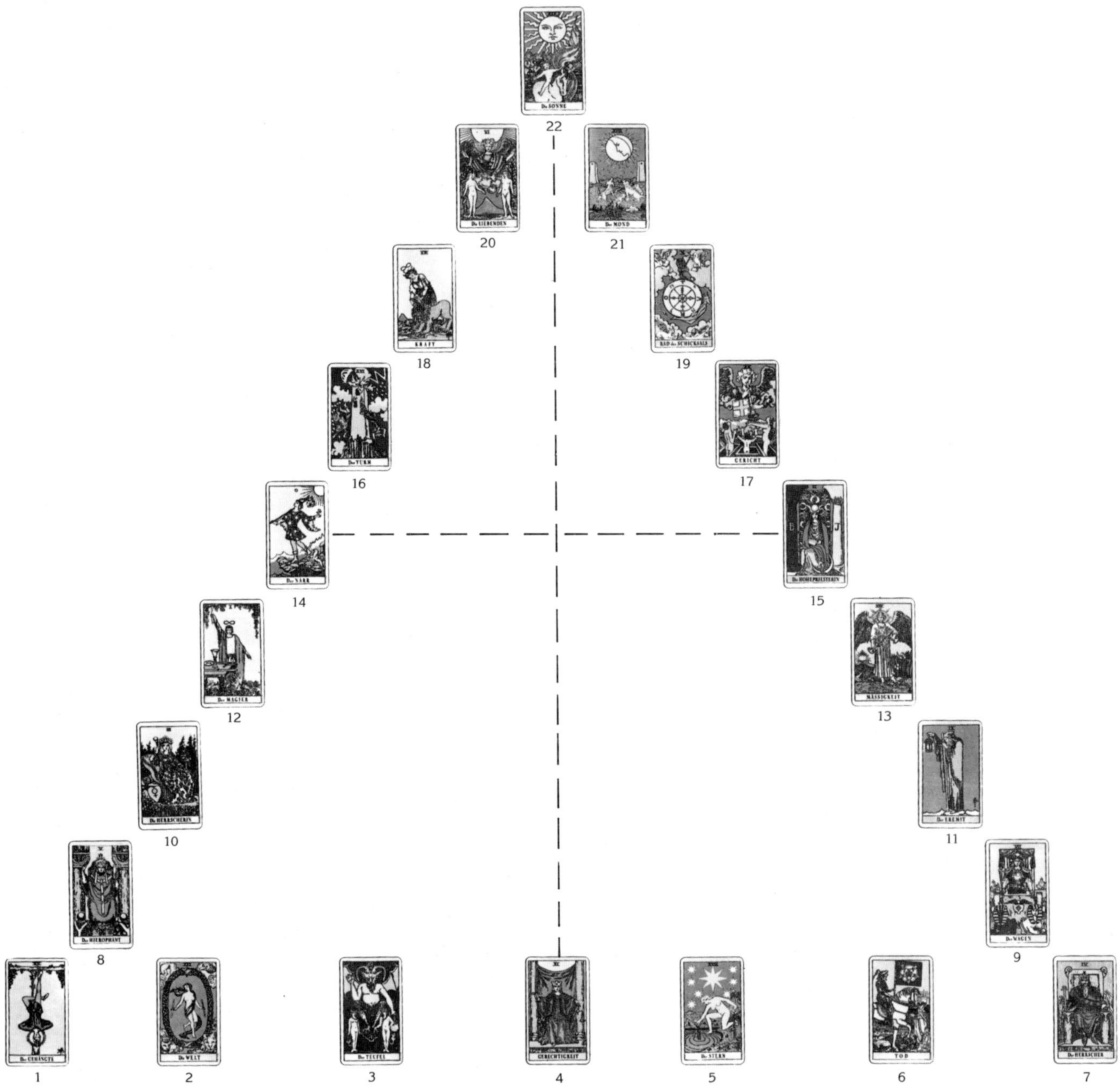
22
20
21
18
19
16
17
14
15
12
13
10
11
8
9
1
2
3
4
5
6
7

## Pyramide II: Opa ins Altersheim?

Der Mann wirkte mit seinen 64 Jahren noch sehr rüstig. Im Leben hatte er viel gearbeitet, gut verdient und sich ein Zweifamilienhaus gebaut, das nun seine Kinder bewohnten: seine Tochter mit ihrem Mann und sein Sohn mit seiner Freundin. So war der Platz im Haus knapp geworden, und die Kinder drängten darauf, daß sich „Opa", wie sie ihn riefen, um einen Platz in einem Seniorenheim kümmere. Je früher er sich dort einlebe, desto leichter werde für ihn die Eingewöhnung werden, und an Geld mangele es nicht. Das Dumme an der Sache war, daß Opa vor vier Jahren selbst gesagt hatte, wenn er einmal mit der Arbeit aufgehört habe, würde er seinen Kindern nicht tagtäglich zur Last fallen, eher das Haus verlassen. Jetzt hätte er diese Zusage liebend gern zurückgenommen, aber da er seinen Kindern eingebleut hatte, daß ein gegebenes Wort gehalten werden müsse, fühlte er sich daran gebunden.

Scheu und sehr skeptisch betrachtete er die Karten, wählte sich das Rider-Tarot, weil es ihm am freundlichsten erschien, legte die Karten zusammen, mischte sie und legte sie aus. In der Basisreihe der Pyramide lag als Karte vier „Die Gerechtigkeit". Das war ziemlich eindeutig, denn Opa kämpfte ja, und nicht nur um sein Gleichgewicht, sondern auch um sein gegebenes Wort, um das Vertrauen, das er den Kindern schuldig zu sein meinte. Nebenan als Blatt 3 lag jedoch ins Unbewußte hinein „Der Teufel". Das wies darauf hin, daß sich Egon P., so hieß Opa, innerlich wehrte und gegen sein Wort handeln möchte. Entsprechend lag als Blatt 5 „Der Stern". Er wollte also auch nicht die Liebe seiner Kinder verlieren! Neben dem „Teufel" lag als Blatt 2 „Das All", die Welt, was für eine Sehnsucht nach geordnetem Leben spricht, aber vor ihr die Karte des „Gehängten", also scheint dieses Leben Egon P. verquer und sehr gefährdet. Und wie es das sechste Blatt anzeigte, (Karte „Der Tod") befürchtete er, daß alles, was er jahrelang aufgebaut hatte, zusammenbrechen müsse — was er wiederum als Familienoberhaupt nicht zulassen möchte (Blatt 7, „Der Herrscher").

Dabei kommt zur Sprache, daß sich die Familien seiner Kinder so gut wie nicht verstehen, daß aber immer bei Auseinandersetzungen, die er schlichten möchte, Opa der Schuldige ist. Und das, obwohl er — handwerklich sehr geschickt — alle Arbeiten im Haus erledigt. Ja, auch bei Nachbarn kann sich Egon P. durch seine Geschicklichkeit viel Geld verdienen. Gerade die Nachbarn sind es aber, die gegen seine Kinder reden; sie meinen, er dürfe sich nicht schon mit 64 Jahren abschieben lassen.

Egon P. konnte sich mit der unteren Reihe als Zustandsschilderung gut identifizieren, denn sie bedeutet ja, daß sich für ihn die Welt verkehrtherum zeigt, daß er seine Ordnung will, die Abschiebung als teuflisch empfindet, daß aber auch er sich versündigt, weil er sein Wort nicht halten will. Dies jedoch nur, so entschuldigt er sich, weil er die Familie liebt, obwohl er wohl für sie gestorben ist. „Aber da", so ruft er erregt, „kennen sie mich noch nicht! Noch ist es mein Haus!" Widersprüche, Gegenpole sind aufgedeckt durch diese Basisreihe, und der eher skeptische Egon P. will nun mehr wissen.

Er deckt das achte Blatt auf. Als erste Karte des Unterbewußtseins finden wir die Karte des „Hohenpriesters" oder *Hierophanten*. Im Grunde seiner Seele erwartet Egon P., daß seine Kinder vor ihm knien, denn ihm gehört das Haus, und er will sich auch noch nicht enteignen lassen. Blatt 9 ist „Der Siegeswagen", anzeigend, daß er auch vom Bewußtsein her nicht daran denkt, nun schon zu Kreuze zu kriechen! Er wehrt sich also noch gewaltig. Karte 10 bestärkt ihn, denn es wird deutlich, daß er auch im Unterbewußtsein Herr im Haus sein will (Karte „Die Herrscherin").

Die elfte Karte ist „Der Eremit". Opa weiß durchaus, daß er allein ist, daß die Einsamkeit ihn bald einholen wird. Als Blatt 12, die dritte Karte der unbewußten Reihe, liegt „Der Magier". Egon P. ist nicht gewillt aufzugeben, wenn ihm dies auch nicht bewußt sein mag, denn er fühlt in sich

22

14

15

4

noch soviel Lebenskraft, daß er sich so leicht nicht geschlagen geben wird. Die polare Karte, das Blatt 13, ist dagegen „Das Maß". Im Bewußtsein also beherrscht sich Egon P. Er will keinesfalls Unfrieden in die Familie bringen.

Nun kommt man zum wichtigen Blatt 14, das ja die eine Ausdehnung des Pyramidenkreuzes darstellt. Es ist die Karte „Der Narr". Natürlich! So sehen ihn seine Kinder! Aber er will nicht ins Heim, er will seine Freiheit, wenn dies auch im Bewußtsein nicht so zum Ausdruck kommt. Blatt 15, „Die Hohepriesterin", zeigt, wie sehr Opa unter seinem Gewissen leidet. Dies alles macht deutlich, wie sehr das Unterbewußtsein im Gegensatz zum bewußten Handeln zu stehen vermag! Egon P., darauf angesprochen, wird dies langsam klar. In seinem Leben hatte er noch nie viel von Seele oder Unterbewußtsein gehört. So gefällt es ihm besser, wenn Ausdrücke wie „geheime Wünsche" und „reales Denken" fallen. Damit kann er mehr anfangen.
Darauf wird Blatt 16 umgedreht. Zu Gesicht kommt die Karte „Der Turm". Opa ist also im Unbewußten — wie schon durch den „Teufel" angedeutet — in Revolutionsstimmung! Es scheint, als wäre er bereit, mit seinen Aktionen das ganze Haus einstürzen zu lassen. Dies merkt ihm nur keiner an, denn daheim zeigt sich Egon P. recht ergeben und fügsam. Blatt 17, „Die Auferstehung" oder „Das Gericht", weist aus, daß er scheinbar alles für die Kinder hingeben möchte.
„Ich bin also nicht ehrlich!" sagte er fast staunend, dann schwieg er. Eine Pause entstand, bis er schließlich das Blatt 18 umdrehte. Es war die Karte „Die Kraft". Immer wieder will ihm das Unterbewußtsein signalisieren, daß er noch längst nicht zum alten Eisen gehört.
Im Bewußtsein dagegen herrschte Blatt 19, „Fortune" oder „Das Rad des Schicksals". Egon P. identifizierte dies sofort: „Mir geht ja wirklich alles wie ein Mühlrad in meinem Kopf herum." Als letzte der Reihenkarte wurde nun Blatt 20 aufgedeckt. Es zeigt die Karte „Die Entscheidung" oder „Die Liebenden".

Sicher weiß das Unterbewußtsein, daß nun bald eine Entscheidung gefällt werden muß, wenn auch dem Bewußtsein der neue Weg dunkel und verschlossen vorkommt (Karte „Der Mond").

Als Abschluß der unterbewußten Reihe steht also die Forderung nach entschlußfreudiger Entscheidung. Nun wird mit innerer Spannung die letzte Karte aufgedeckt. Keiner, der die Karten kaum gesehen hat, kann wissen, welche von den 22 Karten als einzige noch nicht umgedreht wurde. Blatt 22 ist die Karte „Die Sonne". Das sieht verheißungsvoll aus; dieser Funke springt auch auf Opa über.

Die unbewußte Reihe steht in diesem Fall auffällig konträr zu der bewußten Reihe. Egon P. lebt einer gewissen Vernunft nach, um Frieden zu bewahren, aber er ist sich im Tiefsten untreu, aus Angst, seine geheimen Wünsche würden so überhandnehmen, daß eines Tages starre Ablehnung, ja Haß sich gegen seine Familie äußern könnte. Dann sagt Egon P.: „Eines ist mir aber klar", und er weist auf die Karte „Der Tod", „etwas stirbt. Die Familie oder ich!" Und er fügt hinzu: „Aber ich habe weniger Zeit zu leben; wenn alles mit rechten Dingen zugeht, bekommen die ihr Zuhause immer noch früh genug!" Der Kartenleger meint: „Wir können uns noch einmal das Kreuz Ihrer Pyramide ansehen! Dieses Kreuz bildet sich aus dem Blatt 4 und dem Blatt 22 als Senkrechte, und aus dem Blatt 14 sowie 15 als Waagrechte. Das Kreuz geht also von Karte 4, „Die Gerechtigkeit" (auch die Basiskarte in diesem Spiel), hin zur „Sonne", der obersten Karte (auch das Zielblatt). Dies besagt, daß das gute Ende, was sich ja jeder wünscht, nur aufgrund eines ausgewogenen Urteils entstehen kann. „Dies legt mir ja zusätzlich eine große Verpflichtung auf", meint Egon P.

In der Waagrechten haben wir die Verbindung von Blatt 14 — dem „Narren" als Repräsentanten der geheimen Wünsche — hin zum Blatt 15, das die Karte „Die Hohepriesterin" zeigt. Eine schwierige Entscheidung war nun zu fällen. Gerechtigkeit und gutes Gewissen sollten vorhanden sein, aber auch ein Freiheitswunsch berücksichtigt werden sowie ein Leben, das Freude macht — dies schälte sich hier heraus. Und es funkte! Es funkte in Egon P. selbst.

Er sagte: „Ich weiß, was ich tue! Ich halte mein Versprechen, ich ziehe aus, aber nicht in ein Seniorenheim. In der direkten Nachbarschaft wird ein Haus, kleiner als das jetzige, angeboten, das kaufe ich und baue es mir aus!" Die Frage nach dem dazu notwendigen Geld beeindruckte ihn nicht. Er sagte dem Sinn nach: „Das Geld ist doch da. Mein Haus ist abbezahlt, ich werde auf dieses Haus eine Hypothek eintragen lassen, die Zinsen dafür sollen meine Kinder zahlen, wenn sie da wohnen wollen (denn das Wohnen kostete sie bis dato nichts). Sie können, nein sie müssen auch etwas zu ihrem Glück leisten!" Mit einem bauernschlauen Blick verabschiedete er sich.

Mit Elan tat er, was er in Gegenwart der Karten beschlossen hatte, und er hatte überhaupt keine Zweifel mehr an dem eigenen salomonischen Urteil, das er gefällt hatte. Die Kinder meuterten zwar zunächst; da bot er ihnen den Auszug an. Doch dazu wollten sich weder Sohn noch Tochter mit ihrer Familie aufraffen. So zahlten sie ab sofort eine angemessene Miete; Opa arbeitete wie ein junger Mann und konnte schon ein halbes Jahr später in sein Heim einziehen. Der Clou kam noch. Er änderte sein Testament, vererbte das alte Haus der Tochter, das neue dem Sohn, so daß auch seine Kinder zufrieden sein konnten.

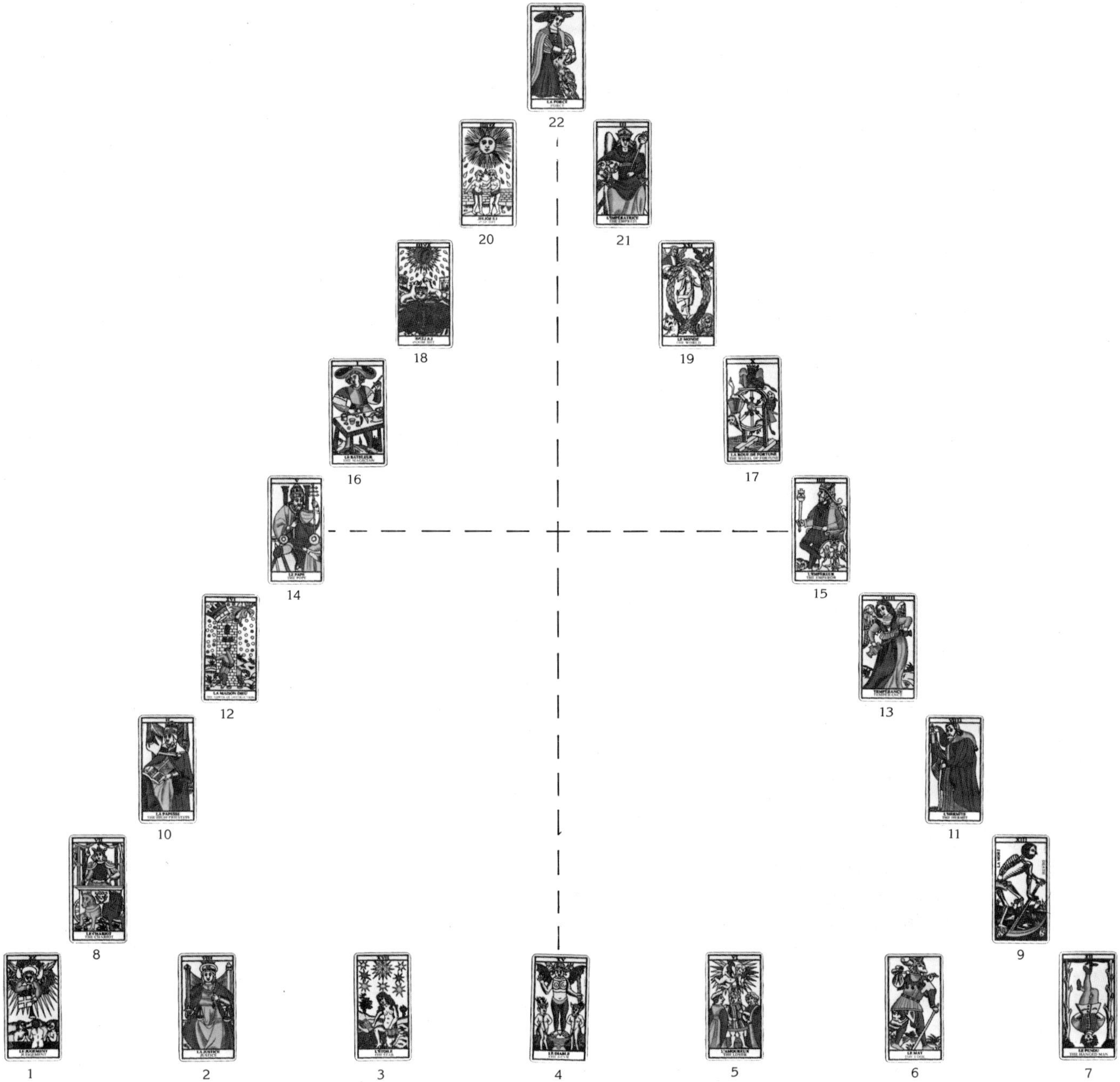
22
20
21
18
19
16
17
14
15
12
13
10
11
8
9
1
2
3
4
5
6
7

## Pyramide III: Mein Mann ist süchtig

Sie kam mit stolzem Gesicht. Elegant, aber unauffällig angezogen. Man spürte, daß zu Hause noch ein wertvollerer Nerz im Schrank hing. Telefonisch hatte sie um einen Termin gebeten, ohne zu sagen, was sie bedrückte. Auch als sie am Kartentisch saß, äußerte sie sich nicht. Ihr einziger Kommentar war: „Eine Freundin (die anonym blieb) hat Sie mir empfohlen". Dann wurde sie gefragt, weswegen sie komme, und sie sagte nur kurz: „Meine Grundsituation würde ich gerne erfahren, wenn sich dies aus Karten überhaupt ersehen läßt."

Von den vier Kartenspielen wählte sie den Marseilles-Tarot. Das Spiel wurde vor ihr ausgebreitet, damit sie es mit den Bildern nach oben zusammenlege. Mit spitzen Fingern faßte sie die Karten an und begann sie zu mischen. Immer wieder, so als hätte sie Angst, sie auseinanderzulegen. Dann fragte sie: „Also sieben Karten offen nebeneinander?" Die Freundin hatte sie gut informiert. Sie begann mit den Worten: „Eigentlich geht es gar nicht um mich...", und legte die Karten aus, jedes Blatt intensiv betrachtend.
Pause. „Eine sehr zwiespältige Lage, in der Sie sich befinden", sagte der Kartenleger. „Das gilt wohl für alle, die zu Ihnen kommen!", so die Antwort. Die Mitte, damit das Ausgangsblatt 4 dieser Reihe, war die Karte „Der Teufel". Vorsichtig wurde ausgedrückt, daß sich Marianne St. (so nannte sich die Dame, ihr richtiger Name war dies sicher nicht) in einer revolutionären Stimmung befand. Sie lehnte sich gegen die ganze Welt auf, wohl auch gegen sich, ungebändigte Gedanken beherrschten sie. Zum unbewußteren Zustand der Lage war zu sehen, daß das Blatt 3, die Karte „Der Stern" die Liebe darstellte, aber das Nebenblatt 2, „Die Gerechtigkeit", zeigt an, daß diese Liebe wie vor einem Gericht schwer gewogen wird — auch auf die Frage hin, ob sich diese Hingabe und Liebe noch lohne, denn als Blatt 1 finden wir „Die Auferstehung". Sicher fragte sich Marianne St., ob nicht etwas Neues angestrebt werden sollte. Dies alles aber bewegt sie mehr unbewußt.
Im Bewußtsein jedoch sind eindeutig starke Zweifel zu sehen, wie es Blatt 5 „Die Entscheidung" oder „The Lovers" ausdrückt. Daneben als Blatt 6 die Karte „Der Narr", was darauf hinweist, daß diese Frau Freiheit erlangen möchte, um in eine völlig neue Lebenslage zu kommen (Blatt 7, Karte „Der Gehängte"). Marianne St. wurde gesagt, es sähe so aus, als ob sie mit dem Gedanken an eine Scheidung spiele (sie hatte vorher nicht gesagt, ob oder wie sie verheiratet war), daß sie zwar unbewußt noch sehr an ihrem Mann hänge, aber ihre Liebe immer mehr abwäge, also auf den Prüfstand stelle, und daß ihre Hingabe an den Partner ihr schon fast leid tue. Erstaunt blickte Marianne St. auf und nickte.
Als ihr dann erklärt wurde, daß dies ihr gegenwärtiger Zustand sei und sie nun gehen könne, schüttelte sie verneinend den Kopf. Sie wolle die ganze Legeart durchspielen. Auf die Anregung: „Dann müssen Sie aber mitarbeiten, denn Kartenleger sind keine Hellseher", nickte sie.

Sie deckte Blatt 8 auf, die Karte „Der Siegeswagen", *Le Chariot!* Ihr Unterbewußtsein signalisierte also Stärke und Siegeswillen. Was sagt das Bewußtsein, Blatt 9, dazu? Es war die Karte „Der Tod". Im Bewußtsein war also von der unbewußten Siegessicherheit nichts zu spüren. Da fühlte sie sich wie abgestorben. Marianne St. sagte dem Sinn nach, daß dies ja kein Wunder sei bei der Lage, in der sie sich befinde. Sie war also bereit zu sprechen, wendete aber noch stumm Blatt 10 um. Es war die Karte „Die Hohepriesterin" oder *La Papesse*. Unaufhörlich befragt also das Unterbewußtsein ihr Gewissen. Da nun als Blatt 11 die Karte „Der Eremit", fiel, war die Schlußfolgerung zu ziehen, daß sich Marianne St. wohl sehr einsam fühle, zumal diese Karte über der des „Todes" lag. Darauf äußerte sie, daß man ja wohl mit niemandem darüber sprechen könne, wenn der Mann süchtig sei, nicht nach Hause komme und das Geld, das sie in die Familie mitgebracht

22

14

15

4

habe, mit Freunden und wohl auch mit Freundinnen durchbringe. Dann legte sie Blatt 12 auf. Dies war „Der Turm“, aufzeigend, daß ihr Unterbewußtsein wohl bereits weiß, daß alles Bisherige in ihrem Leben eingestürzt und ein Neuanfang nötig ist.

Doch polar oder konträr zum „Turm“ liegt als Blatt 13 auf der bewußten Seite die Karte „Das Maß“ oder *Tempérance*, also der Ausgleich, das Abwägen. In diesem Fall deutet dies darauf hin, daß die Umwelt nichts erfahren soll und es auch ums Prestige geht. Marianne St. nickte und erklärte leise, aber erregt, daß ihre Familie eine angesehene Firma und Fabrik besitze, die nach dem Willen ihrer Eltern nicht ins Gerede kommen dürfe. Dies stelle ihr zweites Problem dar.

Blatt 14, „Der Hohepriester“, schien dies zu bestätigen, denn *Le Pape* macht deutlich, daß im Unterbewußtsein der Marianne St. eine starke Bindung an die Tradition, an die Erziehung besteht. Davor kniet sie sozusagen, das kann sie nicht einfach von sich schieben. Blatt 15 unterstreicht dies, denn die Karte „Der Herrscher“ oder *The Emperor* drückt aus, wie sehr im Bewußtsein der Wille zur Überlegenheit besteht. Marianne St. meinte dazu nur, daß sie diese Beherrschung an sich hasse und kurz vor dem Überkochen stehe. Blatt 16 wird aufgenommen. Es ist Karte „Der Magier“, *Le Bateleur*. Auch hier also (wie bei der Pyramide II), hoffnungsvoller Mut im Unterbewußtsein, aber auch deutlich der Wunsch, ganz von vorn anfangen zu wollen. Das wäre wohl am besten, murmelt Marianne St. vor sich hin, dann wendet sie Blatt 17 um. Da lag *La Roue de Fortune*, das Schicksalsrad, das die dauernde Mühle der Belastungen von Marianne St. gut zum Ausdruck bringt. Ihr bewußtes Leben, damit das Leben, das sie nach außen führt, ist wirklich voller Qual. Sie erklärt nun auch, daß sie nach wie vor an ihrem Mann hänge, aber einfach nicht verstehen könne, wie man sich so verlieren kann.

Blatt 18 wird umgelegt. Wir finden hier die Karte „Der Mond“. Damit signalisiert das Unterbewußtsein, daß Marianne St. sich auf einen langen Weg einzustellen hat, daß ein Aufbruch notwendig ist, um zu einer neuen Ordnung in sich und mit der Umwelt zu kommen. Daß auch ihre bewußten Gedanken um dieses Problem kreisen, wird durch das Blatt 19 deutlich, das die Karte „Das All" oder *Le Monde* zeigt.

Marianne St. folgt der Aufdeckung der Karten (wohl auch der Aufdeckung ihrer inneren Gedanken und Überlegungen) mit ungewöhnlicher Konzentration. Blatt 20, die Karte „Die Sonne", in der die Lebensgemeinsamkeit zum Ausdruck kommt, ist die letzte und obere Karte der unbewußten Reihe. Sie besagt, daß das Unterbewußtsein durchaus einer erneuten Zusammenfindung eine Chance gibt. Mit dieser Erkenntnis dreht Marianne St. das Blatt 21 um und findet hier „Die Herrscherin", die Karte *L'Impératrice.* Nun folgert sie bereits allein, daß das gemeinsame Glück wohl nur gefunden werde, wenn sie als „Herrscherin" die Zügel fest in die Hand nehme, denn er (ihr Mann ist damit gemeint) scheint dafür zu schwach zu sein. Dann spricht sie es aus: „Das habe ich immer gewußt!" Bleibt die Zielkarte, das Blatt 22. Es ist die Karte „Die Kraft", *La Force.* Ein sehr ermutigendes Blatt, wie es Marianne St. auch gleich empfindet. Aber dieses Blatt drückt vordergründig auch aus, daß sie allein die Dämonen (und damit auch diejenigen, die in ihrem Mann zu leben scheinen) bändigen, ja dressieren muß. Sie muß handeln. Mit diesem Gedanken sitzt Marianne St. viel gelöster auf dem Stuhl, vorher war der Rücken völlig verkrampft.

Jetzt wurde es Zeit, das Pyramidenkreuz auszulegen, das ja aus Blatt 4 und 22 sowie den Blättern 14 und 15 besteht. So finden wir in der Senkrechten als Basiskarte den „Teufel" und als Zielkarte „Die Kraft". Größere Gegensätze sind kaum denkbar. In der Waagrechten liegen sich „Der Hohepriester" und „Der Herrscher" gegenüber. Dies verlangt eine starke Wandlung der inneren Einstellung von Marianne St. Die Gedanken, ihren Mann einfach vor die Tür zu setzen, ihn sogar zu entmündigen (was sie sich alles überlegt hatte, wie sie nun gestand) mußten der Einstellung weichen, nun Kraft und Mut zu beweisen. Auch die Achse „Hohepriester" zum „Herrscher" bedeutete ja, daß sie ihr Gewissen nur dann beruhigen könne, wenn sie handele, wenn sie also das Zepter wirklich in gerechtem Sinn (Herrscher gleich Jupiter) gebrauche. Als Marianne St. ging, wußte sie natürlich noch nicht genau, was sie tun müßte, wie sie handeln würde, aber der zukünftige Trend ihrer Überlegungen war vorgegeben. Dies war das Entscheidende. Sie kam noch öfter, aber nur, um Orakel-Fragen zu stellen. Ihre Grundrichtung war klar: Sie setzte ihrem Mann ein Ultimatum, brachte ihn in einem teuren Privatsanatorium unter, tat dabei den klugen Schachzug, sich von ihrem Mann vor einem Notar unterschreiben zu lassen, daß er alle Kosten tragen müsse, also ihr das Geld für die Behandlung — und das ging in die Tausende — zurückzuzahlen hatte.
Vielleicht war dies sogar das Entscheidende! Der Mann spürte, daß seine Frau ihm das Wiedererlangen seiner Fähigkeiten zutraute. Und er würde ja zuletzt alles allein regeln und bezahlen! So wuchs er aus seinem Gefühl, in einem goldenen Käfig zu sitzen, heraus, hatte nicht mehr den Eindruck, bevormundet zu werden, obwohl er es in Wirklichkeit war.
Offenbar ist alles einigermaßen gut ausgegangen. Später nahm der Mann außerhalb der Firma seiner Frau eine Stellung an, was ihm — nach ihren Worten — sehr gut bekam.

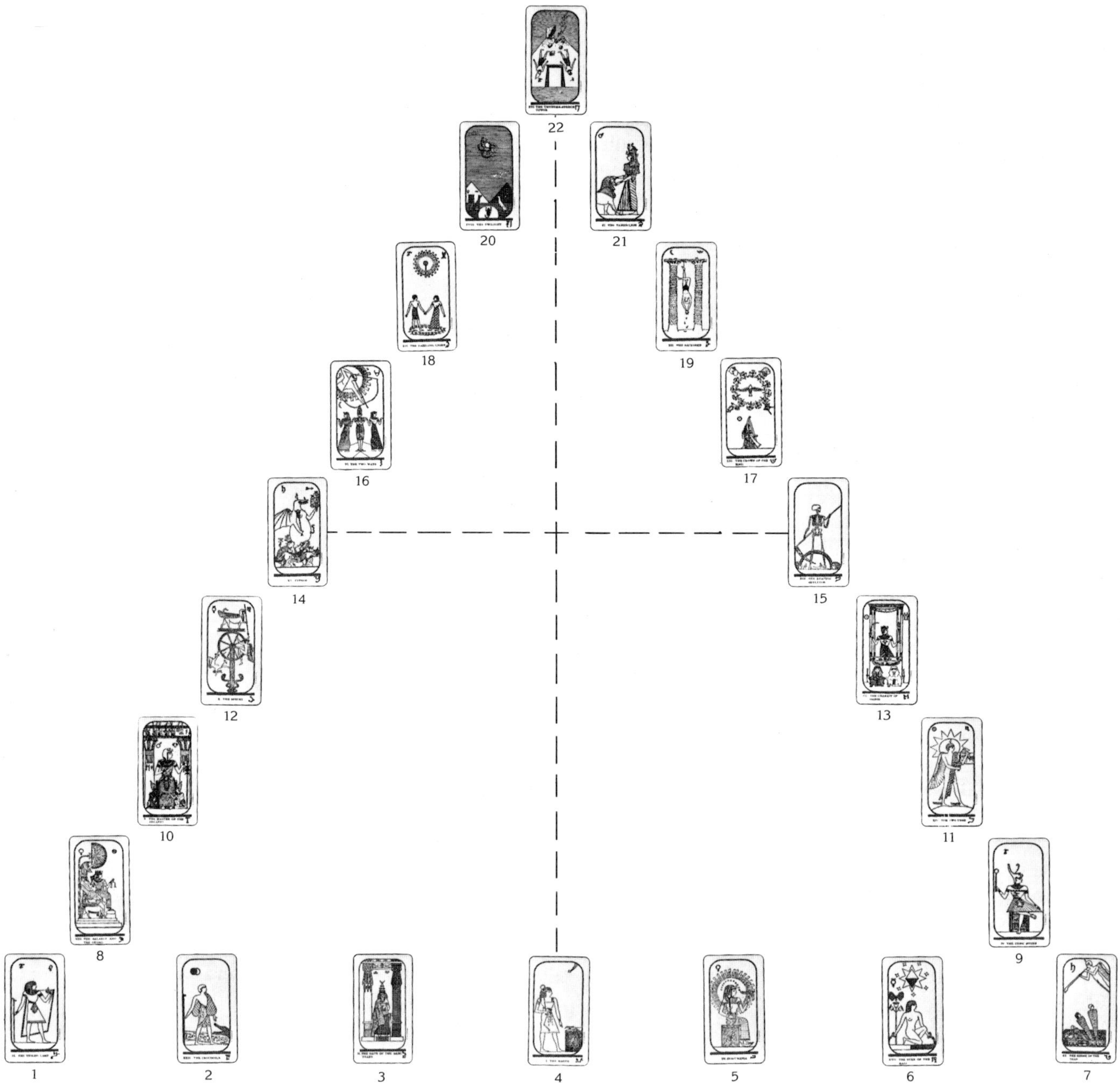
22
20
21
18
19
16
17
14
15
12
13
10
11
8
9
1
2
3
4
5
6
7

## Pyramide IV: Ein Mann will aussteigen

Er war Anfang 40 und Mitbesitzer einer Geschäftskette, was ihm erlaubte, ein — in den Augen anderer — gutes Leben zu führen. Er besaß ein Haus in einem Badeort, hatte eine hübsche Frau und auch Erfolg bei anderen Frauen. Als Kaufmann besaß er Geschmack, war ein guter Einkäufer (Lederbranche) und wurde von vielen beneidet. Er kam zum Kartenleger, weil ihn ein Problem seit Jahren nicht losließ: Er selbst empfand sein Leben als ziemlich nutzlos. In der Jugend war er voller Idealismus, aber nun herrschte das praktische, vernünftige Denken vor. Am liebsten wäre er irgendwohin gefahren, hätte sein Leben neu anfangen wollen (aber nicht mit seiner Frau). Dann wieder wollte er denjenigen helfen, die wie er einst voller Pläne und Ideen waren, aber keine Möglichkeit fanden, sie zu verwirklichen. So liebäugelte er mit dem Gedanken, ein Haus (auf Geschäftskosten) als allgemeine Begegnungsstätte zu gründen. Wenn sich dies bewähren würde, hatte er die Absicht, die Geschäfte, die er mit seinen Schwestern gemeinsam betrieb, zu verlassen, um sich ganz seinen ideellen Vorstellungen zu widmen. Er wäre bereit, ein bescheidenes Leben zu führen.

Wolfgang A. mischte die Karten und legte die Basisreihe der Pyramide aus. Diese Reihe zeigt nun eine erstaunliche, weil fast einseitige Kartenlegung, an. In der Mitte als Blatt 4 die Karte „Der Magier" oder *The Magus*. Das „Neue", das ihn bewegt und womit er seine Kräfte mobilisieren möchte, beherrscht die Basisreihe. Umrahmt wird die Karte einmal von Blatt 5, der Karte der „Herrscherin", was hier einen festen Willen dokumentieren würde, neben Blatt 6 („Der Stern" oder *The Star of the Magi*) und dem Blatt 7 („Die Auferstehung" oder *The Rising of the Dead*)

Im Bewußtsein von Wolfgang A. herrscht die Idee, eine führende Position in einem neuen Leben einzunehmen, vor, die er gleichzeitig mit einer Liebesbegegnung (einer neuen Partnerin?) verwirklichen möchte. Jugendträume eines Mannes im mittleren Alter, könnte man sagen. Doch die Basiskarten, die mehr das Unterbewußtsein symbolisieren, sind auch in dieser Richtung deutbar. Da liegt das Blatt 3, die Karte „Die Hohepriesterin" oder *The Gate of the Sanctuary* neben der Karte des „Magiers", ein Zeichen für die Ausrichtung auf religiöse Ideale. Als Blatt 2 unterstützt die Karte „Der Narr" beziehungsweise *The crocodil* den unbewußten Freiheitswunsch des Aussteigens aus dem Trott des Alltags in Richtung Innenleben und Erkenntnis, wie es durch das Blatt 1, die Karte „Der Eremit" oder *The Veiled Lamp* unterstrichen wird. Die Basis ist also recht eindeutig und klar. Als Blatt 8 der untersten linken Pyramidenseite finden wir die Karte „Die Gerechtigkeit" oder *The Balance and the Sword*. Das Unterbewußtsein wägt demnach die Pläne und Gedanken von Wolfgang A. stark ab, scheint sich noch nicht so sicher zu sein. Konträr dazu zeigt das Blatt 9, die unterste Karte der rechten Pyramidenseite, den „Herrscher" (*The Cubic Stone*).

Wolfgang A. möchte also doch eine recht bedeutende Rolle spielen! Das würde aber an der Grundsituation (Chef ist er ja schon) nichts verändern. Blatt 10 wird umgelegt. Es erscheint die Karte „Der Hohepriester" oder *The Master of the Arcanes*. Diese Karte stellt sehr oft eine Prüfungssituation dar; so muß daraus geschlossen werden, daß die Entscheidung zum neuen Weg zumindest noch nicht sehr tief in Wolfgang A. verankert ist, zumal Blatt 11 die Karte „Das Maß" oder *The Two Urns* zeigt. Souveränität und Gleichgewicht spielen im bewußten Leben dann doch eine wichtige Rolle, während derartige umwälzende Pläne ja einen eher einseitigen Einsatz fordern. Aber es kann durchaus sein, daß gerade das dauernde Maßhalten jemanden zu Umwälzungen treibt.

Wolfgang A. selbst möchte diese Möglichkeit annehmen, obwohl er merklich stiller wird, als wir uns der Spitze der Pyramide nähern. An den Reaktionen der Frager läßt sich nämlich bei dieser Legeart recht gut ablesen, wie sehr sie eigentlich im

22

14

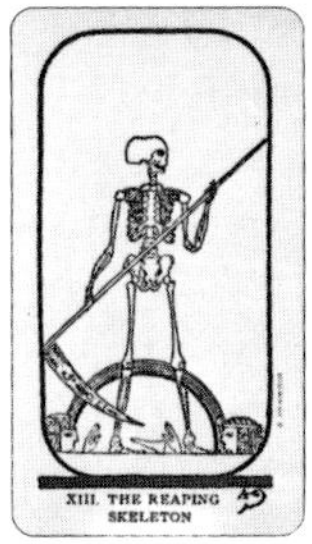

15

4

Grunde von ihren Plänen begeistert sind. Je mehr es zur Entscheidungskarte kommt, um so ängstlicher werden die einen, um so bewegter, begeisterter oder erregter die anderen. Als Blatt 12 wird die Karte „Fortune" oder *The Sphinx* sichtbar. Da verstummt Wolfgang A. doch mehr und mehr. Diese Karte zeigt ihm, daß sein Inneres ihn vor den neuen Plänen zu warnen scheint, denn große Anstrengungen stehen ihm bevor, und wie das Neue sich im Auf und Ab des Alltags bewähren würde, löst doch gewisse Ängste aus. Die passen nun gar nicht zum Blatt 13, denn die Karte „Der Siegeswagen" oder *The Chariot of Osiris* verdeutlicht eher, daß Wolfgang A. bereits mit berechtigtem Stolz eine führende Position innehat, die er so gern wohl kaum aufs Spiel setzen würde! Doch beim Aufdecken des Blattes 14, das zum Pyramidenkreuz gehört, ändert sich die Lage. Wir erblicken den „Teufel" oder die böse Gottheit *Typhon*. Jetzt wird doch klar, daß Wolfgang A. unbewußt oder aus dem Inneren von neuen, ja eher revolutionären Gedanken getrieben wird. Nur muß sich noch herausschälen, ob ihn da eine Lust reizt und anstachelt oder starkes Streben nach einem neuen Weg. Die Karte „Der Teufel" enthält beides! Um so aufschlußreicher zu diesem Zustand jetzt die polare Seite im Bewußtsein!

Da finden wir als Blatt 15 die Karte „Der Tod" oder *The Reaping Skeleton*. Das läßt verschiedene Deutungen zu. Einmal, daß das Unterbewußtsein mit der Kraft des Gegenspielers Satan fordert, daß altes Gedankengut im Bewußtsein absterben soll! Es kann aber auch heißen, daß im Grunde das Bewußtsein alle geheimen Wünsche letztlich nie zur Geltung kommen und absterben lassen wird. Das werden die nächsten Karten entscheiden. Blatt 16 ist „Die Entscheidung" oder *The Two Ways*, wohl ein Hinweis darauf, daß tief innen Zweifel Wolfgang A. beherrschen. Nur weiß er kaum etwas davon! Das konträre Bewußtseinsblatt 17 offenbart sich als die Karte „Das All" oder *The Crown of the Magi*. Die klare Weltordnung spielt also im Bewußtsein von Wolfgang A. eine starke Rolle. Er fragt sich wohl: Muß das so bleiben oder soll dies umgestürzt werden? Vom Unterbewußtsein her wohl kaum, denn als Blatt 18 wird die Karte „Die Sonne“ oder *The Dazzling Light* sichtbar. Hier spricht eine Harmoniesehnsucht, die in Wolfgang sehr tief verankert zu sein scheint. Polar dazu erblicken wir als Blatt 19 die Karte „Der Gehängte“ oder *The Sacrifice*. Das trifft ihn! „Deswegen bin ich ja hier, weil ich alles verändern will, weil eben das Leben auf den Kopf gestellt werden müßte.“ Er sagte „müßte“, nicht muß! Auf solche Äußerungen ist gerade beim Spiel der Pyramide sehr zu achten!

Bei Blatt 20 handelt es sich um die Karte „Der Mond“ oder *The Twilight*, die Karte, die einen großen Aufbruch zeigt. Als polare Ergänzung finden wir als Blatt 21 die Karte „Die Kraft“ oder *The Tamed Lion*. Sicher eine Ermutigung für den neuen Weg. Wir müssen aber auch sehen, daß es sich hier um eine Zähmung der Kraft handelt, daß der Wunsch nach einem neuen Weg durchaus vom Bewußtsein gebändigt werden könnte! Doch das wird erst entschieden, wenn wir die Frage nach dem Ziel der neuen Reise, des neuen Weges kennen.

Das Blatt 22 wird umgedreht. Wir erblicken den „Turm“ (oder *The Thunder-Struck Tower*), den Blitz, der in den Turm, die Pyramide einschlägt. Wolfgang A. ist erschreckt. „Heißt das, ich würde alles zerstören?“ Pause. Dann aufbrausend: „Aber es kann doch auch bedeuten, ich *muß* alles zerstören!“ Schließlich werden die beiden Pyramidenreihen angeschaut. Der Gegensatz zwischen den geheimen Wünschen und der bewußteren Lebensführung ist sehr eindeutig. Wolfgang A. scheint nicht bereit zu sein, sein Leben zu verändern, wenn damit Opfer oder nur eine Beschränkung verbunden sind, obwohl er mit gewissen Plänen liebäugeln mag. Aber die Karte des „Schicksalsrades“ wie auch die Karte des „Teufels“ sind deutliche Warnungen des Unterbewußtseins, daß Wunsch- und Wachträume Besitz von Wolfgang A. ergriffen haben.

Das Pyramidenkreuz: Wir erblicken als Basiskarte den „Magier“ und als Zielkarte den „Turm“. Die Auslegung scheint einfach. Kräfte in Wolfgang A. liegen wohl brach, er will hier mehr als bisher tun, sich entwickeln, aber am Ziel steht (zunächst) eine Zerstörung ins Haus. Die horizontale oder waagrechte Ausrichtung des Kreuzes geht vom „Teufel“ zum „Tod“. Das ist eindeutig. Unbewußte Triebe oder Verführungen (aus welchen Versuchungen auch immer) könnten zu einem abrupten Ende führen, während der danach kommende Neuanfang überhaupt nicht klar ist. Oder anders ausgesagt: Das Wunschdenken des Wolfgang A. wird aller Wahrscheinlichkeit nach zunächst zu einer totalen Zerstörung führen, aus der dann nur mit stärkster Anstrengung ein neues Leben aus Ruinen erwachsen kann. Ist also Wolfgang A. bereit, dies alles auf sich zu nehmen? Denn (die Karten haben es mit ans Licht gebracht) er weiß, wie schwer eine solche Umstellung für ihn sein würde. Deswegen hat er sie auch stes hinausgezögert und nur in Gedanken mit Intensität verfolgt. Ziemlich unwirsch geht der Frager aus dem Haus.

Er sagt zum Abschied noch: „Ich muß also über Leichen gehen, nun gut, dann werde ich es eben tun!“ Er hat diesen Weg nicht beschritten.

Ein Jahr später kam Wolfgang A. wieder. Sein Problem war diesmal, wie er seine Geschäftskette ausbauen könne, ja ob er es tun solle. Angesprochen auf seine „Aussteiger“-Pläne lächelte er nur: „Das habe ich verschoben!“ Also aufgehoben. Sein „Aussteigen“ war eine kürzere Bindung an eine Freundin (der Trieb-Teufel im Pyramidenkreuz). Das ging schief, so verlor er wohl den Mut, seine Pläne zu verwirklichen. Dies war seine Version. Nach den Karten hätte er den erforderlichen Mut nie gehabt, was er in seinem Stolz nur nicht zugeben wollte. Doch zeigte ja seine erneute Fragestellung, daß er sein Vertrauen in die Tarotblätter nicht verloren hatte.

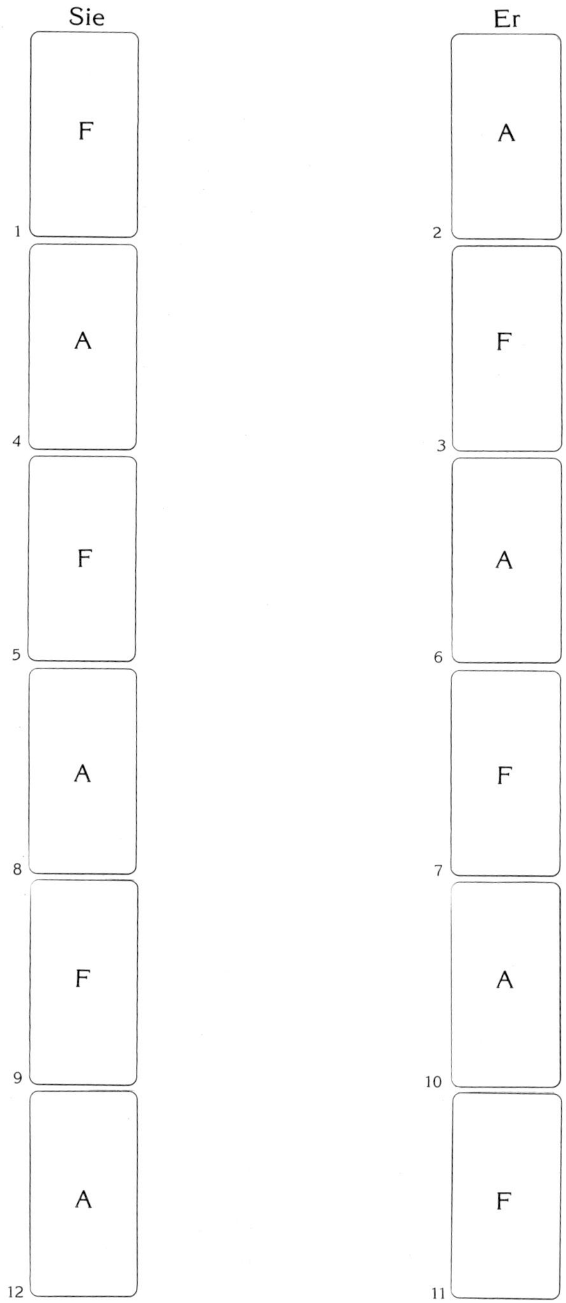
Sie
F
1
A
4
F
5
A
8
F
9
A
12
Er
A
2
F
3
A
6
F
7
A
10
F
11

## Das Partnerspiel

Diese Legeart scheint — oberflächlich gesehen — wie ein Partyspiel abzulaufen, jedenfalls wird es gerne als Unterhaltungsmöglichkeit gebraucht. Im Grunde handelt es sich hier jedoch um einen echten und sehr vielsagenden Partnertest, der sich immer dann als recht förderlich erweist, wenn zwei Menschen gemeinsam zum Kartenlegen kommen, weil sie in eine Krise geraten sind, ohne zu wissen wieso und warum. In diesem Spiel offenbaren sich Gegensätze beziehungsweise Gemeinsamkeiten. Allerdings muß betont werden, daß dieses Spiel nicht dazu mißbraucht werden darf zu prüfen, ob zwei Menschen grundsätzlich mehr oder weniger gut zusammenpassen. Es ist ein Spiel des Augenblicks. Wird dieses Spiel in einigen Wochen von denselben Partnern wiederholt, kann es durchaus anders verlaufen.
Wichtig ist: Hier werden Momentaufnahmen zweier Menschen eingefangen, damit sie sich ein klareres Bild von der augenblicklichen Situation, die sie gemeinsam erleben, machen können.

Die 21 Karten werden *offen* ausgelegt und zwar oben „Der Narr", dann darunter die drei Siebener-Wege. Also oberste Reihe Karten 1—7. Mittlere Reihe Karten 8—14 und dritte oder unterste Reihe Karten 15—21. Dann wird entschieden, wer beginnt. Das sollten die Partner unter sich ausmachen. Im Zweifelsfalle beginnt die-/derjenige, welche/r die Anregung zu diesem Spiel gab.
Das Spiel besteht aus einem stummen Dialog mit Kartenbildern. Das heißt, wer die erste Karte legt, will damit seinem/r Partner/in etwas sagen, worauf geantwortet werden soll. Nehmen wir an, sie beginnt. Sie wählt eine Karte, legt diese als Blatt 1 nieder. Dann wählt er eine Karte und legt diese Antwort als Blatt 2 neben Blatt 1. Darunter legt er Blatt 3, — jetzt fragt er! Sie wählt danach als Antwort Blatt 4 und legt als zweite Frage von sich unter Blatt 4 das Blatt 5. Nun ist er an der Reihe und legt neben Blatt 5 die Karte, die er als Blatt 6 gewählt hat. Jetzt fragt er mit einer Karte, die als Blatt 7 unter Blatt 6 gelegt wird. Darauf ist sie wieder an der Reihe. Sie sucht sich eine Karte aus, die sie als Blatt 8 neben das Blatt 7 legt. Dann — es ist ihre letzte Vorgabe — wählt sie wiederum eine Karte, die als Blatt 9 unter Blatt 8 kommt. Darauf antwortet er mit einer Karte seiner Wahl, die als Blatt 10 neben Blatt 9 kommt. Dann wählt er zum letztenmal eine Karte, die er als Blatt 11 unter Blatt 10 legt. Sie hat die letzte Karte als Antwort, das Blatt 12, das neben Blatt 11 gelegt wird. Jetzt hat jeder dreimal die Vorgabe gehabt und jeder hat dreimal antworten können. Wer anfängt, hat auch das letzte Wort. So ist die Wahl, wer beginnt, oft schon höchst aufschlußreich.
Aus der Grafik ist leicht ersichtlich, ob es sich um eine Frage oder eine Antwort handelt, wobei das Wort Frage nicht wörtlich genommen werden darf. Insgesamt geht es hier um einen Dialog, in dem mal „Sie", mal „Er" führt. F steht für Frage und A für Antwort. Man könnte auch sagen: Einer sagt etwas, darauf erfolgt eine Erwiderung. Die Initiative des Dialogs geht von dem aus, der gerade geantwortet hat.
In unserem grafischen Beispiel beginnt sie, während er derjenige ist, der als erster die Erwiderung legt. Es kann selbstverständlich auch umgekehrt sein. Die ganze Legung der 12 Karten erfolgt stumm, es soll allein über die Karten ein Dialog geführt werden. Die Deutung erfolgt erst, wenn alle 12 Karten liegen. Wichtig bleibt der Gesamteindruck, die Gesamtaussage. Dabei wird auch einmal „Ihre" oder „Seine" Reihe für sich analysiert sowie das Zusammenspiel oder die zu erkennende Gegensätzlichkeit. Ein Spiel, in dem jeder vom anderen seine momentane Verfassung und Denkweise erfahren kann. In der Praxis hat sich dies sehr häufig als äußerst hilfreich für eine Partnerschaft erwiesen.

1

2

4

3

5

6

8

7

9

10

12

11

## Partnerspiel I: Begegnung aus der Szene

Heide und Jürgen hatten sich in der Drogenszene kennengelernt. Beide waren voller Sehnsüchte, die ihnen der Alltag nicht erfüllte. So gerieten sie an Tranquilizer, dann an Haschisch. Als sich aber zeigte, daß es mit ihnen körperlich und geistig schnell bergab ging, wurde ihnen klar, daß sie sich verlaufen hatten. Sie beschlossen, sich gegenseitig aus dieser Sackgasse herauszuholen. Das gelang unter unsäglichen Anstrengungen. Heide konnte bald eine Lehrstelle bei einer Kosmetikfirma bekommen, er jobbte in einer Lagerverwaltung. Als bei Gelegenheit ein Einzimmerappartement frei wurde, zogen sie dort ein, ohne etwas für einen gemeinsamen Lebensablauf verabredet zu haben. Bald fragten sie sich, ob das alles gutgehen würde, zumal heftige Auseinandersetzungen, aber auch Versöhnungen an der Tagesordnung waren. Die Frage war: Hielt sie die Erinnerung an die Szene zusammen oder die Angst, allein zu sein? Als sie vom Kartentest hörten, beschlossen sie, zum Kartenleger zu gehen, um sich dies einmal — spaßeshalber — näher anzusehen.

Die Karten wurden ausgelegt, und Heide, die alles initiiert hatte, wählte die erste Karte aus. Sie wählte „Fortune", ein Zeichen, daß sie sich kaum in einer guten Verfassung befand, viele Gedanken gingen ihr durch den Kopf, sie fühlte sich geschlaucht. Jürgen setzte dagegen die Karte „Das Maß". Das sah wie eine Beruhigung aus, kam auch einer steten Aufforderung an Heide gleich, emotionell nicht immer zu heftig zu reagieren. Um dies zu unterstreichen, legte er die Karte „ Der Herrscher" unter die Maß-Karte. Er forderte Vertrauen, wohl aber auch die Anerkennung als Führungsperson. Nun war Heide am Zug. Sie setzte mit der Wahl der Karte „Die Herrscherin" einen Kontrapunkt und gab, um gleich zu zeigen, daß sie sich nicht einfach unterwerfe, „Die Kraft" als Blatt 5 dazu. Das stellte selbstverständlich eine Herausforderung dar. Jürgen spürte dies. Er überlegte etwas länger, um dann die Karte „Der Magier", als Blatt 6 dagegen zu setzen. Er gab dadurch zum Ausdruck, daß er sich auf seine Kraft verlasse, im Notfall auch von vorn anfangen zu können. Man sieht, das Ganze läuft schon ein wenig aggressiv ab, spiegelte etwas von einer Spannung und dem Kampf der Geschlechter wider. Beide waren jung, kaum gewillt, einzulenken, daher war es nicht verwunderlich, daß Jürgen nun den „Siegeswagen" als Blatt 7 auswählte. Von der ersten Karte, dem „Maß", war nun nichts mehr zu spüren.

Zur Überraschung von Jürgen wählte Heide als Blatt 8 den „Teufel" als Antwort auf den „Siegeswagen". Das zeigt persönlichen Mut!
Fast sieht es so aus, als schaukelten sich beide hoch, wären sogar zur Trennung bereit. Diese Vermutung wird dadurch bestätigt, daß Heide nun den „Turm" unter den „Teufel" legt. Auch diese Karten gehören zusammen: Und wenn alles einstürzt, ich lasse mich nicht unterkriegen! Man fragt sich bei diesen Energieanzeichen beider Menschen, wieso sie überhaupt einst in die Szene geraten waren. Es blieb nur die Erklärung, daß sie aneinander in ihrer Persönlichkeit gewachsen sind.
Jürgen hatte gewählt, und zwar die Karte „Der Narr". „Wenn du den Blitz einschlagen läßt, mich aus dem Turm (Haus) wirfst, dann wird mir die Freiheit nichts ausmachen, die mich schon lange lockt", so kann diese Kartenwahl gedeutet werden. In dieser Wahl ist jedoch auch die Mahnung enthalten, das Spiel mit ihm nicht zu sehr auf die Spitze zu treiben, denn „Teufel" und „Turm" sprechen für Aggression. Nun durfte man gespannt sein, welche Karte Jürgen als letzte wählen würde.
*(Es ist stets gut, nun zu sagen, daß es sich um die letzte Karte handle, die auszusuchen ist.)*
Jürgen hatte schon nach einer Karte gegriffen, als er aber hörte, er habe nur noch eine Karte, zuckte er zurück und wählte neu aus.
Jürgen wählte zur Überraschung der beiden anderen Beteiligten die Karte „Der Stern". Diese Karte wird meist unbewußt als Karte der Liebe betrachtet und war wohl hier auch so gemeint. Das sah nach Einlenken aus, war eine echte Bekundung!
Verschmitzt wandte sich Jürgen ab, ohne zu schauen, welches Blatt Heide nun aussuchen würde. Auch bei ihr war es das letzte Blatt. Immerhin hatte sie den Vorteil, die erste und die letzte Karte zu wählen. Belohnung für den Mut, anzufangen, denn die Praxis zeigt, wie gehemmt sich hier oft Fragende verhalten. Heide überlegt, dann greift sie zur Karte „Die Auferstehung".
Nun schauen beide den Kartenleger — und zwar etwas belustigt — an. Die letzte Reihe zeigt deutlich eine Versöhnung. Jürgen hatte den Mut, die Karte zu legen, die einer Liebeserklärung am nächsten kommt, und Heide antwortete mit der Karte der Hingabe, aber auch des Neuanfanges. Schaut man sich nun alle 12 Karten an, dann wird deutlich, daß sich beide gegenseitig hochgeschaukelt haben, was mehr von ihm ausging, aber daß beide wohl (im Moment) doch nicht voneinander lassen können. Kein Wunder daher, daß Heide und Jürgen mit dem Test recht zufrieden waren und eng umschlungen von dannen zogen. Vielleicht hat jetzt jeder ein wenig mehr vom anderen verstanden.

## Partnerspiel II: Der viel jüngere Freund

Sie sah sehr gut aus, war wohlhabend und geschieden. Zu ihrem Eigentum gehörte eine große Wohnung, die sie aufsehenerregend ausgebaut hatte. Sie war finanziell unabhängig, darüber hinaus füllte sie eine Vertrauensstellung in einer Versicherungsgesellschaft aus. Eines Tages lernte Regine L. einen viel jüngeren Mann kennen, der — weil zur Zeit arbeitslos — eine Heilpraktikerausbildung absolvierte. Beide gefielen sich auf den ersten Blick. Regine freute besonders, daß Jean ein so guter Tänzer war. Sie lud ihn in ein Feinschmeckerlokal zum Essen ein und empfand es als sehr schmeichelhaft, daß andere Frauen in ihrem Alter sie sehr deutlich um diesen jungen Mann beneideten. Beide kamen sich schließlich auch intim näher. Regine empfand diese Verbindung als geschenktes Glück, war aber so klug zu wissen, daß dies sicher nur eine Bindung auf Zeit darstellte. Jean jedoch wollte von einem Altersunterschied (immerhin 16 Jahre) nichts wissen, ja er konnte sich durchaus eine Bindung auf Dauer vorstellen. So richtete er sich immer mehr in ihrer Dach-Atelierwohnung heimisch ein. Sie jedoch bestand darauf, daß Jean nach Mitternacht — jedenfalls vor dem frühen Morgen — ihr Zuhause verließ. Ansonsten verstanden sie sich prächtig, und sie waren sofort von einem Kartentest angetan, den eine Freundin ihnen vorschlug.

Jean begann das Spiel, indem er als Blatt 1 die Karte „Der Stern", legte. Das war eine klare Liebeserklärung gleich zu Beginn, die Regine schmeicheln mußte. Ihre Antwort lautete: „Die Gerechtigkeit". Dies konnte heißen: Es muß alles abgewogen werden — auch deine Liebe! Und um dies zu unterstreichen, legte sie unter die Karte der Gerechtigkeit „Das Maß". Besser kann eine Scheu, aber auch der Wille zur Distanz, zum Sich-nicht-Verlieren kaum zum Ausdruck kommen! Erfahrungen einer reifen Frau fanden so ihren begründeten Ausdruck. Aber diese Wahl schien Jean nicht im geringsten zu interessieren. Er antwortete mit der Karte „Die Sonne". Das konnte ja nichts anderes heißen als: Ich bin fest überzeugt, daß wir beide glücklich werden! Schnell legte Jean dann den „Teufel" unter diese Karte. Das war wohl ein Ausdruck seiner männlichen Sicherheit, denn nur die kann so unbefangen diese Karte einsetzen, als Karte des Triebs und der stürmischen Erotik. Er brachte also (unbewußt) seine Jugend ins Spiel, wollte sie überrennen. Doch Regines Antwort ließ nicht lange auf sich warten. Sie wählte „Die Hohepriesterin"; deutlicher — wenn auch sehr höflich — kann man kaum zu jemand auf Distanz gehen: Immerhin sollte ich für dich doch auch eine Art von Respektsperson sein! Sie will ihren Jüngling im Zaum halten.

Regine überlegte länger als bisher — zumal ja nun die Auswahl noch beschränkter wird —, dann wählte sie die Karte „Das All". Dies konnte — nach dem bisherigen Verlauf des Kartendialoges — nur bedeuten: Ich will meine Ordnung, die ich habe, nicht verlieren. Meine Sicherheit gebe ich nicht auf! Also wieder ein klares Omen dafür, daß Regine auf Distanz hält, soviel Vergnügen ihr auch die Begegnung mit Jean bereiten mag.

Da er ihrer Bildersprache nicht gefolgt ist, meinte er, sie böte ihm ihre Ordnung an. Das will er nicht! So setzt er den „Turm" dagegen. Selbstbewußt geht er zur Attacke über, zeigt sich bereit, ihre Ordnung zu zertrümmern. Es mag sein, daß er im Moment sogar gedacht hat: Damit wir beide glücklich werden, muß etwas Neues kommen, ich fahre nicht auf deinem sicheren Zug mit, die Gleise passen mir nicht. Steuern wir lieber zu einem neuen Ziel! Dafür setzt er außerdem seine ganze jugendliche Kraft ein, wie es die Wahl der nächsten Karte zeigt, denn „Der Magier" symbolisiert dies ja so gut wie keine andere Karte der großen Arcana. Das sind schon selbstbewußte Standpunkte, die aus den Karten Jeans deutlich werden. Regine könnte sich als Frau eigentlich darüber sehr erfreut zeigen, was jedoch nun in der Wahl der nächsten Karte deutlich werden müßte. Und sie pariert (der Kartenleger hatte diese Karte von ihr schon längst erwartet) mit der Karte der „Herrscherin". Bis jetzt hatte sie es sozusagen auf die „feine" Art versucht, nun reagiert sie doch deutlicher. Aber sie hat ja noch ein Blatt! Wieder wird darauf aufmerksam gemacht, daß es sich um die letzte Karte handelt, die sie wählen kann. Daher dauert auch die Wahl etwas länger. Sie fällt auf die Karte „Die Kraft". Deutlich gibt Regine so zum Ausdruck, daß Jean sie bitte als Frau nicht unterschätzen soll!

Der zeigt sich verblüfft und gesteht, daß er sich dieses Blatt eigentlich als letzte Karte ausgewählt hatte, nun war sie ihm zuvorgekommen. Auf diese Weise ist schwer zu antworten, wenn es sich um die letzte Karte handelt. Erwartet wurde insgeheim vom Kartendeuter „Der Siegeswagen". Aber Jean wählte den „Narren". Ehe wir diese Karte analysieren, müssen wir wissen, daß es sich hier um eine *Antwort* handelt. Als Antwort bedeutet diese Karte etwas anderes denn als Vorgabe. Jean antwortet mit dieser Karte in dem Sinn, daß er Regine jede Freiheit lassen will. Im Grunde genommen ist er gezähmt worden. Sein Unterbewußtsein zumindest hat verstanden, daß Regine die Richtung bestimmt, nicht er, deswegen gibt er ihr die Freiheit zurück und signalisiert gleichzeitig, daß er sich auch gegebenenfalls, wenn sie ihn wegschicke, auf den Weg machen würde.

## Partnerspiel III: Vater und Sohn

Dieser Kartentest eignet sich auch vorzüglich für andere Beziehungen als die zwischen Vater und Sohn. Wer zusammen lebt, zusammen arbeitet, wer befreundet ist, kann sich mit der betreffenden Person diesem Spieltest unterziehen. Der Vater schilderte, daß der Filius in seinem Geschäft mitarbeite. Dabei käme es immer zu Gereiztheiten, zu Diskussionen — und dies häufig ohne ersichtlichen Grund. Er verstünde den Sohn nicht, der immer nur die Lippen zusammenbeiße und sich niemals klar äußere. Indessen glaubte er auch, daß andererseits der Sohn ihn im tiefsten Grunde nicht verstehe. Beide waren schon bei mehreren Lebensberatern gewesen, aber gebracht habe dies nichts.

Nun wolle er es noch einmal wagen. So wie bisher ginge es auf keinen Fall weiter. Vater und Sohn (der Sohn nur durch Kopfnicken) wählten die Karten des Swiss-Tarot. Ganz typisch vielleicht, denn dies sind die klarsten, aber auch die männlichsten und am wenigsten komplizierten Karten. Der Vater begann.
Die Karte „Fortune" wird als Blatt 1 hingelegt. Ziemlich hart geht der Vater hier an seinen Sohn heran. Das Bild regte ihn sicher zu der (unbewußten?) Äußerung an, daß sein Filius drauf und dran sei, abzurutschen, in den Abgrund zu fallen. Der

Sohn überlegt nicht lange, er wählt die Karte des „Gehängten“ aus. Will er damit zum Ausdruck bringen, daß alles Quatsch ist, was der Vater sagt und denkt, weil er die Welt völlig anders betrachtet? Oder will er damit sagen: Was hier vor sich geht, interessiert mich nicht! Jedenfalls wird nun schon bei der Eröffnung deutlich, daß Welten beide trennen.

Als Herausforderung legt der Sohn nun die Karte „Der Mond“ darunter. Das ist die Karte des weiten Weges, des individuellen Weges, aber im Swiss-Tarot (deswegen ist die Wahl der Tarot-Spiele an sich schon entscheidend) auch die Karte, die einen jungen Mann zeigt, der an alles andere als an die Firma oder die Arbeit denkt. Klar, der Filius will mehr vom Leben haben! Dem legt der Vater den „Herrscher“ entgegen, sich selbst also. Eine Erinnerung an den harten Ernst des Lebens!
Weiter nimmt der Senior die Karte „Die Kraft“, um den Sohn wohl zu ermuntern, sich am Riemen zu reißen, aber auch, um ihm Mut zu machen (wie er sich hinterher äußerte). Gegen dieses Blatt setzte der Sohn nun — wohl überraschend — die Karte „Die Gerechtigkeit“, was fast einem Appell an den Vater gleichkommt. Über die nächste Karte kam es hinterher (weil das Spiel ja stumm gespielt wird) zu einer Auseinandersetzung. Der Filius wählte die Karte „Die Entscheidung“, („Die Liebenden“ oder *L'Amoureux).* Der Vater faßte, wie er es später gestand, dies in der Richtung auf, daß sein Sohn nur Mädchen im Kopf habe. Der Sohn dagegen sah in dieser Karte seine Zweifel, die sehr weit gingen, ja seine ganze Grundlebenssituation in Frage stellten. Er sah darin die Hinwendung zur Jugend, die mißtrauisch von einer Vertreterin der älteren Generation überwacht wurde. Deutlich also erkennbar, wie sehr sich hier etwas äußerte, was nachher zur nützlichen Diskussion führen kann.

Der Vater legte nun (noch vor dem Aufklärungsgespräch) den „Turm“ dagegen. Dies sollte auch eine Warnung sein. Wenn du dir die Flausen nicht aus dem Kopf treibst, dann reicht es mir, dann werde ich dich mit einem Donnerschlag vor die Tür setzen! Obwohl der Vater die Karten bedächtig aussuchte, kam hier doch ein gewisser Jähzorn zum Vorschein. Und ohne die Mythen zu kennen, die davon berichten, daß Jupiter mit Blitz und Donner strafte, legte der Vater die Karte mit dem Namen „Jupiter“ unter den Blitz. Diese Karte heißt jedoch allgemein in allen anderen Tarotblättern „Der Hohepriester“, vor dem die Menschen knien. Sicher erwartete der Vater nichts anderes von seinem Sohn. Und genau jetzt bäumte dieser sich auf. Er suchte zwar nicht die Karte des „Siegeswagens“ aus, sondern die Karte des „Narren“! Der Wunsch, in die Welt hinauszugehen, ist bei ihm so stark, daß diese Sehnsucht kaum mit Gewalt zurückzuhalten ist. Nun kommt es zur letzten Karte (worauf der Sohn hingewiesen wird). Er wählt „Die Sonne“, die Karte der Lebensgemeinsamkeit. Ehe der Vater seine letzte Karte aussuchen kann, ruft der Sohn: „Ich habe nämlich eine Freundin, von der du nichts weißt!“ Damit dreht er sich zum Vater um und schaut ihm zum ersten Mal gerade ins Gesicht. Fast automatisch legt nun der Vater die Karte „Der Tod“ hin, als wäre alles zu Ende, wischt aber diese Karte sofort weg, nimmt die Karte, die hier „Junon“, sonst „Die Hohepriesterin“ heißt und murmelt: „Hoffentlich gibt sie dir den Halt, den ich dir nicht geben konnte.“ Pause.

Beide verlassen das Haus. Vielleicht hat im Moment jeder vom anderen mehr verstanden als vorher. Diese Legeart wirkt jedoch nur dann, wenn dabei kein Wort gesprochen wird.

## Partnerspiel IV: Zwei Freundinnen

Sie hatten beide, als sie gemeinsam zum Kartenleger kamen, ihre Enttäuschungen mit der Männerwelt hinter sich. Beide waren verheiratet. Angela, die Künstlerin, zweimal, Sigi, die Buchhalterin, einmal. Nun hatten sie beschlossen, zusammen zu wohnen, um dem Alleinsein zu entgehen. Beide waren Mitte 40. Die Überlegung war, wenn Sigi im Dienst wäre, könnte Angela zu Hause in Ruhe malen und ihren kunsthandwerklichen Arbeiten nachgehen. Sie verstanden sich sehr gut, aber sie waren doch von einer gewissen Scheu befallen, die Wohnung mit jemandem zu teilen, nachdem jede für sich einige Jahre allein gelebt hatte. Aber das wurde ihnen zu teuer. Einige Wochenenden hindurch hatten sie schon zur Probe in einer Wohnung verbracht.

Im Grunde war das Zusammenziehen eine beschlossene Sache. Als sie von dem Partnertest per Tarotkarten hörten, entschieden beide spontan, sich dem einfach einmal zu stellen! Trotz dieser Spontaneität wollte keine der beiden beginnen. Schließlich einigten sie sich auf ein Losspiel und warfen eine Münze. Sigi begann.

Das erste Blatt, das sie auf den Tisch legte, war die Karte „Die Sonne", die ja im ägyptischen Tarot, welches sich beide ausgesucht hatten, die Betonung auf Hand in Hand legt. Ein vorsichtiges Omen. Angela ging auf

diese Mäßigkeit klug ein, denn sie wählte die Karte „Das Maß" oder *The Urns*, Einklang zeigend. Aber nun war sie an der Reihe, eine Vorgabe zu machen. Es war „Der Magier". Jede Karte muß ja stets in Beziehung zum jeweiligen Menschen gedeutet werden. Angela als Künstlerin gab damit zu verstehen, daß sie sicher so am besten ihre Ideen zu verwirklichen meinte. Es geht ja Malern oder Künstlern auch um ihre magischen Kräfte. Außerdem brachte sie — wenn auch vorsichtig — zum Ausdruck, daß sie die Führung beanspruchte, was schon durch die Zahl 1 dieser Karte unterstrichen wird. Man konnte gespannt sein, ob sich Sigi das so „bieten" lassen würde. Sie legte nun die Karte „Das All" oder *The Crown of the Magi*, entgegen. Später kommentierte sie diese Wahl mit den Worten: „Ich wollte zum Ausdruck bringen, daß ich die Entwicklungswünsche von Angela nicht stören würde. Deswegen setzte ich mit der Karte „Das All", der Zielkarte des Spiels, die Ergänzung zur Karte des Anfangs, des „Magiers".
Beide hatten also das A und das O gelegt, den Willen bekundet, alles zum Guten zu wenden. Dies unterstrich Sigi nun deutlich dadurch, daß sie die Karte „Der Eremit" oder *The Veiled Lamp* als Aufforderung auf den Tisch legte: „Ich kann mich zurückziehen, ich werde nicht stören. Ich habe gelernt, allein zu sein, oder ich weiß, daß man manchmal im Dunklen, im verschleierten Licht stehen muß." Damit schälte sich ziemlich klar heraus, wer in dieser Verbindung führen würde, wer — nach traditioneller Auffassung — „die Hosen anhatte".
Angela wählte die Karte „Die Kraft". Hier hieße dies: Ich mache dir Mut! Auch ich kann mich zähmen, wenn ich auch stark bin! Also guter Wille auf beiden Seiten. Daher kann es sich Angela nun leisten, einzulenken, indem sie die Karte „Die Gerechtigkeit" aussucht, *The Balance and the Sword*: ein Hinweis, daß sie nichts überspannen will, obwohl sie — wenn auch sehr gerecht — das Schwert führt.

Angela war — so äußerte sie es später auch — ziemlich klar, was sie legte. Als Malerin hatte sie eine ganz besondere Beziehung zu den Bilddarstellungen der Karten. Insofern war sie im Vorteil. Auch dies sollte bei einem Kartenvergleich immer bedacht werden. Sigi griff nun zur Karte der „Entscheidung" (die aber in diesem Fall für sie bereits längst getroffen war). Im ägyptischen Tarot trägt diese Karte die Unterschrift *The Two Ways*, was „die zwei Wege" bedeutet. Dies könnte heißen, daß jeder seinen Weg allein geht. Aber da sie die Karte „Der Mond" darunterlegte, war eindeutig, daß sich zwei Wege zu einem verbinden würden, wenn es nach ihr ginge. Vorsichtiger kann kaum eine innere Zuneigung ausgedrückt werden. In diesem Sinn schien es höchst logisch, daß Angela nun den „Siegeswagen" dazulegte.

Zwei Sphingen ziehen ihn — aber in entgegengesetzter Richtung! Im Grund hätte dies zum Eklat führen können, denn nun hätte Sigi, die Buchhalterin mit dem klaren, einfachen Gemüt, gewarnt sein müssen! Angela wurde darauf aufmerksam gemacht, nun ihre letzte Karte aus dem Rest der lose liegenden Karten herauszufischen. Auf den Schlußpunkt kommt es ja immer an. Sie wählte die Karte „Die Hohepriesterin", die Hüterin des Heiligtums, *The Gate of the Sanctuary*. Das sieht weniger nach Herrschergesten aus als nach dem Wunsch (bei Künstlern sehr verständlich), angebetet zu werden. Sie verlangt im Grunde, daß Sigi an sie glaubt. Das ist fordernd, aber auch versöhnlich. Nun kam es auf die letzte Karte von Sigi an. Und die packte Mut! Sie wählte die Karte „Die Herrscherin" oder *The Iris-Urania*. Die Gefahr war von ihr, der etwas Unscheinbaren, erkannt worden, und im letzten Moment setzte sie dagegen. Dies aber störte Angela überhaupt nicht, so daß sich beide wohl gut und für länger zusammenraufen dürften.

9
DER EREMIT

8
DIE GERECHTIGKEIT

12
DER GEHÄNGTE

14
DAS MASS

19
DIE SONNE

13
DER TOD

2
DIE HOHEPRIESTERIN

5
DER HOHEPRIESTER

6
DIE ENTSCHEIDUNG

## Kombinationsanregungen

Aus den bisherigen Legebeispielen ist sicher deutlich geworden, wie sehr es beim Kartenlegen auf die Kombination ankommt. Diese muß erarbeitet werden, daß heißt in der Praxis, die zukünftigen Kartenleger müssen üben!

Man wähle sich willkürlich neun Karten aus den 22 zugedeckten Karten der großen Arcanen heraus. Diese lege man dann offen in je drei Reihen zu je drei Karten aus, wie im Beispiel auf der Nebenseite dargestellt. Jetzt wird angenommen, die mittlere Reihe stelle die gegenwärtige Lage des Ratsuchen dar. Was kann kombiniert werden? In der Mitte finden wir die Karte „Die Sonne". Das heißt, der Ratsuchende befindet sich in einer guten Zweisamkeit. Aber diese Karte wird ja umrahmt durch die Karten „Das Maß", und „Der Tod". Nehmen wir an, die linke Karte würde das *unbewußte* Denken ausdrücken, die rechte Karte das *bewußte*. Dann würden wir sagen: Unbewußt meint die/der Ratsuchende, daß mit der Gemeinsamkeit alles im Lot ist, aber im bewußten Denken hat er Angst, daß etwas zu Ende gehen könnte. Er hat also Ängste, die aber vom Unbewußten nicht wahrgenommen werden, mehr gedanklicher Natur sind und nicht sehr tiefgreifend sein dürften.

Wenn wir jetzt aber einmal annehmen, die rechte Karte — „Der Tod" — würde das Unbewußte symbolisieren, die linke Karte — „Das Maß" — stände dagegen für das Bewußte, dann sähe die Kombination völlig anders aus! Sie würde besagen: Es ist alles mit der Zweisamkeit im Lot, Gefahren sind nicht zu sehen. Aber im Unbewußten haben sich bereits Zweifel eingenistet, daß diese Bindung zu Ende gehen könnte. Nun wäre aus dieser Lage zu schließen: Der Ratsuchende quält sich insgeheim, schläft unruhig, hat Alpträume — alles Vorgänge, die er sich nicht erklären kann, da ja im Bewußtsein im Leben alles glatt abzulaufen scheint. Im ersteren Fall wäre die Aussage dagegen ganz anders. Hier würden wir sagen: Obwohl die/der Ratsuchende voller pessimistischer Zukunftsgedanken ist, zeigt sich sein Unbewußtes völlig im Gleichgewicht. Die Lage zeigt sich also weniger gefährdet als die vorher beschriebene.

Nehmen wir nun einmal an, die *untere* Reihe würde aussagen, was der Ratsuchende *verdrängt*. Hier würden wir schnell zu dem Schluß kommen: das Seelische („Die Hohepriesterin"), eine Selbstprüfung („Der Hohepriester"), und die Selbstzweifel sowie alle anfallenden „Entscheidungen". Ein anderes Urteil wird nicht angenommen.

Stellen wir uns nun vor, die Ratsuchenden wollen aus ihrem Kopf verdrängen, was in der *obersten* Reihe angezeigt ist, dann würde dies bedeuten: Verdrängt werden soll der Gedanke an eine Einsamkeit, an ein Insichgehen („Der Eremit"), aber auch der Gedanke an einen Rechtsstreit, an ein zu erwartendes Urteil über eigene Handlungen, und daß über Nacht alles anders aussehen könnte („Gerechtigkeit" und „Gehängte")!

Üben wir nun anders: Was unten liegt, soll die Vergangenheit widerspiegeln. Das würde etwa auf eine sehr religiöse Erziehung hinweisen („Hohepriesterin" und „Hohepriester"), die aber starke Selbstzweifel hinterlassen hat („Entscheidung").

Entscheiden wir uns jetzt dazu, daß die untere Reihe für die Zukunft steht (das müßte aber immer *vor* der Auslegung geschehen!). Dies würde besagen: Aus vielen Zweifeln heraus wird der Ratsuchende sich für eine glaubensmäßige Hinwendung an eine Religion oder an eine Gemeinschaft entscheiden, um von sich loszukommen.

Die obere Reihe zunächst als *Vergangenheits*aussage betrachtet: Einsamkeit in der Vergangenheit („Der Eremit"). Aber stete Abwägung aller Möglichkeiten („Die Gerechtigkeit") und völlig andere (lebensfremde?) Grundauffassung („Der Gehängte").

Jetzt betrachten wir die Reihe als *Zukunfts*symbolik: In Zukunft wird der Ratsuchende seinen Weg wohl allein gehen, für sich gültige Entscheidungen finden, auch wenn dies dazu führt, daß die Welt von ihm nun völ-

15
DER TEUFEL

1
DER MAGIER

10
DAS FORTUNE

18
DER MOND

21
DAS ALL

16
DER TURM

20
DIE AUFERSTEHUNG

lig neu angesehen wird. Wichtig ist es, den Sinn der Tarotblätter zu lernen! Immer wieder die Beschreibungen lesen! Die Bilder sprechen lassen! Je moderner die Spiele, desto stärker sind die Bildelemente, die psychologisch ausgerichtet sind. Die Karten haben sicherlich an Wert gewonnen, weil sich die psychologische Entwicklung als Allgemeingut ausgebreitet hat, was sich auch die Künstler und Maler zunutze machten. Die modernen Legespiele sind — im Gegensatz zu den später beschriebenen Legekarten — stets mit psychologischen Tests verbunden, was auch einer Schulung in dieser Fachrichtung förderlich wäre. Doch kommen wir zu neuen Kombinationen, die jedermann sich allein aussuchen kann.

Legen wir sieben Karten in Form unseres Orakelspiels. Nun übe man — bei den gleichen Karten und auch der gleichen Reihenfolge — verschiedene Fragen zu beantworten. Beispielsweise in Sachen Liebe. Die Frage: „Ich liebe meinen Mann nicht mehr, bin aber noch keine neue Bindung eingegangen, ja ich weiß nicht einmal, ob ich überhaupt noch einen anderen Mann finden werde. Soll ich bei meinem Mann bleiben?" Als Ausgangskarte wäre hier die Karte „Fortune" gewählt worden, also das Symbol für die Entscheidungskämpfe dieser erdachten Frau. Erläutert würde dies durch die Ordnung und Sicherheit, die diese Frau in der Bindung mit ihrem Mann hat („Das All"), weswegen sie sich ja auch noch überlegt, ob sie sich trennen soll. Schauen wir uns die Karte der Vergangenheit an: Hier finden wir das Glück mit dem Mann in Form des „Magiers".

Die Gegenwart zeigt, daß die Frau von heftigen Wünschen angetrieben wird, während sie in der Zukunft einen recht langen Weg gehen müßte (Karten „Der Teufel" und „Der Mond"). Damit kommen wir zu den Orakelkarten. Wird als *erste* die „Turm"-Karte genommen, heißt dies eindeutig, daß sicher das Vergangene und Gegenwärtige zerstört wird, daß es tatsächlich wie ein Blitz einschlägt. Nehmen wir nun die *zweite* Orakelkarte auf, dann hieße dies, danach beginnt etwas Neues, eine „Auferstehung". Völlig anders müßten wir jedoch kombinieren, wenn „Die Auferstehung" als *erste* Karte aufgenommen würde. Hier hieße dies, daß die Frau mit Hingabe an eine neue Aufgabe herangehen sollte. Aber die zweite Karte („Turm") würde anzeigen, daß der Traum schnell platzt.

Ein anderes Beispiel bei den gleichen Orakelkarten: Ein Prozeß ist verloren gegangen. Ein Mann überlegt, ob er, weil er sich im Recht fühlt, in die Berufung gehen sollte. Die Karte „Fortune" zeigt an, wie sehr ihn diese Frage beschäftigt, zumal — das zeigt die Erläuterung, die Karte „Das All" — es hier um seine innere und äußere Ordnung oder ums Eingebundensein geht. Vor dem Prozeß hat er sich bereits als Sieger gefühlt, dies sagt die Karte „Der Magier" als Vergangenheitssymbol aus. Deswegen schoß er während des Prozesses übers Ziel hinaus („Teufel"). Er trat zu sicher, zu aufmüpfig vor Gericht, so daß er verurteilt wurde. Die Zukunftskarte aber zeigt ihm, daß er (so oder so) noch ziemlich lange an der Sache knabbern muß („Der Mond").

Es kommt also auf die beiden Orakelkarten an. Nimmt er als erste die „Turm"-Karte auf, dann heißt dies, unbedingt in die Berufung gehen, denn der Blitz zeigt ja, daß das jetzige Gebäude eingestürzt werden muß. Würde er als erste Karte aber „Die Auferstehung" ergriffen haben, dann müßte der Kartenleger eher dazu raten, alles laufen zu lassen, wie es ist. Der Mann muß sich dieser Situation anpassen, dies als Aufgabe sehen, muß also aus der Verurteilung das Beste machen, was möglich ist. Die zweite Karte, „Der Turm", würde nämlich dann auch zeigen, daß alles andere eher verheerend wäre.

Zurück zu dem Fall, bei dem die „Turm"-Karte als erste gewählt wurde, was zur Berufung führte. Hier sollte der Ratsuchende die zweite Karte lieber nicht aufnehmen. Wenn aber ja, dann zeigt diese Karte, daß danach jedes Urteil des „(Jüngsten) Gerichts" nun akzeptiert werden muß.

0 DER NARR
13 DER TOD
3 DIE HERRSCHERIN
4 DER HERRSCHER
15 DER TEUFEL
17 DER STERN
18 DER MOND
19 DIE SONNE
21 DAS ALL
16 DER TURM
10 DAS FORTUNE
11 DIE KRAFT

Eine weitere gute und einfache Kombinationsübung ist, sich zwei gegensätzliche Karten mit einem Abstand zu betrachten.
Legen wir etwa die Karte „Der Narr" einmal links und einmal den „Tod" rechts, aber lassen wir einen Zwischenraum. Hier haben wir die Symbole der Sehnsucht nach unbefangener Freiheit, jedoch im Gegensatz zum Symbol irgendeines Endes. Beide Karten gemeinsam betrachtet sagen aus, daß die Freiheit zu Ende geht, daß Unbeschwertheit nun vorbei ist, daß Menschen sich auf einen Einschnitt, vielleicht einen Verlust einzustellen haben. Wird also irgendeine Frage gestellt und fallen diese beiden Karten (etwa im Orakelspiel), dann sind diese Gegensätze zu kombinieren.
Besonders hilfreich ist es zu überlegen: Welche Karte könnte zwischen „Narr" und „Tod" stehen? Da kann nun der Übende selbst einige Karten auswählen. Etwa die Karte „Fortune", oder den „Magier". Auch die Karte „Die Entscheidung" wäre hier gut, weil sie einen Hinweis gibt, daß nun eine Wahl, ein Entschluß getroffen werden muß.

Nehmen wir eine andere Gegensätzlichkeit, die sich scheinbar ähnlich ist. Die Karte „Die Herrscherin", mag links liegen, „Der Herrscher", rechts. Zunächst scheint es, als würden sich beide Karten sehr gut ergänzen. Handelt es sich aber um Partneraussagen, dann ist hier ein Kampf um die Führung zu sehen. Wir überlegen uns, wie dieser Kampf gemildert werden könnte. Was wäre beiden jeweils als mittlere Karte anzubieten? Ganz anders wird nämlich diese Aussage, wenn wir hier die Karte „Die Sonne", in die Lücke zwischen Herrscherin und Herrscher legen, was die ganze Aussage entspannt. Oder wir nehmen den „Stern" dazwischen! Dann wird klar, daß sich zwei gleich starke Menschen lieben. Läge der „Teufel" dazwischen, dann gäbe es Mord und Totschlag, wie der Volksmund sagt. Oder die Verbindung wird durch Trieb und Sexualität gehalten oder in Unruhe versetzt.
Ein anderes gegensätzliches Kartenpaar: links die Karte „Der Teufel", und rechts legen wir die Karte „Der Stern". Leidenschaft gegenüber Ruhe finden wir hier, was sich ja recht gut ergänzen könnte, aber dazu bedürfte es doch einer Art Vermittlung, eines Überganges. Wählen wir als Zwischenkarte etwa die Karte „Das Maß", dann sieht das gesamte Bild ausgewogener aus. Verheerender würde jedoch die Aussage sein, wenn zwischen „Teufel" und „Stern" der „Turm" zu liegen käme. Wiederum anders erschiene uns der Eindruck, fänden wir hier den „Gehängten". „Der Teufel" stellt sich auf den Kopf — was dem „Stern" sicher sehr angenehm erscheinen könnte!
Zwei Gegensätze bilden auch die Karte „Der Mond" (den wir nach links legen), und die Karte „Die Sonne", die wir rechts plazieren. Das Zwielicht neben dem lebensfördernden Licht, Tag und Nacht also. Dazwischen wäre ein Übergang wie das Dämmerlicht sicher nicht schlecht! „Die Gerechtigkeit" würde hier einen guten Ausgleich signalisieren, auch die Karte „Das Maß". Einseitiger würde die Aussage ausfallen, fänden wir hier die Karte „Die Auferstehung", denn die paßt ja eigentlich besser zum „Mond".
Noch ein Gegensatzpaar: links die Karte „Das All", das Sinnbild des erreichten Zieles, der Einordnung. Rechts (mit Abstand) die Karte „Der Turm", das heißt, die Ordnung stürzt ein. Welche Karte könnte hier die Mitte einnehmen? So gut wie keine. Umgekehrt wäre es leichter. Wenn links die Karte „Der Turm", zu sehen wäre und rechts die Karte „Das All", könnten wir zwischen Zerstörung und Ordnung die Karte „Fortune" plazieren. Nach dem Einsturz wäre demnach anstrengende Arbeit nötig, um die Welt wieder in Ordnung zu bringen.
Wählen wir zum Schluß die Karte „Fortune", linker Hand und rechts die Karte „Die Kraft". Das heißt eindeutig: Die Sorgen werden durch mutigen Krafteinsatz überwunden. Hier brauchten wir kein Blatt in die Mitte zu legen. Umgekehrt könnte die Karte „Das Maß" dazwischen vor Überforderung und Selbstüberschätzung bewahren.

18
DER MOND

21
DAS ALL

0
DER NARR

6
DIE ENTSCHEIDUNG

19
DIE SONNE

12
DER GEHÄNGTE

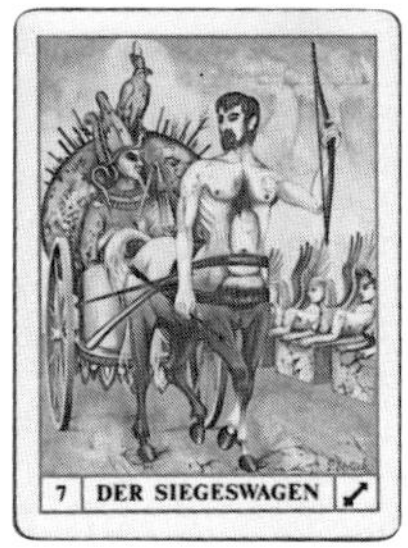
7
DER SIEGESWAGEN

9
DER EREMIT

14
DAS MASS

4
DER HERRSCHER

Zur letzten Kombinationsanregung erinnern wir uns an das Keltische Kreuz. Wir benutzen dazu jedoch nur den rechten Teil, da es einmal um die Zielkarte geht, dann um die Symbolkarten für das, was wir fördern, beziehungsweise was wir verdrängen oder abstellen, um eine Angelegenheit, eine Liebe, eine Aufgabe zum guten Abschluß zu bringen. Dies kann sehr unterschiedlich ausfallen.

Erstes Beispiel: Zielkarte ist das Blatt „Die Sonne". Angenommen, es geht um eine Liebesfrage, da zwei Menschen endlich ihr Leben gemeinsam verbringen wollen. Erste Übung: Die *unteren,* zwei Karten symbolisieren das, was der Ratsuchende in sich überwinden, also verdrängen sollte. Da finden wir die Karten „Der Narr" und die Karte „Die Entscheidung". Zu verdrängen oder zu überwinden wäre folglich ein Freiheitsdrang und die Zweifel, ob eine Bindung auch gutgehen könnte. Der Ratsuchende sollte sich entscheiden und auch gelernt haben, daß Ungebundenheit nicht zum Glück zu zweit führen kann. Zu fördern wäre dagegen der Wille, sich einzugliedern, Ordnung zu schaffen, wie es die Karte „Das All", anzeigt, aber auch das Bewußtsein, daß man zu zweit erneut aufbrechen und in eine neue Zukunft gehen muß („Der Mond").

Wollen wir nun einmal annehmen, die *oberen* zwei Karten stellten das dar, was zu verdrängen wäre, die unteren zwei dagegen, was zu fördern ist. Dann hieße die Deutung: Der Ratsuchende soll auf seine Ordnung, die er nur für sich allein gefunden hat, verzichten, auch auf den Traum von einem alleinigen Weg nach oben. Dagegen sollte er seine Entscheidungskraft aktivieren, und den Weg zu zweit als fröhlich-beschwingten Aufbruch in eine neue Phase ansehen. Jede Karte hat also ihre Symbolik, die aber vielfältig und abgestuft der Situation angepaßt werden muß.

Zweites Beispiel: Es geht um ein völlig anderes Thema, um eine Geschäftsgründung. Zielkarte wäre der Wunsch, sich selbständig zu machen. Dafür wird das Blatt „Der Herrscher", ausgewählt. Die anderen Karten wählen wir als „Wagnis" aus den vier noch zugedeckten Karten. Gleichgültig, welche Karten nun fallen: Wir müssen uns zu einer Aussage durchringen! Da finden wir als untere Karte den „Eremiten", und die Karte „Das Maß". Dies besagt, daß die einsamen Entschlüsse zu verdrängen wären, daß es auch keinen Zweck hat, immer nur hübsch ausgewogen zu erscheinen, sondern daß man sich zu dem Wagnis entscheiden sollte, also das Maßvolle einmal außer acht lassen könnte. Sicher zeigt dies jedoch soviel innerliche Hindernisse an, daß eigentlich vom Selbständigmachen abgeraten werden müßte.

Doch was ist zu fördern? Das Selbstbewußtsein („Siegeswagen"), aber auch die Fähigkeit („Der Gehängte"), alle Dinge mit neuer Einstellung zu sehen. Der Ratsuchende müßte sich also selbst umkrempeln können! Auch dies paßt zum ersten Urteil: Besser Hände weg vom Plan, ein eigenes Geschäft zu eröffnen!

Und nun umgekehrt: Wir nehmen an, die obersten zwei Karten symbolisieren, was zu verdrängen wäre. Der eigene Stolz, auch Siegessicherheit wären demnach abzulegen, genauso wie die Fähigkeit und Lust, nichts ernst zu nehmen, sondern sich über die Welt lustig zu machen, überwunden werden sollten. Dies sähe insgesamt schon viel besser aus. Zu fördern wäre dagegen, die Kraft in sich zu schauen, sich selbst zu kritisieren, um sich besser kennenzulernen (Karte „Der Eremit"). Dann müßte der Ratsuchende lernen abzuwägen und nicht übers Ziel hinauszuschießen („Das Maß"). Damit weist diese Kombination insgesamt viel eher die Fähigkeit aus, sich selbständig zu machen.

Insgesamt zeigt sich, daß die Möglichkeiten, für sich zu üben, äußerst zahlreich sind.

IV. Teil

# Die französischen Spielkarten

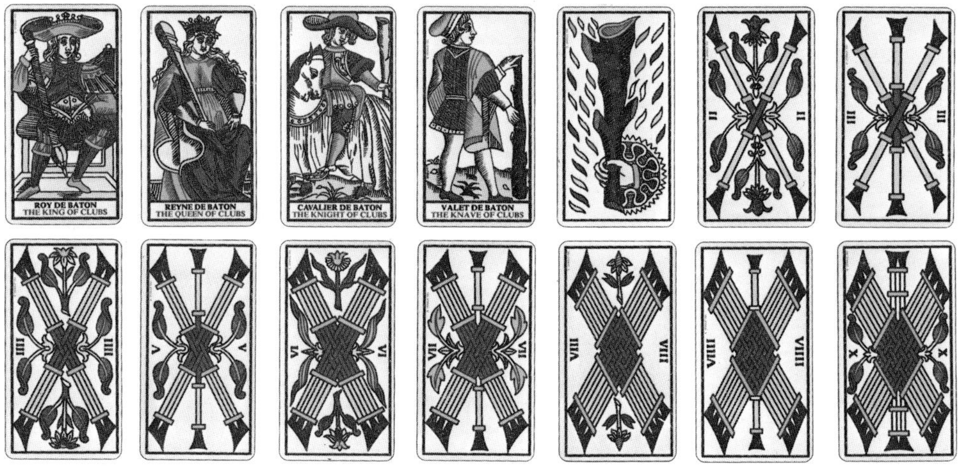


## Die Bedeutung der Karten

Aus den vier kleinen Arcana von je 14 Karten haben sich die französischen (und andere) Skatblätter entwickelt. Die vier kleinen Arcana bestehen aus den Hölzern (die wir hier aus dem Marseilles-Tarot abgebildet haben), den Schwertern, den Kelchen und den Münzen. Die Hölzer wandelten sich zu Kreuz/Treff, die Münzen zu Karo. Die Schwerter wurden zu Herzen (manche meinen, zu Pik), wie die Kelche sich in Pik verwandelten (manche meinen, zu Herz). Die je 14 Karten bestehen aus zehn Zahl- und vier Hofkarten, diese sind: König — Königin — Ritter (in manchen Spielen auch Prinzessin) und Knappe. Diesen Hofkarten gibt man allgemein einen Hintergrundsinn:

| | |
|---|---|
| Der Knappe | nimmt wahr |
| Der Ritter | erkennt |
| Die Königin | handelt |
| Der König | überwacht |

Die Zahlkarten stellen die Mannschaft, die Truppe des Hofes dar, von denen der Karte 1, aus der sich das „As" entwickelt hat, besondere Bedeutung zukommt. Jede Hof- wie Zahlkarte hat auch eine spezielle Bedeutung, die wir uns hier nicht einprägen müssen, da sie in den Beschreibungen der französischen Spielkarten eingearbeitet ist. Nur einige Anmerkungen: Die Hölzer oder Stäbe symbolisieren die Arbeit, die Mühsal, woraus die Farbe Kreuz wurde, um zu verdeutlichen, welches Kreuz sich jeder aufgeladen hat oder bekommt, aber auch die Entwicklung. Die Münzen stellen das Geistige, das Gedankliche, die Begegnung, das Geld dar, während die Schwerter das Herz, die Leidenschaft und die Aktivität repräsentieren. Die Kelche schließlich stehen für das Seelische, das Melancholische, aber auch für das Gemüt, den Glauben und die Tiefe.

*
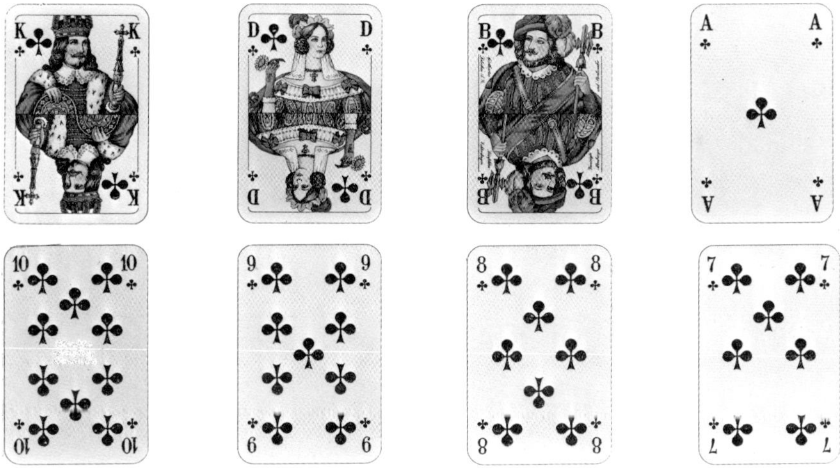

Soviel zur Grundrichtung der Farben der vier kleinen Arcana, die im französischen Spiel von 14 auf 8 Karten zusammengeschrumpft sind. Eine Begründung dafür gibt es nicht, außer der Tatsache, daß es sich für Skatspieler als handlicher erwiesen hat, nur mit 32 statt mit 56 Karten zu spielen. Andere Spiele bestehen durchaus noch aus 56 Blättern, wie etwa Sibyllen- und Orakelspiele, die damit sehr deutlich auf den vier kleinen Arcana aufbauen. Dies gilt auch für die ursprünglichen Ausgaben der Lenormand-Karten, die sich erst später auf 36 Karten reduzierten.

Wie hat sich nun die Reduzierung gezeigt? Aus vier Hofkarten wurden drei. Der Ritter fiel weg, beziehungsweise Ritter und Knappe wurden zu einer Karte, zum Buben. Es mag sein, daß deswegen der Bube im Skatspiel zu einer besonderen Trumpfkarte wurde. Außerdem fielen die Karten 2 bis 6 fort. Es blieben 7, 8, 9 und 10 übrig. Auch die Kartenleger beschränkten sich — wenn sie nicht Spezialkarten benutzten, auf die wir noch zu sprechen kommen — auf diese 32 Karten.

Mehr Blätter als 32 oder (wie bei den Lenormand-Karten) 36 werden im Grunde nicht benötigt, wie auch jeder gute Kartenleger mit den 22 Blättern der großen Arcana auskommt, die übrigens in der Branche auch als das schwere Spiel, als die ernste Auslegung bezeichnet werden, obwohl sie im Grunde leichter zu handhaben sind, weil die Bilder sehr viel mehr sprechen als die der 32 französischen Spielkarten, deren Bedeutung man eigentlich auswendig lernen müßte. Daher ist es gut, sich die verschiedenen Elemente, die zu den Spielfarben passen, einzuprägen.

Herz entspricht dem Element Feuer, symbolisiert also das Feurige, das Kämpferische. Treff symbolisiert das Element Erde, damit das Materielle, die Arbeit und Mühe, das Praktisch-Reale. Karo vertritt das Element Luft, damit das Geistige, das Bewegliche, die Aufgeschlossenheit, das Gewandte, auch das Leichte. Pik schließlich steht für das Wasserelement (das man in Kelchen bewahrte) und somit für das Unbewußte, die Schöpferkraft und die Tiefe.

Von daher leiten sich die anderen Bedeutungen ab, wie *König* für den Mann, *Dame* für die Frau und *Bube* für das Kind, mit allen möglichen Variationen.

Als nächstes ragt dann das „As" heraus.

* Treff oder Kreuz sind geläufige Bezeichnungen für die gleiche Karte!

**Herz-As**

Das Glück im Haus und in der Gemeinschaft. Erfüllung eines großen Wunsches. Das Ziel, der Erfolg, auch Reichtum. Aber auch die Übertreibung. Ansonsten geordnete Verhältnisse, der Mittelpunkt des Lebens. Sowohl festhalten an Tradition wie allgemeine Aufgeschlossenheit. Die Familie, die Herkunft. Die Grundsituation, der innere Glaube. Oft die Hauptperson (mit oder gegen Herzkönig), wobei die Nebenkarten ausschlaggebend für die genauere Ausdeutung des Rollenspiels sind. Im Vordergrund stehen jedoch die Freude, der Stolz und die Liebe, die geteilt wird. Oft Begabung, sogar Genie.

**Herz-König**

Meist die Hauptperson (mit oder gegen Herz-As). Der verheiratete Mann, der Hausherr, das Heim an sich. Der Führer. Der erfahrene Lenker des Schicksals, der Steuermann, die Autorität, das Väterliche. Die Respektsperson. Die männliche beherrschende Karte eines jeden Spiels. Standhaftigkeit. Das Herz, das Rückgrat, der Körper in seiner Gesamtheit. Die Stellung, die angestrebt wird, oder der Posten, den man innehat. Aber auch Einfachheit im Wesen, damit die Gradlinigkeit, das Verläßliche, die Stabilität, der Halt. Symbol für Charakterstärke und Zielbewußtsein. Sollte möglichst in der Mitte liegen.

**Herz-Dame**

Die weibliche Autorität. Meist die verheiratete Frau oder Mutter (je nach dem Alter der fragenden Person). Im wahrsten Sinn: Die Herzkönigin. Die Kämpferin. Die Frau, von der Impulse ausgehen, die Pläne hat, die etwas gestalten oder gebären will. Weibliche Logik und Ausrichtung der Gedanken. Oft die Muse, die lenkt und befruchtet. Die Justitia (die Gerechtigkeit der großen Arcana des Tarot). Die kämpfende Mutter, auch die idealistische Politikerin, die Förderin, die Chefin. Die Ergänzung zum Herzkönig (was auch umgekehrt gilt). Weibliche Großzügigkeit, auch das Glück, das von einer Frau kommt.

**Herz-Bube**

Der strebende Mann. Der Freund, der Verliebte. Der Werbende. Der Lieblingssohn, der Thronerbe, der Prinz. Der stürmische Drang, die Neuerung, das Wagnis. Der Wunsch. Der Mann, dem die Zukunft gehört, der aber noch unreif oder vorlaut ist. Der Gutgläubige, der noch meint, ihm gehöre einmal die Welt (hat etwas vom gutmütigen Narren an sich). Der Kampfgeist, der Mut, der Eifer, das Blut, der Antrieb, oft der nahe junge Freund (auch in Liebesdingen). Der glückliche Einfall, die rettende Idee. Der Trick (nicht hinterlistig). Die Hoffnung. Die jugendliche Begeisterungsfähigkeit, die aber auch im Alter möglich ist.

**Herz-Zehn**
Die Einladung oder Aufforderung zu einer Bindung (überwiegend die der Herzen), daher auch Hochzeitskarte genannt. Auch sonst eher die gute Nachricht und Möglichkeit. Die Treue und Beständigkeit. Auch der Rettungsanker von außen. Der Helfende. Optimismus. Der erfolgreiche Widerstand. Erfüllung und Sehnsucht nach Vertrauen. Der Bewacher und Beschützer. Die Botschaft, oft die rettende materielle Hilfe. Das unerwartete Wunder. Aussicht auf baldige Lösung eines (des) Problems. Grundsätzlich jedoch die Gemeinsamkeit, ob mit Freunden, Freundinnen, Kollegen und Partnern, auf die Verlaß ist.

**Herz-Neun**
Wunscherfüllung nach Schwierigkeiten. Aufforderung zur eigenständigen Leistung. Die Neuigkeit aus der weiten Ferne. Überraschungen für andere vorbereitend. Gesundheit nach Erkrankung. Anfang einer erfolgversprechenden Lebensphase, die jedoch Einsatz erfordert. Beständigkeit. Das innere Wachstum. Entdeckung von interessanten Möglichkeiten. Offenheit gegen alles Neue. Sehnsucht nach dem „Aha"-Erlebnis. Der Aufbruch, das Erwachen der Energie. Oft der grundsätzliche Start. Die geistige Entwicklung, das Offensein, die Empfänglichkeit für Ideen und Anregungen. Wache Aufnahmebereitschaft.

**Herz-Acht**
Der Beginn. Das kleinere, gute Ereignis. Der kleine Sieg. Gewinnung von Zivilcourage. Die Kraft, sich entschuldigen zu können. Aber auch der positive Wechsel von Ansichten. Die Lernbereitschaft. Die Wendung bei Geschäften. Der Feierabend, die Gemütlichkeit. Jedoch auch die Ruhe, der Hang zur Meditation. Die Ahnungen. Empfangs- und Hilfsbereitschaft. Die Freude, das Geschenk, das schnell zu machen ist, wie die Gabe, die einem bereitet wird. Die kleine Nachricht, der wichtigere folgen können. Der erste Optimismus, der wieder aufkommt. Die kleine Spende mit der großen Erwartung (Lotteriespiel).

**Herz-Sieben**
Die Liebe der geheimen Erwartungen, auch die geheime Liebe. Oft auch die Traumwelt der Liebe, der Wunschgedanke an eine Bindung. Die Anima des Mannes, der Animus der Frau. Die hoffende, aber ebenso auch die illusionsgefährdete Herzensbindung, von daher oft Streitigkeiten in der Liebe oder Enttäuschung nach zu hohen Erwartungen. Der Fehltritt, der Flirt, die Ablenkung. Angespannte Emotionen. Erotische Erwartungen (ob erfüllt oder nicht, hängt von der Lage der Karte ab). Meinungsverschiedenheiten, wo Leidenschaften im Spiel sind. Innere Unruhe und Aufgeschlossenheit, auch Verführbarkeit.

**Kreuz-As**
Die Pflicht, die Aufgabe, die einem gegeben ist, die man aber auch freiwillig übernimmt. Das verantwortungsvolle Ziel. Die Verpflichtung anderen gegenüber. Daher auch Sorgen und Belastungen, wobei es auf die Nebenkarten ankommt, in welche Richtung diese gehen. Das Energiedepot und die Kraft für andere. Der Ausgangspunkt für ein weites Ziel. Die Bindung der gemeinsamen Aufgabe. Die innere Unbeugsamkeit. Der feste Standpunkt, das Prinzipielle. Von daher auch der Verlust, aus Treue zu sich oder zu anderen. Kraft zur Überwindung von Leid und Unglück. Der fördernde Druck für die Arbeit.

**Kreuz-König**
Die Pflicht-Autorität. Der strenge Prüfer (im Sinne des „Hohenpriesters" beim Tarot). Die Person im Leben, welche die Tradition vertritt. Eine Person, deren Vertrauen ernstgenommen werden muß. Die Lebensentscheidung, der Wegweiser in einem. Die Seelenentscheidung. Der mahnende Traum. Die innere Spiegel. Pflicht zur Wahrheit vor sich selbst. Die Urideale eines Menschen, die sich immer wieder melden, weil sie sich vernachlässigt fühlen. In diesem Sinn der Kreuzritter in uns selbst. Oft auch die Einsamkeit, das Asketische, um zu sich zu finden. Der alleinige Entschluß. Das Pflichtziel.

**Kreuz-Dame**
Die geheimnisvolle Frau. Die Frau, vor der man auf der Hut sein sollte. Aber auch die intelligente Freundin, die sich durchsetzt. Daher oft die Chefin oder die einflußreiche weibliche Person. Die Macht im Hintergrund. Die Frau, von der Gefahr für eine Bindung drohen könnte. Auch eine Verwandte mit Einfluß, der oft durch eine Erbschaft weit über den Tod hinausgeht. Die Frau, an der man (außer an der eigenen Ehefrau) wächst. Auch diejenige, an der man Pflichten zu erfüllen hat, daher oft die geschiedene Frau, die Frau der Vergangenheit (kann auch die Schwiegermutter darstellen, wenn es mit ihr Probleme gibt).

**Kreuz-Bube**
Oft die schicksalhafte Aufgabe außerhalb der Familie und der Freundschaften. Der dunkle Punkt im Charakter eines Menschen. Der Fehltritt. Die Person, die etwas von einem will. Auch die amtliche Aufforderung oder Nachricht (es hängt von den Nebenkarten ab, in welche Richtung diese gehen). Oft die Verführung, das Satanische in uns, welches das Böse will, das Gute schafft. Streitigkeiten, Auseinandersetzungen mit dem Chef. Selbst herbeigeführtes Unglück. Die Rüge von oben. Das Auge des Gesetzes, aber auch der findige Spitzbube. Die Mahnung, auf der Hut zu sein. Oft die geheimen, verbotenen Gedanken.

**Kreuz-Zehn**
Die Karte des Ärgers, des Streites, der Herausforderung, die einen über sich selbst hinauswachsen läßt. Aber auch das Liebäugeln mit dem Aussteigen, mit einer Flucht vor der gestellten Aufgabe. Der Kampf mit sich selbst, bei dem der innere Schweinehund überwunden werden sollte. Bereitschaft zum Streit, auch Vorurteile. Unsicherheit in der Wahl seiner Mittel. Von der Notlüge bis zur hilfreichen Ausrede hin. Auch das kommende Problem. Oft Opportunismus, um vor der Gewalt zurückzuweichen. Die Rechtsfragen sind hier wichtig, auch der Advokat. Die Ratsuche. Die zwei Seiten einer Sache beachten.

**Kreuz-Neun**
Die Eifersucht, der Neid, aber auch die List. Der Zwischenweg. Das Ausweichen vor einer Gefahr, die Nicht-Stellungnahme. Das sich Nicht-Festlegen. Andere zur Verantwortung ziehen, Fehler nicht bei sich suchen oder zugeben. Oft der falsche Freund, oder der Freund, dem man nicht traut. Aber auch das falsche Urteil über Freunde und Helfer. Der Agent und Spion. Das falsche Gerede oder das Verschweigen. Immerhin die schnelle Anpassung. Der Fuchs in einem und um einen (je nach Lage der Karten). Warnung also zur Wachsamkeit, bis zur übertriebenen Wachsamkeit. Der schnelle Ausweg, nie die große Lösung.

**Kreuz-Acht**
Eine Leidenschaft (auch Krankheit), die schnell vorbeigeht. Auch im psychosomatischen Sinn: die Vorprüfung, das Training für die große Bewältigung. Oft das Gleichgewicht, das schnell verlorengehen kann, weil die Probleme überschätzt werden. Dann mangelnder Mut, den Berg zu übersteigen, dem man auf seinem Weg begegnet ist. Mangelnde Gründlichkeit, weil die Vorbereitungen, die Lernzeit zu kurz gewählt sind. Unglücksfälle. Oft der Umweg, der verkürzen sollte, aber ins Labyrinth führt. Die Suche nach dem schnellen Glück, ohne dafür etwas einbringen zu wollen. Die Sehnsucht nach leichtem Gewinn.

**Kreuz-Sieben**
Kummer und Leid. Die sogenannte „böse Sieben". Oft große innere Zweifel. Illusionen und von daher Täuschungen. Zweifel am eigenen Handeln. Häufig der trügerische Erfolg. Innere Unsicherheit, meist gar Zerfressenheit. Das Nagen an der Substanz. Auch Personen, die sich an jemand heranmachen, um ihnen etwas zu nehmen. Gerissene Personen oder Vertreter. Die kleinen Gauner, Taschendiebe. Der gefährliche Flirt auf einer Reise, der Kurschatten. Der Verlust, der aus vorschnellen Handlungen entsteht. Die Schuld durch Unbedachtsamkeit. Erwartungen sind viel zu hoch gesteckt. Die nachgereichte Quittung.

**Karo-As**

Der Gewinn, der Reichtum. Das materielle Glück. Oft auch Erfolg durch gewagte Spekulation. Der lebensbejahende Optimismus für den Alltag. Erfolg und Reputation im Beruf, weniger auf die Persönlichkeit als auf die Stellung aufgebaut. Aber auch die Fähigkeit, Erfolg herbeizuzaubern. Der gute Agent und Börsenberater. Die Sicherheit für ein Geschäft. Die Bürgschaft. Das gute Ende nach Verhandlungen. Sicherheit durch Erfolg. Der ansteckende Erfolg — von daher die Gefolgschaft, da der Erfolg viele Väter hat. Gefahr von Schmarotzern durch Schmeichelei und Setzen auf die Eitelkeit des Erfolgreichen.

**Karo-König**

Der erfolgreiche, vornehme Mann, der Verbindungen schafft, der fördert. Großzügigkeit nach Prüfung der Unterlagen. Der Freund, der Brautführer, manchmal auch (je nach Lebenssituation) der Verlobte, der Bräutigam. Der Mann auf dem Wege zum Herzkönig. Der kluge, geistreiche Helfer und Freund. Die Beziehung bei einer Behörde. Oft der geheime Schatz, die Sicherheit im Hintergrund, die guten Beziehungen. Die Fülle, die aber nicht festgelegt ist, sondern sich im Wandel befindet. Daher auch die gute, kluge Anlage. Der zu befolgende Rat. Das sich vermehrende Kapital.

**Karo-Dame**

Die erfolgreiche, vornehme Frau, die helfen kann und hilft. Die geheime Förderin, die aber ihren Lohn will. Die Agentin, die Vermittlerin. Oft auch die Braut, die Frau, die zur Herz-Königin aufsteigen kann. Von daher oft die (nicht so ganz selbstlose) Förderin. Bei Frauen: die Freundin, die Beistand bietet — aber wehe, ein Mann taucht auf! Die sanfte Gewalt, die nicht unterschätzt werden darf. Die Lockung auf einen neuen Weg. Die neue Ausrichtung des Denkens und Handelns. Weiblicher Einfluß, weibliche Energie bis hin zur Leidenschaft. Die Frau, die anspornt, die im Hintergrund die Fäden zieht.

**Karo-Bube**

Der Frechdachs, der Schlingel, der Windhund, Bruder Leichtfuß, der noch lachen kann. Daher oft der Aufheiterer, der vermeintliche Glücksbote. Dabei der junge Mensch, der noch zu sehr an sich denkt. Aufgesetzte Selbstsicherheit (ob Frau — ob Mann). Nicht gerade das Symbol für Verläßlichkeit. Oder der Zeitpunkt für eine Entscheidung, oft im Sinne von: Lieber ein Ende mit Schrecken als ein Schrecken ohne Ende. Gefahr und Warnung (wenn danach gefragt wird). Auch der Mensch, der gern auf Kosten anderer lebt, andere für sich arbeiten läßt — bis hin zur Zuhälterei oder zum Zinswucher.

**Karo-Zehn**

Das Glück, das (noch) im Verborgenen liegt. Entweder Erbschaft oder Lotteriegewinn. Das Erfolgsgeheimnis, das wie ein versiegeltes Buch geheiligt und versteckt wird. Möglichkeit von materiellen Vorteilen, auch bei Amts- oder Steuerprüfungen. Oft aber Werte, die nicht verwertbar sind. Also Sachwerte, unverkäufliche Häuser oder wertvolle Antiquitätensammlungen. Die Lebensberatung, das geheime Wissen um Vorgänge. Etwa bei Börsen- oder Immobiliengschäften. Verschleierungstaktik ist häufig im Spiel. Die vertrauensvolle Benachrichtigung, der geheime, oft unerlaubte Hinweis eines Eingeweihten.

**Karo-Neun**

Die List, auf die man hereinfällt. Der Verrat, mit dem das an und für sich vorhandene Ansehen erschüttert wird. Die Verleumdung, der Rufmord, die Presse-Ente, die bewußte Falschinformierung. Gefahr durch zu große Vertrauensseligkeit. Erfolge im Beruf zerrinnen, haben keinen Bestand, ja können sogar Schaden anrichten. Die Warnung also vor einem möglichen Ruin durch falsche Unterrichtung. Eine Sache, die man zum Ende bringen muß, um Fesseln abzustreifen, um Neues beginnen zu können (kommt sehr der Tarotkarte „Der Tod" nahe). Aufforderung zu neuen Ideen. Krise trotz scheinbaren Glanzes.

**Karo-Acht**

Finanzielle und berufliche Chancengleichheit. Oft der Schlüssel zum Erfolg. Die ersten Erfahrungen, die erfolgreich verwertet werden. Der kleine, aber wichtige Anfang, das entscheidende, wenn auch oft winzige Erfolgserlebnis auf dem Weg zur Selbstverwirklichung. Die praktische Umsetzung von Erfahrungen. Abstreifen von Theorie und Schulbuchweisheiten. Die Erkenntnis, die Handlungen nach sich zieht. Das Gleichgewicht in der Zielsuche. Das Verstehen, daß Gewinn Verluste bedingt. Erste — wenn auch noch nicht erprobte — Gelassenheit in kritischen Situationen. Kommende Hilfe.

**Karo-Sieben**

Veränderungen, Wandlungen. Oft aus der Not geboren, was aber meist zum guten Ende führen kann. Beruflich neuer Aufgabenbereich, zunächst fast immer mit Enttäuschung verbunden, aber letztlich doch erfolgversprechend. Erste Schatten einer Betrachtungsweise, die Zweifel aufkommen lassen. Zeit auch der Entspannung, des Urlaubs. Oft Streßschädigung. Warnung: auf Zuverlässigkeit und Gesundheit achten! Durchdenken einer Lage. Guter Rat ist einzuholen. Keine Handlungen, ohne diese zu überschlafen. Sich hüten vor Hysterie und Jähzorn. Nervosität verunsichert. Gefahr: Man hört die Flöhe husten.

**Pik-As**
Die innere Kraft und Stärke, die meist nur Frauen zugeschrieben wird, daher in vielen Deutungsarten auch die Frau, um die es geht. Das Weibliche in jedem von uns, die Seele, das Unbewußte. Die aus der Tiefe kommende Kraft. Aber auch die strafende Gerechtigkeit, wenn Über- oder Hochmut im Spiel war. Oft wird diese Karte als schlechte Karte, als Schandkarte bezeichnet, daher ist sie die Karte der Scham und der Reue über getanes Unrecht. Objektiv führt sie zur Gerechtigkeit. Verborgene Kräfte, die explodieren können. Leistungskraft aus Liebe, bis hin zur Opferbereitschaft. Heilkraft der Seele.

**Pik-König**
Der Mann mit Erfahrung, dem man kaum gewachsen ist. Die Beherrschung aus der Erfahrung. Der Vater, der über den Dingen steht. Der innere Frieden, die Ausgeglichenheit. Das tiefe „männliche" Gefühl. Auch männliche Sexualkraft (die auch in der Frau vorhanden ist). Der positive Schatten in uns, die innere Warnung aus dem Unterbewußtsein. Inspiration und auch Hellsichtigkeit. Das Rundumwissen. Seelenverwandtschaft, die zu einer engen (dann auch intimen) Bindung führen mag. Die Ganzheit, die Mitte, nach der die Menschen streben, die Ausstrahlung (wie — hängt von den Karten rundum ab).

**Pik-Dame**
Das weibliche Kind, die junge, aufwachsende Dame. Die weibliche Kindlichkeit. Oft auch ein Bindungshinweis der Tochter. Auch die (neutrale) Frau, die das Glück bringen kann. Die Adoptivtochter. Das Geschenk. Weibliche Jugendlichkeit. Auch die weiblich-kindliche Seele. Träume von der Jugend (für ältere Personen und je nach Lage der Nebenkarte zu beurteilen). In Verbindung mit Herz-König nie eine Vernunftbindung. Bei Kreuz-König Vater/Tochter-Verhältnis, bei Karo-König Chef/junge Angestellte. Das wachsende Unterbewußtsein, Begegnung mit den inneren Kräften. Erste Traumerfahrungen.

**Pik-Bube**
Das männliche Kind, der heranwachsende Sohn, die männliche Kindlichkeit. Oft auch der Wunsch nach einem Kind. Auch das Kind der Musen. Entstehende Kunstwerke. Die wachsende, schöpferische Kraft in einem Menschen. Daher auch Pläne, Wachträume, Vorstellungen, wie Taten eventuell ausgeführt werden können. Auch das zu Pflegende. Die Fürsorge für den Schwächeren. Hilfsbereitschaft und Erziehung. (Wichtig bei allen Personenkarten, in welche Richtung geschaut wird!) Häufig auch ein gewisser jugendlicher Übermut. Das Ausbrechenwollen. Revolutionäre Kräfte, die sich formulieren können, aber nicht von Dauer sind.

**Pik-Zehn**
Sehnsucht in die Ferne. Eine weite Reise beginnen oder von ihr zurückkommen. Hilfe aus der Ferne. Fremde Erfahrungen. Begegnungen mit anderen Denkschemen. Dazu gehören auch Reisen tief in sich hinein, in die Traumwelt. Auch Reisen in die ferne Vergangenheit. Begegnungen mit dem Jenseits. Der Wille, hinter die Kulissen zu schauen. Ruhelosigkeit des Denkens, des Erfahrenwollens. Auch Erkrankungen der Seele (was von der Lage der Karte und ihrer Nebenkarten abhängt). Der Wunsch, eine Sache nun endlich zu durchschauen, damit das Ende einer Täuschung. Oft Einsicht in sich selbst (Karte des „Eremiten“).

**Pik-Neun**
Zweifel an sich, weil eine Angelegenheit zum schlechten Ende gekommen sein könnte. Oft dann Trotz nach dem Standpunkt: Hier stehe ich, ich kann nicht anders! Dickköpfigkeit ohne Einsicht in die eigenen Mängel und Fehler. Aufwachen nach dem eigenen Scheitern. Oft Omen für ein inneres und äußeres Festgefahrensein. Verbissenheit. Furcht vor dem Neuen, weil das Alte nicht günstig abgeschlossen ist. Die eigene Hemmung, die Hindernisse aufbaut. Aber auch Geiz und mangelnde Hilfsbereitschaft. Angst vor Not und Elend. Überhaupt die Karte der Furcht und Angst vor der Überforderung, vor zu großer Belastung.

**Pik-Acht**
Karte der Zufriedenheit. Eine gute Zeit — meist die der Erholung, der kleinen Ferien und Reisen. Aber Achtung, daß kein Neid erweckt wird! Die Belohnung nach geleisteter Anstrengung, auch Lohn der Angst. Die erfüllte Hoffnung. Entspannung und Phantasie. Liebe zur Natur. Doch auch Verführung durch eine versnobte Gesellschaft. Man möchte „einmal dazugehören“. So werden teure Hotelkategorien gebucht. Gesellschaften, Parties, Premierenpublikum. Zur Schickeria gehören wollen. Wunsch nach Bekanntsein, nach Popularität. Empfänglichkeit für Reklamerummel, vor allem auf dem Gebiet der Gesundheit.

**Pik-Sieben**
Die Karte der Warnung. Der warnende Instinkt. Nicht die „böse“ Sieben, aber die Warnung vor den sieben Todsünden. Oft die Karte des eigenen Gewissens und seiner Folgen. Oft auch die Ahnung vor einer Verschwörung. Sogenanntes versiegeltes Geheimnis. Falsches Vertrauen. Häufig auch das Geheimnis zweier (oder gar mehrerer) Menschen, was einer Verschwörung gleichkommen kann. Eine Einladung, die verschwiegen wird. Oft auch Bedenken für die Zukunft, weil Rückschläge zu erwarten sind. Kaum Geduld, Nachrichten abzuwarten. Nicht mit seinen Sorgen und Problemen herausrücken (gilt besonders für Kinder).

I.

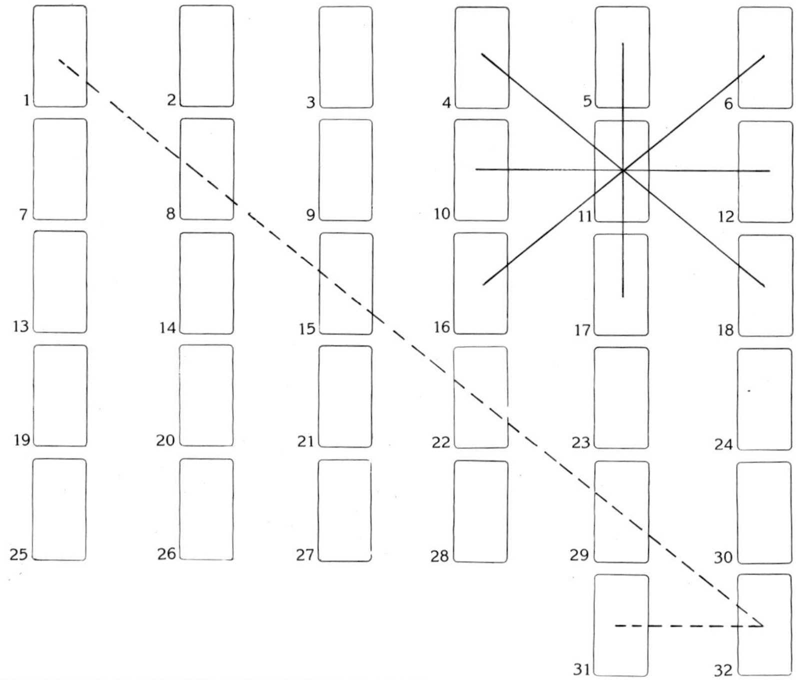
1 2 3 4 5 6
7 8 9 10 11 12
13 14 15 16 17 18
19 20 21 22 23 24
25 26 27 28 29 30
31 32

II.

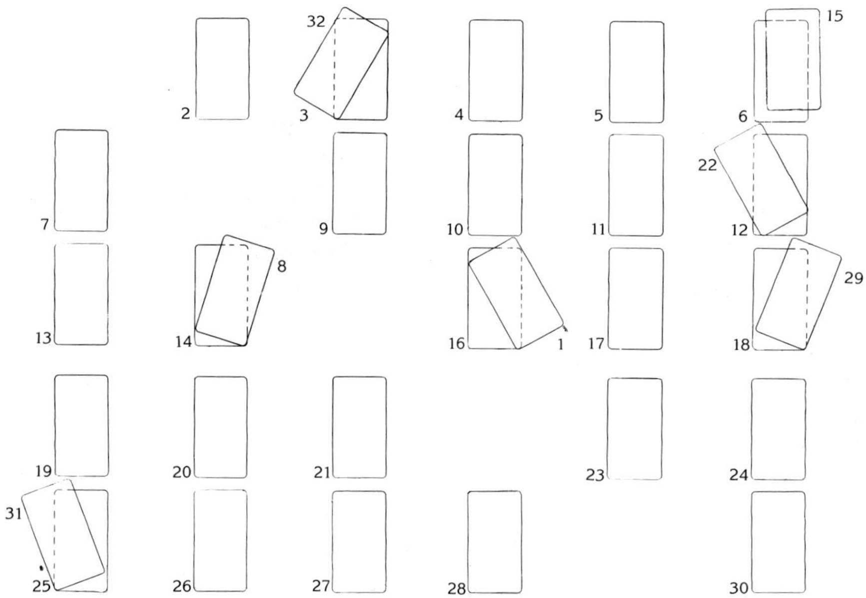
32 15
2 3 4 5 6
22
7 9 10 11 12
8 29
13 14 16 1 17 18
19 20 21 23 24
31
25 26 27 28 30

## Das Kartenbild der Lebenslage

Diese Legeart mit französischen Karten gibt Auskunft über die Grundsituation eines Ratsuchenden. Die Legeart ist höchst einfach. Die Karten werden wiederum offen ausgelegt, dann legt die/der Ratsuchende die Karten zusammen, die nun mehrmals verdeckt gemischt werden. Fällt hierbei eine Karte heraus, wird diese notiert, um dann zu sehen, wo sie im Kartenbild hingefallen ist. Wer will, kann nun dreimal abheben, um sich jeweils die untere Karte anzuschauen und zu notieren; diese Karten haben aber keine so wichtige Bedeutung, wie oft angenommen wird. Es geht auch ohne Abheben. Nun nimmt der Kartenleger die Karten und legt sie — ohne nochmal zu mischen — aus.
Die erste Karte kommt oben links hin, dann folgen fünf Karten, die waagrecht neben die Karte 1 gelegt werden. Die Karte 7 der Auslegung kommt dann unter die Karte 1, auch hier werden die nächsten fünf Karten neben die Karte 7 gelegt. Karte 13 kommt unter die Karte 7, der Kartenleger ordnet dann wieder fünf Karten waagrecht daneben. Im Ganzen fünf Reihen zu je sechs Karten.
Im Grunde entspricht jede Reihe einem der fünf Sinne. Früher hat man gesagt: die erste Reihe ist, was ich sehe; die zweite zeigt, was ich rieche; die dritte, was ich höre; die vierte Reihe, was ich schmecke, und die unterste Reihe, was ich fühle. Heute wird danach kaum mehr gelegt, aber die zukünftigen Kartenleger können sich das ruhig einprägen, es erweist sich oft als recht hilfreich.
Auch werden heute die Kartenbilder immer häufiger in vier Reihen zu acht Karten ausgelegt, doch dabei ist der ursprüngliche tiefere Sinn leider völlig verlorengegangen.

Nun haben wir also fünf Reihen zu sechs Karten, das macht 30 Karten, bleiben also 2 übrig. Diese Karten (sogenannte Schicksalskarten) werden offen unter die unterste Reihe gelegt, manche legen sie links außen hin, manche in die Mitte, wieder andere nach rechts außen. Im Grunde kommt dies auf die Fragestellung an. Handelt es sich mehr um die Vergangenheit, dann legen wir die 2 Karten links außen hin. Handelt es sich um die Gegenwart, kommen die Karten in die Mitte. Wird nach der Zukunft gefragt (jeweils ja das Hauptanliegen), dann plazieren wir die Karten unten rechts außen.
Nun wird das Kartenbild gründlich betrachtet und aufgenommen. Natürlich richtet sich das Hauptinteresse auf die *Hauptpersonenkarte*, also meist Herzkönig oder Herzdame, oder auf die entsprechende Karte nach Bedeutung der Frage.

Wie sieht es rund um diese Karte aus? Geht es zusätzlich zur Hauptperson noch um eine wichtige Frage, suchen wir dafür die passende Karte und betrachten dazu die jeweiligen geraden und diagonalen Kreuze, die wir dann — entsprechend der Bedeutung der jeweiligen Karten — erklären. Das schafft die Grundaussage. Nun können wir von oben links (also der Anfangskarte) bis nach unten rechts, der letzten Karte (die zweite Schicksalskarte) diese Diagonale herausnehmen (wer will, legt hier auch die zweite Schicksalskarte hinzu). Diese sechs oder sieben Karten werden von den Ratsuchenden gemischt, dann dem Kartenleger zurückgegeben. Anschließend geben die Ratsuchenden an, auf welche Karten diese Blätter zwecks näherer Erläuterung offen ausgelegt werden sollen, damit zu den betreffenden Karten nun spezielle Antworten gefunden werden können. Auch diese werden gedeutet (Grafik II).

Der Ratsuchende sollte möglichst allein zu einem Urteil kommen. Er soll sich über seine allgemeine oder speziellere Lebenssituation klar werden, indem er die Bilder zu sich sprechen läßt. Oft empfiehlt es sich, die Auslegung der Karten zu notieren, damit diese Legeart zu Hause nachgelegt werden kann, beziehungsweise später, wenn der Ratsuchende wieder einmal zum Befragen der Karten kommt, was aber frühestens in einem Abstand von einem Vierteljahr der Fall sein sollte.

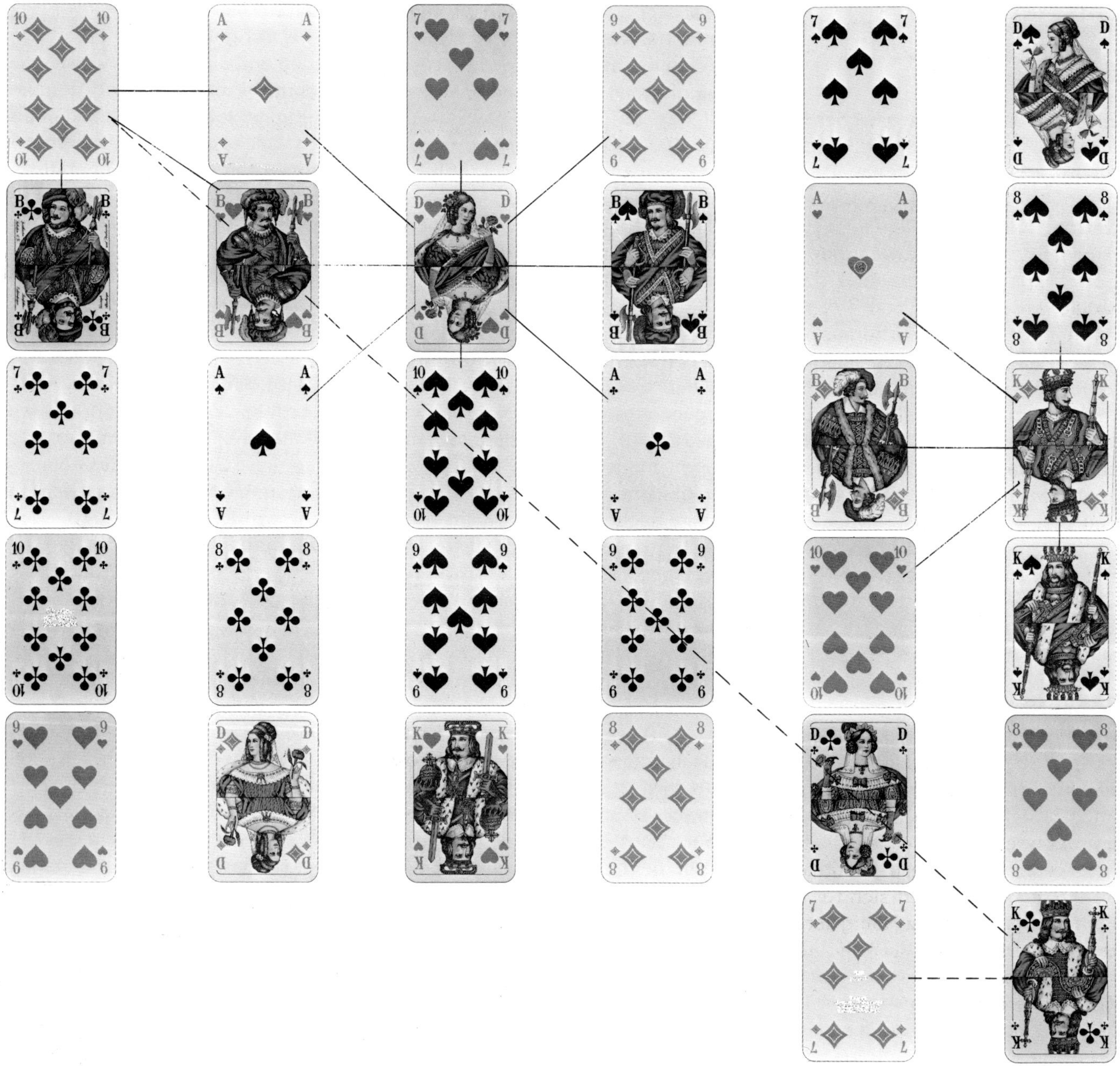

## Das Kartenbild der Lebenslage I: Ein Mann zwischen den Fronten (1)

Ein Mann in mittleren Jahren ruft an und bittet um einen Termin. Bisher hat er in einer Buchhandlung gearbeitet, sich aber nun selbständig gemacht, indem er eine kleine Zeitschrift für Zimmergärtner herausgibt, die er „Botanicus“ nennt. Eine ähnliche Information war für Kleingärtner geplant, aber dazu reicht im Moment das Geld nicht. Inzwischen habe sich eine Mitarbeiterin gefunden, die gerne als Teilhaberin einsteigen würde, auch Kapital besitze, er habe aber Angst, seine mühsam errungene Selbständigkeit aufzugeben. Das Dumme sei nur, daß er sich mit der Dame inzwischen intim befreundet habe, wovon seine Frau aber nichts erfahren dürfe. Im Augenblick sei er ratlos und würde recht gerne einmal in die Karten schauen.

Der Mann kam drei Tage später. Er legte die offen ausgelegten Karten zusammen, drehte sie dann um, mischte sie und gab sie dem Kartenleger. Vorher wurde — das empfiehlt sich — die Hauptkarte festgelegt. Christian W. entschied sich für den Karo-König, den Herz-König lehnte er ab. Die Dame war die Treff-Dame, seine Frau Herz-Dame, und was das Geld anbelangte, wurde vorher vom Kartenleger Karo-Zehn als Hauptkarte gewählt.

Eindeutig, daß das Hauptproblem im Moment das Kapital ist, da die Karte Karo-Zehn als erstes Blatt das gesamte Bild anführt. Der Karo-König, also die Hauptperson, liegt halbwegs entfernt vom Geld, aber nicht zu weit weg. Immerhin, er schaut aus dem Bild heraus (hier gilt stets der obere Teil der Karte). Beide Damen, Herz-Dame wie Treff- oder Kreuz-Dame fielen auch etwa gleich weit von der Karte der Hauptperson entfernt, wobei die Herzdame auf den Karo-König schaut. Neben der Geldkarte liegt Karo-As, was vielversprechend aussieht, jedoch unter der Geldkarte der Kreuz-Bube, darauf hindeutend, daß es ohne einen dunklen Punkt wohl kaum Geld gäbe, er baut also auf einen Fehltritt, möchte man schließen. Diagonal unter der Geschäftskarte Herz-Bube, was auch für eine Verliebtheit spricht. Doch mit dem ganzen Herzen scheint Christian W. nicht engagiert zu sein. Über ihm liegt Pik-Acht, was zwar für eine gewisse Zufriedenheit spricht, aber auch für die Sehnsucht, etwas in der Erfolgswelt zu gelten.
Unter Karo-König finden wir Pik-König: Dieser Mann baut voll auf seine Sexualkraft, aber er wird vom Unterbewußtsein und der Erziehung (Vater-Karte) gewarnt. Neben ihm Karo-Bube, der Schlingel, der Leichtfuß in ihm selbst, der ihn verführt. Diagonal über ihm jedoch Herz-As, was Glück anzeigt, aber Glück aus der Reihe, wo seine Herz-Dame (also seine Frau) liegt. Schräg nach unten diagonal Herz-Zehn, die Aufforderung zu einer Bindung von Kreuz-/Treff-Dame, denn diese liegt unter Herz-Zehn. Diagonal über ihr Pik-König, also fühlt sie sich von ihm angezogen. Rechts neben ihr Herz-Acht, das Symbol für den Beginn eines kleineren Ereignisses. Auf der anderen Seite ist die Kreuz-Dame von der Karo-Acht eingeschlossen, und unter ihr liegt Karo-Sieben. Das deutet auf Glück, aber durch List. Kreuz-König rechts diagonal unter ihr zeigt, daß sie auch mit ihrem Gewissen kämpft. (Da sie aber allein stand, schob sie es — wie sie später berichtete — zur Seite.) Kreuz-Neun links über ihr spricht von ihrer Eifersucht wegen seiner Ehefrau. Wie sieht es nun um diese aus?
Sie liegt über Pik-Zehn. Sie will also alles durchschauen, ja, sie weiß also! Über ihr Herz-Sieben, was auf geheime Lieben ihrerseits hindeuten kann. Herz-Bube zeigt an, daß sich ein junger Mann um sie bemüht — aber Pik-Bube läßt erkennen, daß sich zur Zeit alles um ihren Sohn dreht. Karo-As ist ein gewisses Eigenkapital. Karo-Neun jedoch zeigt die Gefahr, daß sie die ganze Angelegenheit doch nicht richtig durchschaut. Pik-As weist auf innere Stärke hin. Kreuz-As zeigt die Pflicht. Sie kommt in die Reihe, wo die Karte ihres Mannes liegt. Sie wird ihm demnach stets beistehen.

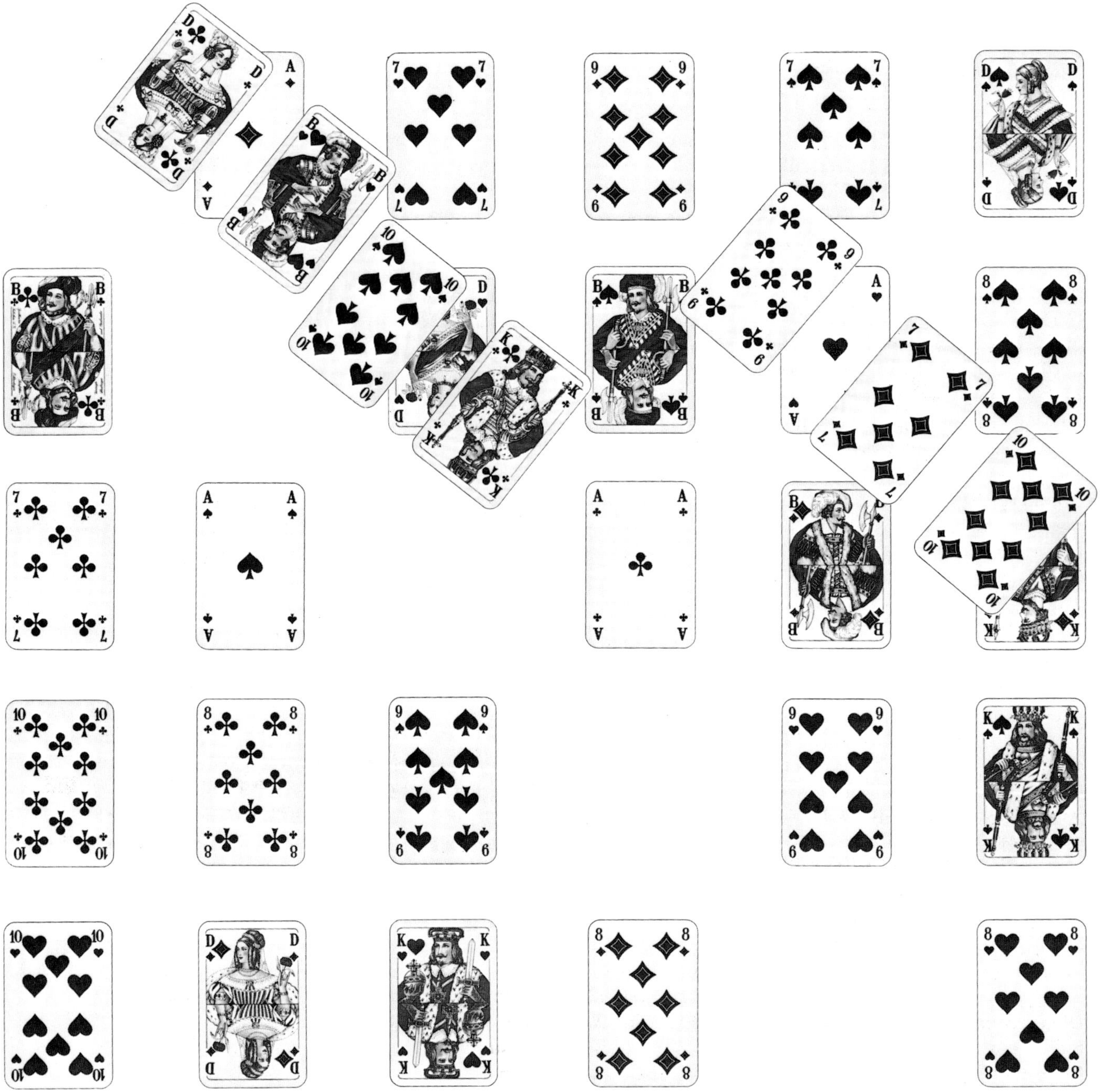

## Das Kartenbild der Lebenslage I: Ein Mann zwischen den Fronten (2)

Zu diesem zweiten Spiel werden nun die Karten der Diagonale von links oben bis rechts unten und der zweiten Schicksalskarte herausgenommen. Es handelt sich um folgende Karten in der Reihenfolge der Herausnahme: Karo-Zehn, Herz-Bube, Pik-Zehn, Kreuz-Neun, Kreuz-Dame, Kreuz-König und Karo-Sieben — insgesamt sieben Karten. Christian W. zeigte sich über all das, was die Karten bisher aussagten, derart beeindruckt, daß er nun das zweite Spiel der Fragen und Antworten unbedingt ausführen wollte. Hier wird sich zeigen, was die Zukunft bringt, während ja die Gegenwart bis jetzt ganz günstig aussah, obwohl sich Christian W. überhaupt noch nicht endgültig auf sein Handeln festgelegt hatte.
Er mischte die Karten. Es störte ihn furchtbar, ja verunsicherte ihn geradezu, daß die Karo-Zehn, die ja als Karte des Geldes ausgesucht worden war, nun aufgenommen werden mußte! Das heißt, diese Karte könne ja nun das ganze Spiel verändern! Wie oft im Leben werden die Karten „neu" gemischt, ohne daß wir es wollen!

Dieses Spiel ist verhältnismäßig einfach. Der Ratsuchende (Christian W.) fragt nach einer Karte, auf die dann die oberste der sieben herausgenommenen und gemischten Karten offen aufgedeckt wird. Zunächst zeigte er auf seine Frau. Die Karte, die auf sie fiel, war die Pik-Zehn. Das bestätigte ihm, daß sie von seinen Eskapaden ahnte, daß sie nur die Pflicht zu ihrem Sohn an seiner Seite hielt. Dann bat er darum, eine Frage auf die Karte Karo-As zu legen, die ja den Reichtum in sich versinnbildlicht. Dort fiel die Kreuz-Dame hin. Das bedeutet, es geht um das Geld der Mitarbeiterin. Christian W. sagte spontan: „Natürlich! Meine Frau würde mir ja nichts mehr geben!" Ob das gerecht war, konnte der Kartenleger nicht beurteilen. Aber noch waren ja fünf Karten im Spiel (die aber nicht alle gebraucht werden müssen!).
Die nächste Karte erbat sich Christian W. auf Herz-As. Das Glück im Haus, in einer Gemeinschaft. Er spürte, es stand für ihn nun schon allerhand auf dem Spiel. Es war die Karte Kreuz-Neun, das Eifersuchtssymbol. So konnte man davon ausgehen, daß sein Glück im Haus und im Heim durch Eifersucht sehr gefährdet würde, daß aber auch eine List mit hineinspiele. Hier blieb also manches unausgesprochen. Dann ist es erlaubt, noch einmal auf dieselbe Grundkarte eine andere zu legen. Christian W. bat sofort darum. Karo-Sieben! Die Karte der Veränderung, der Wandlung, die Unruhe-Karte, bis hin zu gesundheitlichen Problemen. Aber auch die Warnung, alles noch einmal zu überschlafen. Jetzt hatte Christian W. endlich den Mut, eine Karte auf sich — also auf den Karo-König — legen zu lassen. Es war die Karo-Zehn. Das beruhigte ihn sehr. Er würde also zu seinem Geld kommen. Aber dies konnte auch heißen, und darauf machte ihn der Kartenleger aufmerksam, daß er alles nur des Geldes wegen täte! Christian W. nickte ernüchtert. Er hatte wohl im Grunde bereits verstanden. Zwei Karten blieben. Kaum jemand, der zum erstenmal zu einer solchen Sitzung kommt, ahnt, welche Karten noch im Spiel sind, jeder ist zu sehr mit seinen Problemen beschäftigt.
Christian W. wollte die zwei Karten auf die seiner Frau (Herz-Dame) und auf die Karte seiner Freundin (Kreuz-Dame) legen. Er mischte noch einmal. Dann legte er auf seine Frau über die Pik-Zehn den Kreuz-König, die Pflicht-Karte, die Prüfung. Auf seine Freundin (Kreuz-Dame) kam der Herz-Bube, der Freund, der Verliebte, der Werbende. Im Grunde hieß das — und dies muß akzeptiert werden, weil es oft geschieht —, daß alles beim alten bleibt. Christian W. wird von sich aus seine Frau nicht verlassen, aber es auch nicht aufgeben, um seine Freundin und ihr Geld zu werben. Die Zeit für eine Entscheidung ist noch nicht reif, der Mann selbst wohl auch noch nicht.

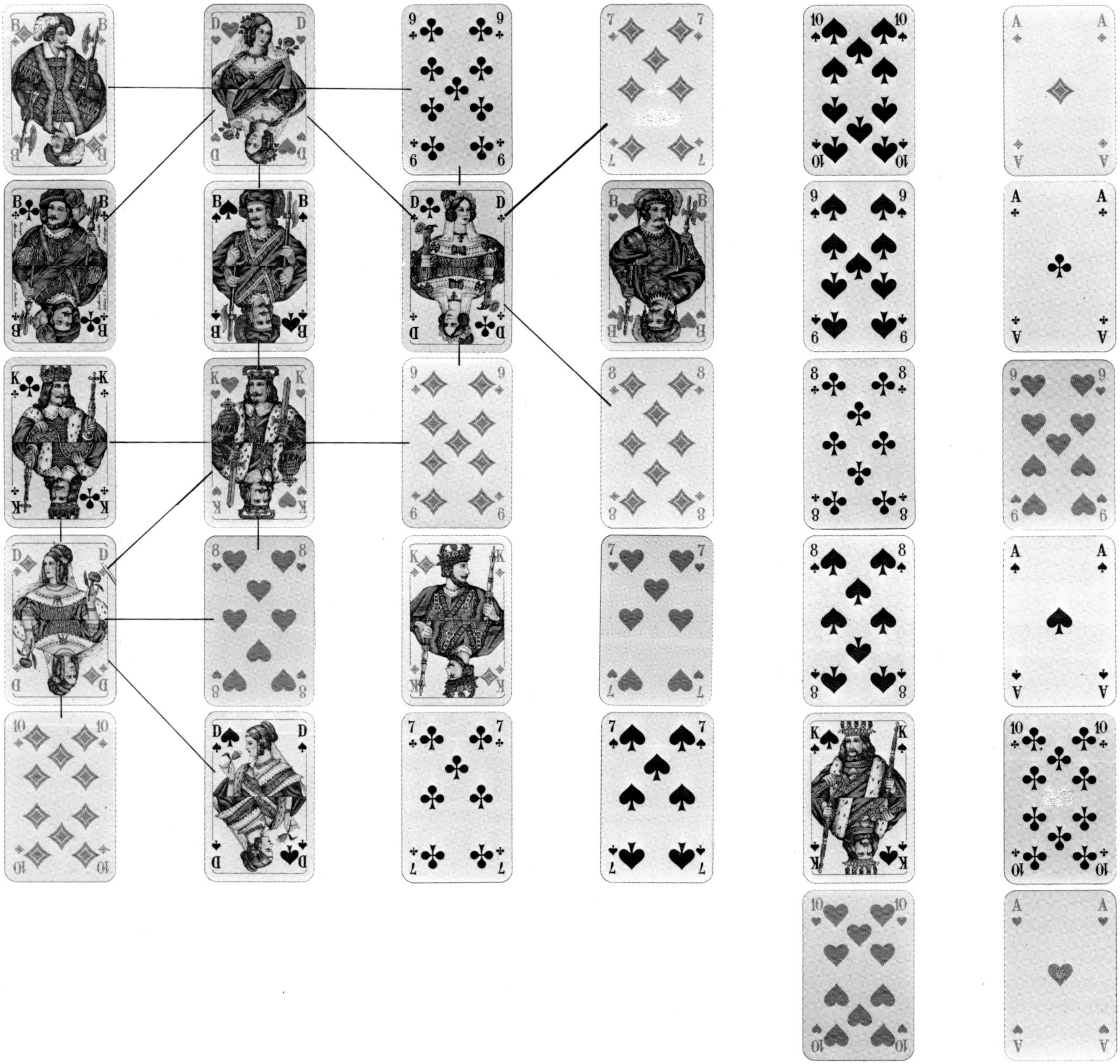

## Das Kartenbild der Lebenslage II: Eine Frau fühlt sich verfolgt (1)

Es klang sehr aufgeregt, als sie am Sonntagmorgen mit vielen Entschuldigungen anrief, um möglichst noch am gleichen Tag einen Termin zu bekommen. Sie könne nicht mehr klar denken, alle Welt rede auf sie ein, überhaupt würden merkwürdige Dinge geschehen. Eigentlich wollte der Kartenleger absagen, aber dann ließ er sich erweichen.

Am nächsten Tag war Helga R. da. Sie mischte die Karten, sah sich als Herz-Dame. Sie berichtete von einer steten Anruferin, die ihren Mann sprechen wolle, sie vermutete, es wäre eine Freundin, obwohl sie davon noch nichts gemerkt hatte. Die Nachbarin hatte ihr allerdings gewisse Andeutungen gemacht, daß ihr Mann — während sie selbst in Kur gewesen wäre — oft „weiblichen" Besuch empfangen hätte. Ihr Mann habe aber alles geleugnet und nur auf ihre schlechten Nerven hingewiesen. Ihr Mann, das legte sie nun fest, wäre schon noch (das Wort betonte sie) der Herz-König. Zur Nebenbuhlerin erwählte sie Karo-Dame. „Und die Nachbarin?" fragte der Kartenleger. „Ach ja, da nehmen wir die Kreuz-Dame." Sie nahm die offen ausgelegten Karten auf, legte sie zusammen, mischte sie kurz und gab sie dem Kartenleger, der sie auslegte. Schweigen.

Das schien wirklich ein merkwürdiges Blatt zu sein. Karo-Bube als erste Karte (die immer recht wichtig ist) eröffnete den Reigen. Bruder Leichtfuß also bedrückt die Herz-Dame, die daraufhin gefragt wurde, ob ihr Mann schon öfter eine Freundin gehabt hätte. „Schon", sagte sie. Sie hielt ihren Mann für einen „Windhund". Auf die andere Seite der Herz-Dame kam Kreuz-Neun, Eifersucht also und Neid. Die Frau machte es sich gewiß mit ihrer Liebe nicht leicht.

Unter ihr Pik-Bube, der Sohn, aber sie hatte keinen. Also gilt diese Karte für Wachträume oder für eine schöpferische Phantasie. Diagonal links unter ihr Kreuz-Bube, die Dame war so gut wie von allen Buben eingeschlossen. Kreuz-Bube zeigt den dunklen Punkt im Charakter eines Menschen an, der hier auf Eifersucht hindeutet. Diese Umgebung von Buben, dieses fast Eingeschlossensein kann auch (da Buben ja das Junge an und für sich darstellen) auf eine Art der Unreife schließen lassen. Diagonal rechts unter ihr die Nachbarin, die Hüterin ihrer Ehe, die ihr also zu Leibe rückt.

Die Nebenbuhlerin ist scheinbar weit weg. Karo-Dame liegt ganz außen, aber doch in Verbindung mit dem Herz-König. Über ihr jedoch Kreuz-König, was auf Pflicht und Ernst hindeuten kann. Unter der Karo-Dame die Karo-Zehn, die Karte des Ärgers, der Herausforderung; so besteht durchaus die Möglichkeit, daß diese Dame Streit bereiten kann. Neben der Karo-Dame Herz-Acht. Der kleine Sieg, Zivilcourage. Und unter ihr Pik-Dame. Das ist die jugendliche Dame — also nichts, was mit der Liebe zu tun hat.

Kommen wir zur Nachbarin, der Kreuz/Treff-Dame, die ungefähr zwischen Herz-Dame und Herz-König liegt. Über der Karte der Nachbarin die Karte der Eifersucht. Sollte diese also von daher geschürt sein? Diese Frage verblüfft Helga R. enorm, denn das war ihr noch gar nicht in den Sinn gekommen. Die Treff-Dame liegt über der Karte Karo-Neun und daneben Karo-Acht. Das spricht für Listigkeit, ja auch für Verrat. Es ist auch die Karte der Verleumdung, ja für die bewußte Falschinformation. Karo-Acht sagt hier nichts Gravierendes aus. Aber es gibt noch diagonal rechts oben die Karo-Sieben, die Karte der Veränderung, der Wandlung, die von dieser Frau ausgeht. So schälte sich heraus, daß Helga R. zwar von Natur aus äußerst eifersüchtig ist, daß aber die jetzige emotionelle Erregung von der „guten" Nachbarin ausgelöst wurde. Helga R. sagte nur: „Aber mein Mann ist verführbar, da gibt es nichts zu deuteln! Und er muß doch diese Dame kennen, wenn die Karten nicht lügen, denn seine Karte ist doch mit der ihrigen verbunden?" Der Kartenleger rät, alles zu überschlafen, die Karten könnten ja in ihrer Lage notiert werden. Bis dahin sollte Helga R. einmal mit ihrem Mann sprechen.

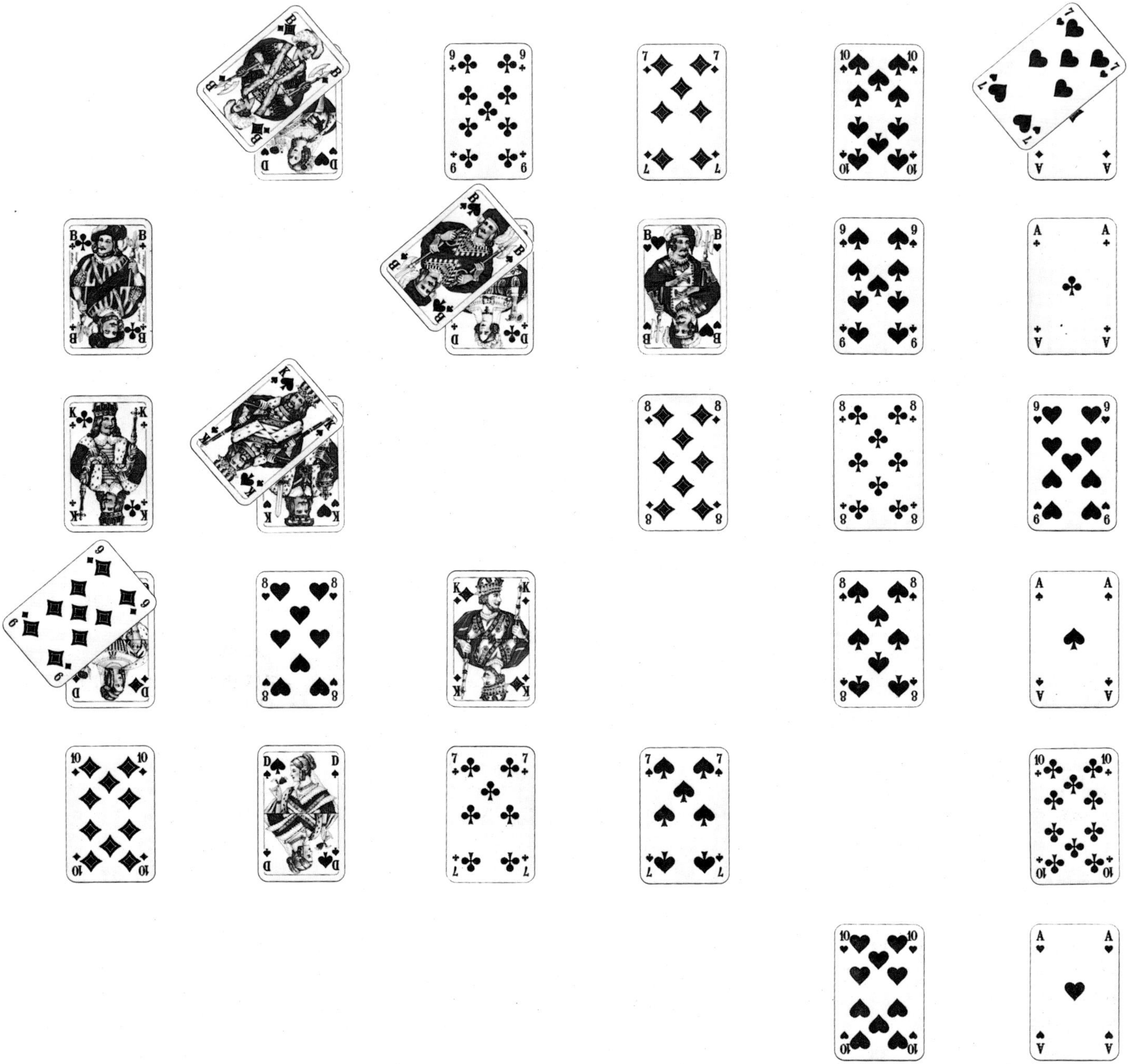

## Das Kartenbild der Lebenslage II: Eine Frau fühlt sich verfolgt (2)

Zwei Wochen später stand Helga R. wieder vor dem Kartentisch. Sie hatte mit ihrem Mann gesprochen, der sie nur ausgelacht und gesagt habe, daß er von seiner Arbeit völlig in Anspruch genommen worden sei. Die Nachbarin habe ihr dagegen „ehrenwörtlich" versichert, daß ihr Mann eine junge Dame öfter mit in die Wohnung genommen habe. Helga R. versicherte, ihr Mann würde immer auch nach anderen Frauen sehen.

Eine totale Verunsicherung! Der Kartenleger wollte diese Sitzung nicht stattfinden lassen, aber Helga R. bestand darauf, dieses Spiel nun auch zu Ende zu bringen. So wurden die Karten der Diagonale von links oben nach rechts unten herausgenommen — plus der zweiten Schicksalskarte. Es waren die Karten: Karo-Bube, Pik-Bube, Karo-Neun, Herz-Sieben, Pik-König, Herz-As und schließlich Herz-Zehn. Diese sieben Karten wurden nun von Helga R. sehr gründlich gemischt — als hätte sie Angst, die Karten dann aus der Hand zu geben.

Der Kartenleger nahm die Karten und fragte: „Auf welche Karte soll ich als erste abdecken?" Helga R. überlegte, dann gab sie sich einen Ruck und meinte: „Auf die Karo-Dame!" Die oberste Karte entpuppt sich als Karo-Neun. Es ist die Karte der List, des Verrats. „Ich hab's gewußt." Dann meinte Helga R.: „Die nächste Karte gilt mir." Auf die Herz-Dame kam nun der Karo-Bube. Es ist die Karte des Schlingels, des Herzensbrechers. Dies zeigt ganz eindeutig, das Herz der Herz-Dame schlägt für denjenigen, für den sie ihren Mann hält! Im Grunde besagt dies, daß Helga R. ja gerade auch deswegen ihren Mann liebt, weil er ein Aufheiterer ist, der also allgemein gut ankommt. Helga R. mußte nun sagen, welche Karte als dritte abgedeckt werden sollte. Sie fragte: „Was bedeutet Karo-As?" „Gewinn und Reichtum, oft auch Erfolg durch lebensbejahenden Optimismus." Darauf nickte Helga R., der Kartenleger deckte die dritte Karte auf. Es war die Herz-Sieben. Diese Karte heißt „geheime Erwartungen". Wunschdenken an eine Bindung, auch des materiellen Erfolges wegen. Helga R. bekommt einen roten Kopf. Ja, sie wollte schon ein Leben im Wohlstand führen. Deswegen arbeite wohl auch ihr Mann so viel und dauernd. Sicher, da habe er auch mit jungen Damen zu tun. Dann plötzlich: „Und angeregt ist er immer — besonders bei Frauen." Kein Kommentar vom Kartenleger.

Helga R. interessierte auf einmal der Herz-König, den sie bisher ausgeklammert hatte. Auf ihn fiel die Karte Pik-König, der Mann mit Erfahrung und Beherrschung. Das hatte sie wohl überhaupt nicht erwartet. Sie wurde immer verwunderter. Drei Karten waren noch zu legen. Als ob sich Helga R. nun selbst Mut machen müßte, richtete sie sich auf und sagte: „Die nächste Karte fällt auf meine Nachbarin." Es war der Pik-Bube.

Diese Karte zeigt ja stets etwas „Unausgegorenes", das Kind, beziehungsweise das Kind in einem. Aber auch Wachträume, wie wir unter der Beschreibung von Pik-Bube nachlesen können. Vorsichtig wurde Helga R. klargemacht, daß hier vielleicht die Wurzel allen Übels liege. Daß hier auch Kräfte am Werke sein könnten, die nicht von Dauer sind. Helga R. meinte: „So könnte *sie* also im Hintergrund stehen?" Sie stand auf und wollte gehen. „Sie haben noch zwei Karten!" „Ich brauche keine Karten mehr." Helga R. wurde erklärt, daß diese Karten ja als Schicksalskarten allein aufgedeckt werden könnten. Dem stimmte sie zu. Es waren Herz-As und Herz-Zehn. Herz-As bedeutet Glück in der Gemeinschaft. Herz-Zehn ist das Symbol für eine Aufforderung zu einer Bindung.

Helga R.: „Und die muß wohl von mir ausgehen..." — Später stellte sich heraus, daß es sich wirklich nur um Gerede gehandelt hatte. Helga R. meinte im nachhinein: „Mir ist damals vieles klar geworden." Und darauf kommt es im Grunde allein an.

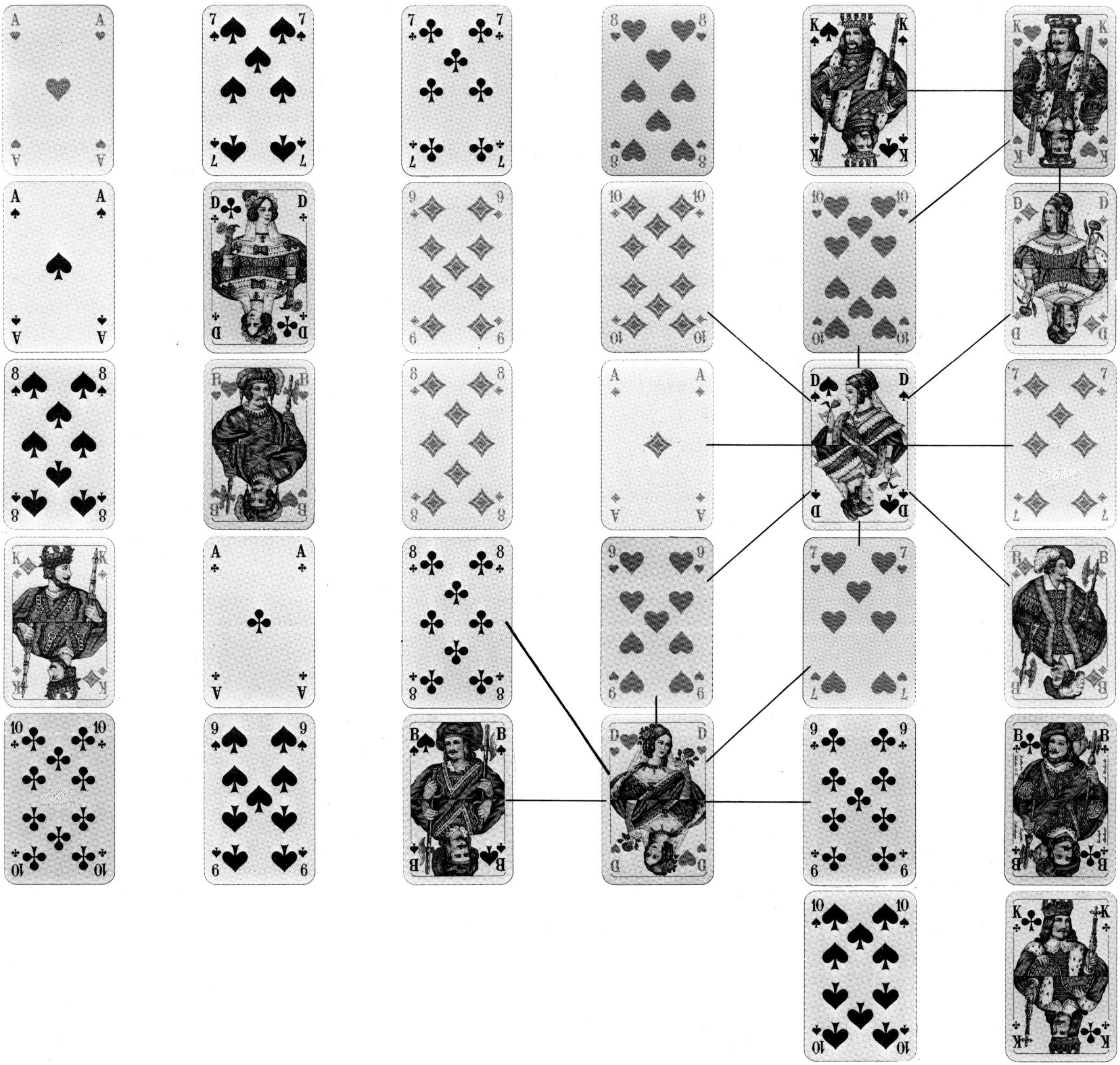

## Das Kartenbild der Lebenslage III: Die Ferne lockt (1)

Wolf E. hatte gleich drei — nein vier — Probleme, als er zum Kartenleger kam. Von Beruf Chemiker, hatte er eine sehr gute Stellung inne. Auch sonst sah alles bestens aus. Anfang 30, hatte er sich bereits — wenn auch mit viel Kredit und Hypotheken — ein Haus gekauft, dort lebte seine Familie (Frau mit zwei Kindern) und unter dem Dach auch noch seine Schwiegermutter, was er als den größten Fehler seines Lebens bezeichnete, denn sie bestimmte offensichtlich, was zu tun wäre. Wenn er sich dagegen auflehne, dann wehre sich seine nicht ganz gesunde Frau — um des lieben Friedens willen, wie sie sage.

Da platzte ein außerordentliches Angebot in sein Leben. Er könnte für zwei bis drei Jahre nach Amerika gehen, würde dort bestens bezahlt und hätte hinterher glänzende Aufstiegschancen. Er hätte diesem Angebot auch sofort zugestimmt, nur sei seine Frau konsequent dagegen, sie wolle nicht zwei oder gar drei Jahre auf ihn warten und meinte, dann seien sie ja die besten Jahre getrennt. Wolf E. überlegte hin und her und kam zu keinem Ergebnis.

Beim Kartenleger nahm Wolf E. die Karten auf und mischte sie. Er wäre Herz-König, seine Frau die Herz-Dame. Die Schwiegermutter Pik-Dame, der Job, der Beruf, wäre Karo-As. Die Karten wurden ausgelegt. Auf den ersten Blick erkennen wir, daß Herz-As das Kartenbild anführt. Es geht also wirklich um das Glück im Heim, aber auch um die Erfüllung eines großen Wunsches. Der Herz-König liegt in der oberen Reihe rechts außen, die Herz-Dame tief unten. Im Moment liegt viel zwischen ihnen, wenn sie sich auch von der Richtung her ansehen. Die Pik-Dame liegt genau dazwischen, neben ihr in nächster Beziehung die Karte seines Berufes, Karo-As. So ist auf einen Blick zu sehen, daß sein Job viel mit der Schwiegermutter zu tun hat. Die Schicksalskarten sind Pik-Zehn, der bohrende Wunsch, ob eine Sache gut ausgeht, und Kreuz-König, die Autorität, aber in erster Linie die Prüfung.

Der Herz-König wird umrahmt vom Pik-König, einem väterlichen Freund, der ihm Beistand gibt. Es handelt sich um seinen Chef, wie Wolf E. sofort erklärte. Die Herz-Zehn verdeutlicht die Einladung, die er bekommen hat; hier weniger im Sinn einer Heirat, sondern im Sinn der Verheiratung mit dem Geschäft, die Wolf E. vorzuziehen scheint. Diese Karte liegt genau über der Schwiegermutter, was fast wie eine Flucht vor ihr aussieht! Die Karo-Dame unter Herz-König ist wohl hier mehr als die Firma zu sehen, die ihn fördert, die sozusagen zur „Braut" aufsteigen kann. Herz-Zehn wie Karo-Dame tanzen der Pik-Dame, der Schwiegermutter, auf dem Kopf herum.

Neben dieser Karo-As, die Karte, die als die Berufskarte gewählt wurde. Auch sie scheint die Schwiegermutter (Pik-Dame) sehr zu berühren, wie Karo-Zehn (das Glück, das im Verborgenen liegt). Auf der anderen Seite der Pik-Dame finden wir Karo-Sieben, die Karte der Veränderung. Hier wird schon deutlich, wie sehr die Schwiegermutter in den Vordergrund rückt. Unter ihr Herz-Neun sowie Herz-Sieben und der Karo-Bube. Herz-Neun symbolisiert die Wunscherfüllung nach Schwierigkeiten, was die direkte Verbindung von der Schwiegermutter-Karte zur Herz-Dame darstellt. Herz-Sieben ist die Karte der geheimen Liebe, man kann hier sagen, der geheimen Verbindung, die zwischen Schwiegermutter und der Ehefrau (Herz-Dame) doch zu bestehen scheint. Karo-Bube dagegen, der Windhund, soll zeigen, daß es sich die Schwiegermutter wohl doch ein bißchen zu leicht macht.

Doch schauen wir uns die Herz-Dame an. Über ihr — außer den besprochenen Herz-Neun und Herz-Sieben — liegt die Kreuz-Acht, anzeigend, daß das Gleichgewicht im Denken (liegt über der Herz-Dame) vorübergehend verlorengehen kann. Eingerahmt ist die Herz-Dame vom Pik-Buben, was ja auf die Kinder hinweist und von der Kreuz-Neun, der Karte des Zwischenweges. Das bestätigt, daß sie selbst zum Konflikt von Ehemann und Schwiegermutter kaum Partei ergriffen hat.

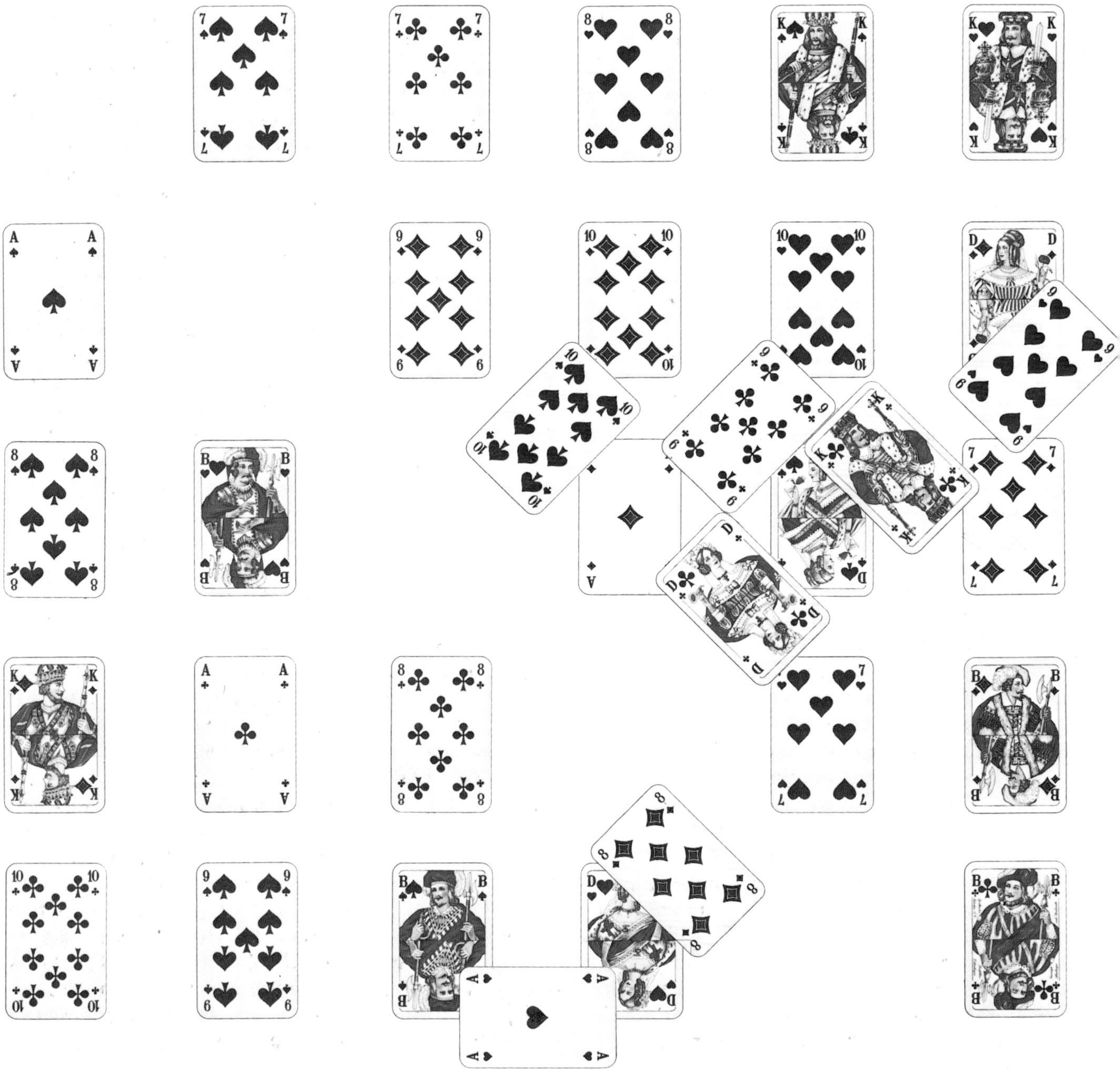

## Das Kartenbild der Lebenslage III: Die Ferne lockt (2)

Nun wurde die Diagonale von links oben nach rechts unten herausgenommen. Das waren Herz-As, Kreuz-Dame, Karo-Acht, Herz-Neun, Kreuz-Neun, Kreuz-König und Pik-Zehn.

Die gemischten sieben Karten legte Wolf E. in die Hand des Kartenlegers. Er wünschte, daß die erste Karte auf die Herz-Dame, also das Symbol für seine Frau, gelegt wurde. Es war die Karo-Acht, also die Karte der Chancengleichheit. Das hieß, seine Frau würde letztlich seine Entscheidung respektieren, obwohl sie sich zur Zeit doch sehr dagegen stemmt. Aber sie wird von sich aus wohl keine Gegenaktion starten.

Die zweite Karte sollte auf die Pik-Dame, das Symbol der Schwiegermutter, gelegt werden. Es war Kreuz-Neun, die Karte der Eifersucht, aber auch des Neides und der List. Jetzt schienen Wolf E. die Augen aufzugehen. „Das ganze Dilemma", so urteilte er spontan, aber wohl nicht ganz korrekt, „ist die Eifersucht meiner Schwiegermutter! Natürlich!" Er fuhr fort: „Noch eine Karte auf die Pik-Dame!" Es fiel der Kreuz-König. „Mein Schwiegervater!" Dann sprudelte es aus ihm heraus. Die Ehe der Schwiegereltern war miserabel, ja katastrophal. „Und sie schiebt alle Schuld auf ihren Mann, und dies überträgt sie jetzt auf mich! Sie will gar nicht, daß unsere Ehe gutgeht! Und das soll anschließend mir in die Schuhe geschoben werden!" Noch vier Karten waren zu legen. Die nächste sollte auf seine Firmenkarte, die Karo-Dame. Es fiel die Herz-Neun, die Karte der Wunscherfüllung nach Schwierigkeiten, aber auch die Karte der Neuigkeit aus weiter Ferne. Der Anfang einer erfolgversprechenden Lebensphase. Die Karte, die auch den grundsätzlichen Start symbolisiert. „Also doch die Firma", schien Wolf E. in sich hineinzumurmeln. „Ich stehe wirklich zwischen Baum und Borke, wenn die Karten stimmen sollten. Ja, wie steht es denn dann um meinen Job, das war doch das Blatt Karo-As?" Hier fiel die Karte Pik-Zehn, welche die Sehnsucht in die Ferne symbolisiert. Aber auch die Karte, die einen weiter schauen läßt. Es geht bei diesem Blatt auch um die seelischen Belange. Der Wunsch, eine Angelegenheit endlich zu durchschauen. Wolf E. überlegte.

Er bat darum, noch eine Karte auf die Pik-Dame (seine Schwiegermutter) zu legen. Es war die Kreuz-Dame, eine sicher geheimnisvolle Karte. Die Frau, vor der man auf der Hut sein sollte. Oft auch die einflußreiche Frau, auch eine Verwandte mit Einfluß, deren Erbschaft weit über den Tod hinausgeht. Für Wolf E. schien nun alles klar zu sein. „Ich muß mein Schwiegermutter-Problem lösen." Er wollte schon gehen, da erinnerte ihn der Kartenleger daran, daß noch eine Karte zu legen sei. Es war Herz-As, das nun auf Herz-Dame und Pik-Bube gelegt wurde. Also das Glück in der Familie!

Wolf E. hatte zu handeln, und zwar auf drei Ebenen gleichzeitig. Zunächst besprach er sich mit seiner Frau. Er stellte ihr ein Ultimatum. Entweder ich gehe ins Ausland, in die Ferne oder deine Mutter verläßt dieses Haus. Das gab natürlich einen Aufruhr. Aber Wolf E. trat nun seiner Schwiegermutter viel selbstbewußter entgegen. Er legte seiner Frau und ihr dar, worauf die Karten ihn aufmerksam gemacht hatten: Ihre Eifersucht auf ihn, und der Neid auf eine gutgehende Ehe.
Die Schwiegermutter wies zwar auf die Firma hin, erinnerte Wolf E. an seinen Ehrgeiz (sie kannte genau den Charakter ihres Schwiegersohnes), der aber sprach mit seinem Chef, erklärte, er wolle seine Ehe nicht aufs Spiel setzen. Dies wurde bedauert, aber respektiert. Er konnte bleiben und machte daheim Karriere, wenn auch die Sehnsucht nach der Ferne nicht erfüllt wurde.

Diese Geschichte zeigt, daß solche Kartenlegearten im psychologischen Sinn dazu beitragen, sich über sich selbst und andere klar zu werden.

Personen-
karte
1
2
3
4
5
6
7
8
9
10
11
12

## Die Auskunft

Ein kleines, aber sehr aufschlußreiches Spiel ist unter dem Stichwort „Auskunft“ bekannt geworden. Hier werden oft entscheidende Detailfragen — in erster Linie über Personen — beantwortet. Zunächst wählt man die Karte, die eine Person repräsentieren soll, über die man mehr erfahren möchte. Das kann man selbst sein, die Ehefrau, die Freundin, der Rechtsanwalt, der Freund, der Gläubiger, der Geldgeber. Kurz, wer auch immer. Will man etwas über sich erfahren, was einer Selbstmeditation gleichkommt, dann legt man am besten Herz-König oder Herz-As. Ein älterer Herr kann auch Kreuz-König wählen, ein Heranwachsender etwa den Karo-Buben. Natürlich kann auch eine der Zahlkarten genommen werden, deren Bedeutung wir nun schon etwas besser kennen. Der Sinn der Karte, die man auswählt, sollte allerdings eindeutig sein. Da in den Karten oft viele Bedeutungen zu finden sind, ist diejenige zu wählen, auf die sich die Frage konzentriert. Dies sollte auch genannt werden, bevor man die Karten weiter auslegt.

Wir beginnen wiederum damit, daß alle 32 Karten offen ausliegen. Die Fragekarte wird gewählt und beiseitegelegt, dann werden die Karten von den Ratsuchenden offen zusammengelegt und wie immer gemischt. Die Karten werden mit dem Rücken nach oben ausgelegt und dann sechs Karten hintereinander gewählt und auf einen Haufen neben der offenen Fragekarte abgelegt. Nun wählen die Ratsuchenden weitere sechs Karten, die auch extra zu einem Haufen zusammengeschlagen werden. Damit sind nun 13 Karten im Spiel — eine bedeutungsvolle Zahl, wie ja allgemein bekannt sein dürfte, wenn wir an die Erklärung der Karte 13 des Tarot („Der Tod“) denken.

Der erste Haufen wird aufgenommen und die sechs Karten waagrecht unter die Fragekarte *zugedeckt* ausgelegt. Diese waagrechte Reihe weist uns auf die *Eigenschaften* der Person und der Sache hin, um die es geht.
Eine Karte nach der anderen wird nun aufgenommen und sofort gedeutet. Die Eigenschaften steigern sich. Das heißt, das Blatt, das nahe der Personenkarte liegt, gibt die Eigenschaft wieder, die zwar vorhanden, aber im Verhältnis zu den anderen, kommenden Eigenschaften gering ist. Die Eigenschaften steigern sich von der Karte 1 bis hin zur Karte 6. Die Karte 6 ist also die maßgebende Eigenschaft! Aber es kann durchaus sein (das ist das Schwierige aber auch das Reizvolle an dieser Legeart), daß man zum Schluß kombinieren muß. Denn vier gute Eigenschaften können durchaus zwei sogenannte dunkle Charakterseiten eines Menschen aufheben. Oft ist es sogar so, daß eine Eigenschaft die anderen aufzuheben vermag. Etwa eine Eigenschaft der Ehrlichkeit, oder des guten Willens, die alles andere sozusagen in die Schranken verweist. Hier muß also der Kartenleger zu einem Bild kommen. In der Regel arbeiten die Ratsuchenden daran sehr intensiv mit, denn sie kennen ja die Person, die es zu ergründen gilt. Oft wird beispielsweise nach einer Bekannten oder nach einem Freund gefragt, wenn „Sie“ oder „Er“ wissen will, ob diese ihrem Lebenspartner gefährlich werden können.

Wichtiger ist es allerdings, die Karten nach *Gedanken und Plänen* dieser Person zu befragen. Das teilt uns der zweite Kartenhaufen mit den sechs Karten mit. Diese Karten werden in eine Diagonale gelegt. Die oberen Karten, die nahe der Personen- oder Sachkarte liegen, zeigen die verhältnismäßig offenen Gedanken, die tiefste Karte den geheimsten, damit aber auch den Gedanken, der am tiefsten in der Person drinsteckt, also hier verwurzelt ist. Das heißt, je tiefer ein Gedanke sitzt, desto weniger kommt die befragte Person von diesem Plan oder Gedanken los. Das ist das Entscheidende. Auch hier gilt es wieder, die richtige Kombination zu finden. Wir geben zwei ausführliche Beispiele, um die Möglichkeiten dieser Kartenlegeart aufzuzeigen.

## Die Auskunft I: Der Juniorchef

Sie war um die 50, sah aber viel jünger und blendend aus. Bisher war sie in ihrer Firma, einem Kaufhauskonzern, die „rechte Hand". Sie hatte eine Machtposition inne, die sie aber nie überzog, galt als zuverlässig, gewandt. Es gab keine Messe, bei der sie nicht mitgenommen wurde. So reiste sie viel herum, bekam mit einflußreichen Menschen Kontakt, so daß sie rundum zufrieden war, denn auch privat hatte sie ihr Glück gemacht, wenn ihr auch die Arbeit über alles und damit stets vorging.
Nun passierte es, daß der Senior sich zur Ruhe setzte. Sein Nachfolger, der Junior, brachte seine eigene „rechte Hand" mit. Unter Protest (auch der Betriebsrat schaltete sich ein) wollte er es mit Marianne K. versuchen. Nun befürchtete sie, daß dieser Test voller Fallen für sie sein würde.

Beim Kartenleger wollte sie nur Wesentliches über den Juniorchef erfahren. So sah sie die ausgelegten Karten an, wählte Karo-König als Juniorchef und sammelte die Karten ein, die sie mischte und mit dem Rücken nach oben wieder auslegte. Zweimal sechs Karten wurden verdeckt beiseitegelegt.
Die waagrechte Reihe des ersten Haufens lag schnell da. Eine Karte nach der anderen wurde nun aufgedeckt und im Gespräch gedeutet. Als erste Karte war Pik-König zu erblicken. Die Eigenschaft, die hier zu erkennen war, ist der Mann, der Erfahrung hat, der beherrscht ist, aber auch voller männlicher Kraft. Fast ein Vatersymbol, was darauf schließen ließe, der Juniorchef würde sehr im Sinn seines Vorgängers arbeiten und schaffen. Das ließ hoffen. Die zweite Karte, Pik-Zehn, stimmte auch, denn der Junior war mit vielen Erfahrungen von weiten Reisen zurückgekommen. Er war ruhelos und begierig, alles zu erkennen, also auch hinter die Kulissen zu schauen, um ja keiner Täuschung zu erliegen. Deswegen stimmte er wohl erst einmal der alten und neuen Sekretärin zu.
Als dritte Karte zeigte sich Herz-Bube. Das ist ein Zeichen für Eifer und aufstrebenden Charakter. Es ist das Blatt des Kronprinzen voller Begeisterungsfähigkeit. Anschließend wurde Karo-Neun sichtbar. Das ist jedoch im Kartenspiel ein Hinweis auf List oder auf eine bewußte Täuschung; die erste warnende Karte. Pik-Bube daneben zeigt, daß sich dies eher im Anfangszustand befindet. Denn Pik-Bube steht ja für das noch sehr Jugendliche, also für das, was zu entwickeln ist. Der Mann scheint innerlich also noch sehr jung, wenn nicht unreif zu sein. Letzte Karte in punkto Charakterhinweis: Karo-Sieben! Seine Stärke ist also die Wandlung, die Flexibilität, die Fähigkeit, eine Lage gut durchdenken zu können. Der Charakter scheint also in Ordnung zu sein. Die Neigung zur List ist ja irgendwie in vielen Menschen vorhanden und hier gut abgedeckt.
Doch nun zu den Gedanken und Plänen. Kreuz-Neun sagt uns etwas über die ersten, die vordergründigen Gedanken. Das sind Eifersucht und Neid. Hier wäre dies so zu deuten, daß der Juniorchef wohl eher befürchtet, bei Marianne K. auf Widerspruch zu stoßen, weil diese ein so nahes Arbeitsverhältnis zum Senior-Chef gehabt hatte. Kreuz-Acht als zweite Karte der Gedanken liegt hier für die Vorprüfung, aber auch für unbewußtes Denken und auch für mangelnden Mut. Dann folgt Karo-As. Der Junior ist also unsicher, aber er ist auf den Gewinn fixiert, er will der Firma etwas Gutes tun. Herz-Acht bestätigt dies insofern, als der Junior weiß, daß so etwas nur mit vorsichtigen Schritten und kleinen Siegen zu bewerkstelligen ist. Im Grunde denkt er gradlinig. Herz-Neun steht für die Wunscherfüllung nach Schwierigkeiten, was hier soviel bedeutet wie: Dieser Mann weicht auch Schwierigkeiten nicht aus, die sind in seinen Plänen, seinen Gedanken fest verankert. Bleibt als letzte Karte Kreuz-Dame. Das ist die Frau, die ihn bewegt und führt, an die er stets denkt. Aber nicht im Sinn einer anderen Sekretärin, sondern diese Frau dürfte seine eigene Frau sein. Marianne K. bestätigte dies spontan und sagte nur: „Mit der kann ich!" Damit war für sie die Sache ausgestanden. Es ging alles gut.

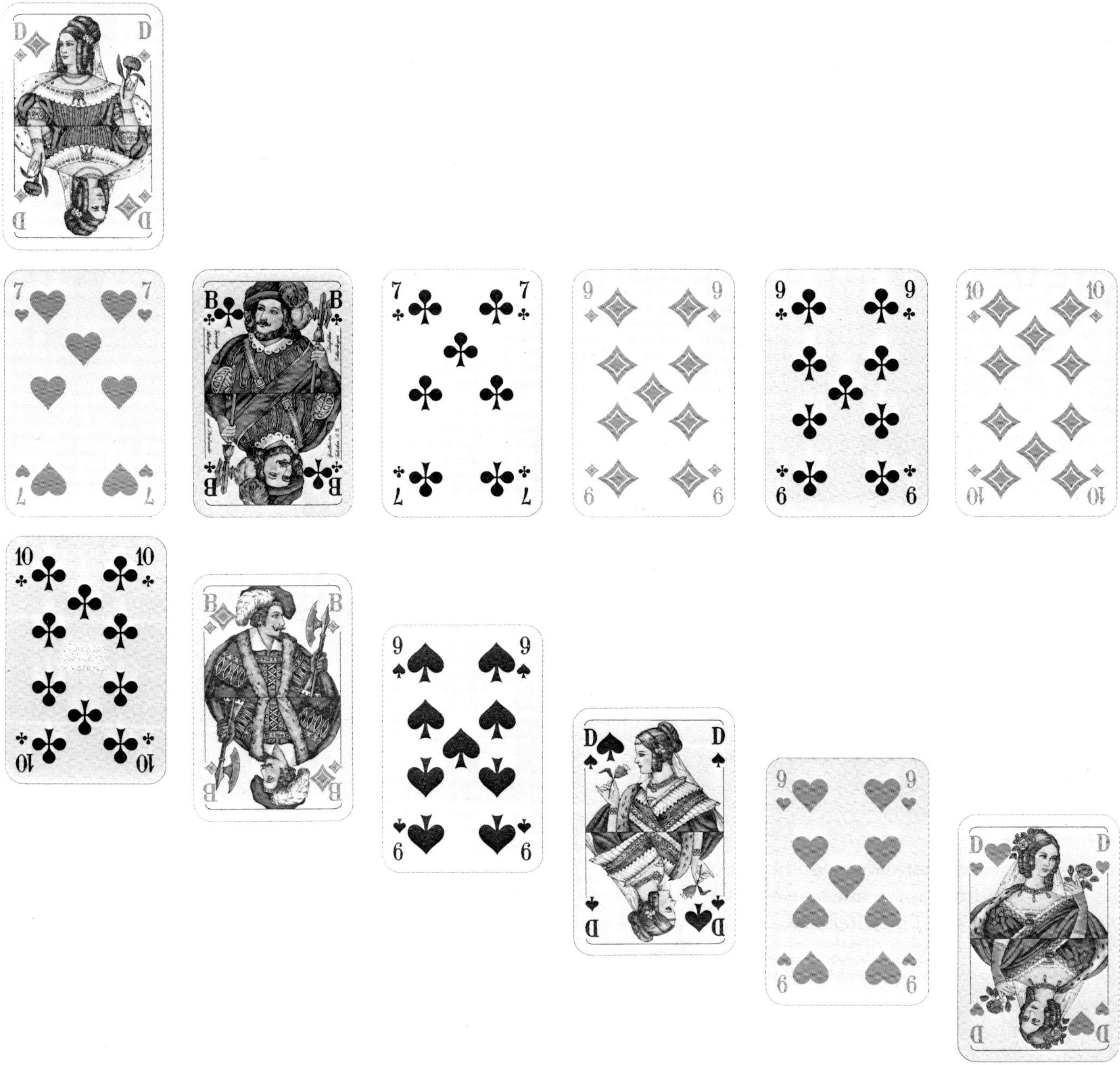

## Die Auskunft II: Die beste Freundin

Sie hatten sich auf einem Urlaub in Österreich kennengelernt und waren sofort ein Herz und eine Seele. Anne besaß ein Reformhaus, und Silvia führte den Großbetrieb ihres Vaters innerhalb der Autobranche. Beide waren ledig, als Grund dafür gaben sie jeweils an, daß ihnen die Arbeit keine Zeit zur Liebe gelassen hatte. Sie waren vielleicht das Opfer ihrer Emanzipationsansprüche geworden. Auf den 40. Geburtstag zugehend, waren sie jetzt voller Lebens-, ja Abenteuerlust, um sich vielleicht doch noch einen goldenen Fisch, so nannten sie es, zu angeln.

Anne und Silvia sahen beide gut aus, sie hatten auch genügend Geld, um sich in exklusiven Kosmetikinstituten pflegen zu lassen, auch traten sie gemeinsam einem Bodybuilding-Club bei. Auf „Fischfang" gingen sie gemeinsam, wobei Anne meist die Anknüpfungen bewerkstelligte. Dabei gab es natürlich auch gewisse Eifersüchteleien, denn sie flogen beide auf denselben Typ von Mann. Nun geschah es, daß Anne immer unsicherer wurde. Sie hatte das Gefühl, daß Silvia sie im Grunde nur benutze. Ihre witzige Art, ihr heiteres Wesen kamen gut an, während die schöne Silvia eher abweisend wirkte, sich aber doch höchst intensiv und genau um die Männer kümmerte, die Anne näher und intimer kennengelernt hatte. Auch sonst vermutete Anne, daß sich Silvia mehr als nötig in ihr Leben einmische, ihr Ratschläge gebe, die sich vordergründig als sehr gut, hinterher aber als schädigend herausstellten. Sie wollte Klarheit.

Als Karte für die Freundin wählte sie die Karo-Dame. Dann nahm sie die offenen Karten auf, mischte diese und wählte zwei Haufen zu je sechs Karten aus. Dann wurde die waagrechte Reihe aufgedeckt. Die erste Karte, die unter die Personenkarte fiel, war die Herz-Sieben. Die Karte der geheimen Liebe, die Karte der Wunschgedanken. Silvia tendiert charakterlich demnach etwas in diese Richtung. Daneben Kreuz-Bube, sozusagen der dunkle Punkt im Charakter eines Menschen. Der Fehltritt oder die Fehltrittbereitschaft. Als dritte Karte wurde dann die „böse" Sieben aufgedeckt, die Karte der Illusionen und Täuschungen. Das sieht alles ein wenig finster aus. Karo-Neun stellt die Karte der List dar, aber mehr der List, auf die man hereinfällt. Kann sein, daß das, was hier im Charakter deutlich wird, sich von hier entwickelt hat. Aber Kreuz-Neun ist nun die eigene List, auch das falsche Urteil und die Gabe, Fehler nicht bei sich, sondern eher bei anderen zu suchen. Karo-Zehn schließlich zeigt die Hinneigung zum materiellen Erfolg, auch den Optimismus für den Alltag und auch die Gefahr vor Schmarotzern. Also insgesamt ein zwiespältiges Bild.

Doch Veranlagungen sind eine Sache, Handlungen eine andere; es kommt auf die Gedanken und Pläne an. Da finden wir als erste Karte die Kreuz-Zehn, Karte des Ärgers und des Streits. Dies würde bedeuten, daß die „beste" Freundin auch mit dem Gedanken liebäugelt, bei günstiger Gelegenheit aus der Freundschaft auszusteigen. Karo-Bube, der „vermeintliche" Glücksbote, verdeutlicht dies noch. Dann wurde Pik-Neun angeschaut. Die Freundin hegt außerdem ihrerseits Zweifel an dem guten Ausgang der Freundschaft. Sie weiß also, was sie tut, wenn sie versucht, Anne die Männer (oder den Mann) auszuspannen. Da kommt die Pik-Dame ins Spiel. Die Karte der weiblichen Kindlichkeit oder Naivität. Silvia denkt und plant also recht naiv, vielleicht versucht sie nur, ihre Jugendträume zu erfüllen.

Es waren noch zwei Karten im Spiel. Als vorletzte kam die Herz-Neun zum Vorschein: Die Aufforderung zu eigenständiger Leistung! Überraschungen gegen andere vorzubereiten! Es heißt also doch, auf der Hut zu sein! Doch nun kommt der Hauptgedanke, die letzte Karte: Herz-Dame. Damit war wohl alles klar! Silvia wollte die Herz-Dame sein, egal wie! Charakterliche Hemmungen hatte sie dafür wohl kaum. Anne verließ den Kartenleger recht bedrückt, ohne zu sagen, was sie tun würde.

Später wurde bekannt, daß Silvia Annes Freund geheiratet hatte.

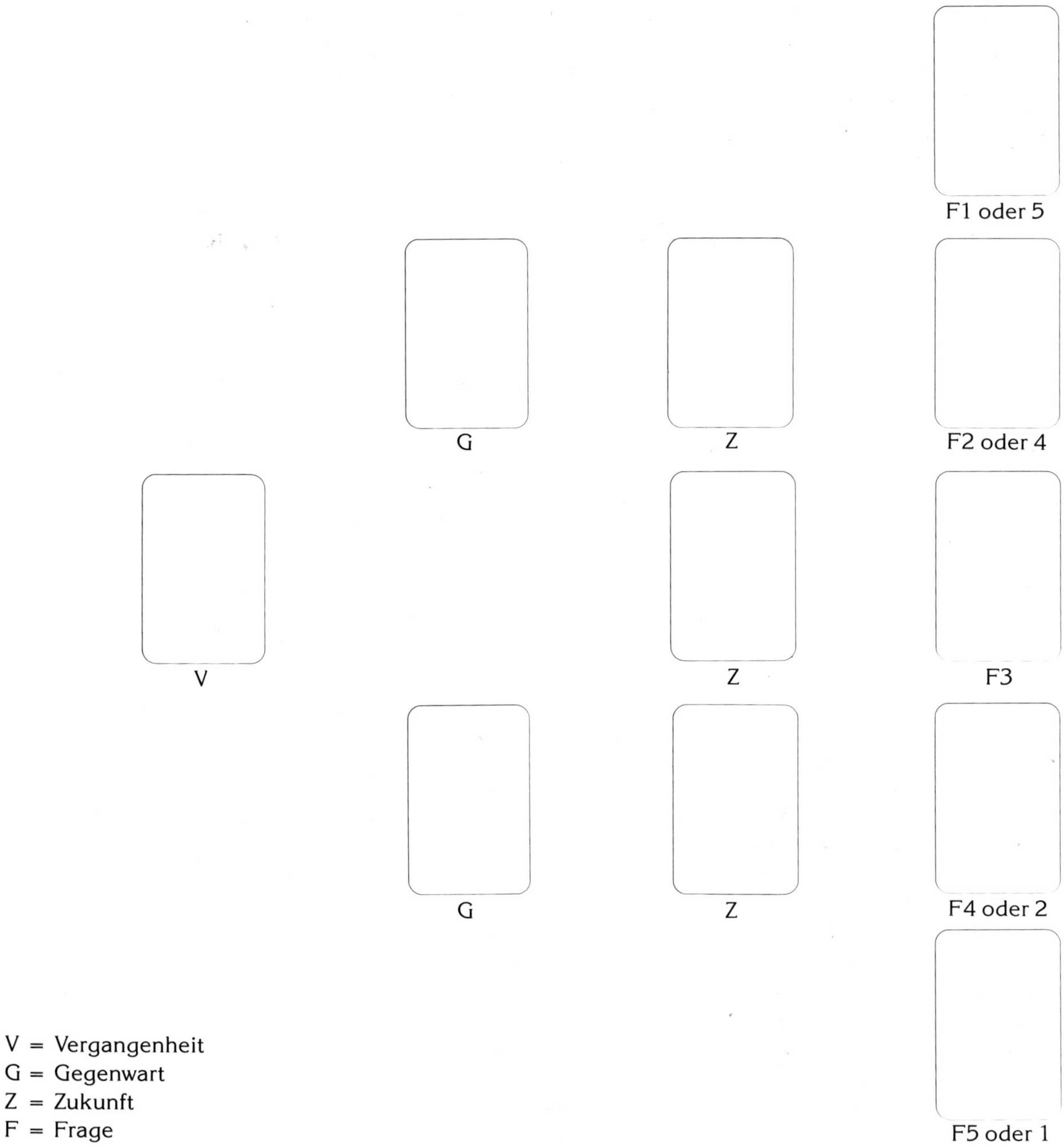
F1 oder 5
G
Z
F2 oder 4
V
Z
F3
G
Z
F4 oder 2
F5 oder 1
V = Vergangenheit
G = Gegenwart
Z = Zukunft
F = Frage

## Das Fragespiel

Eine der beliebtesten Legearten ist das Fragespiel. Es dürfte die Legeart sein, die mit den französischen Spiel- oder Skatkarten am meisten benutzt wird, weil sie den Ratsuchenden am schnellsten Auskunft zu geben scheint. Wir betonen das Wort „scheint". Echter Rat sollte nämlich zuallererst zu einer Selbsterkenntnis oder -einschätzung führen, dies ist hier kaum der Fall. Aber das liegt selbstverständlich auch mit an dem, der die Karten auslegt. Dafür hat diese Spielvariation jedoch ein Wagnis.

Diesmal wird nämlich *keine* Karte vorher ausgewählt, die als Leit- oder Frage-Karte gilt. Hier hängt alles vom Zufall ab. Eingeschränkt wird jedoch das „Zufällige" durch das Aufnehmen der *offen* ausgelegten Karten. Hierbei dränge man die Ratsuchenden nicht, sondern sage: „Legen Sie alle Karten mit dem Bild nach oben zusammen, so wie es Ihnen Spaß oder Freude macht." Das kann dann einige Minuten dauern, und dabei sollte nicht gesprochen werden, damit sich die Ratsuchenden auf das Zusammenlegen konzentrieren können. Ist dies geschehen, nimmt der Kartenleger den Stoß von 32 Karten in die Hand, nun mit dem Bild nach unten, und „neutralisiert" dieses Spiel durch leichtes Mischen. Dann gehen die Karten zurück in die Hand des Ratsuchenden, der nochmals mischt.

Die Karten werden mit dem Rücken nach oben ausgelegt, wobei es auf Reihen und Anordnung nicht ankommt. Nun berührt der Ratsuchende 11 der Karten nacheinander mit der Hand, die dann der Kartenleger *verdeckt* aufnimmt. Der Ratsuchende kann noch einmal mischen, bevor die Karten hingelegt werden. Zunächst kommt eine Karte ganz nach links. Dann werden die beiden nächsten (jeweils nach oben und unten verschoben) rechts danebengelegt. Die nächsten drei werden dann wie folgt plaziert: Die oberste Karte kommt rechts von der oberen der zweiten Reihe. Die zweite Karte unter diese in Höhe der ersten Karte, die dritte dann neben die untere Karte. Die restlichen fünf Karten werden von unten nach oben rechts an die Seite gelegt. So bekommen wir ein Dreieck mit der Spitze nach links und der Basis nach rechts. Das ist das sogenannte Schicksalsdreieck. Auch jetzt wird wieder eine Karte nach der anderen umgedreht.

*Es ist aber wichtig, daß jede umgedrehte Karte gedeutet wird, bevor die nächste Karte bekannt ist!*

Die erste Karte, die wir umdrehen, ist die links außen. Es ist das Blatt der Vergangenheit oder die Ursache der jetzigen Probleme. Die beiden Karten der nächsten Reihe spiegeln die Gegenwart beziehungsweise die gegenwärtigen Probleme wider. Bevor wir uns diese Karten ansehen, soll sich der Ratsuchende entscheiden, ob die untere oder die obere Karte zuerst angesehen wird. Diese Entscheidung gilt dann für alle anderen Reihen genauso! Nehmen wir an, die Entscheidung hieße *von unten nach oben.* Dann bedeutet die untere Karte das gegenwärtige Grundproblem, was durch die obere Karte dann etwas näher erläutert wird. Ist dies gedeutet, kommt die Reihe dran, die drei Karten aufweist. Es ist die Zukunftsreihe. Beginn unten: Die untere Karte ist die nahe Zukunft, die mittlere die etwas fernere und die oberste Karte zeigt uns die ferne Zukunft.
Bleiben noch fünf Karten. Sie werden von unten nach oben aufgedeckt, und zu jeder Karte kann der Ratsuchende eine Frage stellen, die dann durch die Karten beantwortet wird. Hier kommt es also dann sehr auf die Zusammenarbeit von Ratsuchenden und Kartenlegern an. Entscheidend ist oft die letzte Frage, obwohl zunächst die erste Frage meist als die wesentlichste von den Ratsuchenden angesehen wird. Auch wird die Wahl der Fragen immer schwieriger, je weniger Probleme noch anstehen. Das zwingt zu einer Reduzierung des Fragenkomplexes auf das Wesentliche, was der Sitzung sehr zugute kommt.

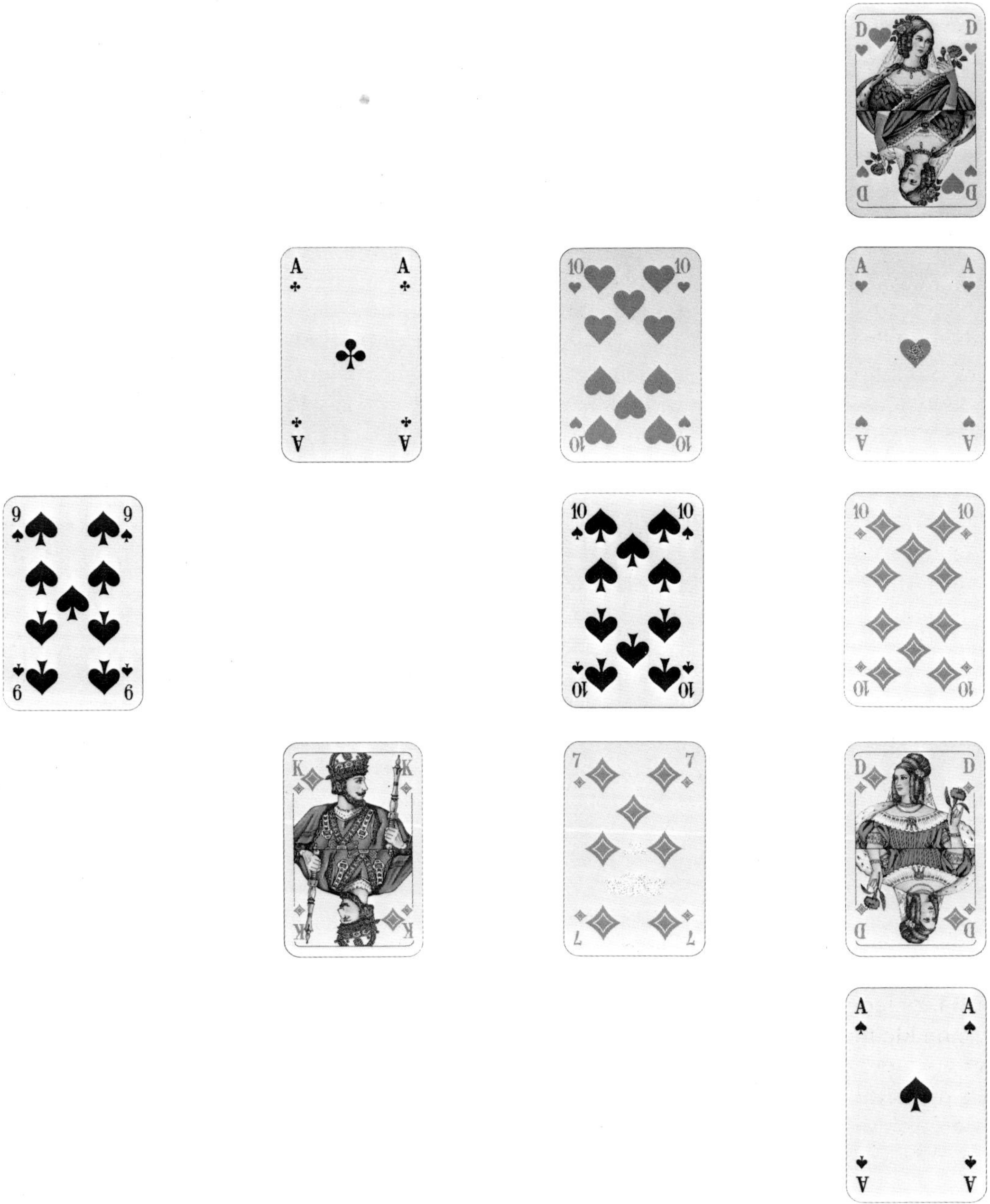

## Fragespiel I: Eine traurige Bilanz

Leicht war ihr Leben sicher nicht gewesen. Ihr Mann war im Krieg gefallen, die Kinder schwer erziehbar, jetzt aber aus dem Haus. Im Betrieb hatte man sie frühzeitig freigesetzt, wenn auch mit einer guten Betriebsrente. Ihren Lebensabend verbrachte sie, indem sie viel reiste oder sich an Ausflugsfahrten beteiligte.
Schließlich zeichnete sich ein Anschluß ab. Bekannte (Freunde wäre zuviel gesagt) boten ihr an, sie mit an den Bodensee zu nehmen, wo in ihrem Haus noch ein Plätzchen frei wäre. Der tiefere Grund war: Die Hausbesitzerin war nicht mehr so beweglich, wollte jemand haben, der ihr mit kleinen Diensten öfter zur Hand ging. Dieses Angebot erfreute und beleidigte Irma S. zugleich. Sie wäre gerne mitgegangen, aber nicht als „besserer" Dienstbote, wie sie sagte. Doch gab dies Anlaß, einmal eine Bilanz des Lebens zu ziehen. So kam sie zum Kartenleger. Nach Erklärung des Spielvorgangs legte sie die offenen Karten mit dem Bild nach unten aus.

Danach wurden elf Karten von ihr berührt, die der Kartenleger aufnahm. Noch einmal eine kleine Mischung, bevor das Schicksalsdreieck mit diesen elf Karten gestaltet wurde. Die Karte der Vergangenheit war die Pik-Neun. Diese Karte steht für das Symbol der Zweifel an sich selbst. Aber auch für den trotzigen Standpunkt: „Hier stehe ich — ich kann nicht anders." Dies verblüffte nun nicht nur Irma S., sondern auch den Kartenleger sehr, weil es fast zu gut bestätigte, was hier anstand. Nun mußte Irma S. wählen, ob die Karten von unten oder von oben aufgenommen werden sollten. „Von unten", lautete die Antwort.
Das Problem der Gegenwart zeigt sich im Karo-König. „Das ist der Ehemann der kranken Frau, der mir das Angebot machte! Sollte er wünschen, daß ich mit zum Bodensee ziehe?" Unter diesem Aspekt hatte Irma S. die Anfrage noch gar nicht betrachtet, was ja die Sache ganz anders aussehen lassen konnte.
Kreuz-As war nun das Bild, welches das Angebot erläuterte. Die Karte der Pflicht, die Aufgabe, das verantwortungsvolle Ziel, aber auch der Ausgangspunkt für eine gemeinsame Bindung. Die Problemfrage stand nun also — durch die Karten unterstrichen — im Raum. Was würde die Zukunft bringen? Die unterste Karte dieser Reihe war die Karo-Sieben, eine Karte, die ja für Veränderungen steht, aber auch für den Aufgabenbereich, der zunächst zu Enttäuschungen führt. Darüber Pik-Zehn, Symbol für Sehnsucht in die Ferne, für Begegnungen mit anderen Denkschemen, auch der Wunsch, eine Sache endlich zu durchschauen. Deswegen war Irma S. ja gekommen.
Die ferne Zukunft wurde durch die Herz-Zehn verdeutlicht, eine Aufforderung, eine Einladung an eine Bindung, die deshalb auch Hochzeitskarte genannt wird. Nun kamen die Fragen an die Reihe. Die erste Frage war: „Würde ich diese schwere Aufgabe erfüllen können?" Pik-As wurde sichtbar. Also trauen die Karten Irma S. die Aufgabe zu. Das wäre demnach kein Problem. Die zweite Frage: „Finde ich denn dort auch einen neuen Kreis?" Karo-Dame war zu sehen. Das weist auf einflußreiche Freundinnen oder Gefährten hin, also müßte es mit einem neuen Bekanntenkreis in Ordnung gehen.
Dann kam die Frage, die ältere Menschen meist bewegt, die Frage nach der Gesundheit. Karo-Zehn versinnbildlicht das Glück, das im Verborgenen liegt. Auf die Gesundheit bezogen, hieße dies, daß Irma S. ein Klimawechsel ganz besonders gut bekommen würde. Sie könnte in der neuen Umgebung neu aufblühen, wieder zu Kräften kommen. Die vierte Frage kam schnell: „Soll ich das Angebot doch — trotz meiner vielen Bedenken — annehmen?" Herz-As wurde sichtbar, was ja keiner Erläuterung mehr bedurfte, denn dies ist die Karte, die für die Wunscherfüllung steht. Nun hatte Irma S. keine Frage mehr. Im Gehen sagte sie: „Es wird mir also gut gehen?" Der Kartenleger deckte die letzte Karte auf: Herz-Dame. Das brauchte nicht mehr kommentiert zu werden. Irma S. sagte zu.

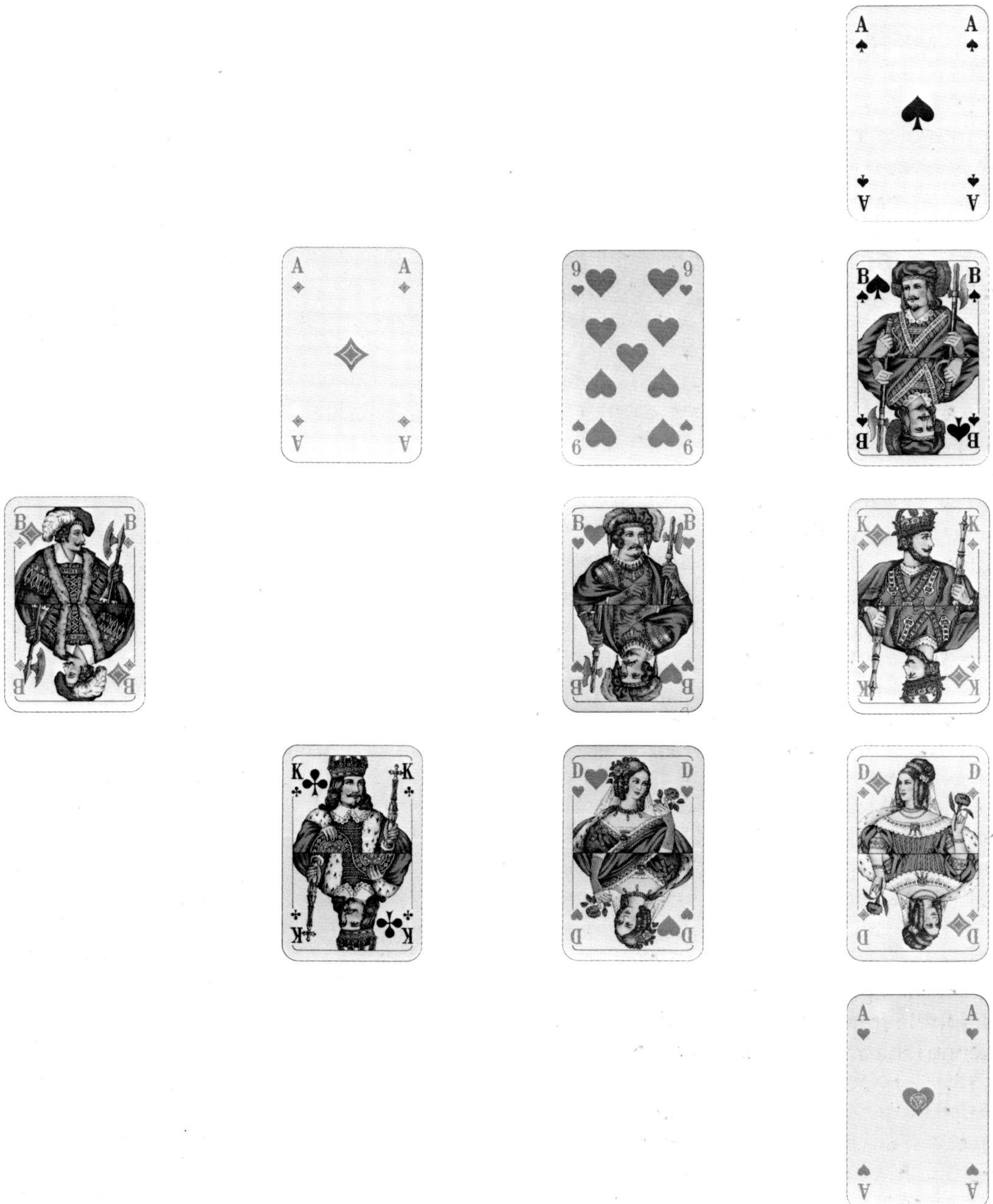

## Fragespiel II: Hans im Glück

Er war jung — Mitte zwanzig —, sah gut aus, hatte Glück bei Frauen, war arbeitslos, doch er war Lottogewinner! Vor zwei Monaten hatte er einen riesigen Geldbetrag gewonnen, diesen jedoch seiner Umgebung völlig verheimlicht. Das Geld war auf eine Bankfiliale in einem anderen Stadtteil seines Heimatortes überwiesen worden, weil Hermann Z. einfach Angst hatte, jemand könne erfahren, daß er nun ein reicher Mann sei. Dieses urskeptische Verhalten jedoch hinderte Hermann daran, sein Leben zu genießen oder aus seinem Leben etwas mehr als bisher zu machen. Dabei hatte er stets von einem Batzen Geld, wie er sich ausdrückte, geträumt. Nun war der Batzen vorhanden, aber er ruhte als fast totes Kapital auf der Bank. Erfahrene Freunde hatte Hermann auch nicht, so kam er zum Kartenleger.

Hermann wollte alles ganz genau wissen. Er sagte ein wenig von oben herab: „Ich habe als Arbeitsloser Zeit und auch die Möglichkeit, Sie einen ganzen Tag zu bezahlen!" So wurden ihm alle Karten vorgelegt. Hermann entschied sich für die französischen Karten! „Die kenne ich vom Skat, die anderen sind mir fremd." Dann wurden die Auslegekarten vorgestellt. Hermann wählte das Fragespiel, denn er meinte, daß er wohl viele Fragen habe.

Die Karten wurden mit dem Bild nach unten ausgelegt. Hermann zeigte auf 11 Karten, die der Kartenleger aufnahm. „Gut", sagte er, „beginnen wir! Die Karte der Vergangenheit wird im Grunde entscheiden, ob ich zu den Karten Vertrauen habe oder nicht." Als Vergangenheitskarte fiel der Karo-Bube, der Schlingel, der Windhund, das Symbol des jüngeren Menschen, der noch ganz auf sich fixiert ist, der aber auch schon bereit erscheint, dem ein Ende zu machen.

Hermann Z. erkannte sich in der Deutung recht gut. Er bat darum, die oberen Karten jeweils zuerst aufzudecken. Die erste Karte für die Gegenwart war das Karo-As. Der Gewinn und der Reichtum; das verblüffte. Die untere Karte der Gegenwart symbolisierte durch Kreuz-König die Pflicht, die mit dem Reichtum nun verbunden war. Hier also war die Prüfung zu sehen, der Hermann Z. durch den Gewinn unterzogen wurde. Auch die Einsamkeit, in der er sich befand, denn er wollte ja aus seinem Gewinn nicht schnell ein Verlustgeschäft machen. Und die Gefahr hätte bestanden, wenn er frühzeitig seinen neuen Reichtum anderen mitgeteilt hätte.

Als oberste Zukunftskarte kam Herz-Neun zum Vorschein: Wunscherfüllung nach Schwierigkeiten und Aufforderung zur eigenständigen Leistung. Herz-Bube: Er symbolisiert ja stets den aufstrebenden Mann, aber auch den Freier, also würde er sich bald verlieben. Da sogleich Herz-Dame aufgedeckt wurde, war nicht daran zu zweifeln, daß Hermann Z. seine Frau finden würde. „Heiratet sie mich wegen des Geldes?" war folgerichtig auch die erste Frage. Pik-As aber spricht nach alter Erfahrung von innerer Kraft und Stärke, was darauf schließen ließe, daß die Herz-Dame ihn nicht nur wegen des Geldes heiraten würde. Pik-Bube verriet, daß sie gerne Kinder haben möchte, dazu nickte Hermann begeistert.

Der Sinn der nächsten Frage drehte sich um die Art der Geldanlage. Karo-König zeigt, daß Hermann sich um einen guten Geldanleger bemühen sollte. Hermann hatte schon jemand in Aussicht und fragte nach der Ehrlichkeit dieser Person. Karo-Dame fiel. Diese Karte spricht für Ehrlichkeit in Gelddingen. Hermann Z. war zufrieden und fragte nur noch nach einer guten Zukunft. Herz-As setzte dem ein wohlwollendes Siegel auf, so daß der junge Mann recht zufrieden nach Hause ging.

V. Teil

# Die Lenormand-Karten

Die Lenormand-Karten stellen eine Mischung zwischen den französischen Spiel- und den Zigeuner- sowie den Wahrsage-Karten dar. Einfluß haben hier auch noch die Los- oder Antwortkarten gehabt, da es Lenormand-Karten mit Sprüchen gibt, die aber mehr verwirren als aufklären oder im psychologischen Sinn wahrsagen können. Die Lenormand-Karten kann man ferner als reine Salonkarten bezeichnen, denn sie haben sehr häufig dieses Flair, die Ausstrahlung der vornehmen Gesellschaft des 18. und 19. Jahrhunderts, als sich das „bessere" Bürgertum allgemein für das Okkulte, das Unerklärliche zu interessieren begann, obwohl die Aufklärung bereits gegen den „Aberglauben" zu Felde zog.
Sich für „das andere" zu interessieren, war schick und auch mehr als ein amüsanter Zeitvertreib. Mit dem langsam sich anbahnenden Einzug der Technik wurden gewisse Ängste geweckt, denn allgemein war zu spüren, daß es mit der bürgerlichen Beschaulichkeit nun bald vorbei sein würde. Ruhe war nicht mehr erste Bürgerpflicht, und die Bürger handelten danach. Häufig suchten sie eine Ergänzung ihres Verstandes, da die Naturwissenschaft immer mehr das Denken — besonders das an den Universitäten — zu beherrschen begann.
Allerdings sind die Karten, mit denen wir arbeiten, sehr viel neueren Datums. Die echten alten Lenormand-Karten waren noch mit Bildern aus den alten Mythen versehen. Hier wurden Bildung und Kenntnisse vorausgesetzt, über die der Mann von der Straße nicht verfügte, schon gar nicht die Frau, die auf der Straße weis- oder wahrsagte, im Gegensatz zu Mlle. Lenormand, die gerade in den Salons so großen Erfolg hatte!

Wo sich ein Erfolg zeigt, finden sich Nachahmer oder andere, die an einem Erfolg teilhaben wollen. Die Folge war, daß die Karten vereinfacht wurden, sie paßten sich den üblichen Kartenspielen an, die man überall kaufen konnte. Auch verringerte sich die Zahl der Karten. Die großen, alten Orakelspiele hatten einen Umfang von 56 Karten, was den kleinen Arcana eines Tarotspieles entsprach. Der Kartensatz des Astro Mythological von Mlle. Lenormand bestand aus 54 Karten. Die heute im Handel erhältlichen Karten der vielen Lenormand-Spiele bestehen aus 36 Karten. Es sind also 4 mehr als bei den Skatkarten. Ein (nicht zu beweisender) Grund dürfte sein, daß die Quersumme von 36 die 9 ist, die in der Numerologie und in alten Zahlendeutungen als die „unheimliche" Zahl betrachtet wird, wie wir es bei der Karte 9 der Tarotspiele klargelegt haben. Die 4 zusätzlichen Karten der Mlle. Lenormand sind die 6 Karten, die von der Zahl 4 in allen Farben zu finden sind. Also: Herz-Sechs, Kreuz-Sechs, Karo-Sechs, Pik-Sechs.
Auch die Grunddeutungen gehen auf die Zahl 6 der kleinen Arcana zurück. Herz-Sechs verspricht uns die Freuden der Nacht. Kreuz-Sechs ist die Karte der geheimen Last. Karo-Sechs bringt uns Glück (oder soll es uns bringen), und Pik-Sechs steht für Einsamkeit. Jedoch müssen wir darauf aufmerksam machen, daß die Deutung der Lenormand-Karten nicht völlig identisch ist mit den Bedeutungen der französischen Spielkarten, wenn wir hier auch gleichartige Symbole finden. Oft geht die Deutung weit über die der Skatkarten hinaus. Daher gibt es auch kaum Kartenlegerinnen oder -leger, die mit beiden Spielen arbeiten. Meist entscheiden sich die einen für Lenormand-, die anderen für die französischen Karten. Vieldeutiger erscheinen die Lenormand-Karten, wenn sie auch oft Widersprüchliches vereinen. Es ist gut, sich diese Karten der Mlle. Lenormand insgesamt hier auf der Nebenseite anzuschauen, um bei Einzeldeutungen nicht den Gesamtüberblick zu verlieren. Ob man die Karten von 1 bis 36 in Sechserreihen ausgelegt, waagrecht, senkrecht oder diagonal betrachtet, jede Reihe erzählt immer eine Geschichte.

# Vorstellung der 36 Lenormand-Karten

**Der Kavalier**
Die erste Karte bringt mit dem Kavalier gute Neuigkeiten. Je entfernter diese Karte von der Haupt-Personen-Karte liegt, aus je weiterer Ferne kommt die Neuigkeit. Es hängt von den Nachbarkarten ab, wie gut oder schlecht die Botschaften sind. Es ist meist der Hinweis auf einen Neuanfang, einen inneren Aufbruch. Auch ein Kampf mit sich selbst. Die Überwindung, etwas aufzugeben, um Neues zu gewinnen. Aussicht auf baldige Lösung eines Problems. Das Schicksal nimmt eine Wende. Überraschungen bringen Bewegung in das Leben. Neue Gedanken und Ideen. Auch neuer Elan, eine Ahnung vom Frühling.

**Das Kleeblatt**
Die zweite Karte bringt Glück. Hier kommt die Karo-Sechs ins Spiel. Aber dunkle Nachbarkarten können das Glück abschwächen. Es handelt sich hier mehr um ein Hoffnungssymbol, jedoch mehr von kurzer Dauer. Sollte das Glück (Nachbarschaftskarten) verlorengegangen sein, wäre dies nicht für ewig. Aufforderung zur Gesellschaft, das eventuelle Alleinsein zu beenden. Vor allem aber auch die Aufforderung, sich wach zu verhalten, Aufmerksamkeit für die kleinen Dinge am sogenannten Rande des Lebens zu haben. Chancen ergreifen, sollten sie sich auch noch so klein zeigen, es lohnt sich.

**Das Schiff**
Die dritte Karte kündigt Reichtum an. Entweder durch Handel, öffentliche Verdienste oder aber auch durch Erbschaften. Möglichkeiten zu Reisen in die Ferne bieten sich. Oft auch das Symbol einer inneren Reise, etwa in Form einer Psychoanalyse. Die Karte kann jedoch eine Warnung sein, denn einst sah man hier „Laverra“, die Göttin der Diebe, von Wölfen begleitet. Das Reiseangebot (in welcher Form auch immer) sollte also auf Fallstricke genauestens geprüft werden. Achtgeben, wer einen zur Reise einlädt, welche Absichten dahinterstehen. Aufforderung auch, hinter die Kulissen zu schauen.

**Das Haus**
Die vierte Karte zeigt das Haus als Symbol für gutes Gelingen. Eine Karte, die Mut gibt, weil die Betroffenen nicht so einsam sind, wie sie es mitunter annehmen könnten. Es ist aber nicht die männliche Hauptperson, der Ehemann (obwohl diese Karte zum Herz-König-Bereich gehört). Es kann jedoch der Hausherr und der direkte — nicht oberste — Vorgesetzte sein. Auch das Haus, das man kaufen oder mieten will. Sicherheitsstreben oder Sehnsucht nach Stabilität. Im gesundheitlichen Sinn das Herz und die Gesamt-Konstitution. Die Leistungskraft. Der innere Mut, die Zivilcourage. Das Sich-wehren-Können.

**Der Baum**

Die fünfte Karte zeigt den Lebensbaum, die Kraft, die in einem Menschen zu mobilisieren ist (hängt aber auch von den Nachbarschaftskarten ab). Entfaltung aus der Tradition, der Verwurzelung heraus. Auch das Insichgehen bis hin zum Verschweigen. Die heimliche Liebe. Wenn der Baum zwischen zwei Karten liegt (waagrecht), ist wichtig, was er trennt oder verbindet. Läge auf der einen Seite „Er", auf der anderen Seite „Sie", wäre es *die* Bindung. Das Streben nach der Vollendung, um wirklich die Sonne in sich aufzunehmen und strahlen zu lassen. Aber auch Neigung zur Übertreibung, zum Wohlleben und Genuß.

**Die Wolken**

Die sechste Karte ist doppeldeutig. Es kommt sehr darauf an, welche Karte neben der hellen und welche neben der dunklen Wolke liegt. Hier ist der Segen des Himmels vorhanden, auch des obersten Chefs. Meist ist (wenn die Karte in den Brennpunkt kommt) eine wichtige Entscheidung abzusehen oder ein maßgeblicher Ratschlag einzuholen. Dunkle Wolken können auch gesundheitliche Krisen, helle Heilungstendenzen anzeigen. Eine Herausforderung ist stets enthalten, oft mit einem Machtwort von „oben" verbunden. Aufforderung zur Konzentration und Anstrengung. Leistungsanforderungen.

**Die Schlange**

Die siebte Karte zeigt Gefahren an. Auch Verrat und Betrug (abhängig davon, wie weit diese Karte von den zu deutenden Blättern liegt). Es ist die kluge Frau (nie das naive Weibchen), die hier die Fäden zieht. Im Hintergrund spielt die Legende von den goldenen Äpfeln mit, die von den drei Hesperiden bewacht wurden. Also eine Karte, die auch warnen soll, sich keiner noch so verlockenden Verführung (und nicht nur auf dem Partnergebiet) hinzugeben. Gefährliche Wünsche können erweckt werden, auch kann Heuchelei im Spiel sein.

**Der Sarg**

Die achte Karte könnte Unheil anzeigen. Oder das Absterben, das Ende einer Entwickung, einer Sache, einer Interessenrichtung. Schmerzhafter, aber gewinnbringender Verlust. Auch der Wechsel im Leben (Deutung beruht sehr auf den Nachbarkarten). Die Bewährungsprobe, oft die Krise der Lebensmitte. Zwang zum Weitermachen. Die Karte, die auffordert, sich an den eigenen Haaren aus dem Sumpf zu ziehen. Vorsicht vor Falschinformationen, die bewußt ins Labyrinth führen sollen! Die totale Erschöpfung, die nach Regeneration verlangt. Insichgehen, Aufforderung, Fehler in erster Linie bei sich zu suchen.

**Der Blumenstrauß**
Diese neunte Karte bringt Glück. Meist das Glück durch die Jugend oder durch Kinder. Auch ein neues Glück, das zwischen zwei Menschen beginnen kann, aber kaum ein unerwartetes Glück, sondern eines, auf das man hinsteuerte. Das Glück auch des starken Erlebnisses. Seelische Erlebnisse, die Klarheit bringen. Die Fähigkeit, sich selbst in der eigenen Tiefe kennenzulernen. Für ältere Menschen auch die Gabe, Jugend zu fördern, sie anzuspornen. Andere Menschen durch einen Tunnel (sinnbildlich) zu begleiten. Oft auch die wohlwollende Freundin oder Chefin, die sich bisher zurückgehalten hatte.

**Die Sense**
Die zehnte Karte zeigt den Abschluß einer Arbeit an, der aber nur zeitlich bedingt ist. Auch das Symbol, einem Schrecken ein Ende zu bereiten, um kein Ende mit Schrecken zu erleben. Oft die Gefahr, die auf leisen Sohlen kommt — verbunden mit guten Angeboten. Im positiven Sinn: der richtige Zeitpunkt. Die Entscheidungsreife. Oft das Wechseln der Methoden bei Verhandlungen oder Behandlungen. Warnung vor Scharlatanen oder Kurpfuschern und Winkeladvokaten. Auch hier wieder sind die Nachbarschaftskarten sehr wichtig. Doch keinesfalls sich einwickeln oder vertrösten lassen.

**Die Rute**
Die elfte Karte zeigt eine Strafe an, meist für Leichtsinn. Auch die Mahnung, sich nun am Riemen zu reißen. Oft wird hier der dunkle Punkt eines Menschen erkannt. Diese Aufdeckung ist jedoch in der Regel mit Streit oder Zwist verbunden. Auch im Betrieb oder im Verein, bei einer Meisterschaft. Foulspiel. Die Rute stellt die rote Karte eines Spieles dar. Es geht um den Sieg, der auch mit nicht so fairen Mitteln errungen werden soll. Oft auch „nur" vorgetäuschte Leistung. Erschleichung von zu guten Examensnoten. Sich mit fremden Federn schmücken. Schmeicheleien. Auf Eitelkeit setzen.

**Die Eulen (oder: die Vögel)**
Die zwölfte Karte heißt: Mühseligkeit, Anstrengungen, Lernprozesse. Sich um Weisheit bemühen. Das Ringen um eine Erfahrung. Der Drang, die richtigen Schlüsse zu ziehen. Auch der Mut, sich dem Bösen zu stellen. Hier lag die Legende zugrunde, daß die Büchse der Pandora geöffnet wurde, die giftige Schlangen enthielt. Auch die Gefahr der üblen Nachrede, was von den Nachbarschaftskarten abhängt. Der Durchblick, der erst kommt, wenn das Kind in den Brunnen gefallen ist. Lerneifer und Schulung bis ins hohe Alter. Überwindung der Angst vor dem Dunklen.

**Das Kind**
Die dreizehnte Karte knüpft an die uralte Tradition an, daß einst die Dreizehn eine Glückszahl war, da wir in der Regel 13 Mondumläufe haben, der Mond aber das Symbol für das Neugeborene ist. Daher spielt in diesem Kartenspiel das Kind die Hauptrolle, wie der Pik-Bube dies auch verdeutlicht. Es ist auch die Karte der Naivität im Sinne des guten und unerschütterlichen Glaubens, was jedoch nichts mit Dummheit zu tun hat. Viel hängt auch hier von den Nachbarkarten ab, doch im allgemeinen ist diese Karte ein positives Blatt, das gute Überraschungen und Möglichkeiten aufzeigt.

**Der Fuchs**
Die vierzehnte Karte ist eine der zahlreichen Warnkarten, die in diesem Spiel enthalten sind. Es ist die Karte der Tricks, der guten Einfälle, auch der grandiosen Ausreden. Diese Karte warnt vor der Hinterlist, wenn aus Freunden Feinde werden. Neid ist meist im Spiel, auch Eifersucht. Liegt die Karte ferner, scheint weniger Gefahr im Verzug zu sein. Es ist die Karte des Pokerns, denn echte Füchse (in Menschengestalt) können gut schweigen, während sie viel hören möchten, weil sie immer auf einer Lauer liegen. Oft auch ein übler Vertretertrick, der hier zu erkennen ist.

**Der Bär**
Die fünfzehnte Karte zeigt Kraft und Stärke auch im Wohlleben an, die Kraft, die aus dem Erfolg erwächst. Auch die Machtposition, die man errungen hat. Die Selbständigkeit, wenn auch die eigene Überschätzung hier zu sehen sein könnte, was von den Nachbarkarten abhängt. Dann folgen Streit und Ärger. Oft ist dies das Symbol für das zu starke Vertrauen in die eigene Kraft, so daß man aussteigen oder sich selbständig machen möchte. Gefahr jedoch auch, daß Nassauer um einem herum mit am Honig naschen wollen, den man sich allein vedient hat. Auch Mitläufer können Schaden anrichten.

**Der Stern**
Die sechzehnte Karte entspricht der Herz-Sechs. Es ist die Karte der guten Eingebung. Der Musenkuß, aber auch das Glück (nicht im materiellen Sinn), das über Nacht kommt. Die Beglückung. Erfüllung von Wunschträumen. Auch die Gewißheit, es wird alles gut ablaufen. Man fühlt sich dem Stein der Weisen sehr nah. Überzeugung, die notwendigen Lösungen zu finden. Die Inspiration, die Hellsichtigkeit — auch im Traum. Die nächtliche Idee aus der Verbindung mit dem Kosmos. Die Sicherheit, sich insgesamt gut eingebettet zu fühlen. Künstlerische Begabungen, die nun durchkommen oder sich erfüllen.

**Die Störche**

Die siebzehnte Karte entspricht nur vordergründig der Herz-Dame, wenn sie auch die Karte der Mutter ist. Insbesondere der jungen, aber auch der älteren Mutter. Es ist überhaupt das Symbol eines schöpferischen Aktes. Der Empfang von befruchtenden Ideen oder Impulsen. Es ist die Veränderung, die entsteht, wenn etwas neu geboren wird. Die schöpferische Unruhe ist hier angesprochen. Die Ungeduld, warten zu müssen. Oft der Wunsch, sich zu früh hinauszuwagen, sich in zu gewagter Form in der Öffentlichkeit zeigen zu wollen. Es geht um den Platz im Himmel, um dem Thron ganz nah zu sein.

**Der Hund**

Die achtzehnte Karte ist das Symbol der Treue, aber auch des Vertrauens. Damit (je nach Nachbarkarten) die Gefahr, daß Vertrauen getäuscht wird. Auch die eigene Vertrauensseligkeit wird hier angesprochen wie die einseitige Treue. Das Dienen aus Liebe und Anhänglichkeit. Auch die Pflege in der Not oder am Krankenbett. Das Übernehmen einer Wache, einer Sozialverpflichtung. Die Karte der Selbstlosigkeit, des Bewachers, nicht die des Beschützers. Auch die Karte der Sparsamkeit, des guten Verwaltens von Vermögen. Schutz der Werte. Die Verläßlichkeit, der oft ein einfaches Gemüt zugrunde liegt.

**Der Turm**

Die neunzehnte Karte zeigt die Sehnsucht nach der Ruhe, der Stille. Die Karte symbolisiert sowohl die Einsamkeit wie die Isolation, auch das hohe Alter, sowie die Menschen, die nicht aus sich herausgehen. Es kommt sehr auf die Nachbarkarten an, besonders wenn Wolken um den Turm herum zu sehen sind. Es ist die Pik-Sechs, die hier auftaucht, die früher in einem Vorgängerspiel mit der Legende vom Trojanischen Pferd in Zusammenhang gebracht wurde. Daher auch die verborgenen Entschlüsse, die hier eventuell zu ersehen wären. Auch das Asyl, die Abgeschiedenheit, alles, was man mit sich allein machen möchte.

**Der Garten**

Die zwanzigste Karte ist die der Gesellschaft. Der Schickeria. Die Welt der Prominenten, damit auch die Welt des Klatsches, des Geredes. Erfüllung mancher Wunschträume, man fühlt sie wie „im Ei", ohne wirklich dort Platz genommen zu haben. Oft die Karte der Entspannung, da der Glaube vorherrscht, es nun geschafft zu haben. Von daher gewisse Illusionsgefahren möglich — auch im gesundheitlichen Sinn. Die Kur, der Urlaub, der Traum vom ruhigen Lebensabend. Karte der Zufriedenheit, aber auch der Selbstzufriedenheit. Aufstiegssehnsucht. Alles tun, um endlich anerkannt zu werden. Gefahr der Bestechung.

**Der Berg**
Die einundzwanzigste Karte zeigt eine Herausforderung durch einen Feind, eine Pflicht, aber auch eine große Hilfe. (Dieses „aber“ hängt von den Nachbarkarten ab.) Es bestehen Aufstiegschancen nach großer Anstrengung — steiler Aufstieg, beziehungsweise Absturzgefahr, weil man sich zu siegessicher weiß. Je näher der Berg zum Brennpunkt der Hauptkarten liegt, um so bedeutungsvoller zeigt sich dieses Blatt. Hier kommt es auf Zähigkeit und Stärke an, Hindernisse zu besiegen. Dazu ist diszipliniertes Training erforderlich, aber auch großer innerer Mut. Wichtig, welche Karte über dem Berg liegt.

**Die Wege**
Die zweiundzwanzigste Karte zeigt mögliche neue Wege, aber auch Irrwege, etwa wenn diese Karte neben der dunklen Seite der Wolken liegt. Die Möglichkeit, neu anzufangen, ist hier zu sehen, wobei eine gute Freundin helfen kann, wenn auch dieser Karte die Legende von der Göttin der Zwietracht zugrunde liegt, die den Apfel mit der Aufschrift „Der Schönsten“ zwischen die Götter auf den Tisch wirft. Eine Herausforderung von einer erfolgreichen, einflußreichen Frau, die einem neue Wege öffnen kann, wenn sie auch nicht ganz so selbstlos fördert. Also kommt es auf den inneren Wegweiser an.

**Die Mäuse**
Die dreiundzwanzigste Karte weist auf Verdruß hin. Hier schlummert die sogenannte „böse Sieben“. Während oben im Haus große Pläne geschmiedet werden, nagt jemand an der Substanz. Dies vermag sich auch gesundheitlich bemerkbar zu machen, weil sich Verluste häufig auf Darm und Magen schlagen. Eine Aufforderung also, auch die kleinsten Omen zu beachten. Keine möglichen Feinde unterschätzen! Aufpassen vor Hochmut, sich nicht sicherer fühlen, als man es im Moment ist. Die kleinen Diebe, die sich eine Salamischeibe nach der anderen abschneiden, zeigen sich oft gefährlicher als die großen Feinde.

**Das Herz**
Die vierundzwanzigste Karte ist die des Herzens, das Zeichen der Freude, des Glücks. Hier gelingt etwas Jupiterhaftes — also etwas Förderndes. Das Streben spielt eine bedeutende Rolle. Diese Karte zeigt an, wem die Zukunft gehört. Auch die Karte der unverhofften Hilfe, des Beistandes. Für die Jugend das Blatt der Zuversicht, für die Älteren noch einmal ein Aufschwung, der sie jugendlicher erscheinen oder fühlen läßt. Zwischen „seiner“ und „ihrer“ Karte die ideale Verbindung. Aber auch eine Herzensbindung mit Nebenbuhlerinnen oder Nebenbuhlern, wenn diese Karte in deren Nähe liegt.

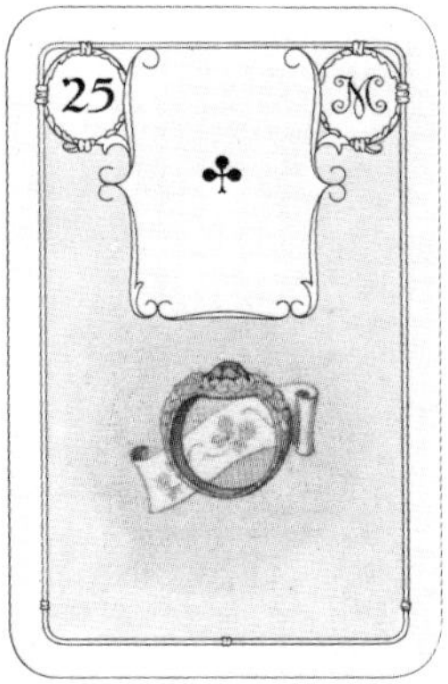


**Der Ring**
Die fünfundzwanzigste Karte zeigt eine gute Verbindung an, wenn sie rechts von einer wichtigen Karte liegt. Liegt diese Karte links, dann kann eine Verbindung in die Brüche gehen. In jedem Fall geht es um eine Pflicht oder Verpflichtung, die durch den Anfang oder das Ende einer Bindung entsteht. Auch ist wichtig, welche Karten der Ring — waagrecht gesehen — verbindet, wenn dieses Blatt in die Deutung einbezogen wird. Ein fundiert gereifter Entschluß sollte in jedem Fall umgesetzt werden. Meist handelt es sich um eine gemeinsame Aufgabe, die nun auf die Fragenden zukommt.

**Das Buch**
Die sechsundzwanzigste Karte ist das Symbol für ein Geheimnis, das entweder kurz vor der Lösung, der Entdeckung steht, oder das gerade geschmiedet wird. Meistens ein Geheimnis, das Freude bringt. Wer dieses Buch öffnet und seinem Inhalt auf die Spur kommt, kann zu Reichtum und Ansehen gelangen, obwohl im Moment noch alles sehr verschleiert erscheint. Hier kommt es sehr auf die einzelnen Paragraphen an, ob es sich um ein Gesetz oder um einen Vertrag handelt, was eben zur Debatte steht. Immerhin ist Hoffnung auf noch unbekannte Chancen gegeben, die zu nutzen sind.

**Der Brief**
Die siebenundzwanzigste Karte bedeutet eine positive Nachricht, wenn positive Karten oder die helle Wolke dieses Blatt berühren. Negativ dagegen, wenn dieser Brief neben die dunkle Wolke fällt. Es handelt sich in der Regel um eine Botschaft, die warnend, aber auch glückverheißend sein kann. Es geht dabei um ein versiegeltes Geheimnis, das meist nur zwei Menschen (oder ganz wenige) etwas angeht. Außenstehenden oder den Personen, die sehr weit weg von diesem Brief liegen, wird etwas verschwiegen. Eine Karte, die auch zum Schweigen verpflichtet. Etwas vom Schleier der Maya spielt hier mit.

**Der Herr**
Die achtundzwanzigste Karte stellt die männliche Hauptperson in jedem Spiel dar, es sei denn, es wird bewußt vorher eine andere Karte dafür ausgewählt. Diese Hauptperson kann der Ehemann, der Liebhaber, der Chef oder wer auch immer sein. Im Grunde bringt diese Karte (als Grundlage Herz-As) Glück, was aber durch Nachbarkarten beeinträchtigt sein kann. Alle männlichen Probleme drehen sich um diese Karte, soweit danach gefragt wird. Immer aber Fragen des Stolzes, eventuell auch möglichen Hochmuts, der vor den Fall kommen kann. Außerdem zeigt diese Karte (männliche) Begabungen an.

**Die Dame**
Die neunundzwanzigste Karte stellt die weibliche Hauptperson in jedem Spiel dar, egal ob es sich um die Ehefrau, die Freundin, die Chefin, die Vertraute oder sonstwen handelt. Es ist außerdem das Symbol für die innere Kraft. Es ist aber keineswegs die Schandkarte, wozu das Pik-As verführen könnte. Dieser Karte liegt die Legende von Europa zugrunde, die von dem als Stier verwandelten Jupiter entführt wird. Dieses Blatt versinnbildlicht alle weiblichen Eigenschaften, nach denen gefragt wird, wie sich auch alle intimen weiblichen Probleme um diese Karte drehen, wenn sie angesprochen werden sollten.

**Die Lilien**
Die dreißigste Karte bezeichnet ein glückliches Leben, es ist auch das Blatt, welches für die Erotik steht, die Sexualität. Aber diese Karte ist auch ein Symbol des Friedens aus der langen Erfahrung. Außerdem die Hellsichtigkeit, die Inspiration, die alles beflügeln kann. So werden hier auch Seelenverwandtschaften aufgezeigt, die sich entwickeln können oder die sich trennen, was wiederum von den Nebenkarten abhängt. Ein Symbol der Mitte, des Ausgleichs, da zwischen Hell und Dunkel nicht getrennt, sondern verbunden wird. Diese Karte weist allgemein auf eine Harmonie nach Schwierigkeiten hin.

**Die Sonne**
Die einunddreißigste Karte ist die Karte des Glücks, das Blatt der Aufmunterung, der Heilung, der Hoffnung. Aber all dies kann getrübt sein, wenn Nachbarkarten die Sonne umdunkeln. In erster Linie ist hier die Gesundheit angesprochen, die den größten Reichtum darstellt, der zu erreichen ist. Aus der Gesundheit erwächst der lebensbejahende Optimismus, der benötigt wird, der aber (leider) auch abhanden kommen kann. So ist hier auch der Arzt gemeint, der Lehrmeister, der fördernde Chef, derjenige also, der hilfreich ins Leben eingreift oder (je nach Nebenkarten) nicht eingreifen kann.

**Der Mond**
Die zweiunddreißigste Karte ist eine zwiespältige Karte. Meist symbolisiert diese Karte — im Gegensatz zur Sonne — Trübsinn, Trauer. Auch das negative Erbgut, besonders von mütterlicher Seite. Aber gerade das Leid führt ja oft zur Besinnung und Einsicht, damit sogar zur Intuition. So ist es auch die Karte der Rettung von seelischer Pein, selbst wenn diese oft nur schwer erkannt wird. Auch der Hang zur Meditation ist hier zu sehen, die tiefe Besinnung, das Insichgehen. Der erste Hoffnungsschimmer, der sich zeigt. Bei jeder Entwicklung die ersten Anzeichen, die zu beachten sind. Warnung vor innerer Verschlafenheit.

**Der Schlüssel**

Die dreiunddreißigste Karte ist vielfältig zu deuten. Der Schlüssel ist hier als ein Symbol der Verführung anzusehen, auch Türen zu öffnen, die nicht aufgeschlossen werden dürfen. Oft der Hinweis für eine Falschinformation, für eine List, die mit großen Versprechungen begann. Dieser Schlüssel führt sogar zu Türen, hinter denen der Abgrund lauert. Vorsicht vor Aufnahme in geheime Zirkel oder in Logen und ähnlichen Verbindungen! Ist dies durchschaut, dann symbolisiert die Karte den Schlüssel zum Erfolg, der zumindest das Tor für Chancengleichheit aufstößt, also Möglichkeiten eröffnet.

**Die Fische**

Die vierunddreißigste Karte zeigt rundum gute Aspekte und Möglichkeiten, wenn nicht gerade dunkle Wolken, der Sarg, die Mäuse und die Vögel sie umrahmen. Hier ist Erfolg zu sehen, das Tor zu glücklichen Unternehmungen wird weit aufgestoßen. Geht es um Beratungen, dann erscheinen die Ratsuchenden hier auf gute Berater gestoßen zu sein. Dieses Blatt symbolisiert auch eine längere Zeitspanne, das heißt, es geht um einen längeren Zeitraum, um eine längere Wegstrecke, die gut zurückgelegt werden kann, wobei die Umwelt nicht so leicht erfährt, auf welchem guten Pfad man sich befindet und vorwärtskommt.

**Der Anker**

Die fünfunddreißigste Karte zeigt den Zielpunkt, daß man an einem Ende angekommen ist, daß nun eine feste Verankerung möglich erscheint. Es ist etwas abgeschlossen, so daß sich nun die Lage stabilisiert. Bei Umzügen und Reisen hat man seine Lager-Heimstatt gefunden, bei Auswanderungen sein Heimatland. Was unter dem Bild des Ankers getan wird, das ist von Dauer. Es kann gefährlich werden, wenn daneben etwa die Mäuse liegen! Er ist ein Symbol für Verbissenheit, für innere Festigkeit — jedoch auch hin bis zur Sturheit, die sich letztlich schädlich erweisen kann. Dinge müssen zu Ende gebracht werden.

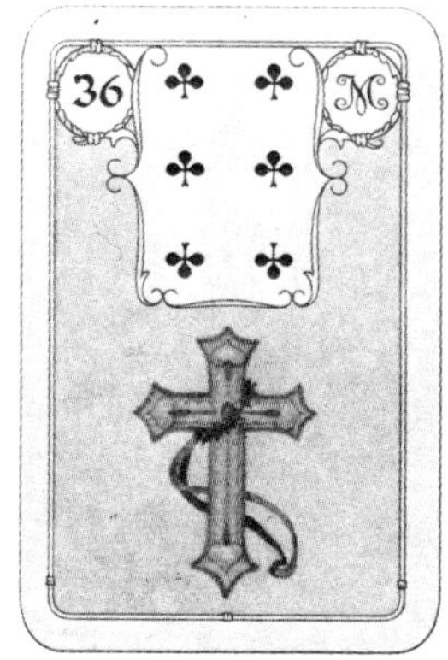


**Das Kreuz**

Die sechsunddreißigste und letzte Karte des Lenormand-Spiels ist auch die Kreuz-Sechs, die letzte der Sechser-Karten also. Es ist die Karte des Karma, des Schicksals. Hier geht es um die Aufgaben, die nicht zu umgehen sind, um die Lasten, die auf sich genommen werden müssen. Oft zeigt dies eine Bürde an, die mit Würde zu tragen ist. Verantwortung, um die sich keiner der Ratsuchenden drücken darf. Dabei muß es sich nicht immer nur um negative Lasten handeln, sicher aber meist um nicht so leichte Aufgaben. Wir können es das große Prüfungssymbol des Lebens nennen, das bewältigt werden muß.

# Erklärung der Legeart „Lenormand"

Das „große" Spiel, wie das Legen mit allen 36 Karten der Mlle. Lenormand genannt wird, ist sehr ähnlich dem Spiel mit den französischen Karten. Umstritten sind die Auslegungen: Es gibt Methoden, die 36 Karten in vier Reihen zu acht Karten hinzulegen, während die übriggebliebenen vier Karten als fünfte Reihe unter die vier Reihen kommen. Auch hier werden die Karten teils in die Mitte, teils an je eine der beiden Seiten gelegt. Beliebt ist auch das Auslegen in vier Reihen zu je neun Karten, was den Fehler aufweist, daß da die waagrechten Reihen sehr lang, die diagonalen zu kurz sind. Am besten bewährt hat sich nach Auffassung des Autors das Auslegen in sechs Reihen untereinander zu je sechs Karten. Hier haben wir ein gutes Verhältnis zwischen waagrechter und diagonaler Betrachtungsweise.

Es kommt sehr auf das Einfühlungsvermögen an, denn die Lenormand-Karten vermögen durch ihre Bilder sehr zu täuschen, wenn auch diese Bilder erste Deutungshinweise geben. Aber hinter den Bildern steckt viel mehr, als sie vordergründig zeigen. Daher versuche man, erst seine intuitive Phantasie an den französischen Spielkarten zu schulen, ehe man sich an diese Karten heranwagt. Wenn wir uns für die Auslegeart der sechs Reihen zu sechs Karten entscheiden, dann liegen die Karten genauso — nur nicht in der Reihenfolge — wie wir sie auf Seite 240 vorgestellt haben.

Zuerst werden die Karten in der Reihenfolge der Numerierung offen ausgelegt. Die Ratsuchenden nehmen die Karten einzeln auf; sie sollten sich bei den Bildern bereits etwas denken. So vertiefen sie sich in die Symbole, ihr Unterbewußtsein arbeitet mit, ohne daß dies der Verstand registriert. Das kann oft zehn Minuten, ja eine Viertelstunde dauern.

Anschließend nimmt der Kartenleger die Karten und mischt sie, um sie dabei zu neutralisieren. Die Ratsuchenden bekommen die Karten zurück, sie können noch einmal mischen und legen dann die Karten aus. Hierbei gibt es zwei Möglichkeiten. Einmal können die Karten waagrecht ausgelegt werden, also die oberste Reihe von links nach rechts, oder die Karten werden senkrecht ausgelegt, anfangend links oben bis links unten, je sechs Karten. Dies entscheidet allein der Ratsuchende. Nur muß die jeweilige Methode vorher festgelegt und dann auch durchgehalten werden.

Man kann die Karten sofort offen auslegen, aber es gibt auch Kartendeuter, die es lieber sehen, wenn die Karten erst zugedeckt hingelegt werden. Das ist sicher eher eine Zeitverschwendung, soll dem ganzen einen geheimnisvollen Rahmen geben. Gedeutet wird auf jeden Fall erst, wenn alle Karten offen aufliegen, denn diese Karten können — müssen nicht — eine Geschichte erzählen. Ausgangspunkt ist meist die weibliche oder die männliche Hauptperson — natürlich nur oder stets im Zusammenhang mit der Grundfrage, bei der ja meistens mehrere Personen genannt werden. In Liebesdingen spielt oft der eventuelle Freund, die mögliche Freundin eine bestimmte Rolle, der Chef oder ein Verwandter. Daher sollten die Fragen vorher so gut wie möglich präzisiert werden.

Wichtig ist ferner stets die Vorgeschichte, weshalb wir sie auch bei unseren Deutungsbeispielen so ausführlich schildern. Es ist schon gesagt worden, daß die Lenormand-Bilder oft furchterregend sind, etwa der Sarg, daher kommt es immens darauf an, diese Karten (und ähnliche) mit sehr viel Feingefühl zu deuten! Tod heißt das *nicht*, eher eine schwere Krankheit. Aber keine Karte darf allein, sondern nur im Zusammenhang mit den anderen Karten, die sie umgeben, betrachtet werden. Jede Karte ist der Mittelpunkt eines Sternes, und es kommt auf den ganzen Stern an. Überschneiden sich „Sterne", mag zunächst die Deutung schwieriger erscheinen. Indessen zeigen sich die Probleme miteinander verknüpft, so daß man schneller zum Kern einer Frage vordringen kann.

## Lenormand I: Das Schlagersternchen

Sie war sehr hübsch, hatte einen recht netten Hit gelandet, der sogar im Fernsehen einmal vorgestellt wurde. Prompt hatte sie sich in einen männlichen Schlagersänger verliebt, was ihr Produzent gar nicht gerne sah, denn er selbst förderte die junge Anita nicht nur, weil er ihr eine große Zukunft zutraute. Sie war fleißig, emsig, genoß den kleinen Ruhm, aber war insgesamt doch recht verunsichert, wie sich alles nun entwickeln würde. Sie war Telefonistin in einem großen Kaufhausunternehmen und bereit, diese gesicherte Stellung aufzugeben. Ihre Eltern waren gegen den ganzen Flitterkram, sie hielten nichts davon und plädierten unbedingt dafür, daß Anita ihren Beruf beibehalten. Mit vielen wirren Plänen und Gedanken über diese Vorgänge kam sie zum Kartenleger. Ziemlich schnell legte sie die offen daliegenden Lenormand-Karten zusammen. Der Kartenleger mischte sie flüchtig durch und gab ihr die Karten zurück. Sie mischte bedeutend länger und entschied sich für die waagrechte Auslegung.

Zu Beginn sehen wir das Kreuz, die Last, die Bürde, die sich Anita aufgeladen hat, eine Tatsache, die sie jedoch zu einem neuen Weg führen sollte oder könnte. Doch da sind Probleme (Baum) zu bewältigen, vor allem ist die Sehnsucht nach Veränderung zu bändigen. Inzwischen besteht die Gefahr, daß an ihrer gesunden Substanz genagt wird (Mäuse), was durch Intrigen geschehen könnte, so daß sie das Geheimnis des Erfolgs- und Berufsweges nicht wird klären können (Buch); der bleibt im Dunkeln (Sterne), da die Weisheit noch fehlt (Vögel). Anita gerät in eine Art Einsamkeit, die ihr aber guttun könnte (helle Wolken neben dem Turm), doch an eine Bindung mit Haus ist nicht zu denken (dunkle Wolken neben Ring und Haus). Der Traum von der weiten Reise in die Karriere (Schiff) und damit zum Herzen eines Mannes läßt sie nicht los, dafür ist sie bereit, jede Mühsal auf sich zu nehmen (Herz—Berg). Danach lacht das Glück (Fische und Kleeblatt sowie das Kind). Aber da „Sie" — obwohl neben „Ihm" liegend — sich von ihm abwendet (und er von ihr), wird es wohl nichts mit den beiden, zumal ein neuer Kavalier auftaucht, der sie von ihren Tränen befreien könnte oder sie über die erstorbene Liebe trösten mag (Kavalier—Sarg). Mit diesem scheint sie auch dem erotischen Glück (Lilie) näher zu sein, um dadurch einen Schlüssel für den weiteren Weg in die Hand zu bekommen. Erfolge (Blumen) stehen ins Haus, sie wird in die Prominenz aufgenommen, worüber ein treuer Freund wacht (Hund), so daß sie sich da fest verankern kann. Sicher bleiben Intrigen von Kolleginnnen nicht aus (Schlange), aber eine gute Nachricht hilft ihr da weiter, denn Kraft fließt ihr zu (Bär), so daß sie mit dem ihr drohenden Leichtsinn und Hinterlist (Rute und Fuchs) sowie seelischem Kummer (Mond) fertigwerden kann. Am Ende steht das Glück am Abschluß einer Arbeit, die nicht so groß wird, wie erhofft (Sonne und Sense).

So erzählen diese Karten eine Geschichte, die ziemlich klar ist; betrachten wir, daß „Sie" von sehr positiven Karten umgeben ist, bestätigt dies das abzusehende gute Ende. Herauszunehmen sind die Karten der Diagonale: Kreuz, Vögel, Berg, Sarg, Schlange und Sense. Die könnten je nach Wahl auf Karten gelegt werden. Aber Anita hatte erkannt, daß es sich hier fast nur um negative Karten handelte, so daß sie auf diese Variation verzichtete, was sicher für eine innere Klugheit sprach. Zwar war sie traurig über die beiden Hauptpersonen, die Rücken an Rücken lagen, aber insgesamt doch recht zufrieden. Sie hatte begriffen, daß sie erst nach der Trennung (Sarg) dem eigentlichen Glück etwas näherkommen würde, auch wenn dies nicht von heute auf morgen ging. Als Kavalier/Reiter (Karte 1) sah sie übrigens ihren Produzenten an, dem sie nun um so mehr vertraute, wenn auch ihre „Liebe" stets zwischen beiden lag.

Wenn sich die Schicksalsaufgabe, die sich hier durch das Kreuz als erste Karte zeigte, so gut überwinden läßt, dann können Ratsuchende mit den Karten und den sich daraus ergebenden Hinweisen zufrieden sein.

## Lenormand II: Eine Mutter hat Angst

Sie war reich, besaß mehrere Häuser, die sie bestens vermietete. Als Hausbesitzerin hatte sie keinen guten Ruf, da sie jede Lücke im Gesetz ausnutzte, um sich einen Vorteil zu verschaffen. Die Mieten, die sie verlangte, waren die höchsten im Stadtteil. Der Hintergrund war jedoch nicht etwa nur Geldgier. Sie hatte ihren Mann verloren, ging auf die Siebzig zu und hatte zwei Kinder, die ihr große Sorgen machten. Die Tochter war schwer krank, vor allem in psychischem Sinn, der Sohn lebte in London, wo er sich mit einer Engländerin zusammengetan hatte. Keines der Kinder wollte die Mutter betrüben, aber sie taten es doch. Die Tochter konnte die Verwaltung nicht übernehmen, sie brauchte aber das Geld, denn Medikamente und Kuren waren teuer. Der Sohn hatte keine Lust, in die Heimat zurückzukommen.

So kam die Frau zum Kartenleger, um einen neuen Ansatz für ihr Denken zu finden, da sich in ihrem Kopf — so ihre Worte — alles wie ein Mühlrad drehe.

Nach dem Mischen wurden die Karten von Verena L. ausgelegt. Sie bevorzugte die senkrechte Reihenfolge, was aber mit dem Deuten nichts zu tun hat. Es wird immer oben links angefangen, jede Reihe waagrecht, wie man ein Buch liest. Die erste Karte war wichtig! (Der Baum).

Die Kartenauslegung beginnt also mit einer Karte der Stärke, die diese Frau zweifellos besaß, die sie auf ihre Kinder übertrug (Baum und Kind). Die Kinder sind ihr Karma, ihr Schicksal. Durch Briefe hält sie die Verbindung zu ihrem Sohn aufrecht. Aber diese Briefe werden von dessen Freundin abgefangen, die sich erotisch sehr beglückt fühlt (Kreuz — Brief — Schlange — Lilien).

Zweites Problem: Verena sieht fast unüberwindliche Berge vor sich, ihre Häuser gut zu verwalten (Berg — Haus — Vögel). Sie leidet an Alpträumen, daß jemand an ihrem Reichtum nagen könnte (Sterne — Mäuse — Fische).

Drittes Problem: Ihr eigenes Leben erscheint ihr abgeerntet (Sense), sie fühlt sich einsam (Turm). Sie kann den Schlüssel zur Gesundheit ihrer Tochter nicht finden (Schlüssel — Junge Frau), dabei könnte sie ihr die schönste Umgebung bieten (Garten mit hellen Wolken, die dunklen sind hier wirkungslos, weil am Rande liegend). Überall wittert sie Hinterlist (Fuchs) auf dem Weg zu ihrem Ziel (Anker). Doch dürfte eine gute Nachricht aus der Ferne (Blumenstrauß und Schiff) ihr manchen Herzenswunsch erfüllen (Herz und Sonne). (Hier eine Erklärung: Ein Arzt aus Amerika wollte sich ihrer Tochter annehmen!) Dies würde auch große Belastungen mit sich bringen. Vorsicht vor Leichtsinn (Bär—Rute)! Doch das Glück kommt (Kleeblatt) auch über treue Freunde (Hund). Eine Verbindung (welche, war noch nicht klar) würde manches Geheimnis lüften (Ring — Buch). Die depressive Zeit wird enden, der Sohn wohl eine neue Freundin finden, welche die alte Liebe ablöst. Er kommt dann mit seiner Herz-Dame zurück (Mond — Herr — Wege — Sarg — Kavalier — Störche).

Anschließend wurden die diagonal liegenden Karten von links oben nach rechts unten herausgenommen (Baum — Haus — Schlüssel — Schiff — Ring und Störche). Es waren überwiegend positive Karten, so daß es nur noch darauf ankam, was näher befragt werden sollte. Die erste Karte wollte Verena auf die Kind-Karte legen (in der Bedeutung: ihre beiden Kinder). Das Haus kam darauf zu liegen. Also würden die Kinder das Erbe annehmen. Auf ihre Tochter (hier Pik-Dame/Junge Frau) fiel der Baum, ein Omen für Lebenskraft. Auf ihren Sohn kam der Ring, also würde er eine Bindung eingehen.

Verena L. bat, eine Karte auf die jetzige Freundin in England zu legen. Es war der Schlüssel, das Symbol der Verführung, etwas Verbotenes zu tun (der Sohn trennte sich später von ihr, als er erfuhr, daß sie seine Post las und Briefe unterschlug). Mehr wollte Frau Verena nicht wissen, sie brach die Sitzung ab. Nach längerer Zeit bedankte sie sich beim Kartenleger, daß er ihr soviel Mut gemacht habe.

5
13
36
27
7
30
21
4
12
16
23
34
10
19
33
29
20
6
14
35
9
3
24
31
15
11
2
18
25
26
32
28
22
8
1
17

## Lenormand III: ...a bisserl schlampert

Poldi P. war Wiener, sehr musikalisch, leichtlebig, beliebt bei den Frauen, begnadet am Klavier — aber „a bisserl schlampert", wie er es selbst ausdrückte. Im Alter von fünf Jahren galt er als Wunderkind. Doch weil er damals zu gut Klavier spielte, übte er kaum und sein Spiel verlor früh an Glanz. Aber er schlug sich durch, spielte bei Hochzeiten, bei Geburtstagen und lernte fast immer ein reizendes weibliches Wesen kennen, das ihm für eine gewisse Zeit Quartier und Unterhaltung aller Art bot. Manchmal sprang er bei Kapellen als Ersatzmann ein, aber der richtige Ansporn dauerhafter Arbeit fehlte ihm, zumal er niemals wirklich gefordert wurde. Das änderte sich, als er — nun Anfang Dreißig — einen Unfall hatte, der ihn für einige Zeit ans Haus fesselte; durch eine schwere, eiternde Knieverletzung konnte er sich nicht bewegen.

Von seinen vielen Bräuten hielt ihm nur Maria die Treue, gerade diejenige, die sich ihm bis dato am wenigsten entgegenkommend gezeigt hatte. Und sie predigte auf ihn ein, Klavier zu üben. Von ihrem Ersparten kaufte sie ihm ein Klein-Piano. Außerdem drängte sie ihn dazu, doch für andere Musiker zu arrangieren oder kleinere Dinge zu komponieren. Er tat es zwar, aber wohl war ihm nicht dabei.

So ließ er sich eine Kartenlegerin kommen, von der er gehört hatte, daß sie hübsch sei. Er war von der „Hexen-Dame" — wie er sie nannte — auch tatsächlich entzückt und fing sofort zu flirten an, wurde aber etwas nervös, als er die Karten einsammeln sollte. Nach dem Neutralisieren und Mischen wurden die sechs Reihen zu sechs Karten waagrecht ausgelegt und gemeinsam betrachtet, denn er sollte mitarbeiten.

Als erste Karte liegt die Sense. Etwas ist also abgeschlossen, hier könnten wir sagen, das leichte Leben. Poldi hat nun Zeit, den Schlüssel zu seinem weiterem Leben zu suchen. Die Einsamkeit (Turm) gibt ihm Gelegenheit, über sein Schicksal ausdauernd nachzudenken (Kreuz). Obwohl Poldi die Schlange sofort mit der Kartenlegerin gleichsetzte, die er mißtrauisch betrachtete (Fuchs), meinte er doch, daß an seiner Substanz genagt würde (Mäuse). Denn Poldi fühlte sich ans Haus gefesselt, sehnsüchtig auf Nachrichten wartend, die Gutes, Neues verkündeten (Brief und Kind), was seine Lebenskraft stärken würde, was die Strafe für seinen Leichtsinn (er war am Unfall schuld) erleichtern könnte (Baum-Rute). Die Karte der Vögel zeigt, wie er nur über Anstrengung zum Ziel gelangen kann, das ihm jedoch dann Glück verheißt (Kleeblatt).

Dann folgt eine Reihe von positiven Karten (Hund — Sonne — Bär und Buch). Treue wird belohnt, was Kraft und Stärke gibt, um das Erfolgsgeheimnis zu knacken. Neue Wege bezwingen den Trübsinn (helle Wolken liegen neben Mond und Wege), aber die Bindung zu Maria („Sie") dürfte mit Schwierigkeiten verbunden sein, weil hier die dunklen Wolken im Weg stehen. Doch er blickt, um dies vorzugreifen, in ihre Richtung, wenn die Karten auch entfernt liegen (aber nicht zu weit). Aufnahme in die Prominenz und Reichtum kann durch „Sie" erfolgen (Garten und Fische), was dann doch das Herz bindet (Herz und Ring). Eine Fahrt zu neuen Ufern beginnt, um einen neuen Standpunkt zu finden (Schiff und Anker). Sind auch Gipfel zu erstürmen, es gelingt (Berge und Sterne). Danach wird auch die intimere Bindung erblühen (Lilien). Neuigkeiten (Kavalier) bringen Poldi (Karte „Der Herr = Er") dazu, sich beschenkt und gut gemanagt zu fühlen.

Ein Märchen fast, das auch wie ein Märchen endet, denn liegt der Sarg als letzte Karte (die beste Lage für die Karte Sarg!), dann heißt dies „Und wenn sie nicht gestorben sind..." Die Bindung zu „Ihr" (damit zu Maria) ist umfassend, wie es Pik-Dame und Herz-Dame mit dem Strauß und den Störchen auch anzeigen. Da aber nun die Sarg-Karte auf der Diagonalen lag, die aufgenommen werden muß, um Fragen näher zu beantworten, verzichtete Poldi auf diese Spielart. Poldi P. wurde zwar nicht berühmt, aber sein Leben nahm neue und positive Konturen an.

10 33 19 36 7 14
23 4 27 13 5 11
12 2 18 31 15 26
22 32 6 29 20 34
24 25 3 35 21 16
30 1 28 9 17 8

## Der Siebener-Weg

Eine beliebte Legeart ist der Siebener-Weg. Allerdings wird hier eher im psychologischen Sinn gearbeitet als gedeutet. Diese Legeart soll die Ratsuchenden anspornen, ihre Richtung zu finden. Hier geht es mehr um die eigene Wegfindung als um das Vorhersagen. Dazu werden alle Lenormand-Karten in sechs Reihen zu je sechs Karten offen ausgelegt, und zwar gemäß ihrer Numerierung. Also anfangend oben links mit der Karte Nummer 1 (dem Kavalier) bis zur Karte unten rechts (Nummer 36 — das Kreuz). Zur Kontrolle: Unter dem Kavalier liegt Nummer 7 (die Schlange), unter dieser Nr. 13 (das Kind), unter dem Kind der hohe Turm, darunter der Ring und die letzte Reihe beginnt mit der Karte der Sonne. So haben wir die Lenormand-Karten ja auch bereits auf Seite 240 vorgestellt.

Nun betrachtet der Ratsuchende die Karten. Die erste Frage lautet dem Sinn nach: „Welche Karte entspricht am ehesten Ihrer gegenwärtigen *Situation*?“ Diese Karte wird ausgesucht. Nehmen wir an, es wäre die Karte des Sarges — also Nummer 8, um einmal gleich ein drastisches Beispiel zu wählen (wenn etwa Ratsuchende meinen, sie fühlten sich wie tot, wie aus dem Leben geschleudert). Dies ist also die erste Karte in der waagrechten Reihe, die am Ende aus sieben Karten besteht, wobei die Reihe auch von oben nach unten gelegt werden könnte. Dann wird nach dem Ziel gefragt: Worauf kommt es an, was wird anvisiert? Der Ratsuchende wählt beispielsweise — ohne zu wissen, wie das Spiel weitergeht — als Zielkarte die Sonne oder (geht es um Liebesprobleme) den Ring.

Nehmen wir die Sonne als Beispiel. Diese Karte wird nun ganz weit nach rechts gelegt (oder nach unten). Damit haben wir zwei Karten des Siebener-Weges, die Start- oder Ausgangskarte und die Ziel- oder Endkarte. Nun wird den Ratsuchenden mitgeteilt, daß sie sich fünf Karten aussuchen sollen, die eine Brücke von der Start- und Zielkarte darstellen. Es würde sich um die fünf Stationen handeln, die Ratsuchende sich jeweils selbst auszuwählen hatten.

Das klingt im Moment leichter, als es in der Praxis aussieht! Man kann nämlich kaum neben den Sarg als Startkarte den Anker legen, denn das wäre ja eine Verankerung der schwierigen Situation! Auch bringt da das Kreuz nicht viel. Es muß ja eine Karte auf der anderen aufbauen, so daß ein gangbarer Weg von den Ratsuchenden selbst gefunden wird. Dabei dürfen sie nicht die Personen oder Dinge ausklammern, um die es geht, also die eigene Frau, den Freund, die Arbeit, den Arzt oder was auch immer.

Wer diese Legeart ausprobiert, wird bald feststellen, daß hier nicht nur einiges zu bedenken ist, sondern auch deutlich wird, was zum Beispiel bisher nicht beachtet, was übersehen, ja welcher entscheidende Fehler hier und da gemacht wurde. Dieses Spiel gibt also Gelegenheit, seine eigenen Gedanken zu ordnen, Klarheit zu gewinnen, um — besser gerüstet — neu beginnen zu können.

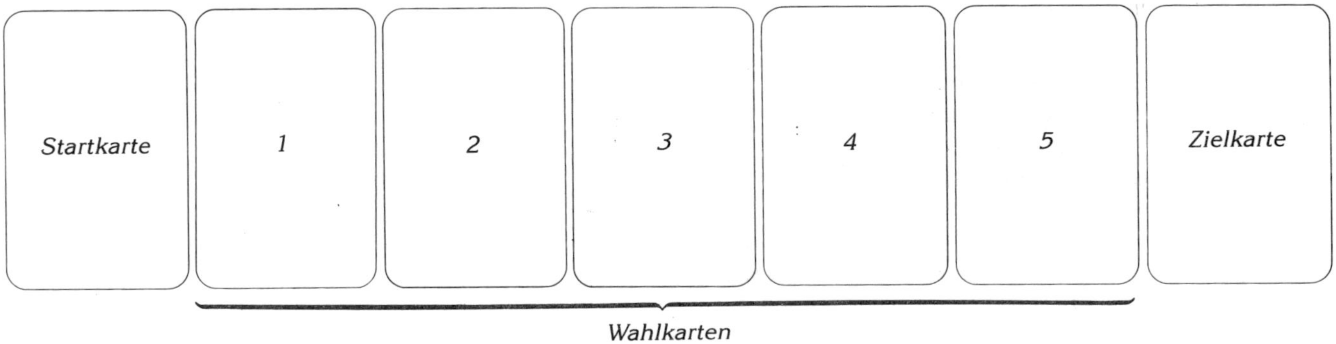

## Der Siebener-Weg I: Geld und Vertrauen verloren

Karl K. war — wie er sagte — sehr vertrauensselig. Daher hatte er sein Geld, das er sich für eine Existenz gespart hatte, seinem besten Freund geborgt. Der versprach, diese Schuld sofort zu begleichen, wenn Karl K. sein Vervielfältigungsbüro aufmachen würde. Karl glaubte, daß es damit noch Zeit hätte, denn er suchte noch einen geeigneten Raum. Als dieser gefunden war, verlangte er sein Geld zurück, was ihm sein Freund auch zusagte. „In drei Monaten, wenn du eröffnest, hast du alles bis auf den letzten Pfennig wieder." In gutem Glauben schloß Karl Verträge ab, borgte sich Geld von seiner Freundin und nahm einen Bankkredit auf. Am Tage der Geschäftseröffnung hatte er einen Berg Schulden, denn sein Freund war mit dem Geld verschwunden! Die Freundin verlangte das Geborgte zurück, da sie befürchtete, mit in den ganzen Schlamassel gezogen zu werden.

Ziemlich deprimiert wählte Karl K. den Siebener-Weg. Als erste Karte, die seiner jetzigen Lage entsprach, nahm er die Mäuse. Er fühlt sich bestohlen, angenagt, verlassen. Die Zielkarte fiel ihm schon schwerer. Er schwankte zwischen Herz oder Ring — also dachte er noch sehr an seine Freundin. Darauf angesprochen, erwiderte er nur: „Die ist doch von ihren Eltern aufgehetzt!" Auch zur Sonne griff er schon, doch entschied er sich für den Berg. Er wollte auf den Gipfel!

Karl K. fragte, ob die folgenden fünf Karten auch vom Ende her gewählt werden könnten. Er wüßte jetzt schon, was neben der Zielkarte liegen sollte. Der Kartenleger gab zu verstehen, dies sei möglich. Nur die Karte, die liegt, ist nicht austauschbar! Darauf giff Karl K. sofort zur Dame, er wollte also mit „Ihr" auf den Gipfel.

Vier Karten standen noch aus. Neben die Mäuse setzte Karl K. den Bär. „Ich muß wieder Substanz bekommen. Muß beweisen, was ich kann!" Die nächste Karte war das Haus. Karl K.: „Ich habe einen Vater, der ist Hausbesitzer. Nur stehe ich mit ihm schlecht! Ich muß meinen Stolz überwinden und ihn um einen Kredit bitten, damit ich den teuren Bankkredit ablösen kann. Das wäre eine Möglichkeit!" Welche Karte würde Karl K. nun wählen? Es war der Hund. Er sagte: „Ich darf nie mehr leichtsinnig sein, muß das eventuell von meinem Vater ausgeliehene Geld einem Fachmann anvertrauen, der über dieses Kapital wacht. Dann wird mir vielleicht auch meine Freundin wieder trauen, die ja meint, daß ich mit Geld nicht umgehen kann."

Nun kam alles auf die siebte Karte an, die Karte zwischen dem Hund und der Dame. Karl griff zunächst zur Karte des Ringes, dann legte er sie — bevor er sie eingereiht hatte — zurück und wählte die Eulen. Das verwunderte doch sehr! „Ich brauche noch mehr Lebenserfahrung, bevor ich eine Bindung eingehe", war Karl K. klar geworden. Wer sich diese Reihe anschaut, wird zu dem Schluß kommen: Der Mann schafft es!

## Der Siebener-Weg II: Alles Böse wünsche ich ihr!

Sie war energisch, temperamentvoll und geladen, als sie zum Kartenlegen kam. Hübsch war sie zudem. Sie hatte sich Karten legen lassen, um zu wissen, ob „Er" zu ihr zurückkäme. Nach den Karten sah dies nicht recht gut aus, was sie noch mehr erzürnte, aber sie wußte im Unterbewußtsein wohl auch, daß sie ein negatives Ergebnis zu erwarten hatte. Dann kam die Rede auf den Siebener-Weg, den sie unbedingt noch legen wollte, bevor sie ging. Als Ausgangs- oder Zielkarte wählte sie den Bär. „Ich muß zu Kräften kommen, und ich werde mich zu wehren wissen. Einen Bären kann man nicht so leicht beiseite schieben!" So und ähnlich kommentierte sie die Wahl dieser Karte. Dann ging es um die Zielkarte. Therese M. wählte den Sarg.

„Wollen Sie sich das Leben nehmen?" lautete die Frage des Kartenlegers. Wäre jetzt ein „Ja" erfolgt, hätte er das Spiel sofort abgebrochen. Therese lächelte nur dünn und sagte: „Nein, ich muß aber wohl „Ihn", meine Liebe, begraben und beerdigen." So kam der Sarg ans Ende der Reihe. Als zweite Karte wählte sie die Wolken.
Dazu Therese: „Der Bär braucht Licht, um das Dunkle beiseite zu schieben." Auch das hörte sich noch logisch und einleuchtend an. Damit kam es zur Wahl der dritten Karte.
Hier überlegte Therese etwas länger, dann wählte sie den Fuchs. Bär und Fuchs, das fällt auf. „Warum den Fuchs?" Therese dachte nicht lange nach. „Braucht man nicht Warnungen im Leben oder gar Tricks, um mit den Entscheidungen fertig zu werden?" Therese schien nicht die Wahrheit zu sagen. Dann griff sie nach der Karte 11, der Rute. Nun war alles klar. Therese wollte Strafe, nichts als Strafe! Immer wieder sah sie die Karten an, wählte spontan die Mäuse und die Schlange; die Karte der Schlange kam genau vor den Sarg. Der Kartenleger fragte: „Die Schlange ist die Frau, die Ihnen Ihren Freund ausgespannt hat?" Therese entfuhr es: „Ja, das ist sie, und ihr wünsche ich alles Böse. Ratten und..." Sie stockte.

Der Kartenleger fragte Therese: „Wissen Sie eigentlich, was Sie da gelegt haben?" und ohne ihre Antwort abzuwarten, erklärte er ihr, daß sie sich wünsche, stark wie ein Bär zu sein, um selbst im hellen Licht zu stehen, während die dunklen Wolken alle anderen treffen sollten. Mit List wolle sie strafen, ja an der Substanz ihrer Nebenbuhlerin nagen, damit diese zugrunde ginge. Große Pause.

Therese leugnete nicht und beschönigte nichts. Ihr war klar geworden, daß sie anfing, sich selbst mit bösen Gedanken zu vergiften. Aber Haß ist kein guter Weg, Haß schlägt auf den zurück, der ihn sät.
Der Kartenleger hörte nie wieder von ihr. Vielleicht half ihr das Spiel, sich nicht zu sehr zu verrennen.

## Der Siebener-Weg III: Der Starrkopf

Rechtschaffen war der Mann sicherlich, der zur Kartenlegerin kam, aber er galt im ganzen Dorf als stur und starrköpfig. Dem Schriftsteller Ganghofer hätte er als Vorbild dienen können, da er wie aus dem vergangenen Jahrhundert wirkte. Er sagte nur, zu Hause hätten sich alle gegen ihn verbündet: der Sohn, der in die Stadt wolle, die Tochter, die mit einem Mann zusammenlebe, aber nicht heiraten wolle, und auch seine Frau wende sich gegen ihn. Er hätte keinen Frieden mehr daheim. Wolle er deswegen die Karten gelegt haben, fragte die Kartenlegerin. Ach, er halte ja nichts von dem ganzen Blödsinn, aber seine Frau habe ihn gedrängt, gemeint, mit der Kartenlegerin könne man vernünftig und neutral reden. Dann schoß es aus ihm heraus: „Aber Sie haben meiner Frau gesagt, daß sie sich gegen mich auflehnen soll!" „Nein, das stimmt nicht." Die Kartenlegerin blieb ruhig. Sie habe nur gemeint, sie solle sich auch manchmal gegen ihren Mann wehren.
Dann erklärte sie Waldemar R. alle Kartenspiele. Der lehnte eins nach dem anderen ab. Das wäre Zirkus, Unsinn. Schließlich erwähnte die Kartenlegerin den Siebener-Weg. Darauf er: „Die Karten sehe ich mir mal an." Er tat dies, dann legte er eine Karte heraus. Es war das Haus. „Das gehört mir, und da bestimme ich, was geschieht." Die Kartenlegerin nickte, und meinte nur nebenbei: „Wie wünschen Sie sich, daß alles ausgeht?" „Ich will nur meine Ruhe, meinen Frieden!" Damit zeigte Waldemar auf den Garten. Die Kartenlegerin fragte, was denn zwischen dem Haus und dem Frieden läge, ob er dies in den Karten ausdrücken könnte? Fünf Karten hätte er zur Wahl! Waldemar R. sah sich die Karten an. Da lachte er plötzlich und nahm die Karte der Mäuse heraus. „So geht's mir! Alle wollen sie nur was von mir haben!" Die nächste Karte war die Rute. „Man müßte mit dem Rohrstock dazwischenfahren!"
Als die Kartenlegerin ihn fragte, ob es denn nichts Gutes im Hause gäbe, zögerte er etwas. „Doch! Meinen Hund!" Damit nahm der Mann diese Karte und legte sie daneben. Ziemlich erschütternd! Tiere sind besser als Menschen. Die Kartenlegerin wies nur vorsichtig darauf hin, daß neben dem Hund auch schon die Rute läge. Waldemar R. sah sie erstaunt an. Dann wehrte er heftig ab. „Nein, nein, meinen Hund schlage ich nie!"
„Weil er Ihnen gehorcht?"
„Ja, und wie! Auf's Wort!"
Schweigen. Er hatte wohl auf einmal etwas begriffen. „Ja... ein Hund muß ja auch gehorchen...", meinte er. Er ließ den Satz im Raum stehen.
Zwei Karten waren noch frei, machte ihn die Kartenlegerin aufmerksam. Waldemar R. wählte das Herz und den Ring. „Die gefallen mir." Dann legte er das vereinbarte Honorar auf den Tisch und ging. Es soll danach *etwas* friedlicher im Hause zugegangen sein, wie es das Gerücht wissen will...

6. Teil

# Zigeuner- und Kipper-Karten

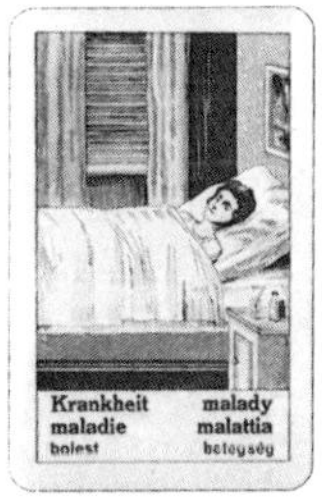

## Zigeuner-Karten

Die Zigeuner-Karten bauen auf den Lenormand-Karten auf, wie diese wiederum auf alte Sibyllen-Karten zurückgehen, deren Ursprung im Tarot lag. Das Auslegen mit den Zigeuner-Karten kann in gleicher Weise vorgenommen werden, wie das der Lenormand-Karten. Lediglich der Siebener-Weg läßt sich zwar theoretisch, aber praktisch schwer durchführen, weil die Unterschriften oft die Phantasie, die Intuition ersticken. Grundsätzlich muß bei dieser Gelegenheit erneut darauf hingewiesen werden, daß alle Spiele mit allen Karten gelegt und gedeutet werden können. Die meisten Intuitionsmöglichkeiten sind aus den verschiedenen Tarotspielen zu empfangen, während es sich mit den Zigeuner-Karten am leichtesten deuten läßt, allerdings vordergründig. Es kommt hier sehr auf die Legeart an, weswegen wir hier auch eine speziell auf die Zigeuner-Karten ausgerichtete vorstellen möchten. (Mit Zigeunern haben die Karten ursprünglich nichts zu tun!)

Die Karten müssen zugedeckt sein, bevor der Ratsuchende sie in die Hand bekommt. Da es keine Regel ohne Ausnahme gibt, weichen wir hier einmal von der Regel ab, daß die Ratsuchenden die Karten, die offen ausliegen, zusammenpacken, um sie dann erst zu mischen. Da diese Karten nicht numeriert sind, erübrigt sich im Grunde ein Mischen, aber es gehört nun einmal zum Zeremoniell.

Die weibliche Hauptperson ist die Karte der Fröhlichkeit, die männliche Hauptperson der Herr. Die Karte des Geldes kann mit der Karte der Fische der Lenormand-Karten gleichgesetzt werden, obwohl die Fische auch inneren Reichtum widerspiegeln. Die Dieb-Karte entspricht den Mäusen, die Katze dem Fuchs, obwohl hier alles sehr vereinfacht ist und kaum hintergründige Auslegungen zuläßt. Dies ist jedoch auch mit ein Grund, warum diese Karten von Kartenlegerinnen und -legern — trotz neuester psychologischer Erkenntnisse — so gern benutzt werden. Die Karte des Offiziers bedeutet übrigens oft eine Amtsperson oder die Aussicht auf eine Strafe, während die Karte des Besuchs im Hinblick auf die Deutung sehr von den Nachbarkarten abhängig ist.

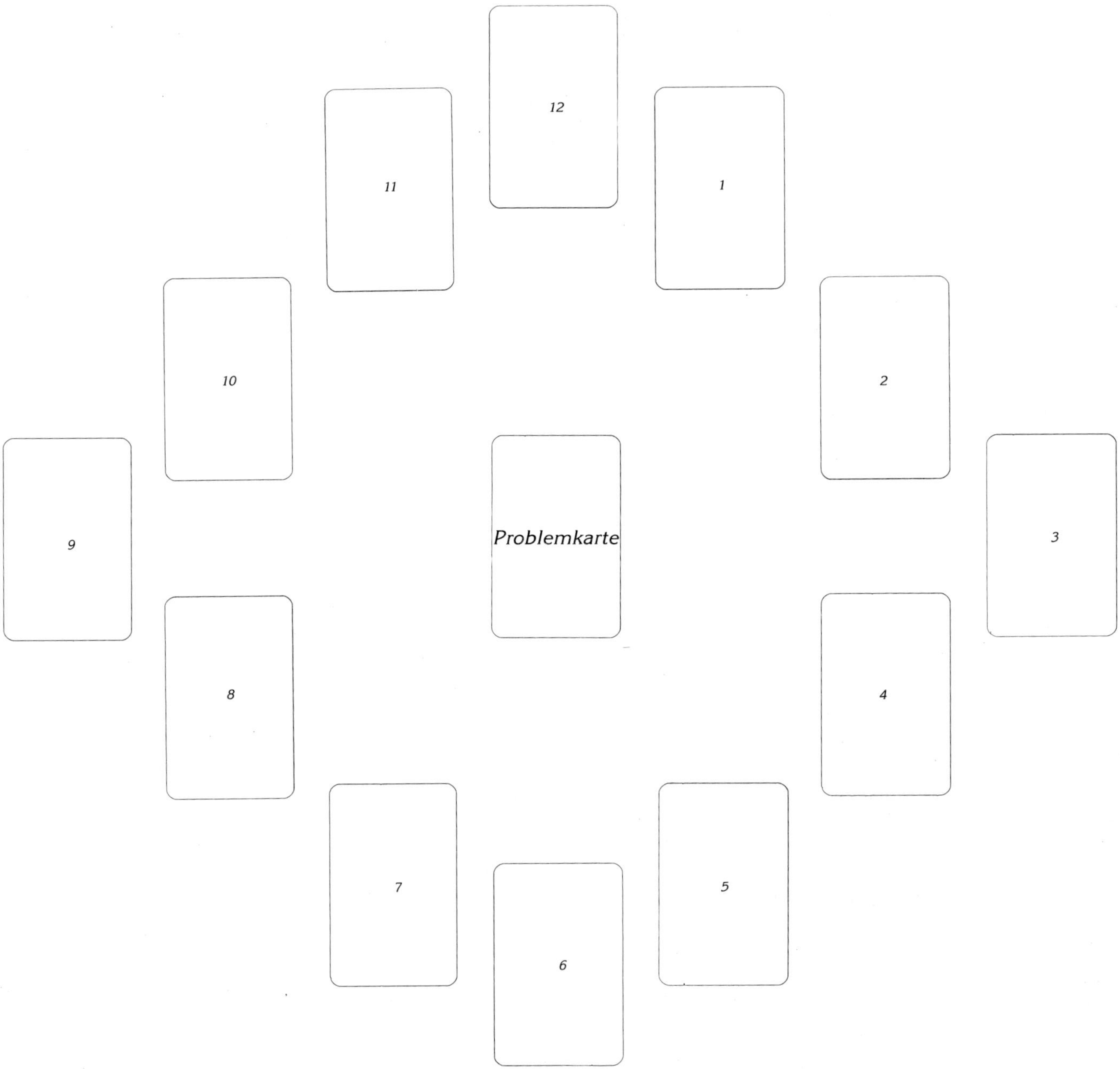
12
11
1
10
2
9
Problemkarte
3
8
4
7
5
6

## Die Uhr des Schicksals

Diese Legeart ist ganz auf die Zigeuner-Karten abgestimmt. Im Mittelpunkt der Schicksalsuhr liegt das Problem, nach dem gefragt wird. Also Liebe oder Krankheit, Treue oder Siechtum, Tod oder Eifersucht, Heirat oder Feinde. Diese Karte sucht der Kartenleger unter den verdeckten Karten heraus, die Fragenden sollten nicht zu früh mit den Bildern und vor allem mit den Unterschriften bekannt gemacht werden! Dann werden die Karten verdeckt gemischt und mit dem Rücken nach oben ausgelegt. Die Ratsuchenden wählen nun mit den Fingerspitzen 12 Karten, die Karten der Schicksalsstunden, aus. Die legt der Kartenleger im Uhrzeigersinn in einem Kreis aus. Man stelle sich eine Uhr vor. Die erste Karte wird auf die erste Stunde gelegt, die zweite auf die zweite Stunde und so fort. Die sechste Karte ist dann 6 Uhr, die zwölfte Karte 12 Uhr. In der Mitte der Uhr liegt das Thema, nach dem gefragt wird. Gedeutet wird von der ersten bis zur zwölften Stunde.

Nun gibt es zwei Deutungsarten. Die erste stellt die Gegenwartsgeschichte dar, das heißt, der Ablauf des Geschehens läßt sich ablesen, indem man sich von Stunde 1 zur Stunde 12 die Karten in der angeordneten Reihenfolge anschaut und ausdeutet. Das ist verhältnismäßig einfach, da es ja an den einzelnen Bedeutungen der Karten nichts zu rütteln gibt. Immerhin erkennt man in der ersten Stunde den Anfangspunkt und in der zwölften Stunde, wie die Geschichte ausgeht. Die Stunden 6 und 7 stellen ungefähr die gegenwärtige Situation dar, das ist eine ganz gute Kontrolle. Denn wenn die Karten gar keinen Sinn ergeben, dann darf diese Legeart noch einmal vorn vorn begonnen werden — und zwar mit dem Auslegen der 35 Karten mit dem Rücken nach oben, weil ja die Frage- oder Problemkarte draußen bleibt. Dann wird gemischt und wieder von der ersten Stunde an das Zifferblatt der Schicksalsuhr gebildet, damit jede Karte zunächst einzeln, dann im Zusammenhang ausgedeutet werden kann.

Komplizierter, aber auch viel interessanter, ist die zweite Art. Hier geht es um eine Lebensdeutung. Das Grundleben wird in 84 Jahre eingeteilt. Jede Stunde zeigt 7 Lebensjahre an. Zwischen 0 und 1 Uhr haben wir die ersten 7 Lebensjahre. Zwischen 1 und 2 Uhr die Lebensjahre von 7 bis 13 Jahren. Von 2 Uhr bis 3 Uhr die Lebensjahre von 14 bis 20 usw. Mit jeder Schicksalsstunde fängt eine neue Siebener-Reihe von Lebensjahren an. Diese lauten: 0 bis 6, 7 bis 13, 14 bis 20, 21 bis 27, 28 bis 34, 35 bis 41, 42 bis 48, 49 bis 55, 56 bis 62, 63 bis 69, 70 bis 76 und schließlich 77 bis 83. Es geht um die *Lebensjahre*, nicht um das Alter. Wenn ich ein Jahr alt werde, habe ich ja bereits ein ganzes Lebensjahr hinter mir, denn das erste Lebensjahr beginnt mit der Geburt, das Neugeborene ist also bei der Geburt null Jahre alt. Aber es kommt ja nicht genau auf das Lebensjahr an, sondern auf die Zeitabschnitte.

Wenn nun ein 25jähriger zum Kartenleger kommt, dann befindet er sich, auf der Schicksalsuhr gemessen, zwischen der Schicksalsstunde 3 und 4. Also stellen diese Karten auch die Gegenwart dar, während die Karten von der ersten bis zur dritten Schicksalsstunde die Vergangenheit, ab der fünften Schicksalsstunde die Zukunft symbolisieren. Kommt jemand, der 58 Jahre alt ist, dann befindet er sich — auf die Gegenwart bezogen — zwischen den Karten der Stunde 8 und 9. Ein Grund übrigens, warum gerade junge Menschen diese Legeart häufig bevorzugen. Hier werden die Karten weniger psychologisch, als recht drastisch im Sinn der Ereigniskunde gedeutet.

Es geht hier um die realen Tatsachen! Differenzierungen sind daher kaum möglich oder Auslegungen, die zu Erkenntnissen führen. Diese Legeart kann im Grunde jeder ohne allzuviel Vorkenntnisse praktizieren.

Fröhlichkeit merriment
gaîté allegrezza
veselje örvendezés
12
Beständigkeit constancy
stabilité costanza
stalnost állandóság
11
Verdruss anger
chagrin dispiacere
neprilika bosszúság
1
Glück fortune
bonheur fortuna
sreća szerencse
10
Traurigkeit sadness
tristesse tristezza
tuga szomorúság
2
Geliebter lover
amant amante
ljubavnik szerető
9
Liebe love
amour amore
ljubav szerelem
Sehnsucht desire
désir bramosia
čežnja vágy
3
Reise journey
voyage viaggio
putovanje útazás
8
Hoffnung hope
espérance speranza
nada remény
4
Etwas Geld some money
un peu d'argent un pò di denaro
nešto novca kevés pénz
7
Geschenk gift
cadeau dono
dar ajándék
5
Brief letter
lettre lettera
pismo levél
6

## Schicksalsuhr I: Mich will keiner

Rund 25 Jahre war sie alt und nach ihren Worten früher sehr optimistisch und lebensfroh. Von Beruf Bankangestellte, hatte sie ein großes Problem. Sie meinte, daß sie als Frau nicht attraktiv sei. Zwar hätte sie schon Männerbekanntschaften gehabt, aber nie von Dauer. Dabei, sagte sie, würde sie sehr gerne eine feste Bindung eingehen und Kinder bekommen. All dies sprudelte aus ihr heraus, schüchtern war sie also nicht, gleichwohl wirkte sie gehemmt. Als ihr der Kartenleger die verschiedenen Spiele zeigte, entschied sie sich schnell für die Zigeuner-Karten, wohl weil sie mit dem Wort etwas Romantisches verband. Der Kartenleger nahm die Karte „Liebe" heraus, und er plazierte diese in der Mitte der Tischplatte. Dann wurden die Blätter von Irene gemischt und verdeckt ausgelegt. 12 Karten waren nun — verdeckt — aufzunehmen. Im Uhrzeigersinn wurden die Karten dann von der Stunde 1 bis zur Stunde 12 um die Karte Liebe gruppiert und einzeln aufgenommen.
Als Karte der Stunde 1 wurde der Verdruß sichtbar, deswegen war Irene hier. Stunde 2 brachte die Traurigkeit hervor und Stunde 3 die Sehnsucht. Das stimmte bis jetzt überraschend. Stunde 4 bestätigte dies, da lag die Hoffnung, und Stunde 5 zeigte ein Geschenk, auf das sie hoffte (weil die Hoffnungskarte davor beziehungsweise daneben liegt). Stunde 6 zeigt einen Brief. Irene sagte nur, auf den hoffe sie sehr, da sie aus Verzweiflung in der Rubrik „Partnerschaften" inseriert hätte. Als Stunde 7 wurde das Blatt, das etwas Geld verspricht, aufgedeckt. Stunde 8 weist auf eine Reise hin, wo sie einen Geliebten (Stunde 9) kennenlernen könnte. Das wird (Stunde 10) das große Glück bringen, das — wie es die Stunde 11 anzeigt — von Dauer sein kann. Und — laut Stunde 12 — zur Fröhlichkeit führt, so daß der Kartenleger sagen konnte: „Herz, was willst du eigentlich mehr!"

Für die aktuelle Tagesdeutung ergibt sich daraus, daß Irene vor allem ihren Verdruß nicht nach außen zeigen darf, schon gar nicht ihre Traurigkeit, sondern sich positiv einstellen muß, so daß aus innerer Sehnsucht freudige Hoffnung wird, was sie bereits als Geschenk erleben könnte. Über die Post wird kaum ein Angebot kommen, dafür liegt die Karte des Briefes zu isoliert, sie wird also mit ihrem kleinem Gehalt als Bankangestellte auskommen müssen, wobei sie auf eine Reise sparen sollte. Dort wird sie dann einen Mann kennenlernen, der für sie das große Glück darstellt, das auch von Beständigkeit sein dürfte. Man wird sich zu einer fröhlichen Gemeinsamkeit zusammenfinden. Eine Schicksalsuhr gibt inneren Mut, aber ganz, ganz selten, werden nur überwiegend positive Karten ausgewählt.

Nun das Kartenbild auf das Leben bezogen: Irenes Kindheit war nicht sehr schön, die Eltern wohl nicht sehr einfühlsam, sie kam sich recht elend vor und sehnte sich im Alter von 14 bis 21 Jahren nach einer Möglichkeit, woanders ein eigenes Zuhause zu bekommen. Zwischen 21 und 28 — in dem Alter befand sich Irene nun — würde die Hoffnung auf eine Bindung kaum in Erfüllung gehen, sie dürfte aber eine Erbschaft machen oder ganz gut verdienen (28 bis 35). Auch per Inserat und Post würde sie kaum einen Partner finden, sondern müßte sich allein durchschlagen. Ende des vierten Lebensjahrzehnts bräche die Zeit der Reisen an, da würde sie sich dann verlieben und könnte noch einen schönen Lebensabend haben. — Verständlich, daß Irene von diesen Zeitabläufen nichts hören wollte, sie begnügte sich mit der aktuellen Aussage.

Die Auslegungsart über das Leben eignet sich auch weitaus besser für ältere Leute, die — wenn sie die Vergangenheit bestätigt finden — dann auch für sich Konsequenzen aus den Zukunftskarten ziehen können. Aber wer will schon mit 25 hören, daß das Glück erst kommt, wenn man auf die sechzig zugeht! Eine solche Aussage sollte in der Praxis nie erfolgen!

Geistlicher ecclesiastic
pretre sacerdote
svećenik lelkész
12
Besuch visit
visite visita
posjeta látogatás
11
Eifersucht jealousy
jalousie gelosia
ljubomora féltékenység
1
Haus house
maison casa
kuća ház
10
Traurigkeit sadness
tristesse tristezza
tuga szomorúság
2
Feind enemy
adversaire nemico
neprijatelj ellenség
9
Krankheit malady
maladie malattia
bolest betegség
Verdruss anger
chagrin dispiacere
neprilika bosszúság
3
Richter judge
juge giudice
sudac bíró
8
Witwe widow
veuve vedova
udova özvegyasszony
4
Geld money
argent denaro
novac pénz
7
Hoffnung hope
espérance speranza
nada remény
5
Verlust loss
perte perdita
gubitak veszteség
6

## Schicksalsuhr II: Hader mit dem Schicksal

Verhärmt war sie, nein verbittert. Die Lippen waren ganz dünn und wirkten verbissen. Der Kartenleger, so sagte sie, wäre ihre letzte Hoffnung, aber daran glaubte sie wohl selbst nicht mehr. Sie wolle über ihr Schicksal nichts erzählen, die Karten sollten sprechen. Für solche Einstellung kommen nur das Zigeunerspiel oder die Wahrsage-Karten in Frage. Daher wurde aus dem Zigeunerspiel die entscheidende Karte gesucht. Die Frau erzählte, daß sie dauernd krank sei. Krank vor Sehnsucht nach ihrer Tochter, krank auch vor Ärger, weil ihre Söhne Versager seien, dann schwieg sie wieder, als hätte sie zuviel gesagt. Immerhin war der Frau, einer Fabrikantin, klar, daß ihre Krankheit auch seelische Ursachen hatte.

Sie nannte sich Gerda M., mischte die Karten, legte sie zugedeckt auf den Tisch, um dann auf 12 Karten zu weisen, die der Kartenleger aufnahm und um die Krankheitskarte drapierte. Als Karte der Stunde 1 lag die Eifersucht. Gerda schaute nur verlegen: „Ich meine es doch nur gut, sie haben alle falsche Lebenspartner." Pause. Karte der zweiten Stunde war die Traurigkeit. Kein Kommentar. Karte der Stunde 3 war der Verdruß. „Erziehen Sie Ihre Kinder immer noch?" lautete die Frage. Und die Antwort: „Bis zu meinem Tode bleibe ich die Mutter!" Die Karte der vierten Stunde zeigt die Witwe, was hier aber im Sinn der Einsamkeit zu deuten wäre. Die fünfte Stunde zeigte das Blatt der Hoffnung, so war die wenigstens noch nicht völlig erloschen. Die sechste Stunde wurde durch den Verlust symbolisiert und die siebte Stunde durch Geld. Geld hatte Gerda, aber es tröstete sie nicht über den verlorengegangenen Familienzusammenhalt hinweg. Auf der achten Stunde lag die Karte des Richters, was in diesem Fall aussagt, daß man wohl mit sich selbst ins Gericht gehen sollte. Dazu zuckte Gerda M. die Achseln — weder bejahend, noch verneinend. Karte der neunten Stunde war der Feind. Gerda M. meinte, daß sie davon genügend hätte, und gerade in der eigenen Familie.
Als Karte der zehnten Stunde wurde das Haus aufgedeckt. Gerda M. wurde redseliger, berichtete, daß sie ein großes Haus besitze, in dem sie aber allein wohne. Die Karte der elften Stunde war die des Besuches, so war zu erwarten, daß die Tochter sie doch bald aufsuchen könnte, wenn — das war die Meinung des Kartenlegers — es ihr nicht zu schwer gemacht würde. Und als Karte der zwölften Stunde wurde der Geistliche aufgedeckt, was ja Trost und Versöhnung bedeuten kann.

Das Kartenbild war also für die aktuelle Situation annehmbar, es mußte nun auf das Leben geprüft werden. Frau Gerda war 61 Jahre alt geworden, also in der achten Stunde. In der Kindheit wurde sie schon sehr von Eifersucht geplagt, weil sie der Meinung war, daß die Schwester, die nach ihr kam, von den Eltern vorgezogen wurde. Das erfüllte auch ihre Jugend mit viel Kummer, der sich wohl festbiß. Auch in der Ausbildung gab es viel Verdruß. Als ihre Mutter starb, hinterließ sie ihr viel Geld. So schaute Gerda M. optimistischer in die Zukunft, fühlte sich aber von Mann und Kindern getäuscht, als die ihr die ererbte Fabrik wegnehmen und verkaufen wollten, was sie erbittert zu verhindern wußte. So blieb sie die „Reiche" in der Familie. Als sie zum Kartenleger kam, versuchte sie sich darüber Rechenschaft abzulegen. Auch der Kartenleger erklärte ihr, daß man Feinde anziehen kann, wenn man diese zur Selbstentschuldigung brauche. Sicher müsse sie mit Angriffen — etwa in Richtung Entmündigung — rechnen. Aber sie könne dies abfangen, sollte in ihrem Haus wieder die Kinder (zuerst vielleicht die Tochter) als Besuch empfangen, das würde sich tröstend und beruhigend für sie auswirken.

Gerda M. äußerte sich dazu nicht. Sie erhob sich sehr langsam, sah den Kartenleger an, drückte ihm die Hand und sagte nur: „Ich glaub', ich hab's verstanden, zumindest hoffe ich es."

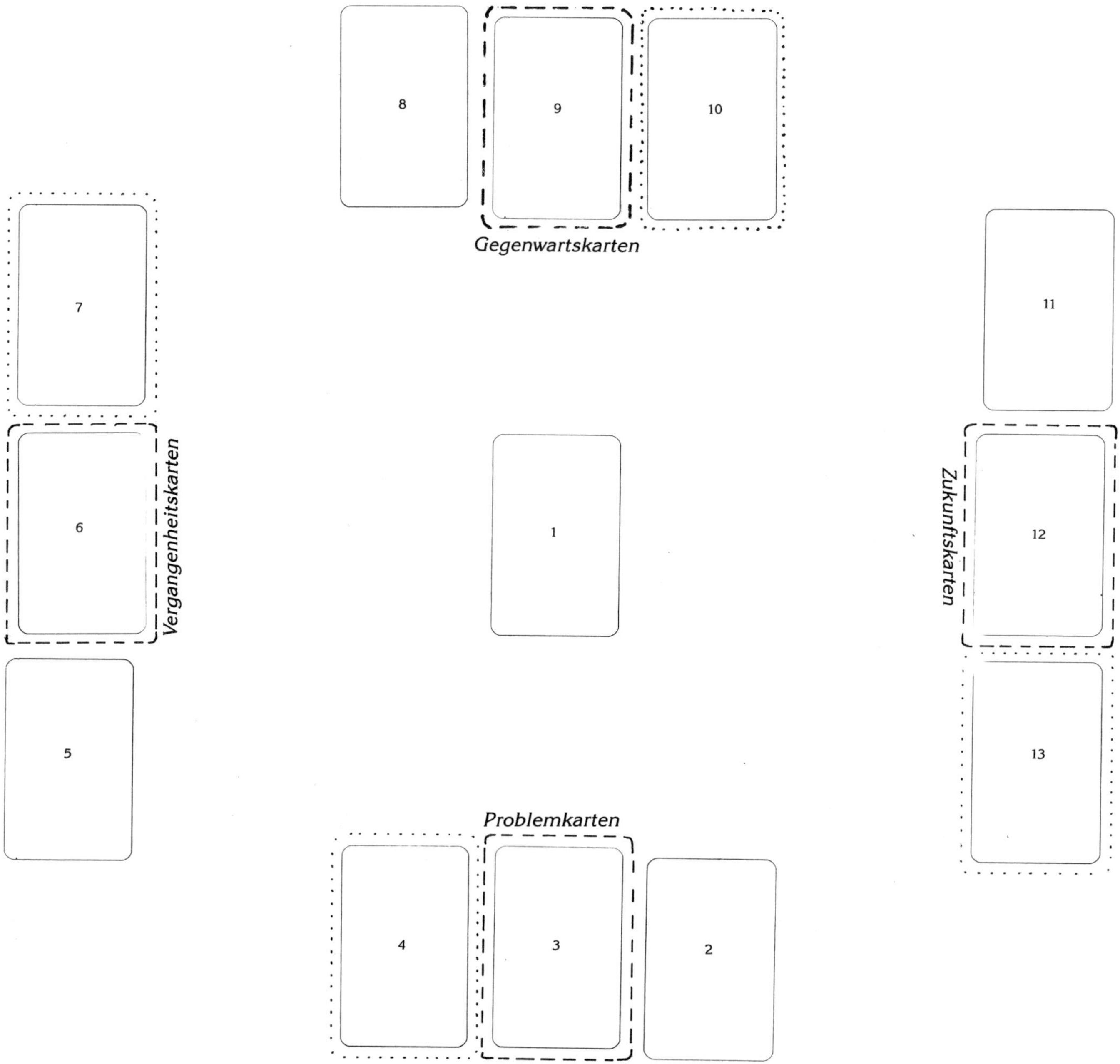
8
9
10
Gegenwartskarten
7
11
6
Vergangenheitskarten
1
Zukunftskarten
12
5
13
Problemkarten
4
3
2

## Die Antwort der Sibylle

Diese Legeart wird auch einfach das Sibyllenspiel genannt. Es hat sich aus der Schicksalsuhr entwickelt, ist nur etwas komplizierter und erfordert vom Deuter doch eine recht intuitive, phantasiereiche Interpretation. Sibyllen sind — neben der Pythia von Delphi — als die Wahrsagerinnen in die Geschichte eingegangen. Rund um das Mittelmeer waren sie angesiedelt. Wir kennen eine libysche, eine griechische Sibylle. Am bekanntesten war wohl die Sibylle von Cumae bei Neapel, deren „Sibyllinische Bücher" heute noch im Vatikan aufbewahrt werden. Die Antworten der Sibyllen auf Fragen von Ratsuchenden waren meist bewußt doppeldeutig und sollten zum Nachdenken anregen. Darauf baut auch unsere Kartenlegeart auf.

Zunächst wird die Karte des Fragenden oder die Problemkarte aus den 36 Karten herausgesucht und in die Mitte gelegt. Danach wählen die Ratsuchenden aus den verdeckt liegenden Karten 12 aus und gruppieren sie um die Personenkarte herum, aber nicht oval oder rund wie bei der Schicksalsuhr, sondern eckig. Das heißt, wir bekommen zwei waagrechte und zwei senkrechte Reihen aus je drei Karten. Diese Reihen haben je eine Aussagefunktion. Die untere Reihe erläutert die *Grundfrage*. Die linke senkrechte Reihe sagt uns etwas über die *Vergangenheit* aus: Zu der Frage, zum vorgetragenen Problem oder in bezug auf den Fragenden selbst (wenn seine Karte in der Mitte liegt). Die obere Reihe liegt für die *Gegenwart*, während uns die Karten der rechten senkrechten Reihe etwas über die *Zukunfts*möglichkeiten aussagen. Das ist eine Anordnung, die wir im Grunde aus dem Orakelspiel mit den Tarotkarten kennen, das wohl hier mit Pate gestanden hat.

Das Sibyllenspiel ist nur durch die Karten, die hier beispielhaft verwendet werden, eindeutiger, oder, wie Kritiker sagen, vordergründiger. Der Erfolg ist oft verblüffend!

Zum Auslegen: Nachdem die mittlere Karte offen hingelegt worden ist, werden die anderen Karten um sie gruppiert. Es gibt selbstverständlich auch die Möglichkeit, sich die Karte 1 verdeckt auszusuchen, was jedoch einem wirklichen Wagnis gleichkommt. Denn nehmen wir nur an, da läge der Tod, bekommen die Ratsuchenden doch einen großen Schreck, weil sie meinen, es gehe um den eigenen Tod. Und wir haben ja schon erwähnt, wie einfühlsam Karten gelegt werden müssen! Daher einige man sich auf die offene Auslegung der Karte 1. Danach werden die Karten von rechts unten in geraden Reihen herumgelegt. Dabei wird deutlich, daß die letzte Karte (die dreizehnte mal wieder!) die entscheidende ist, die den Schlußpunkt setzt.

Dieses Spiel ist ein reines Fragespiel. Es wird also oft anschließend an andere Kartenlegearten zur Erläuterung herangezogen. Der Ratsuchende hat drei Fragen frei, die gut überlegt sein sollten, obwohl sich natürlich aus der Antwort der ersten Frage die zweite Frage ergeben kann. Die Antwort auf jede Frage besteht aus je vier Karten. Das sieht dann wie folgt aus:

Frage 1 = Antwort aus Karten
2—5—8—11 (nicht umrandet).
Frage 2 = Antwort aus Karten
3—6—9—12 (umstrichelt).
Frage 3 = Antwort aus Karten
4—7—10—13 (umpunktet).

Das bedeutet, wir nehmen als erste Karte die Nummer 2 und als letzte die Nummer 13 zwar auf, ansonsten werden die Karten jedoch in sich noch einmal gemischt, oder wie es hier fachmännisch heißt „gewürfelt". Dies ist ein Ausdruck, der sich noch aus der Zeit gehalten hat, da das Kartenspiel mit dem Würfelspiel zusammen vorgenommen wurde. So führt auch diese sibyllinische Legeart in die Zeit zurück, als man an Straßenecken oder in verräucherten Kneipen die Wahr- oder Weissagekunst vornahm und Karten- und Würfelspiel als Volksbelustigungen angesehen wurden.

Krankheit malady
maladie malattia
bolest betegség
8
Eifersucht jealousy
jalousie gelosia
ljubomora féltékenység
9
Botschaft message
message messaggio
poruka üzenet
10
Verdruss anger
chagrin dispiacere
neprilika bosszúság
7
Verlust loss
perte perdita
gubitak veszteség
11
Feind enemy
adversaire nemico
neprijatelj ellenség
6
Gedanken thought
pensée pensiero
misao gondolat
1
Geld money
argent denaro
novac pénz
12
Witwe widow
veuve vedova
udova özvegyasszony
5
Glück fortune
bonheur fortuna
sreća szerencse
13
Richter judge
juge giudice
sudac bíró
4
Kind baby
bébé bambino
dijete gyermek
3
Hoffnung hope
espérance speranza
nada remény
2

## Die Antwort der Sibylle I: Ein Rechtsanwalt fragt

Anfang dreißig war der junge Rechtsanwalt, der Kapital aufgetrieben hatte, um sich nun im Zentrum der Stadt niederzulassen. Auch gute, nicht zu teure Praxisräume waren bereits angemietet, so daß sich alles bestens anzulassen schien. Doch über Nacht tauchte ein sich als recht schwierig zu erweisendes Problem auf. In einer Bar hatte Hans H. einen Studienkollegen getroffen und ihm — leichtsinnigerweise — von seiner bevorstehenden Praxiseröffnung erzählt. Der Studienfreund bedrängte ihn nun, ihn mit in die Praxis aufzunehmen. Hans war nicht sehr beglückt von dieser Idee, andererseits mochte er seinen Studienfreund menschlich sehr, er schätzte auch seine oft genialen Einfälle, nur hielt er ihn nicht für zuverlässig. Er hatte sich eine gewisse Bedenkzeit ausgebeten und konnte nun kaum mehr schlafen, weil er sich nicht zu einem endgültigen Entschluß durchringen konnte.

Zur Kartenlegerin sagte er: „Ich habe im Grunde genommen nur eine Frage, an der zur Zeit für mich alles hängt. Das ist die Frage: Soll ich meinen Studienfreund mit in die Praxis nehmen oder nicht?“ Als Problem- und Personenkarte wählte Hans die Karte der Gedanken aus. Dann wurde gemischt und 12 Karten verdeckt in waagrechten beziehungsweise senkrechten Reihen um die mittlere Karte drapiert. Karte 2 wurde aufgedeckt, um das Problem näher zu erläutern.

Es war die Karte der Hoffnung, was nicht als Hoffnung des Freundes zu verstehen ist, sondern als Hoffnung des Ratsuchenden, die er doch unbewußt in die Mitarbeit des Freundes — vielleicht wegen seiner anerkannten Genialität — setzte. Karte 5 — die Vergangenheit betreffend — zeigte die Witwe. Im Zusammenhang mit dieser Frage heißt dies, daß Hans oft die Gefahr „seiner“ einsamen Entschlüsse nicht gesehen hat. Die Gegenwart wird dann durch Karte 8 angesprochen, die Karte der Krankheit. „Ein böses Omen?“ so fragte Hans sofort. „Nein, aber Ihr gegenwärtiger Zustand ist ungesund, das wollen die Karten sagen, Sie müssen zu einer Entscheidung kommen.“ Hans versicherte, daß er deswegen ja auch hergekommen sei.

Zukünftige Aussichten zu dieser Frage: Das Blatt Verlust war zu sehen. Damit war es für Hans endgültig! „Zwar setze ich Hoffnung in die Mitarbeit meines Freundes, ich muß mich auch vor zu einsamen Entschlüssen hüten, doch ich muß mich entscheiden, um Handlungsfreiheit zu gewinnen! Aber ich muß nein sagen, um keinen Verlust durch meinen Freund zu erleiden!“

Hans H. wurde auf die Doppeldeutigkeit der sibyllinischen Antworten aufmerksam gemacht! Etwa: Könnte das harte „Nein“ nicht der Grund für einen Verlust sein? Darauf Hans H.: „Na, fragen wir doch danach — als zweite Frage!“

Hier kamen die mittleren, die gestrichelten Karten ins Spiel. Als Ergänzung zum Problem fiel das Kind, das nicht in den Brunnen geworfen werden sollte. Aber die Praxiseröffnung muß ja auch erst geboren werden! Als Karte der Vergangenheit erschien der Feind. Sah Hans H. diesen Kollegen während des Studiums schon als Feind? Hans bestätigte dies und wies auf die Begabung des Freundes hin. Die Gegenwart zeigte Karte 9 — die Eifersucht.

Da brauchte es keiner Erläuterung mehr. Karte 12 zeigte allerdings — auf die Zukunft ausgerichet — Geld an, also könnte der Studienkollege doch nützlich sein? Spontan kam daher die dritte Frage von Hans: „Ist es für mich und die Praxis nützlich, wenn ich ihn aufnehme?“ Die letzten, gepunkteten Karten kamen an die Reihe. Als erste Karte dieser Frage wurde Nummer 4 aufgenommen. „Der Richter... aber auch die Selbstgerechtigkeit“, sagte die Kartenlegerin. Hans H. nahm ungeduldig Karte 7 auf: der Verdruß aus der Vergangenheit. Immer wieder der gleiche Hinweis!

Für die Gegenwart fiel die Botschaft (die der Karten?) und für die Zukunft die Karte des Glücks. Hans H. entschied sich nicht gleich, aber er hatte bestimmt einen Klärungsprozeß durchlaufen!

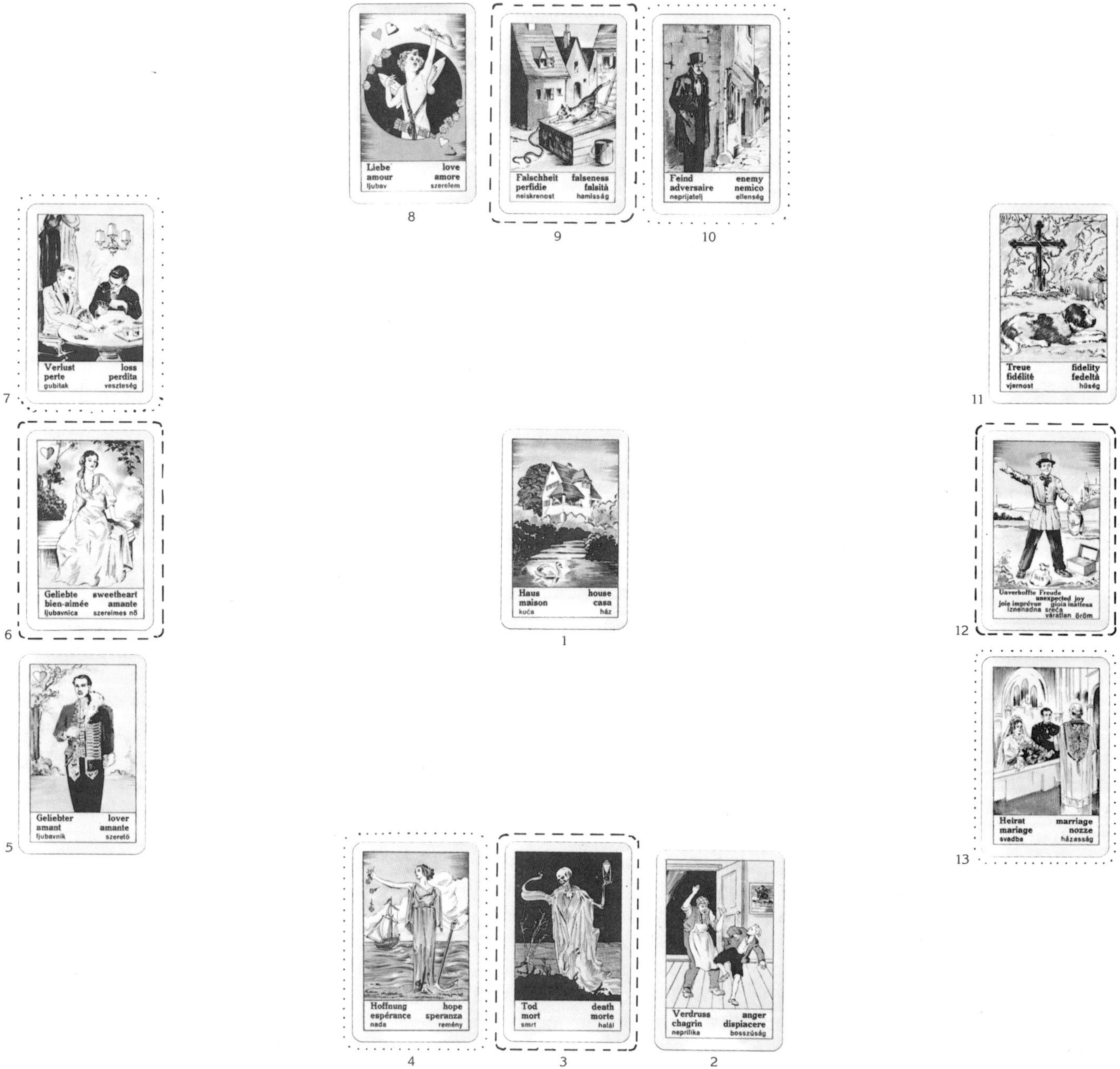
Liebe love
amour amore
ljubav szerelem
8
Falschheit falseness
perfidie falsità
neiskrenost hamisság
9
Feind enemy
adversaire nemico
neprijatelj ellenség
10
Verlust loss
perte perdita
gubitak veszteség
7
Treue fidelity
fidélité fedeltà
vjernost hűség
11
Geliebte sweetheart
bien-aimée amante
ljubavnica szerelmes nő
6
Haus house
maison casa
kuća ház
1
Unverhoffte Freude
unexpected joy
joie imprévue gioia inattesa
iznenadna sreća
váratlan öröm
12
Geliebter lover
amant amante
ljubavnik szerető
5
Heirat marriage
mariage nozze
svadba házasság
13
Hoffnung hope
espérance speranza
nada remény
4
Tod death
mort morte
smrt halál
3
Verdruss anger
chagrin dispiacere
neprilika bosszúság
2

## Die Antwort der Sibylle II: Die Mieterin und der Sohn des Hauswirtes

Gut sah sie aus, das mußte ihr der Neid lassen. Sie erschien sehr gepflegt beim Kartenleger, man spürte auch, es ging ihr gut, die Kleidung war nach der neuesten Mode. Sie besaß einen Friseursalon, den sie von ihrem Vater geerbt und den sie — ohne diesen Beruf je gelernt zu haben — vollendet ausgebaut hatte. Hier trafen sich diejenigen Damen und Herren der Stadt, die meinten „dazugehören" zu müssen. Auch die Schauspielerinnen und Schauspieler vom Stadttheater wie von der Regionalstation eines Rundfunksenders gingen hier ein und aus, zumal zum Haarstudio auch ein kleines Café gehörte. Madeleine — so nannte sich die Mittvierzigerin — hatte für sich persönlich im Westen der Stadt ein teures Penthouse gemietet. Sie fühlte sich da sehr wohl, verstand sich auch mit der Familie des Vermieters, bis sie mit dem Sohn ein Verhältnis anfing. Beide mochten sich, wenn auch beide wußten, daß es wohl nicht die große Liebe war.

Als der Vater davon erfuhr, wurde er wütend und kündigte Madeleine — angeblich wegen Eigenbedarfs. Madeleine glaubte dies nicht. Sie hatte außerdem soviel Geld in das Penthouse gesteckt, daß sie sich nicht einfach aus ihrem Heim hinauswerfen lassen wollte. Der Sohn — auch er war schon Anfang vierzig — zeigte sich nicht gerade stark; er wurde seinem Ruf als Muttersöhnchen gerecht. Der Vater äußerte, er würde es auf einen Prozeß ankommen lassen und ihr die Hölle auf Erden bereiten. Dies wiederum kränkte Madeleine ungeheuerlich. So brachten sich beide Vertragspartner (nun Gegner) gegenseitig hoch. Das war die Situation, als die Sibylle um Antwort gebeten wurde.

Zwölf Karten wurden verdeckt in die vier Reihen zu je drei Karten ausgelegt. Erste Frage: Soll ich um mein Heim kämpfen? Die Karte 2 zur Erklärung des Problems zeigte sich als Verdruß, kein Kommentar! Karte 5 zeigte (zur Verblüffung beider) den Geliebten, der ja auch die Ursache für die Kündigung und die sich anbahnende, harte Auseinandersetzung war. Die erste Fragekarte in bezug auf die Gegenwart entpuppte sich als Symbol für die Liebe, wobei Madeleine sich fragte, ob sie Jochen so liebte, daß sie seinetwegen den Kampf aufnehmen könnte.

Da als erste Zukunftskarte die Treue aufgeschlagen wurde, lag die Hoffnung nahe, daß Jochen ja auch zu ihr halten könnte! Sie zögerte: „Wird das der Vater erlauben?" Und genau dies bestätigte die Frage 3 als Frage-Ergänzungskarte (hier als Tod der Liebe).
Blatt 6 zeigte die Geliebte. Im Zusammenhang mit der gestellten Frage sah es nun so aus, als ob der Vater sich Madeleine als Geliebte hätte vorstellen können! Madeleine bejahte dies, denn sie hatte seine Annäherungsversuche durchaus vestanden!

Aber nun spielte der Vater falsch, wie Karte 9 zeigte. Ob dies auch in Zukunft so sein würde? Karte 12 sollte darüber Auskunft geben. Die Karte der unverhofften Freude ließ hier sogar etwas Hoffnung aufkommen. „Soll ich also um mein Heim und um Jochen kämpfen?" Dies war die letzte Frage, die sich nun aus den beiden anderen ergab. Es ging schon lange nicht mehr nur um eine Mietangelegenheit. Die Karte 4 der Hoffnung zeigte, wie überzeugt Madeleine doch war! Das Vergangenheitssymbol Verlust, die Karte 7, weist auf vergangene schwierige Jahre hin. Aber Karte 10 der Gegenwart bestätigte erneut: Der Vater ist wirklich als Gegner zu betrachten!

Wie meist bei diesem Fragespiel der Sibylle kam alles auf die 13 an. Da lag die Heirat — fast zu schön, um wahr zu sein! Doch Madeleine wußte nun, was sie tun mußte, ja sie hatte erst während des Kartenlegens erkannt, wie sehr sie sich bereits mit ihrem Jochen verbunden fühlte.

Tod death
mort morte
smrt halál
8
Geliebte sweetheart
bien-aimée amante
ljubavnica szerelmes nő
9
Kind baby
bébé bambino
dijete gyermek
10
Liebe love
amour amore
ljubav szerelem
7
Verlust loss
perte perdita
gubitak veszteség
11
Witwer widower
veuf vedovo
udovac özvegy férfi
6
Witwe widow
veuve vedova
udova özvegyasszony
1
Haus house
maison casa
kuća ház
12
Besuch visit
visite visita
posjeta látogatás
5
13
Treue fidelity
fidélité fedeltà
vjernost hűség
4
Hoffnung hope
espérance speranza
nada remény
3
Beständigkeit constancy
stabilité costanza
stalnost állandóság
2

## Die Antwort der Sibylle III: Ein Neuanfang?

Ines L. hatte ihren Ehemann nach langer Krankheit verloren. Nach ihrer und der Meinung der Ärzte handelte es sich um eine echte Erlösung. Der Tod brachte für Ines eine große Belastung. Ihr Mann, so meinte sie, erwartete von ihr, daß sie sein Geschäft, eine kleine Spielzeugfabrik, weiterführen würde. Ines fühlte sich dazu jedoch kaum in der Lage. Sie hatte sich nie um den Beruf ihres Gatten gekümmert, sie war bewußt nicht emanzipiert, fühlte sich als Ehefrau sehr wohl, ihr Tagewerk war ausgefüllt. Der Sohn ging noch zur Schule, es würde also ein Jahrzehnt dauern, ehe er die Fabrik — wenn überhaupt — würde führen können.

Nun kam Ines L. zum Kartenleger. Sie wollte sich eventuell — sie betonte das Wort sehr stark — Rat holen. Von allen vorgeschlagenen Spielen sagte ihr die Antwort der Sibylle am meisten zu, und sie bestimmte auch, daß die Karte Witwe die Problem- und Personenkarte sein sollte. Dann wurden die Karten verdeckt auf den Tisch ausgelegt, Ines wählte 12 Karten, die in der üblichen Auslegeart zu vier Reihen zu drei Karten mit dem Rücken im Viereck um die Witwen-Karte gruppiert wurden.

Frage 1: Soll ich meinem Mann den Wunsch erfüllen und die Fabrik — ohne jede Vorkenntnisse — weiterführen, damit mein Sohn das Werk meines Mannes fortsetzt? Die Karte 2, die erste der Karten, die das Problem erläutern, war die Beständigkeit. In der Tat, darum ging es. Ines sagte nur: „Deswegen kann ich keine Nacht mehr schlafen." Man spürte förmlich, am liebsten hätte sie alles, so wie es stand, verkauft, zumal sie beste Angebote hatte.
Als erste Karte der Vergangenheit (Blatt 5) lag der Besuch. Ines L. — dazu befragt — sah das so: Sie hatte ihren Mann im Jahr zwei- bis dreimal im Werk besucht, damit erschöpfte sich ihr Interesse für die Fabrik. Sie versicherte aber, daß ihr Mann dieses Verhalten nie übelgenommen hätte.
Als Gegenwartsblatt wurde der Tod aufgedeckt. Dazu war nun wirklich kein Kommentar notwendig, wenn auch der Anblick dieser Karte und daß sie gerade an dieser Stelle lag, Ines einigermaßen verwunderte beziehungsweise erschütterte. Als erste Zukunftskarte wurde das Blatt des Verlustes aufgedeckt. Fast dankbar nahm Ines dies zur Kenntnis. „Das ist es, was ich befürchte, den Verlust, den ich durch meine Geschäftsführung dem Werk zufügen würde!" Eigentlich war damit das Spiel zu Ende, die Sibylle hatte geantwortet...

„Was wird Ihr Sohn darüber denken?" meinte der Kartenleger. Ines L. stutzte: „Fragen Sie die Sibyllen-Karten. Ich habe ja noch zwei Fragen!" Zur Problemerläuterung zeigte sich mit Karte 3 die Hoffnung. Das würde besagen, der Sohn hofft doch insgeheim. Als Karte 6, der zweiten Karte der Vergangenheit, war der Witwer zu erblicken. Das paßte auch gut in die Gesamtsituation, zumal es um das Erbe ging, an dem ihrem Mann so viel lag. Bei der zweiten Karte der Gegenwart kam die Geliebte zum Vorschein. Ines berichtet, daß ihr 17jähriger Sohn eine feste Freundin habe, die viel Einfluß auf ihn ausübe. Karte 12 als zweite Karte der Zukunft zeigte das Haus, was Ines auf das Familienhaus bezog.

Ihre dritte Frage lautete nun. „Wie denkt die Freundin meines Sohnes darüber?" Die Karte Treue als dritte Karte der Problemerläuterung bestätigte die Vermutung der engen Bindung. Als dritte Karte der Vergangenheit wurde Blatt 7 aufgedeckt: Die Karte der Liebe. Eine Liebe, die schon lange anhält. Ob die Karte der Gegenwart das bestätigt? Es war die Karte des Kindes. Ines L. schüttelte den Kopf. „Nein, das paßt nicht..." Nach der Kind-Karte wollte sie die 13. Karte nicht mehr aufgedeckt haben.
Sie hatte eine Unterredung mit der jungen Freundin. Danach beschloß sie, das Werk für ihren Sohn zu erhalten. Ohne die „Kind-Karte" hätte sie es so schnell nicht getan!

Nº 1.
Haupt-Person.

Nº 2.
Haupt-Person.

Nº 3.
Ehestands-karte.

Nº 4.
Zusam̄en-kunft.

Nº 5.
Guter Herr.

Nº 6.
Gute Dame.

Nº 7.
Angeneh-mer Brief.

Nº 8.
Falsche Person.

Nº 9.
Eine Ver-änderung.

Nº 10.
Eine Reise.

Nº 11.
Viel Geld gewinnen.

Nº 12.
Reiches Mädchen.

Nº 13
Reicher guter Herr

Nº 14.
Traurige Nachricht.

Nº 15.
Guter Aus-gang d. Liebe

Nº 16.
Seine Gedanken.

Nº 17.
Geschenk bekom̄en.

Nº 18.
Ein kleines Kind.

Nº 19.
Ein Todes-fall.

Nº 20.
Haus.

Nº 21.
Wohn-zimmer.

Nº 22.
Militär person.

Nº 23.
Gericht.
Amts-Gericht

Nº 24.
Diebstahl.

# Die Loskartenspiele (Kipper-Karten)

In unserer Einleitung über die Geschichte des Kartenspiels haben wir darauf hingewiesen, daß das Wahrsagen aus Karten sozusagen mit den Loskarten begann, als man neben Abbildungen auf den Karten auch Sprüche fand. Diese Art wird heute kaum mehr verwendet, aber im Grund genommen erfüllen sowohl die Zigeuner-Karten wie die Original-Kipper-Karten, die wir hier abgebildet haben, durch ihre bedeutungsvollen Namen für jede Karte den Sinn und die Aussage einer Loskarte. Die Kipper-Karten trifft man noch recht häufig an, auch sie stellen eine Abwandlung oder Entwicklung der Lenormand-Blätter dar, wie schon die erwähnten Zigeuner-Karten. Im Vergleich zu den Zigeuner-Karten sind diese Karten jedoch durchnumeriert. Die Reihenfolge ist eine andere als die der Lenormand-Spiele, aber es geht auch in diesen Karten um Liebe (statt der Schlange finden wir die falsche Person wie bei den Zigeuner-Karten). Neu bei den Kipper-Karten sind Begriffe wie Arbeit oder Veränderung, Wohnzimmer oder Gericht beziehungsweise Gefängnis oder Gerichtsperson. Es geht hier also noch mehr um Realitäten des Alltags, beziehungsweise der Alltäglichkeiten. Das Milieu dieser Karten ist auf die Bürgerlichkeit der guten, alten Zeit abgestimmt.

Das Spiel ist sehr einfach. Die Ratsuchenden ziehen aus dem Kartenballen eine Karte nach der anderen heraus. Hier gibt es keine Personen- oder Problemkarten mehr. 15 Karten (also fast jede zweite) werden benötigt. Die Karten werden in 5 Gruppen zu je 3 Karten in einer Sternform gelegt. Die Reihenfolge des Legens ist gleichgültig, da es sich um ein „Losspiel" handelt. Einfacher ist es allerdings, wenn die Karten so ausgelegt werden, wie es die römischen Zahlen zeigen.

Die mittlere Gruppe (die Karten I bis III) stellen den Fragenden dar und seine Situation. Die Gruppe unten rechts (Karten IV— VI) stellen das Herkommen dar, die Karten unten links (Karten VII—IX) die bisherigen Erfahrungen. Die Gruppe oben links (Karten X—XII) die Möglichkeiten, Talente oder gegenwärtige Schwierigkeiten, während die Blätter oben rechts (Karten XIII—XV) auf die Zukunft hinweisen sollen. Alle Karten werden zunächst verdeckt ausgelegt und dann nacheinander gedeutet.

X

XI

XII

XIII

XIV

XV

III

II

I

IX

VIII

VII

VI

V

IV

## Der Stern I: Die Freude an der Liebe

Marga F. galt in der Familie als schwarzes Schaf. Diesen Ruf sollte sie ihr Leben lang behalten. Sie war nun vierzig geworden, hatte sich eine schöne Eigentumswohnung erworben, in der sie sich wohlfühlte und viel Besuch empfing. Da diese Wohnung in einer Siedlung am Stadtrand lag, wußte die Umgebung sehr bald, daß Marga F. zahlreiche Freundschaften zu Männern unterhielt. Zwar war ihr Ruf einwandfrei, denn man wußte, daß sie eine erfolgreiche Journalistin war, doch sagten ihr spitze Zungen ein unbürgerliches Leben nach. Marga F. war stark genug, die üblen Nachreden zu verkraften.

Dann taten sich allerdings die anderen Miteigentümer zusammen und wurden bei Marga F. vorstellig, ob es nicht besser wäre, wenn sie entweder weniger Besucher empfangen oder aber ihre Wohnung zu einem — sehr guten — Preis verkaufen könne. Ein Käufer sei schon zur Stelle. Marga F. zeigte sich sehr empört, aber sie befürchtete nun Schikanen, was schon damit begann, daß man die Luft aus den Reifen ihres Wagens ließ, wenn dieser nicht in der Garage stand. Oder man läutete immer dann, wenn der Besuch gerade eine halbe Stunde anwesend war, so daß sich Marga F. eine abschaltbare Klingel einbauen ließ.

Marga F. kam mit diesem Problem zum Kartenleger. Sollte sie aufgeben oder nicht? Die anderen Mitbesitzer argumentierten unverhohlen, daß sie sich ja an und für sich nicht um ihre Nachbarn kümmern würden, sie täten es nur aus Rücksicht auf die vielen Kinder im Haus. Eine vertrackte Lage!

Beim Losspiel werden nach dem Mischen die Karten gezogen und eine nach der anderen in der römischen Zahlenfolge gelegt. (Die Karten können sofort gedeutet werden oder erst, wenn alle liegen.)

Als mittlere Reihe des Sterns erkennen wir: Die Falschheit der Nachbarn, die sie bestehlen wollen, während sie mit gerichtlichen Schritten wegen Veleumdung und Erpressung droht.

Diese drei Karten waren also ziemlich eindeutig. Was sagen nun die Karten IV bis VI? Marga F. zog sie in folgender Reihenfolge: Militärperson, reiches Mädchen, seine Gedanken. Dies hieß, daß sie aus einer Militär- oder Beamtenfamilie stammte, was richtig war. Die Familie war wohlhabend, so galt sie stets als gute Partie.

Als Karten VII bis IX wurden gezogen: Die Ehestands-Karte, die Widerwärtigkeiten und die Erwartung. Das schien zu stimmen, denn Marga F. hatte eine kurze Ehe hinter sich, die unter unwürdigen Umständen frühzeitig getrennt wurde, wonach sie nun besondere Erwartungen an das Leben knüpfte. Es ging nun darum, welche Chancen Marga F. für das Leben in ihrer Nachbarschaft blieben.

Die Karten für die Möglichkeiten sind die Karten X bis XII. Marga wählte jetzt schon sehr viel bedächtiger, weil es doch zu gut zu stimmen schien. Außerdem war ihr, als kluger Journalistin, schnell klar, daß die Auswahl — und damit die Möglichkeiten — immer geringer wurden. Sie zog in der Reihenfolge: Zusammenkunft, Gericht und Veränderung. Dies besagte nun eindeutig: Sie hätte die Möglichkeit zu bleiben oder vor Gericht zu gehen, beziehungsweise umzuziehen. Es hieß aber auch: Was sie anfangen würde, es dürfte ihr alles gelingen, wenn die Zukunftskarten dies nur halbwegs bestätigten!

Die letzten drei Karten: Die Hauptperson, die Hoffnung und das Haus. Es konnte nichts schiefgehen! Marga F. stand auf und sagte nur: „O.K.! Ich weiß nun, was ich tue!“ Aber ihr Lachen wirkte nicht ganz echt. Die Angelegenheit ging letztlich recht gut aus — ob durch einen Trick, mag dahingestellt bleiben. Marga F. empfing jetzt öfter den Anführer der Mietgemeinschaft zu Besuchen, der daraufhin das Kesseltreiben gegen sie schnellstens einstellte. Auch alle anderen Nachbarn zeigten sich bald freundlicher.

X

XI

XII

XIII

XIV

XV

III

II

I

IX

VIII

VII

VI

V

IV

## Der Stern II: Der Ausbau der Existenz

Das Schicksal hatte ihn hart getroffen. Seit einem Jahr war er Witwer, hatte damit seine gesamte Lebens- und Arbeitslust verloren. Die Kinder waren zwar aus dem Haus, aber als Studenten noch von ihm abhängig. Er besaß einen mittleren Computer-Zulieferungsbetrieb, der ausbaufähig war, da die Nachfrage sich ständig vergrößerte. Eine Ausweitung wäre sinnvoll gewesen — besonders im Hinblick auf die Kinder —, aber Richard B. war der Mut genommen. Im Grunde genommen wollte er — obwohl erst Mitte fünfzig — überhaupt nichts mehr. Aber Freunde rieten ihm, weiterzumachen, während er von den beiden Kindern nicht bedrängt wurde, worüber er dankbar war. Außerdem hatte er das Gefühl, daß im Betrieb nicht mehr alles so lief, wie er es sich vorstellte, aber es fehlte ihm die Kraft, richtig durchzugreifen. Er war — wie er sagte — einfach müde.

Richard B. kam zu einer Kartenlegerin, mit der er seine Gedanken austauschte. Diese holte plötzlich die Kipper-Karten und forderte ihn auf, eine Karte zu ziehen. Es war die Karte des Todesfalls, — die Ursache seiner Sorgen. Als zweite Karte zog Richard B. die Karte des kleinen Kindes. Eine Aufforderung, sich trotz des Todes um die Kinder (wenn die auch nicht mehr ganz so klein waren) zu kümmern, zumindest stand diese Auslegung im Raum. Die dritte Karte war die kurze Krankheit. Der Fragende fühlte sich nicht wohl in seiner Haut, obwohl ihm eigentlich nur der Lebensmut fehlte, aber ohne den geht ja nichts. Richard B. betrachtete immer die Karte des kleinen Kindes und meinte dann: „Spielen Sie mal weiter mit mir!" Er faßte es als Spiel auf, was in dieser Situation sicher nicht schlecht war.

Er wurde aufgefordert, drei Karten zu ziehen. Als Karten der Herkunft (IV—VI) lagen nun da: Die Erwartung, Kummer und Widerwärtigkeiten und der gute Herr. Dies würde besagen, daß die Jugend von Richard B. trotz Schwierigkeiten doch recht positiv verlief und daß er eine ganz besondere Bindung an seinen Vater hatte. Richard B. nickte, und die Kartenlegerin fragte nur: „Wie hätte Ihr Vater gehandelt?" Er schwieg und zog eine weitere Karte aus dem Kartenstoß, die erste der Karten, bei denen es um die gemachten Erfahrungen geht. Es war das reiche Mädchen: „Na, reich war meine Frau von Haus aus nicht gerade — wenn auch wohlhabend." Pause. „Doch, für meine Begriffe war sie reich!" Die Karte danach war die des guten Ausgangs in der Liebe, was ja die jetzige depressive Stimmung sehr verständlich machte, zumal als dritte Karte hier die männliche Hauptperson von Richard B. gezogen wurde.

Wenn das Vergangene durch die Karten richtig getroffen wird (ein guter Test für Skeptiker!), fassen die Klienten Zutrauen. Sie zeigen sich in ihren Reaktionen sehr viel aufgeschlossener!

Nun ging es um die Möglichkeiten und Talente, die aber auf die Hauptfrage zu beziehen sind. Karte X war das Haus, es ging also um die Erhaltung dessen, was Familienbesitz war. Karte XI, der Diebstahl, beunruhigte Richard B. sichtlich. Karte XII war das Geschenk. Der Ratsuchende projizierte diese Karte sofort auf seine Kinder, denen er ja wohl ein Geschenk zu machen habe. Jetzt wollte er schnell die Zukunftskarten ziehen. Als erstes (Karte XIII) wurde die Hoffnung aufgedeckt. Das war verheißungvoll. Danach kam die Gerichtsperson. Die Kartenlegerin wußte die Karte kaum zu deuten, aber Richard B. sagte plötzlich: „Ich werden den Betrieb weiterführen, aber so schnell wie möglich juristisch den Kindern übereignen. So lange halte ich durch." Und wie zur Bestätigung zog er als Karte XV die Veränderung.

Richard B. hatte seinen Entschluß gefaßt.

X

XI

XII

XIII

XIV

XV

III

II

I

IX

VIII

VII

VI

V

IV

## Der Stern III: Er will jetzt schon erben.

Sehr glücklich wirkte Ingeborg Z. nicht, als sie beim Kartenleger eintrat. Sie kam als Mutter, wie sie es sofort betonte. Ihr einziger Sohn wurde von ihr als recht schwieriger Mensch geschildert. In der Schule war er bestens, im Studium versagte er. Er hatte einfach keine Lust, sich auf die Hinterbeine zu setzten. Bei Auseinandersetzungen sagte er stets nur, jeder müßte seinen eigenen Weg gehen. Und diesen glaubte er gefunden zu haben. Er wollte die Welt, und über diesen Umweg sich selbst kennenlernen. Aber Jörg verspürte keine Lust, die Weltreise als Tramper zu machen, nein, er bat darum, daß ihm schon jetzt sein Erbe (die Mutter war nur als Vorerbin eingesetzt) übereignet würde. „Warum willst du nicht mit warmen Händen geben?" Mit diesem Satz setzte er seine Mutter immer mehr unter Druck. „Das Erbe steht mir doch zu", sagte er, „warum soll ich es nicht schon bekommen." Die Mutter wehrte sich gegen diese Ansprüche, zumal sie selbst sehr bescheiden und anspruchslos erzogen worden war, obwohl sie aus einem gutsituierten Haus stammte.

Nach langer Überlegung entschied sich Ingeborg Z. für das Loskartenspiel, weil das ganze Leben ein Lotteriespiel wäre, wo es nicht sehr gerecht zuginge. Die Karten, die nun gezogen wurden, mußten doppeldeutig — einmal auf den Sohn, dann auf Ingeborg Z. — interpretiert werden, was nicht immer einfach ist.
Die Mutter zog die erste Karte. Es fiel, und hier war der Kartenleger selbst verblüfft, die Karte der Reise. Das Problem war seltsamerweise sofort angesprochen! Danach die traurige Nachricht. Wenn Jörg reisen würde, wäre das sehr schmerzlich für seine Mutter, die voller Angst war, daß das Geld schnell durchgebracht wäre. Und da nun als Karte III der Diebstahl fiel, war ziemlich deutlich, daß die Mutter eine vorzeitige Erbauszahlung als Beraubung empfinden würde. Ob dieses Gefühl berechtigt war, mußten die anderen Karten zeigen. Als erste Herkunftskarte wurde das Wohnzimmer gezogen, ein Hinweis auf die gutbürgerliche Herkunft der Familie. Die Karte V zeigte das große Glück, was auf eine gute Jugend hinwies, aber wohl auch ein Indiz dafür war, daß Jörg recht verzogen aufgewachsen war. Karte VI gab die Erklärung. Die Karte der kurzen Krankheit wurde von Ingeborg Z. sofort kommentiert: „Ja, der Jörg war häufig krank, deswegen ließen wir auch soviel durchgehen."
Nun stand die Frage im Raum: Welche Erfahrungen hatten Mutter und Sohn gemacht, die vielleicht prägend für die Zukunft und das jeweilige Handeln wären? Als nächste Karte zog die Mutter das Gefängnis. Sollte der Junge schon Ärger mit der Justiz bekommen haben? Ingeborg Z. dazu: Ihr Sohn habe sich bei studentischen Krawallen hervorgetan. Das war mit der entscheidende Grund, warum die Mutter meinte, daß er noch nicht reif genug sei. Aber er sei nicht verurteilt worden, was die Karte des Briefes als angenehme Nachricht unterstrich. Danach die Karte der Veränderung, die sie mit den Worten dokumentierte: „Unter Protest und Krach zog er später aus!" Nun gut, ein Junge muß sich abnabeln können, auch wenn die Mutter das nicht gerne sieht.
Nun kam es ab jetzt auf die Möglichkeiten an, die sich vom Talent und den Gelegenheiten her bieten konnten. Die nächste Karte war die Karte des Amtsgerichts. Der Sohn drohte seiner Mutter, was Ingeborg Z. bisher verschwiegen hatte, mit gerichtlichen Maßnahmen. Die Karte der Hauptperson ist nicht so klar, eventuell sind das beide. Es kann nämlich heißen: Beide wollen ihr Schicksal allein in die Hand nehmen. Und er denkt — laut Ehestands-Karte — an eine feste Bindung, was Ingeborg Z. noch nicht wußte. Nun die Zukunftskarten. Die Karte vom reichen, guten Herrn war ein hoffnungsvolles Symbol. Dann fielen die Karten Arbeit und Zu hohen Ehren kommen. Es sah also günstig aus, die Mutter konnte die Erbschaft — wenigstens zum Teil — übergeben. Sie wollte die Angelegenheit unter diesem Aspekt noch einmal bedenken.

# Nachwort

Wir haben in diesem Buch neun verschiedene Kartenspiele vorgestellt, die zu 13 verschiedenen Kartenlegearten verwendet werden können und gaben dazu 43 Beispiele. Selbstverständlich gibt es noch mehr Auslege- und Deutungsarten, doch die wesentlichsten und die gebräuchlichsten finden die Leser in diesem Buch. Alles andere sind meist Varianten der hier vorgestellten Legearten für das Wahr- oder das Weissagen aus Karten. Viele Kartenleger haben sich eine spezielle Variante ausgedacht, mit der sie glauben, dem Sinn des Wahrsagens aus den Karten am nächsten zu kommen. Das ist völlig legitim.

Bei allen Ausdeutungen sollte jedoch beachtet werden, daß es sich stets um Beratungen in Lebensfragen handelt. Es geht also überhaupt nicht darum, irgendein Ereignis mit genauem zeitlichen Termin weiszusagen, sondern es geht allein darum, die Fragenden zum Nachdenken über ihre bisherigen Verhaltensweisen zu bringen, damit sie selbst die richtigen Entschlüsse zur Gestaltung ihrer Zukunft finden. Es ist wichtig, daß der Ratsuchende mitarbeitet! Im Grunde handelt es sich in einem gewissen Sinn um eine psychologische Arbeit. Auch muß derjenige, der die Karten legt und ausdeutet, auf Widersprüche von seiten der Fragenden gefaßt sein, die meist sehr ernstgenommen werden sollten.

Mitunter gibt es auch eine Sitzung, die unbefriedigend verläuft. Es ist dann besser, sie schnell abzubrechen. Entweder wird ein neuer Termin vereinbart, oder man rät, zu jemand anderem zu gehen. Niemand vergibt sich etwas dabei, wenn er die Sitzung mit den Worten abbricht: „Es tut mir leid, aber ich bin heute nicht in Form, mir fehlt die notwendige Intuition." Nicht jede Kartenlegerin paßt zu jedem Ratsuchenden, und nicht jeder Kartenleger findet für alle die rechten Worte! Es gibt Antipathien, die unüberbrückbar sind und nichts mit dem Können zu tun haben. Wenn es nicht funktioniert, muß das schnell eingestanden werden, damit keine Zeit verlorengeht, oder unsichere Antworten auf oft sehr wichtige Lebensfragen gegeben werden. Wenn auch die Zeit für eine Sitzung begrenzt sein sollte, weil dies für die Konzentration förderlich ist, so darf überhaupt keine Ungeduld aufkommen. Viele Kartenlegerinnen haben sogar Wartezimmer, in denen sich Ratsuchende begegnen. Dem weiche man nach Möglichkeit aus! Zudem geht es in diesem Buch weniger um professionelle Hinweise und Anregungen, sondern mehr darum, daß jemand für sich lernt, um sich selbst helfen zu können. Erst wer das gelernt hat, wer dann seiner Familie und sehr guten Freunden nachweisbar helfen konnte, der wage es, Unbekannten die Karten zu legen.
Das Wichtigste ist und bleibt die Übung. Am besten ist, man schreibt sich selbst Fragen auf, die man dann ohne jedes Schummeln über die Karten für sich zu beantworten versucht. Es geht um die Schulung der Kombination! Ganz falsch wäre es, in irgendwelchen Büchern nachzuschauen, was etwa Herz-Bube neben der Kreuz-Sieben bedeutet! Das ist der Situation entsprechend immer verschieden. Lieber wage man nicht so zutreffende Antworten, als einmal in ein Nachschlagebuch zu schauen, weil dann das Schulen der Kombinationsintuition immer schwerer wird.

Auch wenn das Kartenlegen nur ein Hobby, ein Zeitvertreib ist, sollte jede Aussage zwar mutig getroffen, aber vorsichtig formuliert werden. Zu leicht kann etwas im Gedächtnis des anderen hängenbleiben, was sich eines Tages belastend auswirken könnte. Kartenlegen macht Spaß, aber es bildet und schult auch — ganz besonders im Hinblick auf zu erwerbende Menschenkenntnis. Und letztlich: Man lernt dabei ganz besonders sich selbst kennen, was sicher jedem zum Vorteil gereichen wird.

## Literaturhinweise


Wenzell Brown
*Die Wahrheit aus den Karten*
Edition Sven Erik Bergh, Unterägeri

Elisabeth Haich
*Tarot*
Drei Eichen Verlag, München 1971

Rhea Koch
*Selbst Wahrsagen mit Karten*
Falken-Verlag, Niedernhausen 1977

Hans-Dieter Leuenberger
*Schule des Tarot — Das Rad des Lebens*
Bauer-Verlag, Freiburg 1981

Bernd A. Mertz
*Astrologie und Tarot*
Ansata-Verlag, Interlaken 1981

Sallie Nichols
*Die Psychologie des Tarot*
Ansata-Verlag, Interlaken 1984

Edwin J. Nigg
*Wahrsagen mit Tarot-Karten*
Falken-Verlag, Niedernhausen 1979
Dio Raman
*Der praktische Tarot*
Bauer-Verlag, Freiburg 1978

Erika Sauer
*Wahrsagen aus Karten*
Buch & Zeit, Köln 1984

Woldemar von Uxkull
*Die Einweihung im alten Ägypten*
Heinrich Schwab Verlag
Argenbühl-Eglofstal 1957

Kataloge und Sammelbeschreibungen:
Spielkartensammlung des Stadtmuseums Linz, 1969
Spielkarten und ihre Geschichte, ASS Verlag, Leinfelden 1973
Wahrsagekarten — Deutsches Spielkartenmuseum, Bielefeld 1972


## Bezugsquellen für die Kartenspiele

*ANSATA-TAROT*
Nach Idee und Anregung von Bernd A. Mertz, gemalt von Paul Struck

Zu beziehen über
Ansata-Verlag
Rosenstr. 24
CH-3800 Interlaken

*EGYPTIAN-TAROT-DECK*
*Forward by Stuart R. Kaplan*

*RIDER-TAROT*
von Edward Waite,
gezeichnet von Pamela Colman Smith

*1 JJ-SWISS-TAROT*
Illustrationen aus dem 15. Jahrhundert

*LENORMAND-KARTEN BLAUE EULE*
*KIPPER-WAHRSAGEKARTEN*
*ZIGEUNER-WAHRSAGEKARTEN*
Diese Karten werden vertrieben:
in der Bundesrepublik Deutschland durch:
F. X. Schmid, Vereinigte Münchener Spielkarten-Fabriken GmbH & Co KG
Prinzregentenstr. 81, 8000 München

in der Schweiz durch:
AGM Aktiengesellschaft Müller
Bahnhofstraße 21,
CH-8212 NEUHAUSEN a. Rhf.

in Österreich durch:
Wiener Spielkartenfabrik
Ferd. Piatnik & Söhne
Postfach 79
A-1141 WIEN

*Skat Club 1000/8*
Dieses Kartenspiel ist zu beziehen von
Vereinigte Altenburger und Stralsunder Spielkarten-Fabriken Aktiengesellschaft
Fasanenweg 5
7022 Leinfelden

Im Falken-Verlag sind von Bernd A. Mertz erschienen: „Astrologie“ (Nr. 4068)
„Erkennen Sie Psyche und Charakter durch Handdeutung“ (Nr. 4176)

CIP-Kurztitelaufnahme der Deutschen Bibliothek

**Mertz, Bernd A.:**
Kartenlegen: wahrsagen mit Tarot-, Skat-, Lenormand- und Zigeunerbl. / von B. A. Mertz. —
Niedernhausen/T.: Falken-Verlag, 1985.
(Falken-Handbuch)
ISBN 3-8068-4226-4

ISBN 3 8068 4226 4

© 1985/1986 by Falken-Verlag GmbH, 6272 Niedernhausen
Titelbild: Gerhard Burock, Wiesbaden-Naurod
Fotos: AGM AGMUELLER, Neuhausen am Rheinfall/Schweiz, „Mlle. Lenormand“, deutsch, 1970 (S. 20 rechts, 21 rechts, 22 rechts).
Ansata-Verlag, Interlaken, mit freundlicher Genehmigung entnommen aus Papus „Tarot der Zigeuner“, 1985 (S. 14 rechts).
Bibliothèque Nationale, Paris (S. 18).
Bildarchiv Preußischer Kulturbesitz, Berlin (S. 7, 12, 13 oben rechts, 40).
Collection of the Pierpont Morgan Library, New York (S. 13 unten links).
Deutsches Spielkarten-Museum Leinfelden-Echterdingen (S. 8, 9, 11, 15 links und rechts, 22, 24).
H. Fournien s/a Vitoria, Made in Spain (S. 14 Mitte).
Verlag W. Kohlhammer GmbH, Stuttgart (S. 13 oben links).
MGM Joker KG, München (S. 13 unten links, 18).
Heinrich Schwab Verlag, Argenbühl (S. 10).
Card XIX from the Allegorial Tarock pack by Joseph Estel, Vienna, 1820, reproduced from the Encyclopedia of Tarot, Volume I, copyright 1978 by Stuart R. Kaplan. Further reproduction prohibited (S. 14 links).
F. X. Schmid Vereinigte Münchener Spielkarten-Fabriken GmbH & Co.KG, Prien am Chiemsee (S. 13 unten rechts, 19 links und rechts, 20 links, 21 links, 22 oben links und oben Mitte).
J.-M. Simon, France Cartes, Paris, „Grand Jeu de Mlle. Lenormand“, 1977; „Petit Lenormand“, 1976 (S. 19 links und rechts, 20 links, 21 links, 22 oben links und oben Mitte).
The British Museum, London (S. 12).
Card V The Hierophant from the Aleister Crowley Thoth Tarot pack reproduced by permission of U.S. Games Systems, Inc. Copyright 1978 by U.S. Games Systems, Inc., New York 10016. Further reproduction prohibited (S. 13 unten rechts).
Tarot cards from the Egyptian Tarot Deck Copyright 1980 by U.S. Games Systems, Inc., New York, further reproduction prohibited.
Satz: Dinges+Frick, Wiesbaden
Druck: Offset-Team Zumbrink KG, Bad Salzuflen.

817 2635 4453 62